Introdução à Organização Burocrática

Dados Internacionais de Catalogação na Publicação (CIP)
(Câmara Brasileira do Livro, SP, Brasil)

Motta, Fernando C. Prestes
 Introdução à organização burocrática / Fernando C. Prestes Motta, Luiz Carlos Bresser-Pereira. - 2. ed. rev. - São Paulo : Cengage Learning, 2004.

 ISBN 978-85-221-0395-9

 1. Burocracia 2. Sociologia organizacional I. Bresser-Pereira, Luiz Carlos. II. Título.

03-5065   CDD-302.35

Índice para catálogo sistemático:
1. Organização burocrática : Sociologia   302.35

Introdução à Organização Burocrática

Fernando C. Prestes Motta
Luiz Carlos Bresser-Pereira

Austrália • Brasil • México • Cingapura • Reino Unido • Estados Unidos

Introdução à organização burocrática

Fernando C. Prestes Motta
Luiz Carlos Bresser-Pereira

Gerente Editorial: Adilson Pereira

Editora de Desenvolvimento: Eugênia Pessotti

Produtora Editorial: Lígia Cosmo Cantarelli

Produtora Gráfica: Patricia La Rosa

Copidesque: Glauco Peres Damas

Revisão: Heleusa Angélica Teixeira e Luciene Ruzzi Brocchi

Composição: Segmento & Co. Produções Gráficas Ltda.

Capa: LUMMI Produção Visual e Assessoria Ltda.

© 1980 de Fernando C. Prestes Motta e Luiz Carlos Bresser-Pereira – 1ª edição.
© 2004 de Cengage Learning Ltda.

Todos os direitos reservados. Nenhuma parte deste livro poderá ser reproduzida, sejam quais forem os meios empregados, sem a permissão, por escrito, da Editora. Aos infratores aplicam-se as sanções previstas nos artigos 102, 104, 106 e 107 da Lei nº 9.610, de 19 de fevereiro de 1998.

Esta editora empenhou-se em contatar os responsáveis pelos direitos autorais de todas as imagens e de outros materiais utilizados neste livro. Se porventura for constatada a omissão involuntária na identificação de algum deles, dispomo-nos a efetuar, futuramente, os possíveis acertos.

A editora não se responsabiliza pelo funcionamento dos links contidos neste livro que possam estar suspensos.

Para informações sobre nossos produtos, entre em contato pelo telefone **0800 11 19 39**

Para permissão de uso de material desta obra, envie seu pedido para
direitosautorais@cengage.com

© 2004 de Cengage Learning. Todos os direitos reservados.

ISBN-13: 978-85-221-0395-9
ISBN-10: 85-221-0395-X

Cengage Learning
Condomínio E-Business Park
Rua Werner Siemens, 111 – Prédio 11 – Torre A – Conjunto 12
Lapa de Baixo – CEP 05069-900 – São Paulo – SP
Tel.: (11) 3665-9900 – Fax: (11) 3665-9901
SAC: 0800 11 19 39

Para suas soluções de curso e aprendizado, visite
www.cengage.com.br

Impresso no Brasil
Printed in Brazil

Para Cristina, Carolina e Maria do Carmo

Sumário

Prefácio à Segunda Edição IX

Introdução Burocracia: Poder, Organização ou Grupo Social XIII

CAPÍTULO 1 A Organização Burocrática.. 1

CAPÍTULO 2 A Organização Informal... 41

CAPÍTULO 3 Centralização e Descentralização 73

CAPÍTULO 4 O Processo de Descentralização 103

CAPÍTULO 5 Burocracia e Administração 149

CAPÍTULO 6 Burocracia e Teoria de Sistemas... 179

CAPÍTULO 7 A Crítica Administrativa da Burocracia 201

CAPÍTULO 8 As Organizações Burocráticas e a Sociedade 221

CAPÍTULO 9 Organização e Automação.. 241

CAPÍTULO 10 Burocracia e Autogestão na Empresa 275

Prefácio à Segunda Edição

A reedição de *Introdução à organização burocrática* me remete a um diálogo entre o mundo das idéias e o interesse prático. No mundo das idéias, a contribuição de Prestes Motta e Bresser-Pereira foi original e decisiva para o surgimento de uma linha de pensamento organizacional crítico. A divulgação restrita de alguns de seus capítulos ainda na década de 60 e sua primeira publicação integral em 1980 tornam *Introdução à organização burocrática* uma alternativa pioneira às abordagens correntes no campo das organizações, marcadas por um preponderante tratamento funcionalista.

Os estudos organizacionais até então baseavam-se em três principais vertentes. Primeiramente, a "ciência da administração" buscava aplicar a morfologia burocrática descrita por Weber em uma linha fortemente prescritiva. O ideal de "reforma administrativa" (embora o termo remeta ao setor público, é aplicável a qualquer tipo de organização) surgiu da aplicação de um padrão de burocracia mecanicista que deveria substituir formas pré-burocráticas ou patrimoniais de administração. O pressuposto era de que a burocracia ortodoxa, procedimental, seria o modelo "tecnicamente superior de administração"; logo, os princípios da formalização, do controle, da centralização e da padronização deveriam se aplicar às organizações que buscavam eficiência. Gulick, Urwick, Willoughby, Fayol e Taylor, dentre outros, são exemplos dessa vertente, implantada no Brasil na reforma burocrática de 1936/1938. Nesta perspectiva, os engenheiros da organização burocrática estavam preocupados em construí-la.

A segunda vertente se coloca no terreno da sociologia das organizações, a partir de uma apropriação funcionalista do conceito de burocracia utilizado nos estudos de Max Weber – notadamente originada da leitura funcionalista feita por Parsons. Essa perspectiva é institucionalista, porque a principal questão de trabalho nas análises e prescrições organizacionais é o grau de institucionalização (de sedimentação e habitualização) do modelo burocrático ideal típico. Os estudiosos organizacionais apontavam as limitações da racionalidade burocrática na prática das organizações, submetidas, dada sua natureza de sistema social, a uma série de "interferências" (de dentro e de fora: cultura, interesses, vínculos de dependência etc.) que restringiam ou afetavam a realização plena do padrão burocrático mais decisivamente que os fatores formais (caso dos elos institucionais no clássico estudo de Selznick). Daí decorreram tanto abordagens que questionavam a verossimilhança de uma abstração racionalista, quanto outras que buscavam desenvolver tecnologia para melhor institucionalizar a racionalidade burocrática.

A terceira vertente é a sociologia crítica, tendo como base Marx e Weber. A primeira referência, em termos globais, é a escola de Frankfurt, mais no sentido epistemológico, denunciando que o conhecimento organizacional tradicional (de orientação positivista e funcionalista) estava a serviço da dominação burocrática, e menos no sentido de expor sistematicamente essa forma de dominação, de sujeição do indivíduo a um sistema de interesses estabelecidos. Nas suas diversas vertentes (weberiana, marxista etc.), essa perspectiva de análise organizacional é essencialmente política. Do ponto de vista puramente conceitual, a sociologia crítica está presente de forma original em várias obras de Alberto Guerreiro-Ramos nas décadas de 50 a 70 (a partir de Weber) e nos primeiros trabalhos de Luiz Carlos Bresser-Pereira nas décadas de 60 e 70 (a partir de Marx). No Brasil, do ponto de vista analítico, está presente em Fernando Henrique Cardoso (com os elos burocráticos), em Carlos Estevam Martins (com o insulamento das estatais), em Luciano Martins (com a autonomia da administração indireta) e em outros autores que analisaram a dinâmica de poder da burocracia estatal na década de 70, notadamente. Essa perspectiva resgatava Weber da armadilha funcionalista ao mesmo tempo que introduzia Marx, e mais tarde outros, aos estudos organizacionais.

As duas primeiras vertentes formam, ainda hoje, o *mainstream* do pensamento organizacional. A primeira evoluiu para a prescrição de formas mais orgânicas de organização burocrática – no sentido de afirmar que o contexto da emergente sociedade do conhecimento, que supera a decadente sociedade industrial, demanda modelos de gestão menos mecanicistas e mais orgânicos, flexíveis ou em rede.

A segunda evoluiu para uma variedade de "institucionalismos", sendo o mais notório e sonoro deles o denominado neo-institucionalismo econômico, segundo o qual as organizações burocráticas (as organizações formais modernas) são, por excelência, sistemas desviantes, inerentemente ineficientes e inconfiáveis (relativamente à idealizada noção neoclássica de eficiência de mercado), o que impõe um sólido sistema de regras e incentivos (uma espécie de formalização em segundo plano) capaz de enquadrar o comportamento potencialmente oportunístico dos agentes da burocracia na direção de resultados preestabelecidos por seus "principais". A terceira vertente evoluiu para um diversificado, rico e crescentemente importante, embora residual, campo de pensamento organizacional crítico que adentrou as fronteiras da subjetividade, explorando o imaginário organizacional e seu nexo subjacente à organização formal, e da racionalidade substantiva, explorando a axiologia dos movimentos transformadores em direções emancipatórias.

Toda essa digressão foi necessária para dizer que este livro de Prestes Motta e Bresser-Pereira foi a primeira obra que proporcionou um tratamento conceitual crítico abrangente e sistemático aos estudos organizacionais, corretamente referenciados no conceito seminal de burocracia weberiana (segundo o qual burocracia é menos uma morfologia gerencial e essencialmente um fenômeno de poder) e em uma leitura crítica (não funcionalista) da sociologia organizacional (mesmo a funcionalista). E isso é muito relevante, ainda hoje, porque boa parte dos estudos institucionais no campo das organizações ainda carece de um *background* crítico adequado.

No mundo do interesse prático, o destino reservaria aos autores um desafio à altura. Afora sua carreira acadêmica e de executivo na iniciativa privada, Luiz Carlos Bresser-Pereira tornar-se-ia ministro da Fazenda em 1987. Como parte de sua visão crítica sobre a crise econômica (do modelo desenvolvimentista e do Estado), estava a convicção de que tal crise tinha um forte componente gerencial. Mas, em 1995, seria ele mesmo o ministro do Ministério da Administração Federal e Reforma do Estado, o MARE, tendo a oportunidade de elaborar um plano de reforma do Estado que propunha a implantação da "administração gerencial" em substituição à "administração burocrática". Essas denominações tinham uma finalidade didática e comunicativa, mas provocaram reações desencontradas (de minha parte, inclusive). Aos leigos e preciosistas, não estava claro que se estava propondo, rigorosamente, a implantação de um novo padrão de burocracia governamental. Propugnava, na linha da primeira vertente (à qual, por sinal, subjaz parcela significativa da *nova gestão pública*), uma burocracia mais orgânica, em rede, flexível, orientada para resultados, focada no interesse do cidadão e aberta ao controle social; menos ortodoxa, mecanicista, procedimental e insulada. Por outro lado, se propunha, sobretudo, um padrão mais *accountable* de burocracia governamental, não apenas no sentido contratual do termo (de ser responsivo ou responsável perante os cidadãos interessados, conotação que predominou a partir da segunda vertente), mas no sentido "republicano" (conforme definido mais tarde) de que o exercício do poder burocrático em benefício do cidadão é um direito inerente (o que se posiciona na perspectiva da terceira vertente). O ex-ministro diria, anos mais tarde, nas suas reflexões sobre a Reforma da Gestão Pública de 1995: "Foi a experiência pública mais gratificante da minha vida". Com efeito, introduziu um novo tema na agenda política do País, logrou alterações constitucionais significativas e mobilizou atores relevantes no Brasil e no exterior. A visão organizacional crítica estaria presente de forma crescente na sua produção intelectual pós-MARE.

Fernando Prestes Motta, que perdemos recentemente, seguiu uma formidável carreira acadêmica, não apenas expandindo e aprofundando seu enfoque organizacional crítico (o que sua inestimável produção acadêmica revela), mas formando, como é peculiar aos grandes mestres, uma geração de brilhantes professores que estão na vanguarda internacional do pensamento organizacional contemporâneo.

Eu li *Introdução à organização burocrática* pela primeira vez durante a graduação e, depois, no mestrado em Administração na década de 80, logo após seu lançamento. Isso era pouco comum, porque as bibliografias eram quase exclusivamente da primeira e da segunda vertentes (naquela época, nem sequer havia no Brasil uma tradução completa e confiável de Weber). Esta obra foi fundamental para o despertar do meu interesse acadêmico pelo tema, nutrido, dentre outras, pela fecunda produção intelectual de Fernando Prestes Motta.

Na década de 90, tive a honra de compor a equipe do ministro Bresser-Pereira no MARE. O interesse prático preponderante era implantar uma forma "pós-burocrática" de organização pública não estatal, as organizações sociais. Hoje, meu interesse prático predominante, como secretário de Gestão do Ministério do Planejamento, Orçamento e Gestão, é promover a modernização da burocracia federal executiva. Dessa forma, sinto-me uma parte viva desse diálogo entre o mundo das idéias e do interesse prático, e festejo a republicação desta obra que tanto iluminou esse meu diálogo e, tenho a certeza, terá o mesmo efeito em muitos dos que se dedicam ao tema.

Humberto Falcão Martins
Brasília, agosto de 2003

Introdução

Burocracia: Poder, Organização ou Grupo Social

A organização burocrática é o tipo de sistema social dominante nas sociedades modernas; é uma estratégia de administração e de dominação; é fruto e berço da burocracia, com a qual pode inclusive ser identificada. A burocracia pode constituir-se em um grupo ou uma classe social, mas é também uma forma de poder que se estrutura por intermédio das organizações burocráticas.
    Escrever sobre burocracia é descrever um mundo muito presente, no qual a liberdade não se apresenta como realidade, mas como desejo permanentemente frustrado. Escrever sobre burocracia é denúncia e esperança. Se tantos percebem a História como caminho de libertação do homem consciente de seu destino, então é preciso perceber os auxílios e os entraves que a própria História coloca. É preciso entender, mas não basta entender. Se precisamos entender a burocracia, precisamos também aprender a superá-la. É essa a leitura que gostaríamos que fosse feita deste livro.
    A burocracia já está presente nas formações pré-capitalistas. Conserva ainda um papel secundário na fase competitiva do modo capitalista de produção. No século XX, entretanto, assume um papel cada vez mais decisivo e autônomo, nos quadros do capitalismo monopolista do mundo ocidental e principalmente nas sociedades de economia planejada, inadequadamente chamadas de socialistas. Com a História a burocracia modifica-se, sem perder algumas características essenciais. Seja como grupo social, seja como forma

de organização social, a burocracia é sempre um sistema de dominação ou de poder autoritário, hierárquico, que reivindica para si o monopólio da racionalidade e do conhecimento administrativo.

Como todo fenômeno complexo, a burocracia precisa ser entendida em todas as suas dimensões, e o que pretendemos é empreender um esforço de incursão em algumas dessas dimensões. Na realidade, podemos perceber que os significados do termo *burocracia* são muitos, mas que estão todos eles indefectivelmente entrelaçados. Se a burocracia é uma forma de organização prevalecente no mundo contemporâneo, é também verdade que burocracia é dominação e que dominação é poder. Antes de mais nada, burocracia é poder; antes de mais nada, burocracia é uma organização que confere àqueles que a controlam uma imensa parcela de poder. Mas o grupo que controla diretamente a maioria das organizações é constituído de burocratas. Do Ocidente ao Oriente, do Norte ao Sul, os burocratas constituem um grupo social claramente identificável, um grupo que tem longa história e cujas raízes históricas estão em uma forma de produção que separou fases inseparáveis do trabalho humano. Grandes teóricos dos séculos XIX e XX afirmaram, respectivamente, que a burocracia era o único estamento que permanecia na sociedade moderna e que os burocratas gozavam de honra estamental. Possivelmente, os burocratas procuram gozar de muito mais do que uma honra estamental. Eles estão, antes de tudo, a seu próprio serviço.

A burocracia, em todos os seus sentidos, é, em última instância, a negação da liberdade. E, no entanto, é preciso estudá-la com muita seriedade. Seria extremamente difícil entender os processos pelos quais nossas sociedades reproduzem suas condições de existência, através dos diversos modos de produção, sem entender com clareza o que a burocracia significa em tais processos. E entendê-la significa percebê-la como organização racional instrumental, caracterizada pelo primado do formalismo, da despersonalização e do profissionalismo. Significa entender os meandros de uma forma de poder que se insinua na esfera da produção, da política e da ideologia. Significa entender a dinâmica do exercício desse poder. Significa entender uma forma específica de conduta; significa, igualmente, entender a lógica de um grupo social que faz prevalecer determinado tipo de organização. A burocracia é um desafio que precisa ser vencido em todos os níveis em que se manifesta. E, se os obstáculos são colocados historicamente, também sua superação se dá historicamente.

Burocracia é uma forma de poder que se expressa hoje de duas maneiras fundamentais: (a) como um tipo de sistema social – a organização burocrática; e (b) como um grupo social que hoje vai assumindo cada vez mais o caráter de classe social, à medida que as organizações burocráticas modernas – as grandes empresas monopolistas e o próprio Estado – assumem de forma crescente o controle da produção.

Este livro examina a burocracia exclusivamente em termos de organização burocrática. Isso significa que a burocracia é aqui estudada como uma estratégia de administração. No processo de desenvolvimento capitalista, à medida que cresciam as empresas, a classe capitalista verificou que uma condição essencial para a continuidade desse crescimento e, portanto, para a manutenção do próprio processo de acumulação de capital, era a estruturação das empresas na forma de organizações burocráticas. Definiu-se, assim, uma estratégia de administração baseada nas organizações burocráticas. Através dessa estratégia, a classe capitalista defendia-se contra a tendência ao declínio secular da taxa de lucro ao alcançar maior produtividade, não apenas da mão-de-obra, mas também do capital. Por outro lado, essa estratégia inseria-se no processo histórico de luta de classes, garantindo para os empresários a disciplina e a cooperação dos trabalhadores.

À medida, entretanto, que se desenvolvia essa estratégia administrativa de multiplicação e ampliação das organizações burocráticas, a própria burocracia, enquanto grupo social, aumentava em número de forma dramática, ganhava massa crítica. Ao mesmo tempo novas relações de produção eram definidas, a partir do momento em que as organizações burocráticas assumiam o controle e mesmo a propriedade dos meios de produção. A burocracia, inserida e definida a partir dessas novas relações de produção, assumia cada vez mais o caráter de classe social; um novo modo de produção tecnoburocrático ou estatal ia aos poucos se definindo e se imbricando no modo de produção capitalista dominante nos países ocidentais, conforme um dos autores deste livro vem procurando demonstrar em diversos trabalhos.[1] Não estudaremos aqui a burocracia enquanto classe inserida nas relações de produção de um novo modo de produção que seria emergente nas formações sociais e capitalistas e já dominante na União Soviética. Cabe, inclusive, observar que alguns capítulos do presente trabalho foram escritos, em primeira versão, em uma época bem anterior à formulação da teoria sobre o modo tecnoburocrático de produção. Embora esta seja uma obra coletiva, os capítulos 1, 2, 3, 4, 5 e 9 foram basicamente escritos por Bresser-Pereira

---

[1] Cf. Luiz Carlos Bresser-Pereira. *Tecnoburocracia e contestação*. Petrópolis: Vozes, 1972; *Estado e subdesenvolvimento industrializado*. São Paulo: Brasiliense, 1977. "Notas introdutórias ao modo tecnoburocrático ou estatal de produção" e "Além da crítica". *Cadernos CEBRAP*, nº 20, abril/junho, 1977; e "Lições do aprendiz de feiticeiro ou tecnoburocracia e empresa monopolista", Escola de Administração de Empresas de São Paulo da Fundação Getúlio Vargas, ECON-L-29, 1978, mimeo.

em 1963 e 1964, com o apoio da Ford Foundation e da Escola de Administração de Empresas de São Paulo da Fundação Getúlio Vargas, enquanto os capítulos 6, 7, 8 e 10 foram escritos em 1978 por Fernando Prestes Motta, já em função deste livro. Em 1979, todo o trabalho foi amplamente editado e atualizado pelos dois autores.

Introdução à organização burocrática pretende ser ao mesmo tempo um livro didático e crítico. Examinamos de forma sistemática a organização burocrática, tendo sempre dois objetivos: de um lado, tentar conceituar e verificar como funcionam as organizações burocráticas, de outro, procurar situá-las dentro da sociedade como um sistema de dominação a serviço do capital e da própria organização. Na medida em que a organização burocrática é também uma estratégia administrativa, estaremos estudando administração. Mas nunca de um ponto de vista operacional, de como fazer, de como administrar. Muito mais importante é compreender a estrutura e a dinâmica das organizações burocráticas. Se conseguirmos alcançar esse objetivo, estaremos obtendo uma visão muito mais completa e geral não apenas dos processos administrativos, mas também da sociedade em que vivemos. Se o mundo moderno é marcado pela substituição das pequenas empresas familiares por grandes empresas burocráticas, é também caracterizado pela importância cada vez maior do planejamento e da administração em relação ao mercado e ao sistema de preços como formas de coordenação da economia. Administração e organização burocrática são, portanto, dois fenômenos econômicos e sociais centrais do nosso tempo que caminham paralela e entrelaçadamente. Nesse sentido, procuraremos estudar os dois fenômenos, embora dirigindo o foco de nossa atenção para a organização burocrática.[2]

Cabe finalmente assinalar que o conceito de organização burocrática que utilizaremos neste livro é amplo. Alguns autores restringem o conceito de burocracia a um tipo de sistema social rígido, centralizado, que se amolda quase perfeitamente ao tipo ideal de burocracia descrito por Max Weber. Para esses autores, bastaria que o sistema social se afastasse um pouco desse modelo, que se descentralizasse, que se flexibilizasse para deixar de ser uma organização burocrática. Não concordamos com essa visão. Ela serve apenas para legitimar as formas de organização burocrática existentes no mundo moderno. Na medida em que a palavra *burocracia* possui conotações negativas, procura-se retirá-la de tudo aquilo que se pretende defender. Em vez de

---

[2] Para uma análise da administração com ênfase nas teorias administrativas, e não nas organizações burocráticas, consultar Fernando C. Prestes Motta. *Teoria geral da administração*: uma introdução. São Paulo: Pioneira, 1974.

cairmos nessa armadilha ideológica, preferimos adotar um conceito amplo de organização burocrática. Todo sistema social administrado segundo critérios racionais e hierárquicos é uma organização burocrática. Haverá organizações burocráticas mais flexíveis ou mais rígidas, mais formalizadas ou menos, mais ou menos autoritárias. Mas todas serão organizações burocráticas, desde que o sentido básico do processo decisório seja de cima para baixo.

A partir dessa perspectiva, não distinguimos, por exemplo, organização burocrática de organização tecnocrática. Para alguns autores, a primeira se situaria precipuamente dentro do Estado, encarregada de desempenhar as funções repressivas ou disciplinadoras do aparelho estatal. A preocupação fundamental da burocracia seria fazer cumprir a lei, seja no nível dos tribunais, da polícia, como também dos órgãos administrativos de fiscalização. A atividade financeira do Estado de arrecadação de impostos e administração das finanças públicas seria ainda típica da organização burocrática, que se caracterizaria pela rígida hierarquia e pelo apego aos regulamentos. Já a organização tecnocrática, própria das grandes organizações produtivas públicas e privadas, seria muito mais flexível e descentralizada na medida em que estaria voltada para a realização de objetivos dentro do mercado, de produzir bens e serviços a um custo mínimo, em vez de concentrar seus esforços no caráter disciplinador, regulamentar do Estado. Enquanto o único critério de eficiência da burocracia seria a racionalidade instrumental, apoiada arbitrariamente no cumprimento dos regulamentos e das leis, os critérios de eficiência da tecnocracia seriam os resultados alcançados em termos de produção e custos envolvidos. Essa distinção, embora tenha algum fundamento, sugere apenas que podemos ter diversos tipos de organização burocrática ou tecnoburocrática. Temos pelo menos a organização burocrática patrimonial, pré-capitalista; a organização burocrática clássica, racional-legal, disciplinadora; a organização burocrática tecnocrática, orientada para a produção. Todas, entretanto, são antes de mais nada organizações burocráticas porque são administradas segundo critérios de eficiência de forma hierárquica, estruturando-se o poder sempre de cima para baixo.

Isso não significa, entretanto, que não exista nenhuma alternativa para a organização burocrática. Ela existe exclusivamente na forma de organização democrática ou autogestionária, em que a racionalidade administrativa se expressa no sentido inverso, de baixo para cima. Dessa forma, a alternativa à organização burocrática existe mais em termos de utopia do que em termos de realidade. Mas utopias para nós não são projetos irrealizáveis. São simplesmente projetos revolucionários que apontam o caminho da História.

Junho de 1979

Capítulo 1

A Organização Burocrática

Os últimos duzentos anos viram o mundo passar por um processo de transformação radical. Com o impulso do desenvolvimento industrial, a História acelerou-se, ganhou outro ritmo. E hoje, quando comparamos o mundo industrial moderno com o mundo de há dois ou três séculos, verificamos que muitos elementos, que então não existiam ou tinham pouca importância, ganharam particular significado. No setor social, isso é particularmente verdadeiro em relação às organizações. Estas, sem dúvida, existiam em épocas anteriores: não são uma criação da época industrial. Antes de constituir a regra, porém, eram a exceção.

Atualmente, o quadro é outro. As organizações são indiscutivelmente o tipo de sistema social predominante das sociedades industriais. Enquanto antes a sociedade era constituída de um sem-número de pequenos sistemas sociais desorganizados, hoje são as organizações – e organizações cada vez maiores e mais bem estruturadas – que dominam o panorama social contemporâneo. Enquanto em um passado às vezes não muito longínquo eram a família, a tribo, o clã, o feudo, a pequena empresa familiar, de caráter agrário, artesanal, ou eventualmente comercial, os sistemas sociais dominantes, no mundo moderno apenas a família, embora muito modificada, conserva sua importância; as pequenas empresas tendem a desaparecer, e aqueles outros tipos de sistema social já desapareceram, dando lugar às grandes empresas, ao Estado moderno com toda a imensa gama de serviços que presta, aos clubes, às escolas, às igrejas, às associações de classe.

Hoje, raramente o homem trabalha, defende seus interesses e mesmo se diverte por conta própria, de forma isolada. Ele está inserido em organizações que coordenam seu trabalho, seu estudo, seus interesses, suas reivindicações. São organizações de caráter econômico, político, cultural, religioso, que se justapõem, que se interpenetram, que se entrecruzam, que entram em relações de cooperação e conflito, dependência e interdependência.

É, portanto, lícito afirmar que a sociedade moderna se caracteriza pelas organizações. Entre as características que tornam única a época em que vivemos, o grande número de organizações, a predominância desse tipo de sistema social em relação aos demais é uma das mais significativas. Deriva daí a importância do estudo das organizações. Antes, elas podiam ser contadas nos dedos, em cada país; hoje elas se contam aos milhares nos países desenvolvidos e mesmo naqueles em processo de desenvolvimento, como o Brasil.

Não é, todavia, apenas a predominância das organizações que torna particularmente importante seu estudo. Há outras razões. Por um lado, as organizações têm um papel essencial na formação da personalidade do homem moderno; por outro, as organizações e sua boa administração são condições do desenvolvimento de qualquer país.

A medida crescente em que as organizações contribuem para a definição da personalidade de um indivíduo e condicionam seu comportamento tem sido motivo de interesse e preocupação de muitos estudiosos modernos. Alguns, como Max Weber e Robert Merton[1], limitaram-se apenas a estudar o problema do ponto de vista científico. Outros, como William Whyte, Jr. e David Riesman[2], foram além. William Whyte, especialmente, descrevendo o homem norte-americano que participa das grandes organizações, chamou-o de *the organization man*. Um individualista apresentando o quadro de uma sociedade em que o conformismo social é crescente, ele a descreveu em termos muitas vezes amargos. Abandonou o ponto de vista puramente científico para passar para o campo da crítica social. O homem

---

[1] Max Weber. *Economía y sociedad*. México: Fondo de Cultura Económica, 1944, vol. IV, capítulo VI, e Robert K. Merton. *Social theory and social structure*. Glencoe, Illinois: The Free Press, 1949, capítulo VI.

[2] William H. Whyte, Jr. *The organization man*. Nova York: Simon and Schuster, 1956, e David Riesman, "A study of the changing American character". In: *The lonely crowd*. New Haven: University Press, 1956.

da organização é o homem que pensa em grupo, que toma decisões em grupo, que trabalha e se diverte em grupo, é o homem cujos valores e crenças são os valores e as crenças das organizações de que participa, é o homem cujo comportamento é condicionado pela organização, de forma a tornar mínima, senão inexistente, sua área de autonomia individual.

A análise de William Whyte, Jr. do conformismo social contemporâneo tem fundo ideológico claro. Tal fato, porém, não invalida a contribuição fundamental de seu livro. Sua tese é a de que as organizações ganharam tal importância no mundo moderno, que deram origem a um novo tipo de homem – o homem da organização –, que já se tornou a figura dominante de países altamente desenvolvidos e particularmente dos Estados Unidos da América.

Um terceiro fator que marca a importância das organizações no mundo moderno reside no fato de que elas são condição para o desenvolvimento econômico, político e social. O desenvolvimento é um processo integrado de transformação social que tem nas organizações um de seus principais instrumentos. Como veremos extensamente neste livro, o princípio fundamental que rege a vida das organizações é o princípio da eficiência. Um sistema social qualquer não necessita ser eficiente, produtivo. Já nas organizações a eficiência – ou pelo menos a procura de eficiência – é uma condição de existência. Se essa condição não se verifica, a organização não existe, o sistema social em questão não se caracteriza como uma organização.

Isso, aliás, explica por que o primeiro objetivo da administração das organizações é, pelo menos em tese, o aumento da eficiência, e justifica o relevo que daremos a esse aspecto das organizações neste livro. Sem eficiência, sem produtividade, não há organizações; sem aumento de eficiência, não existe desenvolvimento. A noção de produtividade faz parte integrante do próprio conceito de desenvolvimento. Produtividade é uma relação entre esforço e resultado. Quanto maior o segundo em relação ao primeiro, maior a produtividade. Por outro lado, o desenvolvimento é um processo de aumento da renda *per capita*, através da recombinação sistemática e racional dos fatores de produção.[3] Essa recombinação visa a um melhor aproveitamento dos fatores de produção, visa à obtenção de um maior resultado para um dado esforço, visa, enfim, ao aumento de produtividade, que é, portanto, a chave do desenvolvimento.

Ora, se existe uma relação tão direta entre produtividade e desenvolvimento e, por outro lado, se a produtividade é o princípio fundamental

---

[3] Luiz Carlos Bresser-Pereira. "Desenvolvimento econômico e o empresário". *Revista de administração de empresas*, v. 2, nº 4, maio/agosto de 1962, p. 79-91.

que orienta as organizações, é fácil compreender mais uma vez a importância destas para o desenvolvimento e para a sociedade moderna como um todo.

Já vimos que existe uma estreita correlação entre o desenvolvimento industrial e o aparecimento e o crescimento das organizações. Tal correlação não tem nada de acidental. O desenvolvimento industrial desenrolou-se dentro de dois dos principais tipos de organizações: as empresas e o Estado. Quanto mais as empresas e o Estado se organizavam, quanto melhor suas relações se ajustavam, quanto mais o trabalho era racionalizado e sistematizado através das organizações, maior era o desenvolvimento. "Em última instância, o progresso de uma nação depende de sua capacidade de organizar a atividade humana. A organização é necessária para criar um Estado, para formar um exército, para propagar ideologias e religiões, ou para levar adiante o desenvolvimento econômico."[4] E não é preciso ressaltar o significado do desenvolvimento para o mundo contemporâneo. Se há um objetivo, se há uma aspiração que é partilhada quase unanimemente pelo homem dos meados do século XX, esse objetivo, essa aspiração é a do desenvolvimento econômico.

Todos esses fatores – o aparecimento e a predominância das organizações na sociedade industrial moderna, sua influência no condicionamento social dos indivíduos e sua posição estratégica em relação ao desenvolvimento – fizeram com que as organizações atraíssem as atenções de estudiosos de todas as ciências sociais. A Sociologia, na medida em que procura compreender e analisar a estrutura social como um todo e cada sistema social em particular, interessou-se diretamente por elas. A Psicologia, procurando estudar o comportamento de cada indivíduo, e a Psicologia Social, mais interessada nos pequenos grupos, tiveram necessariamente que abordar o problema das organizações. A Economia, seja estudando a teoria dos preços e os tipos de mercado, seja ocupando-se dos problemas do pleno emprego e do desenvolvimento, teve necessariamente que voltar sua atenção para as organizações e, em particular, para as organizações econômicas, para as empresas e para o Estado.

Essas últimas foram também objeto de estudo tanto da Administração de Empresas quanto da Administração Pública. É aliás à Administração[5], mais

---

[4] Frederick H. Harbison e Charles A. Myers. *Management in the industrial world, and international analysis*. Nova York: McGraw-Hill, 1959, p. 3.

[5] É oportuno lembrar que, neste livro, Administração, como ciência ou ramo do conhecimento, será, como é de regra, grafada com letra maiúscula; a prática da administração e ainda a administração no sentido de um conjunto de pessoas que administram uma organização serão, também como é de regra, grafadas com letra minúscula.

do que a qualquer outro ramo do conhecimento, que as organizações interessam. Não existe organização sem administração, e a recíproca é quase totalmente verdadeira, já que é precipuamente dentro das organizações que a administração é exercida. O estudo geral das organizações, com ênfase em seus aspectos administrativos, é o objeto deste livro. O tema é vasto e sua importância já foi salientada. Vejamos agora o plano do livro.

A palavra "organização" não é unívoca: tem pelo menos dois sentidos. É comum ouvirmos frases como estas: "a organização em que trabalho é excelente"; "a Igreja Católica é uma organização muito antiga". Ou, então, afirmações como estas: "a organização de minha empresa é funcional"; "precisamos modificar a organização do departamento de engenharia". Colocando essas quatro frases lado a lado, torna-se evidente que o sentido de "organização" nas duas primeiras não é o mesmo que nas duas últimas. Em sua primeira acepção, organização é um tipo de sistema social, é uma instituição objetivamente existente, enquanto, no segundo sentido, organização é a forma pela qual determinada coisa se estrutura, é inclusive o modo pelo qual as organizações em seu primeiro sentido se ordenam. Tanto assim que, não fosse a deselegância da linguagem, poderíamos dizer: "a organização da organização em que trabalho é excelente". Seria o mesmo afirmar que "a estrutura orgânica, a forma pela qual se organiza a organização em que trabalho, é muito boa". Na verdade, a própria classificação gramatical das duas acepções da palavra "organização" é diferente. No primeiro caso, trata-se de um substantivo concreto, enquanto no segundo caso estamos diante de um substantivo abstrato.

➤ O conceito de organização burocrática

Um sistema social pode ser muito ou pouco organizado. Há sistemas sociais, como os pequenos grupos ou família, que têm grau de formalização da estrutura organizacional muito pequeno, quase inexistente. Um exército moderno, por outro lado, é um sistema social altamente organizado. Reconhecendo esse fato, Georges Gurvitch, em sua classificação pluralista dos agrupamentos ou sistemas sociais, adota como critério de uma de suas classificações o grau em que o sistema social é organizado.

Temos, então, desde o agrupamento praticamente inorganizado até o agrupamento completamente organizado.[6] Os casos extremos dos agrupa-

---

[6] Georges Gurvitch. *La vocation actuelle de la sociologie*. Paris: Presses Universitaires de France, 1957, p. 307, 326 e seg.

mentos não-organizados seriam representados pelos diversos públicos, como o conjunto dos consumidores ou dos produtores, o povo etc.; no extremo oposto estariam as organizações burocráticas, que também podem ser chamadas simplesmente de organizações ou de burocracias. Isso significa que, quanto mais um sistema social é organizado, mais se aproxima do modelo ideal da organização burocrática. Um sistema social é ou não uma organização na medida em que é burocraticamente organizado.

Cumpre, portanto, saber o que é um sistema social burocraticamente organizado ou uma organização. Todos os estudos modernos a respeito desse problema têm por base a obra genial de Max Weber. Esse grande sociólogo alemão, que escreveu a maioria das suas obras nas duas primeiras décadas do século XX, foi o primeiro a estudar sistematicamente as organizações burocráticas. Sua teoria sobre burocracia faz parte de sua principal obra, *Wirtschaft und Gesellschaft* (*Economia e Sociedade*), e a ela estaremos nos referindo insistentemente neste capítulo. Max Weber, entretanto, não se preocupou em definir burocracia. Preferiu conceituá-la através da extensa enumeração de suas características. Uma definição sucinta de organização burocrática, porém, é sempre conveniente. Antes que a apresentemos, cumpre-nos dar dois esclarecimentos a respeito do termo "burocracia".

Em primeiro lugar, Max Weber, que o estudou amplamente, não considerou burocracia um tipo de sistema social, mas um tipo de poder ou de dominação. A burocracia seria um tipo de poder da mesma categoria que o patriarcalismo, o patrimonialismo, o feudalismo e o carismatismo, que estudaremos adiante. Entretanto, a cada um desses tipos de poder correspondem um ou mais sistemas sociais diferentes. À burocracia ou poder burocrático correspondem, na nossa terminologia, as organizações, organizações burocráticas, ou simplesmente burocracias. É muito comum, nos escritos posteriores a Weber, chamar de burocracia uma empresa, um organismo estatal ou o exército. Decidimos, portanto, adotar a expressão *burocracia* como sinônimo de organização, para exprimir um tipo de sistema social.

Em segundo lugar, o termo *burocracia* tem um sentido científico, dentro da Administração e da Sociologia, e um sentido popular bem diverso do primeiro. No sentido popular, *burocracia* significa papelada, número excessivo de tramitações, apego excessivo aos regulamentos, ineficiência. Na verdade, o povo deu o nome de burocracia aos defeitos do sistema, ao que Robert K. Merton chamaria de suas "disfunções". Estudaremos também essas disfunções, mas neste livro o termo *burocracia* será usado em seu sentido científico.

Mannheim define *organização* como "um tipo de cooperação no qual as funções de cada parte do grupo são precisamente pré-ordenadas e estabelecidas e há uma garantia de que as atividades planejadas serão executadas sem maiores fricções".[7] Essa é uma definição descritiva, que já procura adiantar o modo pelo qual a organização se ordena. Preferimos uma definição que faça referência apenas ao elemento essencial que diferencia as organizações dos demais sistemas sociais: a racionalidade. Assim, se adotarmos uma definição curta e perfeitamente enquadrada dentro dos moldes da filosofia aristotélica, diremos que uma organização ou burocracia é um sistema social racional, ou um sistema social em que a divisão do trabalho é racionalmente realizada tendo em vista os fins visados. O gênero próximo é o fato de a organização ser um tipo de sistema social, de conjunto de indivíduos que mantêm entre si relações sociais. A diferença específica é o fato de ser racional a divisão do trabalho existente dentro desse sistema social.

Essa definição é curta e direta, mas não suficientemente clara porque não explica o que seja "racional". Na Introdução deste livro, já discutimos em parte esse problema, quando afirmamos que a Escola da Administração Científica e os próprios estudos de Administração em geral são um fruto do racionalismo. As organizações são também um fruto desse mesmo racionalismo. O desejo de racionalização do homem moderno atingiu todos os setores de sua vida, inclusive o da estrutura dos sistemas sociais de que participa. Estes são racionalizados através de métodos administrativos. É o administrador que racionaliza, que organiza os sistemas sociais, transformando-os em burocracias. Mas o que significa racionalizar, o que é um ato racional?

É claro que a discussão desse tema, com todas as suas implicações de ordem filosófica, não cabe aqui. Seríamos tentados simplesmente a dizer que ato racional é aquele que é de acordo com a razão, como já dissemos que racionalismo é a crença ilimitada na razão humana. Mas essa definição de ato racional não nos levaria a nada, como também nada significaria dizermos que ato racional é o ato lógico, pois caberia, então, perguntar: o que é um ato de acordo com a razão, o que é um ato lógico?

Precisamos, na realidade, encontrar um critério que nos permita, com relativa facilidade, afirmar se um ato é ou não racional, se está ou não de acordo com a razão; um critério que nos permita dizer que o administrador que paga o mesmo salário a dois subordinados, quando um deles é muito mais qualificado, hierarquicamente superior e tem tanto ou mais tempo de

---

[7] Karl Mannheim. *Systematic sociology*. Londres: Routledge & Kegan Paul, 1957, p. 116-117.

serviço que o outro, está praticando um ato irracional. Um critério que nos possibilite afirmar desde logo a irracionalidade do ato de alguém que tome um avião em São Paulo, com escala em Dacar, quando seu único destino é Nova York.

Esse critério emerge naturalmente dos dois exemplos que acabamos de citar. Em ambos os casos, estávamos diante de atos ilógicos porque incoerentes em relação aos fins visados. Admitindo-se que o administrador tivesse como objetivo obter o máximo de cooperação e produtividade de seus subordinados, o pagamento de salários iguais para duas pessoas com habilidades muito diferentes seria irracional, porque não estaria sendo coerente em relação àquele objetivo. No segundo exemplo, haveria também incoerência entre o meio e o fim, embora o viajante pudesse atingir seu destino, Nova York, passando por Dacar.

A inadaptação dos meios para atingir os fins visados pode não chegar a ser de tal ordem que impeça que o objetivo seja atingido. Entretanto, esse objetivo será atingido com o dispêndio de maiores esforços, incorrendo-se em maiores custos. O critério, portanto, que distingue o ato racional do irracional é sua coerência em relação aos fins visados. Um ato será racional na medida em que representar o meio mais adaptado para se atingir determinado objetivo, na medida em que sua coerência em relação a seus objetivos se traduzir na exigência de um mínimo de esforços para se chegar a esses objetivos.

Com essa definição de ato racional, podemos voltar à discussão do conceito de organização. Dizíamos que organização ou burocracia é um sistema social em que a divisão do trabalho é racionalmente realizada. Falamos em divisão do trabalho, porque qualquer sistema social elementarmente organizado tem por base a divisão do trabalho, a especialização das funções. Em uma burocracia, essa divisão do trabalho deverá ser feita racionalmente, ou seja, sistemática e coerentemente. Chegamos, assim, a uma nova e mais precisa conceituação de organização: é o sistema social em que a divisão do trabalho é sistemática e coerentemente realizada, tendo em vista os fins visados; é o sistema social em que há procura deliberada de economizar os meios para se atingir os objetivos.

Ato racional é aquele coerente em relação aos fins visados; ato eficiente ou produtivo é aquele que não só é coerente em relação aos fins visados, como também exige o mínimo de esforços, o mínimo de custos, entendidos esses termos em seu sentido amplo, para um máximo de resultados. Daí podermos dizer também que organização é o sistema social que se administra segundo o critério da eficiência, no qual as decisões são tomadas sempre tendo em vista o aumento de produtividade.

Neste momento, poderia ser levantada uma objeção nos seguintes termos: tal sistema social não existe; não há nenhum sistema social que seja administrado segundo critérios racionais estritos. De fato, a objeção tem razão de ser. Mas, se fôssemos levá-la a suas últimas conseqüências, estaríamos impedidos de caracterizar a maioria dos fenômenos sociais um pouco mais complexos, dada a variedade e a mutabilidade que lhes são próprias. A solução encontrada por Max Weber para o problema foram os "tipos ideais".[8] Ele estudou burocracia como um tipo ideal, da mesma forma que o fez com o capitalismo, o racionalismo etc.

O tipo ideal não tem nenhuma conotação de valor, como a expressão poderia sugerir; o escravismo é um excelente exemplo de tipo ideal. Não procura tampouco representar as características típicas ou médias de um determinado fenômeno social; o tipo ideal é uma abstração, através da qual as características extremas desse fenômeno são definidas, de forma a fazer com que ele apareça em sua forma "pura". Assim, nenhuma organização corresponde exatamente ao modelo puro de burocracia. Muitas se aproximam grandemente desse modelo, desse tipo ideal, como as grandes empresas, o Estado moderno, as igrejas, as escolas, as associações, os clubes. Por isso, embora não tenham passado por um processo completo de burocratização, incluem-se entre as burocracias, entre as organizações, na medida em que têm objetivos definidos e que procuram atingi-los de forma sistemática e coerente, na medida em que, segundo a definição de organização de Chester Barnard, são um "tipo (sistema) de cooperação entre homens consciente, deliberado, visando objetivos".[9]

➤ As organizações entre os sistemas sociais

A conceituação de organização ou burocracia nos permite agora situá-la entre os demais sistemas sociais. Embora se verifique dia a dia um grande crescimento, em número e tamanho, das organizações em relação aos demais sistemas sociais, embora as burocracias tendam a ser o fenômeno social dominante do mundo moderno, outros sistemas sociais sempre existirão. Cabe, portanto, determinar o lugar da burocracia entre os sistemas sociais.

A classificação de Georges Gurvitch a que nos referimos no início deste capítulo serve como um ponto de partida. É necessário, porém, adaptá-la, pois

---

[8] Max Weber, *op. cit.*, vol. I, p. 19.

[9] Chester Barnard. *The functions of the executive.* Cambridge, Massachusetts: Harvard University Press, 1958, p. 4.

Gurvitch entende organização de uma forma diferente da nossa. A primeira classificação que sugerimos, como fruto dessa adaptação, apresenta três tipos de sistemas sociais: (1) sistemas sociais praticamente desorganizados, como a multidão, "um compacto agregado de seres humanos, colocados em contato direto, temporário e inorganizado"[10], e os diversos públicos, entendendo-se

QUADRO 1.1 – *A organização burocrática entre os sistemas sociais*

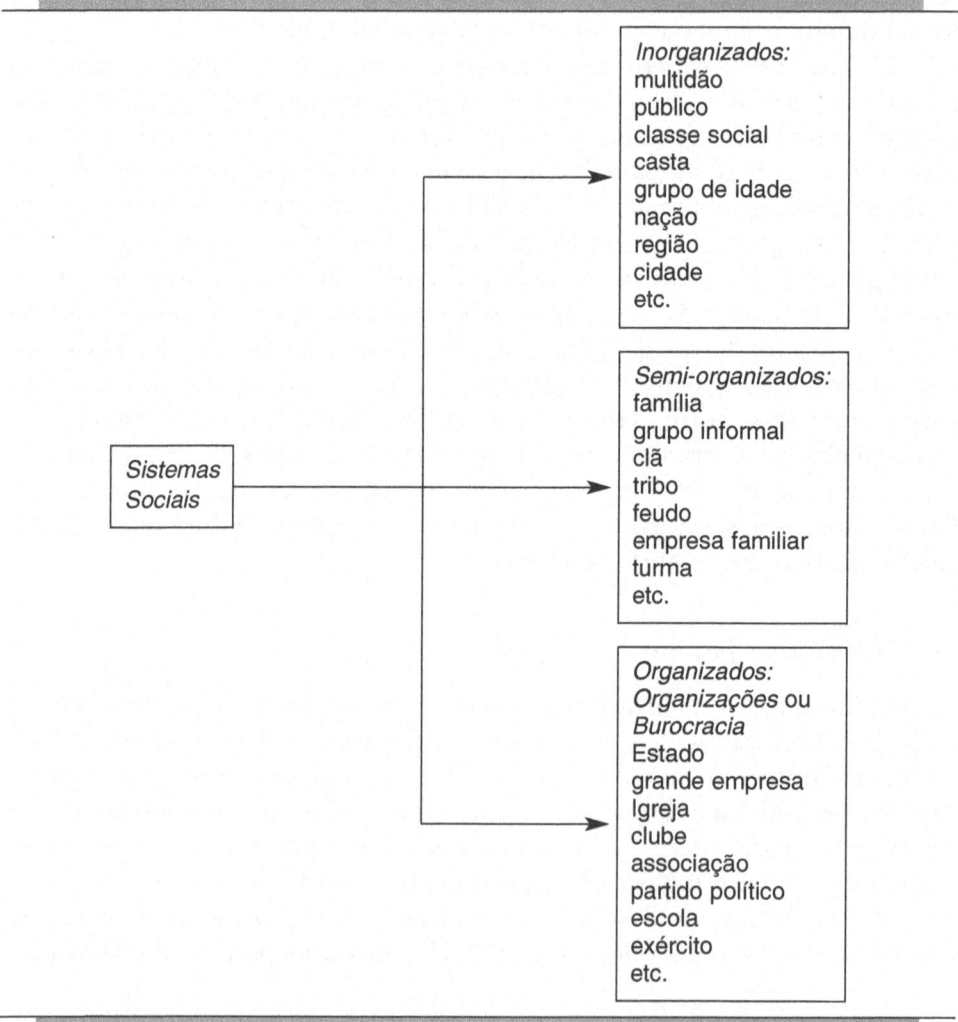

---
[10] Karl Mannheim, *op. cit.*, p. 104.

por público "uma integração de muitas pessoas baseada não em relações pessoais, mas em uma reação ao mesmo estímulo"[11], as classes sociais; os grupos de idade, a nação, a cidade, a região etc.; (2) sistemas sociais semi-organizados, como a família, o grupo primário (pequeno grupo informal no qual as relações sociais são face a face), a tribo, o clã, o feudo, a pequena empresa familiar etc.; e (3) organizações ou burocracias. E claro que nesta, como na maioria das classificações, as "áreas cinzentas" entre os diversos tipos são enormes, mas ela já facilita nosso trabalho de confrontar e distinguir as organizações dos demais sistemas sociais.

Outra classificação das mais interessantes, e que nos permite salientar o fato de que as burocracias, além de seu caráter racional, são geralmente sistemas sociais de grandes proporções, é aquela que R. M. MacIver e Charles H. Page apresentam. Segundo essa classificação, teríamos: (1) as unidades territoriais inclusivas, cujo tipo genérico seria a comunidade e cujos tipos específicos seriam a tribo, a nação, a região, a cidade, a vila etc.; (2) as unidades baseadas na consciência de um interesse comum mas sem uma organização definida, cujos tipos genéricos são (a) a classe social, (b) os grupos étnicos e raciais e (c) a multidão, com seus respectivos tipos específicos; e (3) as unidades baseadas na consciência de um interesse comum e com organização definida: as associações, cujos tipos genéricos são (a) o grupo primário e (b) a grande associação, e os respectivos tipos específicos: a família, o grupo desportivo, a turma etc., para os grupos primários, e o Estado, a Igreja, a empresa, o sindicato etc., para as grandes associações.[12]

É fácil ver que MacIver e Page usam a expressão "grandes associações" com o mesmo sentido que estamos usando "organizações" ou "burocracias". A terminologia no campo das ciências sociais é extremamente imprecisa e, geralmente, não faz sentido discutir por motivos de ordem semântica. A terminologia dos dois sociólogos é tão válida quanto a nossa, e a classificação que apresentam, pelo seu caráter inclusivo, é sem dúvida útil, além de ter a vantagem de situar muito bem as organizações. Aliás, ambos usam também a expressão "organizações em grande escala" como sinônima de "grandes associações" e baseiam sua análise delas nos escritos de Max Weber sobre burocracia.[13]

---

[11] Idem, p. 106.

[12] R. M. MacIver e Charles H. Page. *Sociología*. Madri: Editorial Tecnos, 1960, p. 223.

[13] Idem, p. 238-245.

▶ A burocracia e os tipos de dominação

Outra forma de delinear os limites que separam a burocracia dos demais sistemas sociais é através da classificação dos tipos de dominação. Segundo Max Weber, são três os seus tipos fundamentais: o carismático, o tradicional e o racional-legal.[14] Cada um desses tipos diferencia-se dos demais pela sua origem, pela sua "legitimidade", conforme a expressão de Weber. A legitimidade da dominação é o fato que a torna efetiva, é o motivo que explica por que determinado número de pessoas obedece às ordens de alguém, conferindo-lhe poder. Além disso, a forma pela qual a dominação é exercida é também diferente para cada um dos três tipos.

A dominação carismática é aquela que tem por origem o "carisma". Esse termo foi usado anteriormente com sentido religioso, significando dom gratuito de Deus, graça. O batismo confere o carisma; o dom da sabedoria que Cristo deu aos apóstolos é um tipo de carisma. Modernamente, Weber e outros estudiosos usaram esse termo com o sentido de qualidade extraordinária e indefinível de uma pessoa. Há algo de misterioso e de mágico no indivíduo que lhe confere poder. O grande líder político, o capitão de indústria, o herói, o chefe de expedições pioneiras são freqüentemente pessoas com poder carismático. "A legitimidade de seu domínio baseia-se na crença e na devoção, ao extraordinário, que é valorizado porque vai além das qualidades humanas normais... baseia-se na crença em poderes mágicos, na revelação e no culto de heróis."[15]

A dominação carismática é um poder sem base racional. É instável, arbitrário e facilmente adquire características revolucionárias. Sua instabilidade deriva da fluidez de suas bases. O líder carismático mantém seu poder enquanto seus seguidores reconhecem nele forças extraordinárias e, naturalmente, esse reconhecimento pode desaparecer a qualquer momento. Por outro lado, a dominação carismática não pode ser delegada nem concedida em herança, como a racional-legal e a tradicional. É uma dominação essencialmente pessoal, intransferível. Sua arbitrariedade explica-se pela ausência de leis, estatutos e tradições que a regulamentem. É um poder cujos limites são dados pela sua própria personalidade. Por isso mesmo ele tende a ser um instrumento de transformação social. Os grandes líderes revolucionários

---

[14] Max Weber. "The social psychology of the world religions". In: H. H. Gerth e C. Wright Mills (organizadores), *From Max Weber*. Nova York: Oxford University Press, 1958, p. 294 e 300. Veja também Max Weber, *Economía y sociedad, op. cit.*, v. 1, p. 224.

[15] Max Weber, "The social psychology of the world religions", *op. cit.*, p. 296.

exercem geralmente uma dominação carismática, que vem romper com a estabilidade e a solidez das normas legais e dos costumes tradicionais.

É fácil compreender por que a dominação carismática não é própria da burocracia. Sua irracionalidade, instabilidade e arbitrariedade chocam-se diretamente com as bases do conceito de organização. Isso não quer dizer, porém, que as burocracias não possam conter em seu seio pessoas com poder carismático. O problema da liderança natural, que é de importância fundamental para o bom funcionamento das organizações, está intimamente ligado ao conceito de dominação carismática. É certo que a definição de liderança geralmente adotada pelos representantes dessa Escola procurou negar que o poder do líder tenha base em sua personalidade, em certas características especiais e extraordinárias de sua pessoa. Mas esse é um problema de como conceituar liderança, o qual apenas acentua a importância da dominação carismática na Administração.

A dominação tradicional é aquela que se baseia no tradicionalismo, "na crença na rotina de todos os dias como uma inviolável norma de conduta".[16] O tradicionalista acredita na "santidade" da tradição. Tudo o que os nossos antepassados aceitaram como válido deverá continuar a sê-lo. Os usos e costumes são a fonte última de poder. É um tipo de dominação extremamente conservador. Opõe-se à mudança social, porque nada a legitima. Pelo contrário, toda mudança social implica rompimento mais ou menos violento das tradições, abandono de usos e costumes às vezes imemoriais e, portanto, deve ser combatida. Aquele que exerce a dominação tradicional não é simplesmente um superior investido de autoridade, mas um "senhor", e seus subordinados, que constituem seu quadro administrativo, não são "funcionários", mas "servidores", entre os quais encontramos os nobres, os empregados domésticos, os clientes, os escravos, os colonos, os servos, os vassalos, os favoritos etc.[17] Na medida em que as normas tradicionais não são perfeitamente definidas, o senhor tradicional usufrui certa área de arbítrio.

Todas essas características tiram da dominação tradicional qualquer base racional. Ela não é exercida com uma preocupação de eficiência. Não se procuram escolher os meios mais eficientes para atingir os fins visados. As normas tradicionais, o tipo de subordinados e o arbítrio do senhor não o permitem. Max Weber distingue dois tipos básicos de dominação tradicional:

---

[16] Idem, p. 296.

[17] Max Weber. *Economía y sociedad*, op. cit., vol. I, p. 235-237.

o patriarcalismo e o patrimonialismo. O primeiro, que se aproxima muito da gerontocracia, do domínio dos mais velhos, é a dominação tradicional original. Suas bases são não apenas tradicionais mas também familiares e hereditárias. O que exerce a dominação patriarcal obedece estritamente às normas tradicionais, e seus subordinados são iguais e não inferiores, companheiros e não súditos. Já o patrimonialismo surge com o aparecimento de um quadro administrativo. O poder do senhor patrimonial apóia-se não só na tradição, mas também no domínio de escravos, servos, colonos, de forma que seu arbítrio é muito maior do que a do senhor patriarcal. São típicos do patrimonialismo os privilégios, as honrarias e o favoritismo. De um modo geral, a dominação patriarcal tende a transformar-se em dominação patrimonial.[18]

A dominação tradicional será mais bem compreendida quando comparada ao terceiro tipo de dominação, a racional-legal, também chamada de burocrática. A dominação burocrática é aquela cuja legitimidade se baseia em normas legais racionalmente definidas. O predomínio desse tipo de dominação dentro de um sistema social define a existência de uma organização ou burocracia. Da mesma forma que a dominação tradicional corresponde a sistemas sociais como a família, o clã, a tribo, o feudo, a corte etc., a dominação racional-legal corresponde à burocracia. Depois de termos conceituado burocracia de forma ampla, cumpre-nos verificar quais são suas características.

▶ Características das burocracias

As burocracias têm sua fonte de legitimidade no poder racional-legal, e não no poder patriarcal, patrimonial ou carismático. Em seu tipo ideal, puro, as organizações são sistemas sociais racionais. Perguntamos agora: como se expressa essa racionalidade da burocracia, como se distingue ela dos demais sistemas sociais que não têm por base o poder racional-legal? Procurando reduzir as organizações à sua expressão mais simples, diríamos que são três as características básicas que traduzem seu caráter racional: são sistemas sociais (1) formais, (2) impessoais, (3) dirigidos por administradores profissionais, que tendem a controlá-los cada vez mais completamente.

O formalismo da burocracia expressa-se no fato de que a autoridade deriva de um sistema de normas racionais, escritas e exaustivas, que definem com precisão as relações de mando e subordinação, distribuindo as atividades a serem executadas de forma sistemática, tendo em vista os fins visados. Sua

---

[18] Idem, p. 240-241.

administração é formalmente planejada, organizada, e sua execução se realiza por meio de documentos escritos. Analisemos agora mais pormenorizadamente as características que definem o caráter formal das burocracias.

Em primeiro lugar, a autoridade, em uma burocracia, deriva de normas racional-legais, em vez de tradicionais. Assim, as normas são válidas não porque a tradição as legitime, mas porque, sendo racionais, nos levam aos fins visados. Além disso, essas normas são legais. Elas conferem à pessoa investida de autoridade o poder de coação sobre os subordinados e coloca à sua disposição meios coercitivos capazes de impor disciplina. Em outras palavras, a autoridade burocrática é baseada no Direito, entendendo-se por Direito um sistema de normas cuja obediência pode ser imposta pela coação. Em uma empresa privada, por exemplo, dentro do sistema capitalista, a autoridade do proprietário é definida basicamente pela Constituição do país, que assegura a propriedade privada, e a autoridade dos demais administradores é definida nos estatutos e regulamentos da empresa, através de um processo de delegação de autoridade. Para exercer suas funções, os administradores têm à sua disposição meios coercitivos, que lhes asseguram, pelo menos teoricamente, obediência por parte dos subordinados. Note-se, porém, que essa autoridade é estritamente limitada pela norma legal. Ela é muito diversa da autoridade ampla e maldefinida do pai sobre o filho, do senhor sobre o escravo ou o servo. O administrador burocrático não tem nenhuma autoridade sobre a vida privada de seu subordinado e, mesmo dentro da organização, seu poder está definido pelas suas funções e as funções do subordinado.

Em segundo lugar, as normas são escritas e exaustivas. Não seria possível definir todas as relações de autoridade dentro de um sistema, de forma racional e precisa, sem escrevê-las. A norma tradicional não precisa ser escrita porque ela pouco muda, é aceita e obedecida através das gerações. A norma racional, porém, precisa a todo instante ser modificada, adaptando-se aos fatores novos que surgem no ambiente, já que visa à consecução dos objetivos colimados da forma mais econômica e eficiente possível. A necessidade de escrever as normas burocráticas, de formalizá-las, acentua-se ainda mais devido ao caráter exaustivo que elas tendem a ter. Elas procuram cobrir todas as áreas da organização, prever todas as ocorrências e enquadrá-las dentro de um comportamento definido. Dessa forma, não só a alta administração mantém mais firmemente o controle, reduzindo o âmbito de decisão dos administradores subordinados, como também facilita o trabalho destes, que não precisam estar a cada momento medindo as conseqüências vantajosas e desvantajosas de um ato antes de agir. Em face de determinada situação, o funcionário já sabe como agir, baseando-se nas diretrizes, nas normas organizacionais e disciplinares, nos métodos e rotinas, nos padrões previamente definidos. Seu comportamento, o comportamento de todos os participantes da organização, torna-se então muito mais previsível, muito mais preciso, muito mais controlável. Ora, esse objetivo de tornar exaustivas as normas só pode ser cumprido na medida em que elas são escritas e formalmente promulgadas em forma de estatutos, regulamentos e regimentos.

Em terceiro lugar, a burocracia se caracteriza pelo seu caráter hierárquico, ou seja, por "um sistema firmemente organizado de mando e subordinação mútua das autoridades, mediante supervisão das inferiores pelas superiores, sistema esse que oferece ao subordinado a possibilidade de apelar da decisão de uma autoridade inferior a uma autoridade superior".[19] A organização toma, assim, uma forma de pirâmide. Cada superior tem sob suas ordens um determinado (e geralmente pequeno) número de subordinados, os quais, por sua vez, têm sob si outros subordinados, e assim por diante. O inferior deve obedecer ao superior, embora sempre tenha a possibilidade de recorrer a uma autoridade mais alta, quando discordar da ordem recebida. Weber afirma que, em uma burocracia plenamente desenvolvida, a hierarquia de funções é "monocrática", ou seja, existe apenas um chefe para cada subordinado, em vez de comissões. Isso torna a "administração mais rápida e com diretrizes constantes, livre dos compromissos e variações da opinião da maioria".[20]

Os sistemas sociais não burocráticos, desde que atinjam certa dimensão, tendem também a apresentar-se em forma hierárquica. Mas a hierarquia jamais é tão bem definida como nas burocracias. Em um feudo ou em uma pequena empresa familiar, geralmente existe uma hierarquia, mas ela é imprecisa, conflituosa, os superiores de um escalão mais alto dão ordens a inferiores, passando por cima dos superiores imediatos destes últimos; ou então a hierarquia tende a manifestar-se mais em termos de castas e classes sociais, em termos de "status" ou posições sociais diferentes, do que em termos de níveis e amplitude de autoridade definidos. Segundo esse sistema, todo um grupo é superior ao outro, porque pertence a uma classe social mais elevada, porque é constituído de pessoas mais velhas, mais ricas,

---

[19] Idem, vol. IV, p. 86. As características da burocracia e da autoridade racional-legal são discutidas por Weber nessa obra, entre as p. 85 e 96 do vol. IV e 225 e 235 do vol. I.

[20] Idem, vol. I, p. 231.

mais cultas. Não temos, realmente, um sistema hierárquico do mesmo tipo observado nas burocracias.

Em quarto lugar, além da forma hierárquica, que divide o trabalho e define os níveis de autoridade verticalmente, a burocracia apresenta uma divisão horizontal do trabalho, em que as diferentes atividades são distribuídas de acordo com os objetivos a serem atingidos. É o processo de departamentalização, que será apresentado posteriormente. De acordo com o tipo ideal, weberiano, de burocracia, cuja validade mais adiante discutiremos, a divisão do trabalho em funções é realizada em termos de cargos abstratamente definidos e não de pessoas. A autoridade e a responsabilidade pertencem ao cargo, seja qual for a pessoa que o ocupe. Em outras palavras, a divisão do trabalho é impessoalmente realizada, o que nos leva à segunda característica das burocracias.

O caráter impessoal das organizações é a segunda forma básica pela qual elas expressam sua racionalidade. A administração burocrática é realizada sem consideração a pessoas. Burocracia significa, etimologicamente, "governo de escritório". É, portanto, o sistema social em que, por uma abstração, os escritórios ou os cargos governam. O governo das pessoas existe apenas na medida em que elas ocupam cargos. Isso salienta o caráter estritamente impessoal do poder de cada indivíduo, que não deriva da personalidade do indivíduo, como acontece na liderança carismática, nem de uma herança recebida, como no poder tradicional, mas da norma que cria o cargo e define suas atribuições. E, se a autoridade é impessoal, a obediência prestada pelo subordinado também o é, de forma que "os membros da associação, na medida em que obedecem o superior, não o fazem em consideração à sua pessoa, mas obedecem a uma norma impessoal; e só estão obrigados a obedecê-lo dentro da competência limitada, racional e objetiva a ele outorgada pela referida ordem".[21]

Observe-se que Max Weber, fazendo essa afirmação, como aliás todas as demais a respeito de burocracia, não pretende com isso dizer que as organizações "devam" ser assim. Embora referindo-se ao tipo ideal, puro, já vimos que esse tipo ideal não apresenta conotações de valor e, portanto, as afirmações feitas por ele não representam um julgamento, mas uma simples observação. Dessa forma, fazendo tais afirmações sobre o caráter impessoal das burocracias, ele não estava realmente tomando posição na luta que a Escola da Administração Científica e a Escola de Relações Humanas travariam a respeito, a primeira defendendo e a segunda condenando acerbamente

---

[21] Idem, vol. I, p. 226.

a administração impessoal, que não leva em consideração as pessoas. Ele estava simplesmente afirmando que as burocracias, em seu estado puro, eram ou tendiam a ser impessoais.

O caráter impessoal da burocracia é claramente definido por Weber quando ele diz que ela obedece ao princípio da administração *sine ira ac studio*, sem ódio ou paixão. "A burocracia é mais plenamente desenvolvida quanto mais se desumaniza, quanto mais completamente alcança as características específicas que são consideradas como virtudes: a eliminação do amor, do ódio e de todos os elementos pessoais, emocionais e irracionais, que escapam ao cálculo".[22] Em outras palavras, dentro de uma burocracia, em seu estado puro, não há lugar para sentimentos, para o favoritismo, para a gratidão, para as demonstrações de simpatia e antipatia. O administrador burocrático é um homem imparcial e objetivo, que tem como missão cumprir as obrigações de seu cargo e contribuir para a consecução dos objetivos da organização.

Tal situação, diz Max Weber, é bem diferente da que prevalecia em sistemas sociais antigos, em que as considerações de ordem pessoal dominavam todas as outras. A administração da Justiça, por exemplo, só perdeu seus pressupostos irracionais e se desligou da tradição quando passou por um processo de burocratização. A imparcialidade e a objetividade são tão necessárias para a administração da Justiça quanto para a direção das organizações. Por exemplo, a intromissão de fatores de ordem emocional na administração de pequenas empresas familiares é um dos principais motivos que explicam sua freqüente ineficiência e a tendência a serem substituídas por empresas burocráticas.

Um aspecto essencial através do qual se expressa o caráter impessoal das burocracias refere-se à forma de escolha dos funcionários. Nos sistemas sociais não burocráticos, os administradores são escolhidos de acordo com critérios eminentemente irracionais. Fatores como linhagem, prestígio social e relações sociais determinarão a escolha. O novo rei ou o senhor feudal é escolhido porque é filho primogênito do último soberano. Na empresa familiar, o filho sucede o pai por direito hereditário. Esse mesmo filho, parentes e afilhados são colocados em postos de relevo dentro da empresa, sem serem levadas em consideração sua competência e sua habilitação para o cargo.

O nepotismo e o filhotismo fazem parte dos sistemas sociais não burocráticos e não podem ser considerados aberrações dentro deles. Ninguém pensava em criticar, em um feudo, que o filho sucedesse o pai, ou que o senhor

---

[22] Idem, vol. IV, p. 104 e 105.

escolhesse para seus auxiliares diretos aqueles que pertencessem à mesma linhagem, à mesma classe social. Tal fato, com todas as suas conseqüentes ineficiências, fazia parte do sistema. Tanto assim, que o termo "nepotismo" não surge dentro de um sistema social não burocrático, mas dentro de uma burocracia, dentro da Igreja Católica, para designar uma falha dessa burocracia, que se esperava racional. O nepotismo significava originalmente a autoridade que os sobrinhos e outros parentes do Papa gozavam na administração eclesiástica. Segundo seu tipo ideal, não há lugar para o nepotismo na burocracia. Os administradores burocráticos são administradores profissionais, que fazem uso do conhecimento técnico especializado, obtido geralmente através de treinamento especial. Mas com esta afirmação já estamos abordando a terceira característica básica das organizações: o fato de que elas são sistemas sociais em que domina a administração profissional.

As organizações são dirigidas por administradores profissionais. Administrar, para o funcionário burocrata, é sua profissão. E esta é, em nossa exposição, a terceira característica básica da burocracia. Vejamos agora quais são os traços que distinguem o administrador profissional, figura que ganhou especial relevo na sociedade moderna.

Em primeiro lugar, o administrador profissional, antes de mais nada, é um especialista. Esta é uma característica fundamental. As burocracias são sistemas sociais geralmente de grandes dimensões, nos quais o uso do conhecimento especializado é essencial para o funcionamento eficiente. São necessários, pois, especialistas, homens especialmente treinados para exercer as diversas funções criadas através do processo de divisão do trabalho, que geralmente devem ter um diploma e/ou experiência para poder ocupar o cargo. Ao serem escolhidos, esses homens devem apresentar títulos e são, geralmente, submetidos a testes. Seus conhecimentos, porém, não se devem limitar à sua especialidade. Participando de um sistema pródigo em normas, diretrizes e rotinas, eles devem conhecê-las perfeitamente. Às vezes, é no conhecimento dessas normas que consiste sua especialização, quando se trata de administradores de baixo nível. Em relação aos administradores de topo, sua especialidade é simplesmente a de administrar. Eles não são especialistas em finanças, produção, mercadologia, pessoal. São generalistas, que podem conhecer um pouco mais um setor do que outro, dentro da organização.

Em segundo lugar, o administrador profissional tem em seu cargo sua única ou pelo menos principal atividade. Ele não é administrador por acidente, subsidiariamente, como o eram os nobres dentro da administração palaciana, ou como ainda o são os conselheiros e mesmo os diretores de um clube esportivo. O cargo não é uma honraria, embora possa envolver prestígio: é um meio de vida. É geralmente sua principal fonte de renda, e dele derivam fundamentalmente seu prestígio e posição social.

Em terceiro lugar, o administrador burocrático não possui os meios de administração e produção. Ele administra em nome de terceiros: em nome dos cidadãos, quando se trata de administrar o Estado, em nome dos acionistas, quando se trata de administrar uma sociedade anônima, em nome dos sócios, dos crentes, dos contribuintes etc. O empresário, que é proprietário da empresa, que a fundou ou desenvolveu através de um processo arrojado de inovação, não é um administrador burocrático. A figura deste último e a do empresário só se confundirão se a ação inovadora for realizada por um administrador que não possua os meios de produção. Estaremos, então, diante de um administrador profissional-empresário, figura comum nos antigos países socialistas e nos países capitalistas adiantados, especialmente nos Estados Unidos.

Em quarto lugar, o administrador burocrático desenvolve um espírito de "fidelidade ao cargo", segundo a expressão usada por Max Weber. É o que modernamente é chamado de processo de identificação do funcionário com a empresa. Essa identificação é impessoal. O administrador não se identifica com o chefe, o proprietário, o senhor, mas com os objetivos da organização. Na medida em que ele não é um empregado particular dessas pessoas, mas um membro da organização, é com ela que se identifica. O eclesiástico identifica-se com os objetivos de sua Igreja. O administrador privado adota os objetivos de sua empresa.

Em quinto lugar, o administrador profissional recebe uma remuneração em forma de dinheiro. Em outras palavras, ele recebe um salário em troca de seu trabalho, em vez de honrarias, títulos, gratidão, direito a participar da mesa e da casa do senhor, presentes, pagamento em forma de mercadorias, direito de cultivar parte da terra do senhor, como é próprio dos sistemas não burocráticos. Diz Max Weber que essa remuneração é fixa, ou seja, não varia com a produção, como acontece freqüentemente com o salário dos operários. Isso é verdade apenas em parte, já que é muito comum nas empresas privadas burocráticas que os diretores tenham comissões sobre os lucros. E acrescenta Weber: "o salário não é determinado em princípio, de acordo com o trabalho realizado, mas de acordo com as funções desempenhadas (com o 'escalão') e eventualmente com base na antigüidade".[23] Isso não significa que a eficiência do trabalho do funcionário não esteja sendo

---

[23] Idem, vol. IV, p. 92.

constantemente medida, sem o que não seria possível o controle da organização, e todo um sistema de promoções, transferências e rebaixamentos. Não é possível, porém, medir o desempenho de um administrador com a mesma precisão que se mede a produção de um operário. Por outro lado, há outras formas mais eficientes e diretas para incentivar administradores do que o salário variável, de forma que o salário fixo e, eventualmente, a participação nos lucros constituem a regra.

Em sexto lugar, o administrador burocrático é nomeado por um superior hierárquico. Diante de uma afirmação dessa natureza, como diante da anterior de que o funcionário recebe um salário, nossa primeira reação, tão acostumados estamos às burocracias nos tempos atuais, é perguntar: mas poderia ser de outra forma? Sem dúvida, o funcionário poderia ser eleito. E a eleição não é própria da burocracia, a não ser que se trate de uma eleição meramente formal, de uma aclamação, estando o "eleito" realmente já nomeado pelo superior, que controla os eleitores. A verdadeira eleição do administrador acarreta uma série de dificuldades. O administrador passa a depender dos subordinados, ficando sua autoridade diminuída. Além disso, a escolha de um administrador, através de nomeação, geralmente levará muito mais em consideração suas aptidões, sua capacidade, objetivamente consideradas, para desempenhar o cargo, do que através de eleição. Neste último caso, fatores emocionais e compromissos políticos podem interferir na escolha racional do administrador. É claro que o sistema de nomeações dá lugar a favoritismo. Por isso, são comuns nas burocracias os concursos de admissão e as exigências de diplomas especiais. E, de qualquer forma, sempre é possível haver falhas e deficiências em um sistema burocrático. Discutiremos mais adiante essas limitações, que constituem desvios do tipo puro de burocracia, cujas características estamos apresentando, ao seguir com certa liberdade o pensamento de Max Weber.

Em sétimo lugar, o mandato do administrador é dado por tempo indefinido. Isso não significa que o cargo seja vitalício. O funcionário poderá ser promovido, despedido, transferido. Significa apenas que não há, em regra, prazo para o seu cargo. Ao contrário dos administradores eleitos, que geralmente possuem um mandato fixo, o mandato do administrador burocrático é indefinido no tempo. Ele não tem a posse ou a propriedade do cargo. Ele não pode vendê-lo, alugá-lo ou trocá-lo, como acontecia em administrações não burocráticas, nas quais em certos casos o cargo fazia parte do patrimônio do indivíduo. Na verdade, seu superior tem sempre a possibilidade, em maior ou menor grau, de demiti-lo ou pelo menos afastá-lo do cargo. E essa dependência é a maior garantia que o superior tem de obter obediência às normas por parte do subordinado.

Finalmente, o administrador burocrático segue uma carreira, tendo direito, no final, à aposentadoria. Os possíveis movimentos verticais – promoções e rebaixamentos – e horizontais – transferências – estão, inclusive, em maior ou menor grau, incorporados nos regulamentos das organizações. Na administração pública, os movimentos horizontais são menos comuns do que na administração privada. Nesta, "movimentos horizontais e verticais confundem-se e mutuamente suportam uns aos outros. Por um lado, o movimento horizontal pode ser considerado como estando a serviço do vertical na medida em que a companhia se preocupa em treinar e educar pessoas e em testar administradores potenciais. Por outro lado, as transferências podem servir como um ponto terminal para administradores medíocres".[24] Em outras palavras, as transferências tanto são utilizadas nas burocracias como um meio de testar e ampliar a experiência de administradores que estão para ser promovidos, como para encerrar a carreira dos medíocres.

A carreira de um administrador profissional tende, mesmo nas organizações privadas, a limitar-se a uma empresa. Segundo pesquisa realizada por Mabel Newcomer, 41,2% dos presidentes e presidentes dos conselhos de administração (*board chairmen*) das grandes empresas norte-americanas, em exercício em 1950, levaram mais de 21 anos dentro da empresa antes de atingir tal posição. A duração mediana de suas carreiras até chegar ao posto máximo foi de 16 anos; 22,1 % deles trabalharam em apenas uma organização para atingir a presidência.[25]

Existe, geralmente, uma correspondência entre a idade do indivíduo e sua posição na hierarquia. Quando essa correspondência deixa de existir, passando o administrador de um nível de idade para outro sem ser promovido, é geralmente sinal de que não está sendo bem-sucedido. A existência de uma carreira, com a possibilidade de promoção por mérito e antiguidade, constitui um incentivo básico que as organizações oferecem aos funcionários. Por outro lado, a prática amplamente adotada pelas organizações de promoção "de dentro", ou seja, a diretriz de procurar primeiro dentro da organização as pessoas a serem promovidas e, só em caso de inexistência de pessoas habilitadas, procurar fora, constitui ao mesmo tempo uma garantia de que a carreira realmente existe e de que a possibilidade de promoções é um fato e um meio através do qual as organizações prendem seus administradores.

---

[24] Norman H. Martin e Anselm L. Strauss. "Patterns of mobility within industrial organizations". In: W. Lloyd Warner e Norman H. Martin (organizadores). *Industrial man*. Nova York: Harper & Brothers, 1959, p. 89.

[25] Mabel Newcomer. "The big business executive". In: *Industrial man, op. cit.*, p. 131 e 132.

➤ O poder do administrador profissional capitalista

O crescente controle dos administradores profissionais sobre as burocracias, que tendem a ser completamente dominadas por eles, é a nosso ver a quarta característica fundamental das organizações, ao lado de seu formalismo, de seu caráter impessoal e do fato de serem administradores profissionais aqueles que as administram. Max Weber afirmou o caráter profissional do administrador burocrático e salientou seu poder e seu prestígio social. A verificação e constatação, porém, de que esse poder tende a crescer de tal maneira, até lograr o controle completo das organizações privadas, não foram feitas por ele, mas por Adolf Berle e Gardiner Means. Ambos realizaram, por volta de 1930, uma ampla pesquisa, financiada pelo Social Sciences Research, Council, a respeito das tendências do desenvolvimento das sociedades anônimas.

Os resultados dessa pesquisa apareceram em um livro, *The modern corporation and private property*[26], que se transformou em um clássico no campo dos estudos sociais, econômicos e jurídicos. A tese central do livro é a de que as grandes companhias norte-americanas são entidades "quase-públicas", que deixaram ou estão deixando de ser controladas pelos proprietários, para serem controladas por administradores profissionais. Nessa pesquisa de 1929, verificou-se que 44% das empresas pesquisadas eram dirigidas por administradores profissionais, que controlavam menos de 20% do capital votante das empresas. Em 1963, essa pesquisa foi novamente realizada por Robert J. Larner, o qual verificou que então 84,5% das 200 maiores empresas industriais norte-americanas já eram dirigidas por administradores profissionais que controlavam menos de 10% do capital votante.[27] O processo de transformação do capital monopolista em um capital burocratizado continua, portanto, intenso.

Esse fenômeno, essa burocratização das empresas privadas, independentemente da utilização política que Adolf Berle, Peter Drucker e muitos outros fizeram dele depois, transformando-o em instrumento ideológico do neocapitalismo burocrático e monopolista do século XX, é portanto um fato indiscutível. Foi ele resultado de um processo, no qual se podem distinguir diversas fases. Em primeiro lugar, tivemos o aparecimento do sistema corporativo, com a criação das grandes companhias monopolistas de comércio e navegação,

---

[26] Adolf A. Berle, Jr. e Gardiner C. Means. *The modern corporation and private property*. Nova York: MacMillan, 1950.

[27] Robert J. Larner. "Ownership and control in 200 largest non-financial corporations". *American economic review*, setembro de 1966, p. 777-787.

dentre as quais a Companhia das Índias Ocidentais é a mais conhecida no Brasil. Essas companhias eram criadas por Holanda, Inglaterra, Portugal, França, Espanha. Verificaram-se, então, as primeiras crises de especulação, valorizações excessivas das ações dessas companhias, seguidas por quedas violentas nos valores dessas ações. O desenvolvimento rápido das sociedades anônimas, entretanto, só se realizou depois da Revolução Industrial: na Europa e nos Estados Unidos, a partir do começo do século XIX, e no Brasil a partir de 1930. O sistema industrial, exigindo a inversão de grandes capitais na indústria, nos transportes, nos serviços públicos, nas instituições financeiras, provocou o rápido desenvolvimento das sociedades anônimas. Verificou-se, então, nos países mais desenvolvidos, um processo de grande concentração de riqueza nas mãos de um pequeno número de companhias.

Segundo pesquisa realizada por Berle e Means, as 200 maiores empresas norte-americanas da época controlavam 49% de toda a riqueza corporativa e 38% de toda a riqueza aplicada em negócios. Isso em 1929, quando foi realizada a pesquisa. E a taxa de crescimento dessas grandes empresas era maior do que a das pequenas e médias empresas, de forma que a tendência é para concentração do poder econômico em maior grau ainda. Aliás, o próprio Berle informa, em livro publicado em 1954, que, segundo pesquisas mais recentes do prof. M. A. Adelman, apenas 135 empresas são detentoras de 45% de todo o acervo industrial norte-americano.[28]

Essa concentração do poder econômico nas mãos de algumas empresas nos Estados Unidos foi acompanhada pela dispersão da propriedade das ações. Os acionistas das grandes companhias passaram a contar-se em dezenas e centenas de milhares. Por outro lado, os diretores das companhias controlavam freqüentemente um número reduzido de ações. Das 200 companhias pesquisadas por Berle e Means, os diretores controlavam em média 10,7% das ações ordinárias e 5,8% das ações preferenciais. Muito comumente, o principal acionista não tinha mais do que 1% das ações.

Em conseqüência desses fatos, verificou-se a separação do controle e da propriedade. Em outras palavras, o processo de burocratização envolveu todo o sistema de poder. Já não eram mais os proprietários, em função de sua riqueza, que controlavam as grandes empresas, mas os administradores profissionais, os burocratas, que chegavam a essa posição após uma longa carreira e uma ampla demonstração de capacidade administrativa. De um lado, tínhamos uma imensa massa de acionistas, cujos únicos direitos, em

---

[28] Adolf A. Berle, Jr. *A revolução capitalista do século XX*, prefácio datado de 1954, Ipanema, Rio de Janeiro, p. 25.

termos práticos, eram os de receber dividendos e vender suas ações, e, de outro, administradores profissionais controlando a organização.

Berle e Means apresentaram em seu livro cinco tipos de controle das companhias: (a) controle por propriedade quase completa das ações; (b) controle por maioria; (c) controle por meio legal (os meios legais mais comuns são o sistema de "pirâmide", com uma empresa *holding* relativamente pequena controlando por maioria de ações uma empresa quase duas vezes maior, que, por sua vez, controla por maioria outra empresa quase duas vezes maior, e assim por diante; ou, então, a técnica de emissão de ações preferenciais sem direito a voto); (d) controle por minoria, no qual um indivíduo ou pequeno grupo de indivíduos possui a minoria das ações, mas essa minoria é suficientemente grande para, combinada com procurações de outros acionistas, manter a maioria de votos na assembléia geral da empresa; (e) finalmente, controle pelos administradores profissionais, quando nenhum grupo de acionistas consegue reunir suficiente número de votos para dominar a empresa, enquanto seus administradores profissionais, manipulando procurações que enviam a todos os pequenos acionistas para serem assinadas, mantêm o controle da empresa em suas mãos.

TABELA 1.1 – *Classificação das 200 maiores companhias norte-americanas segundo o tipo de controle*[29]

Tipo de controle	% de empresas	
	Pelo número	Pela riqueza
Controle por administradores	44%	58%
Controle por meio legal	21%	22%
Controle por minoria	23%	14%
Controle por maioria	5%	2%
Controle por propriedade plena	6%	4%
Sob intervenção	1%	–
Total	100%	100%

É fácil ver que, dentre os cinco tipos de controle, apenas a distinção entre os dois últimos não é muito clara. Berle e Means traçaram a linha divisória nos 20%. Quando nenhum grupo possuía mais do que 20% das

---

[29] Adolf A. Berle, Jr. e Gardiner C. Means, *op. cit.*, p. 94. Essa classificação de empresas é feita segundo o critério a que os autores chamam de "controle final" das empresas. Na p. 116, eles apresentam outra classificação bastante semelhante, segundo o critério de "controle imediato".

ações, a empresa era considerada como controlada pelos administradores. Eles reconhecem, porém, que essa porcentagem talvez seja muito alta, e afirmam que, em certos casos, consideraram a empresa como controlada pela minoria quando o grupo acionista dominante possuía menos de 20% das ações. A classificação das empresas por esses cinco tipos de controle aparece na Tabela 1.1. Já por volta de 1930, segundo essa tabela, 44% das empresas norte-americanas e 58% da riqueza das empresas (ativo) eram controladas por administradores profissionais. E, se somarmos a essas porcentagens aquelas referentes ao controle por meio legal, teremos 65% das empresas e 80% da riqueza dessas empresas fora do controle dos acionistas.

Comprova-se, portanto, o domínio do administrador burocrático sobre as empresas privadas. O mesmo fato pode ser observado na pesquisa de Mabel Newcomer a que nos referimos anteriormente. Esta procurou determinar os principais fatores que levaram os administradores à direção das grandes empresas norte-americanas. Sua conclusão aparece, a seguir, na Tabela 1.2. Em 1950, 70% dos diretores atingiram a diretoria por seguir carreira dentro da própria companhia, ou por ter sucesso em outra companhia, enquanto apenas 26% atingiram a mesma posição graças ao fato de terem organizado a empresa, herdado ou investido. E observe-se o progressivo crescimento dos administradores profissionais em relação aos demais, de 1900 para 1950, e principalmente o crescimento dos administradores que fizeram carreira dentro da empresa. Enquanto em 1900 31,5% dos diretores atingiram essa posição por serem administradores profissionais (por seguirem carreira dentro da própria companhia ou por terem sucesso em outra companhia), em 1950 essa porcentagem elevava-se aos já referidos 70%. O crescimento mais extraordinário, porém, é o dos administradores tipicamente burocráticos, que fizeram carreira dentro da companhia: 17,9% em 1900 contra 50,8% em 1950.

Todas essas cifras comprovam um fato: o crescente poder dos administradores profissionais, aos quais está sendo atribuído o controle final das empresas privadas. Eles não mais se limitam a controlar a empresa em nome dos proprietários. Eles cada vez mais passam a administrar a empresa em seu próprio nome. O acionista, perdido entre milhares e milhares de outros acionistas, limita-se a receber dividendos e a assinar procurações em benefício da diretoria da empresa constituída de administradores burocráticos. Em muitos aspectos eles ainda são assessores da classe capitalista. São funcionários do capital. Mas em outros já alcançaram suficiente autonomia para ser considerados associados com objetivos próprios. Como os capitalistas se apropriam do excedente através de lucros, os burocratas o fazem através de ordenados. E uma ideologia eficientista, que privilegia o planejamento e coloca o administrador profissional como herói do sistema, vai aos poucos se inserindo no quadro da velha ideologia liberal e individualista da burguesia, apoiada na concorrência e no mercado.

TABELA 1.2 – *Principais fatores para atingir a diretoria*[30]

Principal fator	Nº de diretores			% de diretores		
	1900	1925	1950	1900	1925	1950
Organizar a empresa	92	52	50	29,5	16,3	6,0
Herdar	17	45	114	5,5	14,1	13,8
Investir	60	46	58	19,5	14,4	7,0
Obter sucesso em outra empresa	42	38	151	13,6	11,9	18,2
Seguir carreira dentro da empresa	55	120	421	17,9	37,4	50,8
Outros	43	19	35	14,0	5,9	4,2
Total	309	320	829	100,0	100,0	100,0
Sem informação	7	10	53			

▶ *O poder do administrador profissional nos países comunistas*

Se nos países capitalistas desenvolvidos, e particularmente nos Estados Unidos, o poder dos administradores profissionais é crescente em relação aos proprietários, cabe perguntar o que acontecia com os administradores profissionais dos países comunistas em relação ao Partido Comunista, que nesses países mantinha o controle final sobre a sociedade. Em primeiro lugar, é preciso observar que os partidos comunistas dos países comunistas eram, eles próprios, grandes organizações administradas por administradores burocráticos. O líder comunista era, via de regra, um administrador burocrático, que atingia altos postos depois de longa carreira e de ter demonstrado de sobejo sua fidelidade e capacidade. Na verdade, a União Soviética estava toda organizada nos termos de uma sociedade burocrática ou tecnoburocrática, em que o Estado – organização burocrática maior – abrangia e coordenava administrativamente todo o sistema econômico e social. Nesse sentido, os burocratas assumiam cada vez mais o caráter de uma classe autônoma, já que não mais havia os capitalistas a quem assessorar.

Mas e os administradores das empresas? Possuíam eles algum grau de autonomia ou estavam inteiramente subordinados ao Partido? Sendo

---

[30] Mabel Newcomer, *op. cit.*, p. 136.

economias centralizadas, nelas o grau de autonomia dos administradores das empresas era sempre menor que o existente em economias capitalistas, descentralizadas. Mas, mesmo assim, essa autonomia variava conforme o país. Na Iugoslávia, por exemplo, na qual o planejamento econômico era menos cerrado e impositivo, os administradores burocráticos eram consideravelmente mais independentes do Partido e dos órgãos governamentais do que na União Soviética. Entretanto, devido ao sistema de co-gestão e participação nos resultados ali aplicado, os administradores tinham que estar constantemente prestando contas e mesmo seguindo diretrizes traçadas pelos Conselhos de Operários. E, na própria União Soviética, segundo David Granick, os poderes dos administradores, embora limitados, eram maiores do que comumente se pensa.[31] Em qualquer hipótese, porém, a autoridade do administrador soviético ia pouco além dos problemas rotineiros. Seu controle sobre salários e preços, investimentos e metas de produção era pequeno.[32] E sua permanência no posto dependia diretamente da eficiência de seu trabalho, que estava sendo sempre medido e controlado pelos órgãos governamentais que lhe eram superiores e pelos diversos níveis do Partido Comunista.

Porém, se o poder dos administradores profissionais das empresas soviéticas era limitado, tudo parecia indicar que essa limitação tenderia a diminuir. Pouco antes da Revolução Comunista de 1917, Lenin descrevera o processo de desaparecimento do Estado e da administração institucionalizada: "Pode-se, depois de ter liquidado os capitalistas e os funcionários, substituí-los imediatamente, da noite para o dia, no que concerne ao *controle* da produção e da repartição, no que concerne ao *registro* do trabalho e dos produtos pelos operários armados, por todo o povo armado".[33] Os administradores, segundo Lenin – não o pessoal cientificamente preparado, não os engenheiros –, seriam substituídos facilmente porque "o registro e o controle foram *simplificados* ao extremo pelo capitalismo".[34] Tal substituição foi tentada logo após a vitória da Revolução. Políticos pertencentes ao Partido Comunista foram colocados no lugar dos administradores e empresários capitalistas. Como se poderia prever, porém, o fracasso da iniciativa foi

---

[31] David Granick. *The red executive*. Garden City, Nova York: Doubleday, 1960, p. 25.

[32] Ralph C. James. "Management in the Soviet Union". *Management in the industrial world, and international analysis*, op. cit., p. 334.

[33] V. I. Lenin. *O Estado e a Revolução*. Rio de Janeiro: Vitória, 1961, p. 123.

[34] Idem.

total e, após a passagem do período revolucionário propriamente dito e o término da guerra civil e da intervenção estrangeira, por volta de 1922, os antigos administradores foram novamente chamados a dirigir a empresa. Começou, então, um período que se estendeu até os grandes expurgos e a consolidação do regime estalinista de 1936-1938, em que a administração das empresas ficou dividida entre os antigos gerentes e os políticos, embora estes últimos conservassem ainda maior poder, na maioria dos casos.

Por ocasião dos grandes expurgos, porém, a Revolução já tinha 20 anos. Um novo grupo de engenheiros com capacidade administrativa se formara, já dentro do regime, e nesses jovens o Partido podia confiar politicamente. Por outro lado, todos os esforços de Stalin voltavam-se para a industrialização, e ele via que o sistema de administração das empresas por políticos não se coadunava com a eficiência necessária para industrializar rapidamente o país. Stalin era tão impiedoso quanto pragmatista. Esqueceu imediatamente as teorias de Lenin e passou sistematicamente a demitir os políticos da direção das empresas, substituindo-os por administradores profissionais, geralmente com treinamento em engenharia. Era o processo de burocratização que atingia o topo das empresas.

No início da década de 80, os administradores soviéticos constituíam uma elite burocrática capaz, bem paga, gozando de "status" elevado na sociedade soviética. Cada vez mais confundiam-se com a burocracia política soviética. Para serem admitidos à carreira administrativa, eles geralmente necessitavam de um diploma universitário. "Além disso, a manutenção de uma posição administrativa depende grandemente da qualidade do desempenho. A carreira do administrador é insegura, não por razões políticas, mas porque ele tem continuamente que demonstrar e redemonstrar sua competência. A mobilidade dentro da administração soviética é notoriamente grande. O administrador será promovido e altamente recompensado se atingir suas metas de produção, e será rebaixado se falhar. O acesso com base em competência indiscutivelmente se consolidou, sendo esse fato acompanhado por uma forte tendência para o domínio de administradores profissionais de carreira."[35]

Por esta rápida análise do sistema de controle das empresas privadas norte-americanas e das empresas estatais soviéticas, vemos que, tanto no regime capitalista quanto no socialista, a tendência é a mesma: a de as organizações, dentre as quais as empresas são, sem dúvida, o tipo mais importante ao lado do Estado, estarem sendo cada vez mais controladas, independentemente de

---

[35] Ralph C. James, *op. cit.*

injunções de ordem política nos regimes comunistas, e de ordem familiar e patrimonial nos regimes capitalistas, por administradores profissionais. Definimos esse fato como a quarta e última característica fundamental das burocracias ou organizações. Podemos, agora, passar para o estudo das condições necessárias para sua emergência.

▶ A emergência das burocracias

As burocracias não constituem um fato novo. Já na Antiguidade temos organizações burocráticas, dentre as quais a mais famosa é a do Império Novo egípcio (1580-712 a.C.), que Max Weber considera o modelo de todas as demais. Outros exemplos de burocracias muito antigas são o Império Romano, o Estado Bizantino, o Império Chinês – desde sua fundação em 221, quando Shih-huang-ti subjuga os senhores feudais independentes –, os Estados europeus que se organizam a partir do fim da Idade Média e, finalmente, a mais antiga das burocracias ainda hoje existentes, a Igreja Católica. Todos esses sistemas sociais, embora amplamente influenciados por fatores de ordem tradicional e particularmente patrimonial, podem ser considerados burocracias. Estão longe do tipo puro, ideal de organização, mas são sistemas sociais em que a administração a cargo dos funcionários é suficientemente formalizada e tornada impessoal para se incluírem entre as burocracias.

Entretanto, além de pouco desenvolvidas, as organizações antigas constituem exceções dentro do panorama social global. Seu sistema de produção, agrícola ou artesanal, é ainda tipicamente familiar. Seu sistema político toma a forma da tribo, do clã, do feudo. É só a partir dos fins da Idade Média que começam a aparecer as primeiras empresas e o Estado moderno.

As empresas surgem com o desenvolvimento do comércio e o aparecimento da burguesia, através da separação da contabilidade privada da comercial e do aparecimento da sociedade por cotas de responsabilidade limitada. Separam-se, assim, o patrimônio e as receitas e despesas familiares das da empresa. Mas ainda não se pode falar na existência de uma verdadeira organização. Só mais tarde, com o aparecimento da sociedade anônima, quando as grandes empresas passam a perder paulatinamente seu caráter nitidamente patrimonial, é que o sistema de produção começa a ser dominado por burocracias. Isso, porém, só ocorre bem depois da Revolução Industrial.

O mesmo se diga em relação aos Estados europeus, que surgem também nos fins da Idade Média, mas estão ainda profundamente ligados ao sistema feudal, de caráter estritamente tradicional. O feudalismo só vem a sofrer a primeira séria derrota com a emergência das monarquias absolutistas e só é eliminado dos países europeus com a industrialização, o predomínio social da classe burguesa e o estabelecimento do sistema capitalista. Surge, então, o Estado liberal, que passa a se burocratizar e se racionalizar de forma crescente. Esse processo teve prosseguimento com as revoluções socialistas do século passado, que tenderam a levar o sistema político a uma etapa ainda maior de burocratização.

As burocracias são, portanto, um fenômeno antigo, mas só modernamente se tornam um fator social dominante. A razão imediata dessa mudança é clara: a unidade básica do sistema de produção era a família; hoje passou a ser a empresa burocrática. O mundo moderno é um mundo de organizações. Não é só no setor da produção e do sistema político que as organizações – respectivamente as grandes empresas e o Estado – dominam. O mesmo acontece no setor da cultura, com as escolas, fundações, museus; no setor religioso, com as diversas Igrejas; no setor artístico, com as organizações teatrais, cinematográficas, as orquestras sinfônicas; no setor esportivo e social, com os clubes; no setor dos grupos de interesse, com os sindicatos, associações de classe; no setor militar, com as forças armadas regulares constituídas de soldados profissionais. Todos esses setores são dominados por organizações. Algumas delas já existiam em tempos passados, mas só recentemente multiplicaram-se e adquiriram forma burocrática.

Os exércitos são um exemplo típico do que afirmamos. Na Antiguidade, na Idade Média e mesmo no começo da Idade Moderna, os exércitos regulares constituíam exceção. Os grupos armados privados, em que os soldados possuíam as armas, constituíam a regra. Só a partir do século XVII é que os Estados europeus passam a organizar exércitos permanentes, que pouco a pouco se profissionalizam e burocratizam. O primeiro exército, já com fortes características burocráticas, foi o de Frederico II, da Prússia, no século XVIII. No Brasil, o Exército regular só se organizou em termos definitivos, substituindo a Guarda Nacional, dominada por potentados locais, a partir da Guerra do Paraguai.

As empresas brasileiras só nos últimos anos da década de 70 começaram a passar por um processo de burocratização. O mesmo se diga do Estado brasileiro, que perde pouco a pouco suas características semifeudais, que vai deixando de se caracterizar pelo nepotismo e pelo empreguismo, para se transformar em uma grande organização burocrática, habilitada a promover o desenvolvimento econômico e social.

Vemos, portanto, que as burocracias só modernamente ganharam especial relevância, transformando-se em um dos fenômenos sociais dominantes do mundo atual.

▶ As causas da emergência das burocracias e a eficiência

Quais as causas da relevância que as organizações ou burocracias ganharam entre os sistemas sociais do mundo moderno? São várias, mas todas estão intimamente relacionadas com o problema da eficiência. No começo deste capítulo, ao definirmos as organizações, dissemos que existe um estreito paralelismo entre eficiência e racionalidade. Eficiência é uma forma específica de racionalidade, na qual a coerência dos meios em relação com os fins visados se traduz no emprego de um mínimo de esforços (meios) para a obtenção de um máximo de resultados (fins). Dessa forma, tanto poderíamos dizer que burocracia é um sistema social em que a divisão do trabalho é racionalmente realizada, como afirmar que é o sistema social que se administra segundo critérios de eficiência. O fato de ser eficiente é, portanto, condição para que um sistema social seja considerado uma burocracia. E é exatamente essa maior eficiência das burocracias a primeira e mais importante causa de sua multiplicação atualmente.

Uma segunda causa está na crescente pressão por maior eficiência que se observa no mundo moderno. E, finalmente, as dificuldades para se lograr essa maior eficiência administrativa, devido ao desenvolvimento tecnológico e ao crescimento dos sistemas sociais, constituem a terceira causa do relevo que adquiriram as burocracias na época de hoje.

Vejamos cada uma dessas três causas mais pormenorizadamente.

Em relação à primeira causa por nós apresentada, diz Max Weber: "A razão decisiva que explica o desenvolvimento da organização burocrática foi sempre sua superioridade técnica sobre qualquer outra organização. Um mecanismo burocrático perfeitamente desenvolvido atua em relação às demais organizações da mesma forma que a máquina em relação aos métodos não mecânicos de fabricação. A precisão, a rapidez, a univocidade, o caráter oficial, a continuidade, a discrição, a uniformidade, a rigorosa subordinação, a redução de fricções e de custos materiais e pessoais são infinitamente maiores em uma administração severamente burocrática".[36] Tal afirmação precisa ser entendida no conjunto da obra de Weber e no marco histórico de sua produção. O sociólogo insere a burocracia na história do capitalismo, na sua necessidade crescente de cálculo e previsão.

---

[36] Max Weber. *Economía y sociedad*, op. cit., vol. I, p. 103. Observe que Weber não usa, ao contrário do que fazemos, a expressão "organização" como sinônima de burocracia, mas como gênero do qual burocracia seria a espécie. Trata-se de simples questão de terminologia, que varia de um cientista social para outro, de época para época, de país para país. Devemos ter essas variações claras em nossa mente para evitar mal-entendidos.

O sistema burocrático formal, impessoal, dirigido por administradores, é normalmente relacionado com: (a) precisão, na medida em que cada membro da organização sabe perfeitamente quais são as suas funções, o que lhe cabe e o que não lhe cabe fazer, quais são os objetivos de sua atividade em particular e da organização como um todo; (b) rapidez, na medida em que a tramitação das ordens segue canais já previamente conhecidos e definidos; (c) univocidade, na medida em que, via de regra, observa-se a unidade de comando e cada subordinado presta contas a apenas um chefe, de forma que não há conflitos de ordens; (d) caráter oficial, na medida em que aqueles que são revestidos de autoridade o são formal e oficialmente, na medida em que as comunicações internas são geralmente escritas e assinadas, ganhando cunho oficial; (e) continuidade, na medida em que, dada sua impessoalidade, a organização não depende de pessoas para funcionar; se, por qualquer motivo (morte, aposentadoria, demissão), alguém se afasta de cargo da mais alta importância para a organização, tal pessoa será imediatamente substituída e a burocracia continuará a funcionar normalmente; (f) discrição, na medida em que o segredo profissional faz parte da ética do administrador; na medida em que as informações de ordem confidencial contidas em documentos podem perfeitamente ter sua tramitação restringida a apenas aqueles que delas devam tomar conhecimento; (g) uniformidade, na medida em que se pode esperar dos funcionários um comportamento relativamente uniforme, dada a precisão com que seus encargos são definidos; (h) redução de fricções, na medida em que as áreas de autoridade e responsabilidade são definidas com clareza; (i) redução de custos materiais e pessoais – esta é realmente a conseqüência geral de todas as vantagens acima enumeradas; é a forma pela qual se consubstancia a maior eficiência da organização.

Vemos que todas essas vantagens resultam, de uma forma ou de outra, do formalismo, do caráter impessoal e do caráter profissional, que são próprios das organizações. Esses traços podem ser resumidos em um só: a previsibilidade do comportamento dos membros da organização. A precisão, rapidez, uniformidade, oficialidade etc. das burocracias resultam, em última análise, na possibilidade, para os administradores burocráticos, de predizer, de calcular com relativo grau de certeza qual será o comportamento de seus subordinados, de que forma eles reagirão às comunicações recebidas, como agirão rotineiramente e que tipos de decisão poderão tomar em face de determinadas situações. E não é preciso salientar aqui a importância da previsão para a eficiência da administração. Sem previsão, não são possíveis nem o planejamento nem o controle de uma organização. É através da previsão que se estabelecem as metas a serem atingidas, seja pela organização como um todo, seja por cada um de seus funcionários. É através da previsão que se controla por antecipação, evitando-se que a diferença entre o planejado e o realizado aumente. Todos os conhecimentos científicos se traduzem em leis e hipóteses que, em última análise, não passam de previsões sobre o mundo que nos cerca, previsões essas que nos permitem controlá-lo. O sistema burocrático é exatamente aquele que, dado especialmente a seu caráter formal, permite a maior previsibilidade do comportamento daqueles que dele participam.

A previsibilidade é, pois, o principal traço das organizações, é a característica que assegura a "eficiência" desse tipo de sistema social. Isso não quer dizer, porém, que, na realidade, as previsões a respeito do comportamento dos funcionários, determinadas pela organização formal, se efetivem. Muitas vezes essas previsões falham completamente e a organização tende a tornar-se ineficiente, tende a desorganizar-se. Ocorrem então as "disfunções", os efeitos não previstos nem desejados da burocracia, que decorrem geralmente do excesso de burocratização, do formalismo exagerado, da impessoalidade, que termina por deixar de ver em cada funcionário, em cada operário, uma pessoa, um ser humano único. Discutiremos esse problema no capítulo seguinte.

O segundo fator responsável pela importância adquirida pelas burocracias nos tempos que correm deriva da pressão por maior eficiência que caracteriza o mundo moderno. Essa pressão leva os homens a procurar métodos de administrar os sistemas sociais cada vez mais aperfeiçoados, leva-os a criar um número cada vez maior de burocracias – o tipo de sistema social mais racional e eficiente que até hoje se conhece.

Caberia, porém, perguntar: essa pressão por maior eficiência não existiu sempre no mundo? A resposta é negativa. Essa preocupação por maior eficiência faz parte do racionalismo do homem moderno. É um fenômeno que surgiu praticamente com a emergência do capitalismo. Este era eminentemente racionalista. Representava uma ruptura violenta com o sistema tradicionalista e irracional do feudalismo. Sua base econômica era a concorrência entre as empresas; era, portanto, um sistema em que apenas os eficientes, os capazes de produzir a custos comparativamente baixos, eram capazes de sobreviver.

Por outro lado, a forma de produção do capitalismo industrial – a produção mecanizada – permitia, dada a padronização dos produtos, que se medisse com relativa facilidade a eficiência de cada empresa. É difícil, se não impossível, medir a eficiência do trabalho de um artesão, na medida em que os produtos que fabrica constituem obras únicas que não podem ser comparadas com as demais. Se duas obras, de dois artesãos, não são diretamente comparáveis, não é possível comparar a eficiência no trabalho de ambos. Com a produção industrial, porém, esse problema desaparece. No momento em que o sistema da concorrência entre as empresas exigia uma comparação de eficiência, essa comparação se tornou possível graças ao sistema industrial. E foi no momento em que o homem percebeu que a eficiência do trabalho não só era economicamente importante como também podia ser medida, que a preocupação, a pressão por maior eficiência teve verdadeiramente início.

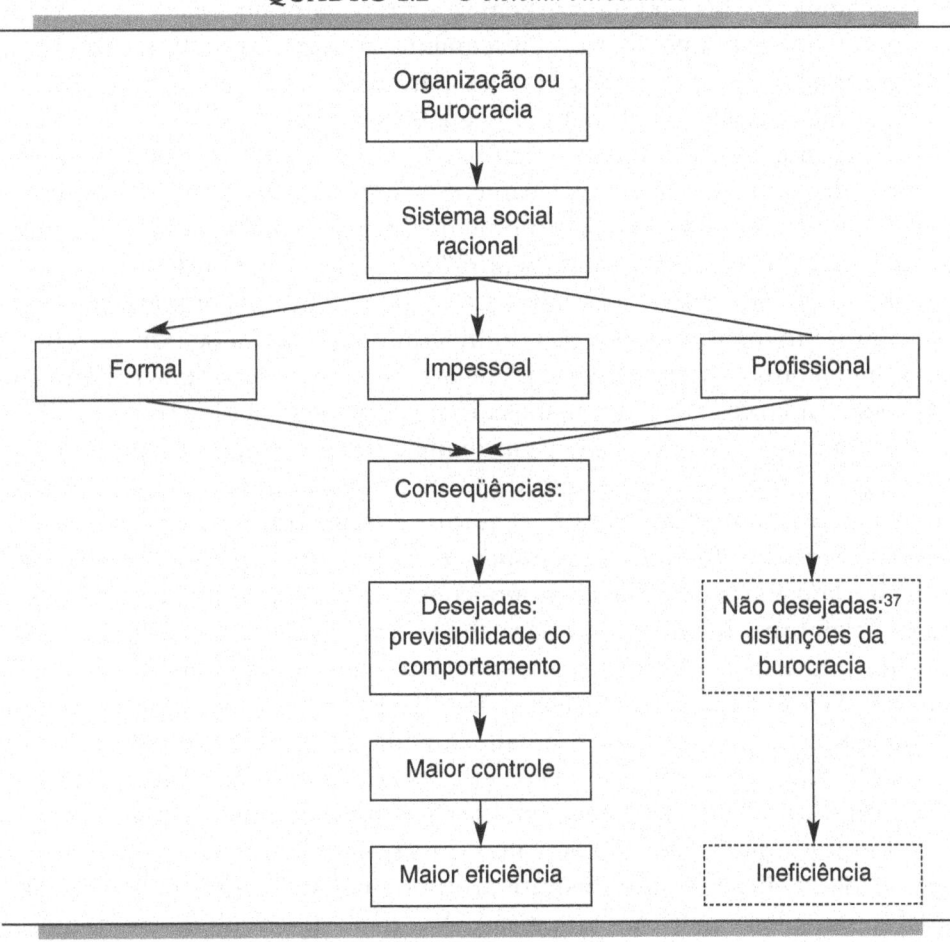

QUADRO 1.2 – *O sistema burocrático*

```
              Organização ou
               Burocracia
                   │
                   ▼
              Sistema social
                racional
          ┌────────┼────────┐
          ▼        ▼        ▼
       Formal  Impessoal  Profissional
          └────────┼────────┘
                   ▼
              Consequências:
                   │
          ┌────────┴────────┐
          ▼                 ▼
      Desejadas:       Não desejadas:[37]
   previsibilidade do    disfunções da
     comportamento        burocracia
          │                 │
          ▼                 ▼
     Maior controle      Ineficiência
          │
          ▼
    Maior eficiência
```

---

[37] As consequências não desejadas da burocracia serão um dos temas discutidos no próximo capítulo.

Esse fato ocorreu na Europa e nos Estados Unidos em fins do século XVIII e principalmente no século XIX. No Brasil, só ocorreu no século passado. Mas, então, a pressão foi redobrada, com o surgimento de uma nova preocupação correlata – a do desenvolvimento econômico – que, a partir do fim da Segunda Guerra Mundial, transformou-se em um dos objetivos máximos de quase todos os povos do mundo. Ora, sabemos que o desenvolvimento econômico de um país é função direta da eficiência com que produz. Cresceu, pois, a pressão por maior eficiência, tanto nos países capitalistas quanto nos socialistas, e com o aumento dessa pressão cresceu o número de organizações.

O aumento das dificuldades em se lograr maior eficiência é a terceira razão que apresentamos para o crescimento do número de burocracias no mundo moderno. Vemos duas razões para esse fato, ambas refletindo o aumento da complexidade da tarefa de administrar.

Em primeiro lugar, temos o desenvolvimento tecnológico. Enquanto as técnicas de produção eram relativamente simples, os métodos de administração também o eram. Mas, no momento em que a produção se complica, que a relação "capital fixo–mão-de-obra" aumenta em favor do primeiro, as tarefas administrativas tornam-se extremamente mais complexas, faz-se necessário um maior número de administradores, e acaba-se por introduzir um sistema burocrático, a fim de planejar e controlar a produção. Harbison e Myers citam o caso de duas usinas de aço, uma nos Estados Unidos, outra na Alemanha. Ambas possuíam aproximadamente o mesmo número de empregados, mas o equipamento da primeira era muito mais moderno do que o da segunda. Além disso, o quadro administrativo da primeira era muitíssimo maior do que o da segunda. Por exemplo, o grupo de assessores técnicos da usina norte-americana era constituído de 420 funcionários, contra 43 na empresa alemã. A correlação entre o equipamento mais moderno e o maior número de administradores não é considerada acidental pelos dois autores. Maior complexidade tecnológica implica aumento das atividades administrativas e, conseqüentemente, maior grau de burocratização. O resultado será, naturalmente, maior eficiência. No caso das duas usinas de aço, a produção da norte-americana era duas vezes maior que a da alemã.[38]

Em segundo lugar, temos, como causa do aumento das dificuldades para se lograr eficiência administrativa, o crescimento dos sistemas sociais em geral e, particularmente, das empresas. Devido ao desenvolvimento tecnológico anteriormente citado, o mundo moderno caracteriza-se pela produção

---

[38] Frederick Harbison e Charles A. Myers, *op. cit.*, p. 24 e 25.

em massa de produtos padronizados e relativamente baratos. Ora, tal tipo de produção só é possível em grandes empresas, que em pouco tempo passam a dominar o panorama econômico dos países industrializados. Mas apenas a produção em massa não justificaria a existência de organizações tão grandes como as que vemos. Um segundo fator passa a operar: a necessidade sentida pelos grandes administradores de aumentar seu poder, de controlar melhor o mundo que os rodeia, de depender menos dos azares da concorrência. Surgem, então, os grandes sistemas oligopolistas, constituídos de empresas desmesuradamente grandes. Ora, com o crescimento das empresas, torna-se impossível administrá-las eficientemente, a não ser através da introdução de um sistema burocrático. O vendeiro, ou mesmo o pequeno industrial, pode controlar informalmente seus subordinados, mas em uma empresa com milhares ou mesmo centenas de empregados, a única forma de controlar a atividade de cada um deles é enquadrá-los dentro de uma organização burocrática. É fácil observar que, quanto maior a empresa, mais ela tende a burocratizar-se. À medida que o controle por supervisão direta do proprietário sobre a maioria dos subordinados vai-se tornando inviável, conforme as relações pessoais entre os indivíduos vão sendo sobrepujadas pelas relações funcionais, à medida que a sobrevivência da organização começa a depender da contratação de administradores e técnicos profissionais competentes, dada a crescente complexidade das tarefas administrativas e tecnológicas, mais tende ela a se burocratizar.

Finalmente, devemos acrescentar uma última causa para a crescente importância da burocracia no mundo moderno: a necessidade que logo sentiu a classe capitalista, na medida em que cresciam as empresas, de garantir a disciplina dos trabalhadores. Em muitas ocasiões, do ponto de vista estritamente técnico, poderia ser duvidoso se seria mais conveniente estabelecer um sistema hierarquicamente rígido ou um sistema mais democrático, em que os trabalhadores pudessem participar das decisões e, se possível, se autogerir ao nível da produção. Entretanto, mesmo nesses casos a opção burocrática era sempre a adotada, uma vez que garantia a disciplina dos trabalhadores. Nesse quadro, a organização burocrática é não apenas um instrumento técnico, ao nível do desenvolvimento das forças produtivas, mas também um instrumento político de luta de classes a serviço das classes dominantes.[39]

---

[39] Para uma análise desse ponto de vista, ver especialmente as contribuições de Stephen A. Marglin, "What do bosses do". *The review of radical political economics*, v. 6, nº 2, verão de 1974, e v. 7, nº 2, primavera de 1975; e, de Herbert Gintis, "Alienation and power". *The review of radical political economics*, v. 4, nº 5, outono de 1972.

Bibliografia

BARNARD, Chester. *The functions of the executive.* Cambridge, Massachusetts: Harvard University Press, 1958.

BERLE Jr., Adolf A. *A revolução capitalista do século XX.* Rio de Janeiro: Ipanema, 1954.

BERLE, Jr., Adolf A. e MEANS, Gardiner C. *The modern corporation and private property.* Nova York: MacMillan, 1950.

BLAU, Peter M. *The dynamic of bureaucracy.* Chicago: Chicago University Press, 1955.

BRESSER-PEREIRA, Luiz C. "Desenvolvimento econômico e o empresário". *Revista de Administração de Empresas,* v. 2, nº 4, maio/agosto de 1962.

GERTH, H. H. e MILLS, C. Wright. *From Max Weber.* Nova York: Oxford University Press, 1958.

GINTIS, Herbert. "Alienation and power". *The review of radical political economics,* v. 4, nº 5, outono de 1972.

GRANIK, David. *The red executive.* Garden City, Nova York: Doubleday, 1960.

GURVITCH, Georges. *La vocation actuelle de la sociologie.* Paris: Presses Universitaires de France, 1957.

HARBISON, Frederick H. e MYERS, Charles A. *Management in the industrial world, and international analysis.* Nova York: McGraw-Hill, 1959.

JAMES, Ralph C. "Management in the Soviet Union". In: *Management in the industrial world, and international analysis.* Nova York: McGraw-Hill, 1959.

LARNER, Robert J. "Ownership and control in 200 largest non-financial corporations". *American economic review,* setembro de 1966.

LENIN, V. I. *O Estado e a revolução.* Rio de Janeiro: Vitória, 1961.

MacIVER, R. M. e PAGE, Charles H. *Sociología.* Madri: Editorial Tecnos, 1960.

MANNHEIM, Karl. *Systematic sociology.* Londres: Routledge & Kegan Paul, 1959.

MARGLIN, Stephen A. "What do bosses do". *The review of radical political economics,* v. 6, verão de 1974, e v. 7, nº 2, primavera de 1975.

MARTIN, Norman H. e STRAUSS, Anselm L. "Patterns of mobility within industrial organizations". In: *Industrial man*. Nova York: Harper & Brothers, 1959.

MERTON, Robert K. *Social theory and social structure*. Glencoe, Illinois: Free Press, 1949.

MERTON, Robert K., GRAY, Ailsa P., HOCKEY, Barbara e SELVIN, Hanan C. *Reader in bureaucracy*. Glencoe, Illinois: Free Press, 1952.

RIESMAN, David. "A study of the changing american character". In: *The lonely crowd*. New Haven: University Press, 1956.

WARNER, Lloyd e MARTIN, Norman H. *Industrial man*. Nova York: Harper & Brothers, 1959.

WEBER, Max. *Economía y sociedad* (1ª edição espanhola baseada na 1ª edição alemã de 1922), México: Fondo de Cultura Económica, 1944.

_____."The social psychology of the world religions". In: *From Max Weber*. Nova York: Oxford University Press, 1958.

WHYTE Jr., William H. *The organization man*. Nova York: Simon and Schuster, 1956.

Capítulo 2

A Organização Informal

Estudamos no capítulo anterior a organização burocrática. Definimo-la, examinamos as causas de sua emergência, analisamos suas conseqüências de ordem social, política e econômica mais importantes, enumeramos suas características mais proeminentes. Dissemos então que uma organização burocrática é um sistema social racional, formal e impessoal. Uma pergunta, no entanto, deve ter permanecido constantemente com o leitor: mas existe tal tipo de sistema social? São as organizações tão racionais, tão impessoais, tão formais e, como resultado dessas características, tão eficientes como se descreveu no capítulo anterior?

A resposta a essa pergunta já foi sugerida, quando afirmamos que, seguindo a orientação de Max Weber, o grande sociólogo alemão cujos estudos sobre burocracia tornaram-se textos clássicos na literatura sociológica, estávamos apresentando as organizações em sua forma pura, como um "tipo ideal". Descrevemos um modelo, e os modelos ajudam-nos a compreender a realidade, mas, na medida em que constituem meras abstrações, jamais a retratam fiel e pormenorizadamente. É claro que não existe uma organização plenamente racional. Sem dúvida, o formalismo e a despersonalização são limitados nas burocracias realmente existentes. E é óbvio que, embora as organizações tendam a ser mais eficientes do que qualquer outro tipo de sistema social, o grau de eficiência administrativa que elas apresentam varia enormemente, e não é raro encontrarmos burocracias a operar com alto grau de ineficiência, plenamente enquadradas no significado popular que o termo "burocracia" possui.

Veremos que o principal fator que vem disturbar aquela perfeita racionalidade das organizações em seu tipo ideal é naturalmente o próprio homem – o "animal racional", na conceituação da filosofia clássica.

É evidente que o nosso objeto de estudo será sempre a organização burocrática, que também chamamos simplesmente de organização ou de burocracia. Não existe uma "organização informal" para ser confrontada com a organização burocrática. É a própria organização burocrática que, sendo um sistema social, tendo como partes constituintes os homens, só pode ser mais bem compreendida quando em seu estudo são introduzidos os fatores humanos que a transformam de abstração em realidade.

O modelo de burocracia apresentado anteriormente nos dá uma visão de um sistema social mecanicista. No capítulo anterior, citamos uma afirmação de Weber segundo a qual a burocracia, quanto mais se desenvolve, mais se desumaniza, mais se impessoaliza, mais se afasta dos fatores de ordem emocional: é uma comparação da burocracia com a máquina. Weber falava da superioridade técnica da burocracia, de sua alta precisão, de sua eficiência, e a comparou com uma máquina. Pode-se supor disso que os funcionários, diante de determinados estímulos, respondam com um tipo de comportamento precisamente como era esperado. Ora, ambas as afirmações só se justificam quando estamos descrevendo um tipo puro, ideal, de organização. Max Weber, na medida em que procurou apenas descrever esse tipo ideal, não é diretamente passível de crítica. A única restrição que se pode fazer é a de ele ter deixado seu trabalho incompleto. Ele estudou a burocracia de uma forma abstrata e estática, não a estudou dinamicamente, em processo, modificada pelos homens que dela fazem parte, por seus valores e crenças, por seus sentimentos e necessidades.

Do caráter formal, impessoal e profissional da burocracia, ou seja, do fato de que visa ser um sistema social racional por excelência, resulta, como principal conseqüência desejada, tornar previsível o comportamento dos indivíduos que dela participam. A organização é realmente um instrumento social, um mecanismo social, que permite aos administradores prever o comportamento de seus subordinados. Essa previsão é possível na medida em que o comportamento do subordinado e o seu próprio já estão amplamente regulados nas normas formais da organização e na medida em que a aplicação dessas normas é impessoal. Da previsibilidade resulta um controle muito mais perfeito do comportamento humano. O administrador estabelece objetivos para a ação dos seus subordinados com base na previsão de seu comportamento que, por sua vez, se baseia nas normas burocráticas existentes. Dessa forma, ele pode contar com uma observância mais precisa de suas determinações. Seu controle sobre o sistema social cresce, portanto. E o resultado final é o aumento da eficiência da burocracia, que cumpre, assim, seu destino: o de ser, antes de mais nada, um sistema social eficiente, cujos objetivos são atingidos com o mínimo de esforços e custos.

Esse é o quadro ideal. Nele, o segredo da maior eficiência das burocracias está na possibilidade de previsão efetiva do comportamento dos membros das organizações. Na prática, entretanto, isso jamais se verifica inteiramente. A previsão falha. O comportamento dos membros da organização escapa ao modelo preestabelecido. Verificam-se, então, as conseqüências não desejadas das burocracias, as "disfunções" da burocracia, conforme a terminologia de Robert K. Merton.[1] Todas elas derivam, diretamente, da imprevisibilidade de parte do comportamento dos funcionários. O comportamento previsto era racional, preciso, coordenado. O comportamento que realmente ocorre, e que deixou de ser previsto, pode vir a ser exatamente o oposto daquele planejado.

Existe, portanto, um grau maior ou menor de imprevisibilidade dentro das organizações, que nelas persiste por mais que o anel burocrático se aperte. Esse fato certamente não tira à burocracia seu grande valor como instrumento administrativo. A organização burocrática continua a ser o mais aperfeiçoado tipo de sistema social até hoje criado pelo homem, aquele sistema social em que é possível atingir os objetivos almejados com maior eficiência. Tal circunstância faz-nos lembrar apenas que a burocracia está longe de ser um tipo de sistema social perfeito; e nos leva a perguntar: quais são as fontes de imprevisibilidade dentro das organizações?

➤ O excesso de burocratização

A primeira fonte de imprevisibilidade encontra-se, exatamente, no excesso de burocratização, no excesso de formalismo e despersonalização que muitas vezes caracterizam as organizações. As "disfunções" da burocracia têm especificamente essa origem. E é desse excesso de burocratização que resulta a concepção popular de burocracia como um sistema ineficiente, dominado pela "papelada" e por funcionários de mentalidade estreita, incapazes

---
[1] Robert K. Merton, *op. cit.*, p. 197.

de tomar decisões e pensar por conta própria, por "incapacidades treinadas", segundo a expressão de Thorstein Veblen citada por Robert K. Merton. Vejamos como isso acontece.

O meio por excelência que as organizações usam para tornar previsível o comportamento de seus membros é a formalização das relações que cada indivíduo e cada departamento mantêm com os demais indivíduos, departamentos etc. Tal formalização se verifica através da definição, sempre que possível por escrito, de um número imenso de normas, que se organizam em regulamentos, regimentos, estatutos. Complementa a formalização a exigência de disciplina, de conformismo total às normas estabelecidas e às ordens dadas. E, para que tal disciplina seja efetivada, instituiu-se um complexo sistema de incentivos e punições.

A primeira conseqüência desse processo de formalização, especialmente quando levado a extremos, é tornar o simples conhecimento desse emaranhado de normas uma especialidade. O funcionário burocrático torna-se, então, um especialista, não por possuir conhecimentos profissionais em determinado setor que interesse diretamente à consecução dos objetivos da organização, mas simplesmente porque conhece perfeitamente todas as normas que dizem respeito à sua função.

O conhecimento dessas normas torna-se, então, algo muito importante, e, daí, para se transformar tais normas, de meios que são, em objetivos, há apenas um passo. De um lado, a disciplina, que é "sustentada por fortes sentimentos que envolvem devoção ao dever, um claro sentido da limitação da autoridade e uma metódica realização das atividades de rotina"[2], de outro a importância que o funcionário atribui às normas – e o resultado é uma distorção das finalidades das próprias normas. Estas, que se constituíam em instrumentos para a consecução dos objetivos da organização, adquirem subitamente um caráter absoluto. A obediência a elas não é mais relacionada com as vantagens que daí advirão, mas é simplesmente afirmada como obrigatória porque as normas existem. O formalismo se transforma em ritualismo. O funcionário é o sacerdote que aplica a norma ritual sem discutir. Não importa que as condições circundantes tenham mudado. Não importa que uma série enorme de fatores indique que a norma não é mais válida, ou que se deve abrir uma exceção. O funcionário, com suas viseiras constituídas de regulamentos, permanece inflexível. Ele esquece que uma organização é, antes de mais nada, um organismo vivo,

---

[2] Idem, p. 198.

dinâmico, que participa de um ambiente físico e social em constante mutação. Ele esquece que a qualidade primeira de qualquer organismo vivo é sua capacidade de se adaptar, de se ajustar a um mundo em que nada permanece imutável. Esquecendo ou não levando em consideração tal fato, o funcionário burocrático dota de rigidez, de inflexibilidade a organização, resultando daí ineficiência.

Outra conseqüência do excesso de burocratização é o desenvolvimento, entre os funcionários, de um "nível mínimo de desempenho aceitável".[3] As normas burocráticas deixam sempre certa margem de liberdade, que corresponde às tolerâncias de uma especificação técnica. Ora, quando os funcionários subordinados percebem que seu superior preocupa-se exclusivamente com a observância das normas estabelecidas, eles verificam também que existe certa margem de tolerância e que, desde que se mantenham dentro dessa margem, poderão reduzir seu desempenho ao mínimo, permanecendo, ainda assim, seguros. Descobrem, então, o nível mínimo de desempenho aceitável e passam a contentar-se com ele. Tal fenômeno se verifica quando o desempenho dos funcionários é medido em função da simples observância ou não das normas existentes. Se tal não ocorre, se o desempenho dos subordinados é medido de forma mais pessoal e direta, e se existe um sistema de promoções em que o mérito, mais do que a antiguidade, conta, o problema pode ser contornado.

A "papelada" é outra disfunção da burocracia, é outra conseqüência das organizações, não prevista, nem desejada. Deriva diretamente do excesso de formalismo, do princípio de que tudo o que ocorre em uma organização deve ser documentado. É conveniente salientar que esse princípio está correto. Uma das grandes vantagens da administração burocrática está exatamente em ser exercida através de documentos escritos que são convenientemente arquivados. Esses documentos são de uma imensa variedade, desde os atos constitutivos da organização, de seus estatutos, de seus regulamentos básicos, até as notas, faturas, livros contábeis circulares, cartas, relatórios, planos etc. São esses documentos que permitem a racionalização do trabalho; sem eles não é possível a realização de comunicações eficientes dentro da organização, pois todo o controle dela não pode prescindir desses documentos.

O problema, entretanto, consiste em determinar o ponto em que o emprego desses documentos deixa de ser necessário e transforma-se em

---

[3] Alvin W. Gouldner. *Patterns of industrial bureaucracy*. Glencoe, Illinois: Free Press, 1954, p. 174.

"papelada". É muito difícil determinar tal ponto. Os técnicos, os engenheiros, as pessoas mais diretamente envolvidas na produção dentro das empresas e o público em geral tendem a colocar esse ponto em um nível muito baixo. Para eles, é difícil compreender a necessidade de tantos documentos. Os administradores burocráticos, por outro lado, tendem a magnificar a importância dos documentos. É comum, então, vermos cartas, relatórios, faturas emitidas em grande número de cópias, que depois são distribuídas a pessoas que não as usam em absoluto. Na administração pública, simples requerimentos transformam-se rapidamente em imensos processos. A compra de um parafuso, a venda de um prego põem em funcionamento toda a dispendiosa máquina burocrática. E as tramitações se multiplicam: um requerimento, um pedido de compra, para serem aprovados, devem antes passar pelas mãos de um número imenso de pessoas, para serem visados, carimbados, anotados... Enfim, ocorre o fenômeno que se costuma chamar "papelada", que muitas vezes é confundido com a própria burocracia, mas que na verdade é um de seus efeitos imprevistos, uma de suas conseqüências não desejadas, que uma administração eficiente pode evitar em grande parte.

Uma última conseqüência derivada diretamente do excesso de burocratização é a ocorrência freqüente de conflitos entre o funcionário burocrático e o público. Tais conflitos têm origem, particularmente, na despersonalização e no formalismo que caracterizam a administração burocrática. "A personalidade do funcionário burocrático típico tem como centro a exigência de despersonalização. Esse fato e a tendência a categorizações, que se deve ao papel dominante das normas gerais, abstratas, tendem a produzir conflitos nos contatos do burocrata com o público ou clientela. Já que o funcionário reduz ao mínimo as relações pessoais e vale-se do recurso da categorização, as peculiaridades dos casos individuais são ignoradas."[4] O funcionário burocrático, portanto, tende a permanecer distante, impessoal, face aos problemas que os indivíduos externos à organização lhe apresentam. Para a solução desses problemas, existem as normas gerais às quais ele se atém. Ora, o cliente muitas vezes acredita que seu caso apresenta características que merecem um tratamento especial, resultando daí o conflito. As acusações de que o funcionário é "estreito", "prepotente", "pouco inteligente" surgem imediatamente, e, o que é mais grave, o problema apresentado não é resolvido de maneira conveniente, com prejuízo tanto para o cliente quanto para a organização.

---

[4] Robert K. Merton, *op. cit.*, p. 202.

QUADRO 2.1 – *Excesso de burocratização e conseqüências imprevistas da burocracia*

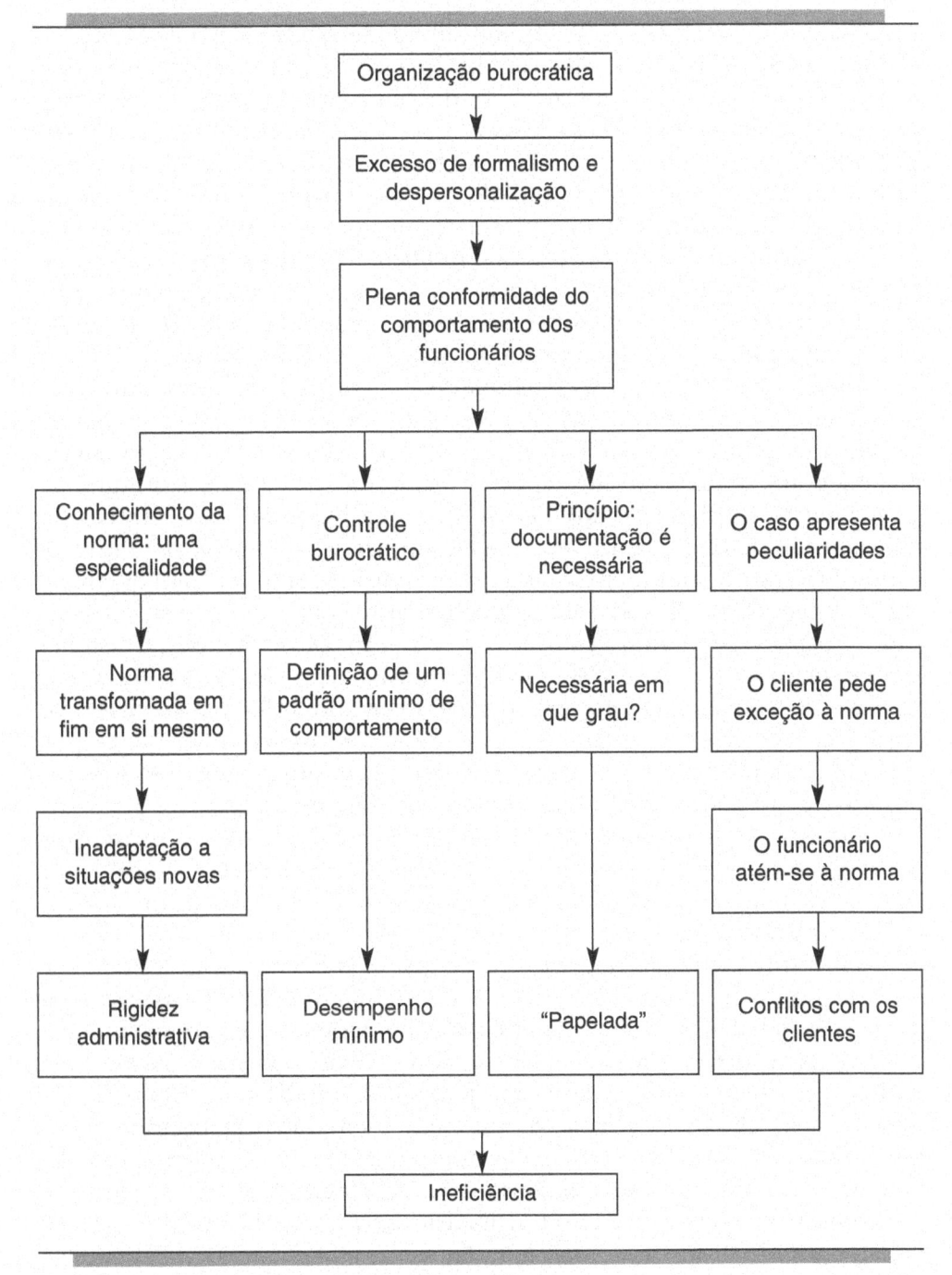

```
                        ┌─────────────────────────┐
                        │ Organização burocrática │
                        └───────────┬─────────────┘
                                    ▼
                        ┌─────────────────────────┐
                        │  Excesso de formalismo e│
                        │     despersonalização   │
                        └───────────┬─────────────┘
                                    ▼
                        ┌─────────────────────────┐
                        │  Plena conformidade do  │
                        │   comportamento dos     │
                        │      funcionários       │
                        └───────────┬─────────────┘
```

Conhecimento da norma: uma especialidade	Controle burocrático	Princípio: documentação é necessária	O caso apresenta peculiaridades
Norma transformada em fim em si mesmo	Definição de um padrão mínimo de comportamento	Necessária em que grau?	O cliente pede exceção à norma
Inadaptação a situações novas			O funcionário atém-se à norma
Rigidez administrativa	Desempenho mínimo	"Papelada"	Conflitos com os clientes

```
                              ▼
                    ┌──────────────────┐
                    │    Ineficiência  │
                    └──────────────────┘
```

▶ Resistências à conformidade

Uma segunda fonte geral de imprevisibilidade dentro das organizações, além do excesso de burocratização, está na tendência dos funcionários a resistir à exigência de conformidade de seu comportamento às normas burocráticas. Essa tendência coexiste com aquela que acabamos de analisar, embora a ela se oponha frontalmente. O excesso de burocratização consiste, realmente, na exagerada conformidade dos funcionários às normas burocráticas, derivando daí as conseqüências não desejadas de rigidez, desempenho mínimo, "papelada" e conflitos com o público. Mas, se os funcionários, em relação a determinadas normas, podem adotar tal atitude, em relação a outras eles podem adotar a atitude inversa: podem resistir à tentativa da administração burocrática de lhes impor um padrão de comportamento.

Essa imposição aos funcionários de um padrão de comportamento, essa exigência de conformidade, é inerente às burocracias. A base em que se apóiam é a disciplina, o respeito às normas racionais-legais. A legitimidade do poder burocrático deriva exatamente da norma que o legaliza. O administrador tem autoridade na medida em que esta lhe é delegada através de uma norma racional-legal. Para que a autoridade se efetive, para que os subordinados se conformem às ordens e regras burocráticas, para que haja, enfim, disciplina, as burocracias dispõem de um conjunto de meios de controle e coerção, de prêmios e ameaças de punição. Dessa forma, um sistema altamente formalizado e elaborado de normas, prevendo, às vezes em minúcias, o comportamento que se espera dos indivíduos, e a existência, entre essas normas, de algumas que estabelecem os meios de controle e coerção à disposição dos superiores possibilitam às organizações aquela imposição de um padrão de comportamento aos funcionários.

Ora, por uma série de razões essa exigência de disciplina estrita por parte dos funcionários pode entrar em conflito com as necessidades deles, com seus valores e crenças, com a estrutura e as normas dos grupos sociais primários a que pertençam.

Em primeiro lugar, podemos dizer que existe, por parte de todo ser humano, uma tendência à liberdade, à autonomia individual. Essa necessidade é contrabalançada pelas necessidades de dependência, em relação aos indivíduos, de aprovação social. Temos, então, duas tendências opostas nos indivíduos: uma apontando para a independência individual, outra para a dependência. Ora, as organizações, na medida em que exigem disciplina e trabalho em comum, fazem pender o prato para o lado da dependência. As organizações exigem o assentimento e a obediência de cada um de seus membros. Dessa forma, aqueles funcionários que têm uma tendência maior para o individualismo, aos quais agrada pensar e decidir com independência, acabam por entrar em conflito com a organização, daí se originando uma série de problemas para ela. Esse fato é, freqüentemente, causa de um conflito íntimo dos administradores de cúpula. Formados em uma sociedade capitalista e pelo menos supostamente individualista, em que a autonomia pessoal é largamente valorizada, eles costumam afirmar que não gostam de subordinados sem iniciativa, sem idéias próprias, que pensam e agem como uma sombra do superior. E, no entanto, na prática, em parte talvez devido à própria natureza das organizações, os administradores de cúpula tendem a reagir negativamente e a dificultar a carreira do subordinado que com eles não se identifique, cujos valores, cuja concepção do mundo não sejam muito semelhantes aos seus.

Em segundo lugar, a imposição de um padrão de comportamento aos funcionários tende a produzir conflito, devido ao eventual desrespeito à estrutura e às normas dos grupos sociais primários existentes. O desrespeito à estrutura traduz-se, principalmente, em não se levar em consideração a existência de líderes naturais e em se ignorar a própria existência dos grupos. Dessa forma, são colocadas como chefes pessoas sem condição de liderança, ou são desmembrados, no processo de departamentalização, grupos sociais bem formados, resultando daí insatisfação e conflito. O desrespeito às normas do grupo pode ser esclarecido com um exemplo. Em uma seção de anodização de uma empresa metalúrgica, os operários, que constituíam um grupo social altamente coeso, tinham por norma apressar a colocação das peças a serem anodizadas no tanque a fim de terem algum tempo para conversar até que chegasse o momento de retirá-las para secagem.

O antigo mestre, no entanto, foi promovido, e o novo proibiu conversas durante o tempo de serviço. Mas o trabalho não se tornou mais eficiente. Os operários passaram, simplesmente, a não colocar com tanta pressa as peças no tanque. Por outro lado, o moral do grupo baixou sensivelmente.

Poderíamos citar várias outras circunstâncias em que a imposição de um padrão de comportamento aos funcionários por parte da organização burocrática traz conseqüências imprevistas e indesejadas. Outras necessidades são também eventualmente ameaçadas pelo sistema burocrático, como a de segurança, na medida em que as burocracias estão sendo sempre objeto de modificações para se adaptarem à realidade e para se tornarem mais eficientes. Mas, se quiséssemos enumerá-las e analisá-las, estender-nos-íamos demasiadamente em problemas que afinal já foram, em suas linhas gerais, apresentados. Em resumo, a exigência de disciplina estrita por parte da burocracia pode implicar na ocorrência de conseqüências imprevistas, na medida em que o sistema burocrático se choca com a necessidade de independência, de liberdade dos indivíduos e enquanto não leva em consideração a estrutura e as normas dos grupos sociais existentes.

De que forma tais conseqüências imprevistas ocorrem? Em primeiro lugar, temos a organização burocrática formal; daí deriva a tentativa de imposição de um padrão de comportamento aos funcionários; verifica-se, então, o conflito. Como se expressa esse conflito? Geralmente, através de uma resistência ativa ou passiva por parte dos subordinados. Essa resistência pode ir até a desobediência e a indisciplina, mas freqüentemente se manifesta através de desinteresse pelo trabalho, restrição voluntária da produção, atividade sindical agressiva etc., como resultado da frustração causada pela

QUADRO 2.2 – *Resistência à conformidade e conseqüências imprevistas da burocracia*

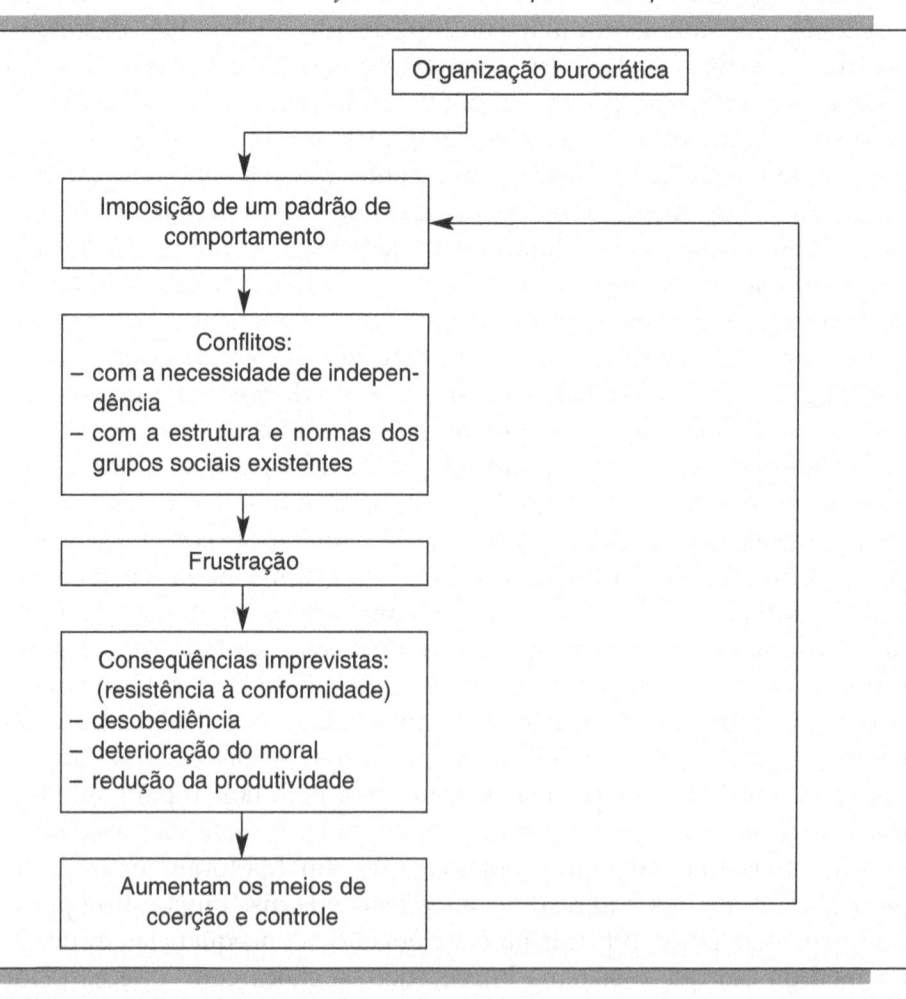

```
                    ┌──────────────────────┐
                    │ Organização burocrática │
                    └──────────┬───────────┘
                               ▼
        ┌──────────────────────────────────┐
        │ Imposição de um padrão de        │◄─────┐
        │ comportamento                    │      │
        └──────────────┬───────────────────┘      │
                       ▼                          │
        ┌──────────────────────────────────┐      │
        │ Conflitos:                       │      │
        │ – com a necessidade de indepen-  │      │
        │   dência                         │      │
        │ – com a estrutura e normas dos   │      │
        │   grupos sociais existentes      │      │
        └──────────────┬───────────────────┘      │
                       ▼                          │
        ┌──────────────────────────────────┐      │
        │           Frustração             │      │
        └──────────────┬───────────────────┘      │
                       ▼                          │
        ┌──────────────────────────────────┐      │
        │ Conseqüências imprevistas:       │      │
        │ (resistência à conformidade)     │      │
        │ – desobediência                  │      │
        │ – deterioração do moral          │      │
        │ – redução da produtividade       │      │
        └──────────────┬───────────────────┘      │
                       ▼                          │
        ┌──────────────────────────────────┐      │
        │ Aumentam os meios de             │──────┘
        │ coerção e controle               │
        └──────────────────────────────────┘
```

tentativa de obter disciplina estrita dos subordinados. Diante da resistência dos subordinados, a administração freqüentemente procura aumentar os meios de controle e coerção, o que traz como conseqüência, na maioria das vezes, o agravamento da situação, um maior grau de indisciplina, um aumento da rotação de empregados, de faltas e de atrasos, uma baixa do nível de satisfação ou do moral dos subordinados e, finalmente, a diminuição da produtividade do trabalho. É claro que isso não ocorrerá sempre. O simples aumento dos controles poderá resolver o problema, especialmente nos casos em que a relação de forças entre superiores e subordinados for muito favorável aos primeiros. Em um número crescente de casos, entretanto, os métodos meramente repressivos, típicos da Escola Clássica de Administração de Taylor e Fayol, tornam-se ineficazes. A administração passa então a recorrer às estratégias de manipulação e participação nos termos originalmente propostos pela Escola de Relações Humanas e depois desenvolvidos pelas diversas correntes que lhe seguiram.

➤ O aspecto informal

Vemos, portanto, que as conseqüências imprevistas da burocracia têm duas fontes gerais: ou o excesso de burocratização, acompanhado por uma exagerada conformidade dos funcionários às normas estabelecidas, ou o fenômeno oposto, a resistência à conformidade, a reação dos funcionários à tentativa de se lhes impor um padrão fixo de comportamento. Uma terceira causa geral de imprevisibilidade deve ainda ser citada. Por mais formalizada que seja uma organização, por mais previsto e regulamentado que seja o comportamento de seus membros, nunca será possível prever e formalizar tudo. Uma série de fenômenos sociais, pela sua própria natureza, escapam à organização formal, e vão constituir o que se convencionou chamar "organização informal". Uma organização, quando dinamicamente considerada, só pode ser bem compreendida quando estudada também de seu aspecto informal. É o que faremos em seguida.

A organização informal não deve ser considerada exclusivamente uma conseqüência não prevista das burocracias. Sem dúvida, parte dos fenômenos sociais que constituem a organização informal derivam diretamente do sistema burocrático. Por exemplo, todas as tentativas de resistência, por parte dos funcionários, à imposição de um padrão de comportamento fixo, são conseqüência direta da burocracia e vão constituir-se em elementos da organização informal. Assim, quando, em determinado setor de uma organização, os operários constituídos em grupo social estabelecem normas visando à restrição da produção, ou desenvolvem uma atitude desfavorável em relação à administração, como uma tentativa de escapar à disciplina burocrática, estamos diante de casos em que a organização informal é propriamente uma conseqüência do sistema burocrático. Em outras situações, entretanto, as relações informais emergem devido a causas que não se ligam diretamente às características da organização formal. Aquelas normas de restrição da produção, por exemplo, podem ter como causa não a exigência de disciplina, mas o temor de que, com o aumento da eficiência do trabalho, alguns dos operários sejam despedidos ou transferidos para outra seção. Neste caso, a organização informal não pode ser considerada uma conseqüência direta da organização burocrática.

Na verdade, a organização informal é conseqüência da impossibilidade prática de se bitolar completamente o comportamento humano, de fazer com que os homens se portem estrita e exclusivamente de acordo com regulamentos. A organização informal abrange todas as relações, todas as normas, todos os valores e crenças não estabelecidos na organização formal, e todo o comportamento correspondente que não foi previsto na organização formal.

Antes de passarmos diretamente ao estudo da organização informal, uma ressalva: não cremos que essa expressão seja das mais felizes. Caracterizamos a organização burocrática como um sistema social formal. Logo, como poderemos falar de uma "organização" que não é formal, mas informal? Além disso, se determinado sistema social for informal, ele não será organizado, ou, pelo menos, será muito elementarmente organizado. Não será, portanto, uma organização. Mas o uso já consagrou a expressão. Feita a ressalva, parece-nos mais conveniente adotá-la.

Todas as relações sociais verificadas em uma organização que não estejam previstas em seus regulamentos e organogramas constituem, somadas, a organização informal. Essas relações são as mais variadas possíveis. Temos relações de amizade e inimizade, simpatia e antipatia, conflito e cooperação, relações de identificação, projeção, agressão, relações de liderança e subordinação, baseadas em normas, valores e crenças compartilhadas pelos seus membros, que se distribuem por diversos grupos sociais interdependentes. Tais relações são chamadas "informais" devido ao seu caráter espontâneo e extra-oficial. O que as distingue é o fato de que ocorrem "sem nenhum objetivo comum consciente".[5] Elas ocorrem paralelamente às relações formalmente estabelecidas, como decorrência delas ou não, mas sempre

---

[5] Chester Barnard, *op. cit.*, p. 114.

traduzindo as necessidades, sentimentos, interesses, atitudes e valores dos participantes da organização.

A organização informal, portanto, é algo indefinido e sem estrutura. Não se pode, de forma alguma, pensar na organização informal como um sistema social completo, paralelo à organização formal. A organização informal só existe em função da formal. A soma de ambas é que irá constituir um sistema social – aquele tipo particular de sistema social a que chamamos organização ou burocracia. Entretanto, na medida em que tal sistema social constituiu-se também de relações informais, não teremos mais a organização em seu tipo puro, ideal, que descrevemos no capítulo anterior. Teremos uma burocracia, mas uma burocracia real, tal como pode ser observada na sociedade contemporânea, em vez de uma abstração, de um modelo que nos auxilia a compreender a realidade, mas que para atingir esse fim simplifica-a demasiadamente.

Se a organização informal é algo indefinido e sem estrutura, isso não quer dizer que o grupo informal também o seja. Na verdade, quando se fala sobre este assunto, é preciso distinguir três fenômenos de natureza diversa, que são freqüentemente confundidos: a organização informal, o grupo informal e as relações informais. São fenômenos correlatos, mas que devem ser bem distinguidos. Por relações informais se entendem, de forma ampla, todas as relações sociais, todos os contatos entre pessoas e os valores e crenças correspondentes, que não foram previamente definidos. Já a organização informal é constituída da soma dessas relações informais, as quais podem ser plenamente independentes uma das outras, de modo a não formarem um sistema. Algumas dessas relações, entretanto, verificam-se com certa freqüência entre determinado número de indivíduos. À medida que essas relações se repetem, surgem os grupos informais, cuja estrutura tenderá a ser bem mais definida que a da organização informal. Tais grupos, que podem ser observados dentro das organizações em tamanhos variados e com diferentes graus de coesão e homogeneidade, vão constituir-se na unidade de estudo por excelência das organizações informais, derivando daí sua importância e o interesse de que são cercados.

Geralmente, quando falamos em grupos informais, estamos nos referindo ao pequeno grupo, ao grupo primário, a um conjunto de indivíduos suficientemente pequeno, de forma que possam comunicar-se uns com os outros diretamente, face a face, com relativa freqüência. E esse é, realmente, o mais importante tipo de grupo informal. Em uma organização, entretanto, podemos distinguir outros grupos informais mais extensos e geralmente menos coesos, os quais abrangem setores inteiros dela. Em uma empresa industrial, por exemplo, é comum distinguirmos alguns grandes grupos informais, como os operários, os empregados de escritório, os administradores, os técnicos e a alta administração. A importância de tais grupos não precisa ser salientada. A maioria dos problemas sociais globais que uma empresa enfrenta deriva dos conflitos entre operários e alta administração. Conflitos entre técnicos, engenheiros, especialistas, de um lado, e administradores, de outro, são muito freqüentes. Em uma das maiores organizações industriais do Brasil, pudemos observar um conflito claro, com conseqüências danosas para a empresa, entre os engenheiros que se dedicavam à produção e os administradores encarregados da parte comercial, financeira, contábil e de pessoal. Os engenheiros, embora, em muitos casos, exercessem funções administrativas, não se identificavam com a figura do administrador. Julgavam-se "técnicos". E chamavam seus outros colegas de administração, que não se encarregavam da produção, de "burocratas". Havia muitos "técnicos" e outros tantos "burocratas", de forma que não se tratava de dois grupos primários. Eram, entretanto, dois grupos informais, cuja existência, com a série de valores e crenças que seus membros compartilhavam, não fora prevista nos organogramas da empresa.

Nessa rápida incursão pelo estudo dos grupos informais, limitar-nos-emos aos grupos primários. Conhecê-los, compreender as causas por que surgem, as funções que exercem, a estrutura interna que apresentam, é assunto da mais alta importância para o administrador. "Na indústria e em outras situações, o administrador lida com grupos humanos bem formados, e não com uma horda de indivíduos. Sempre que... por circunstâncias estranhas tais grupos tenham pouca oportunidade para se formar, os sintomas imediatos são uma alta rotação de empregados, absenteísmo e outros fenômenos semelhantes. O desejo do homem de estar continuamente associado aos seus companheiros quando trabalha é uma forte, senão a mais forte das características humanas. Da parte da administração, não dar a devida atenção a tal fato ou tentar contrariar esse impulso humano resultará imediatamente em uma forma qualquer de derrota para essa mesma administração."[6] O estudo dos pequenos grupos informais é, portanto, do mais alto interesse para o administrador, na medida em que eles são importantes para seus subordinados.

Há uma grande variedade de grupos informais na situação de trabalho. Há grupos informais que também são grupos de tarefa. No que se refere a seu

---

[6] Elton Mayo. "Primary significance of the group concept". In: Robert Dubin (organizador). *Human relations in administration*. Nova York: Prentice Hall, 1954, p. 19.

comportamento, os grupos também podem diferir consideravelmente. Aqueles que se situam em um extremo mais rígido funcionam muito mais como aparatos de contenção social do que como meios de criação e desenvolvimento. Os que estão mais próximos do extremo flexível aproximam-se também de organizações laterais que se superpõem à estrutura burocrática. Neste último caso os grupos exploram diferentes formas de convivência, através do cruzamento continuado de fronteiras com outros grupos ou com os objetos de que se ocupam, sem prejuízo para as atividades que estão em interação.[7]

Há outro aspecto a ser considerado. A eficiência do administrador em lidar com seus subordinados é função, em grande parte, de sua capacidade de prever o comportamento deles em face das ordens que emite e a todas as novas situações que emergem. Entretanto, "se qualquer caso de fricção ou falta de cooperação, ou qualquer exemplo de operação bem-sucedida, for encarado como expressão de personalidades individuais, será impossível prever o comportamento ou os problemas, a não ser que se tenha um conhecimento minucioso de cada indivíduo em questão".[8] Ora, de um modo geral, o administrador não terá meios de obter esse conhecimento. Entretanto, se esse administrador lembrar que o comportamento dos indivíduos é em grande parte função dos grupos sociais de que participam, entre os quais o pequeno grupo de trabalho é aquele que mais diretamente influencia seu comportamento dentro da organização, ele verificará que será possível prever, de forma razoavelmente precisa, o comportamento de seus subordinados, desde que conheça os grupos sociais aos quais eles pertencem.

Como conhecer tais grupos? Há dois métodos, que se completam, para atingir esse objetivo. De um lado, temos a pesquisa social, a tentativa de se determinar em uma dada organização os diversos grupos sociais, seus componentes, sua estrutura, seus líderes, suas normas, suas funções. Os métodos de realização de tais pesquisas podem ir desde a simples observação, que será geralmente mais própria dos administradores em sua ação cotidiana, até elaborados métodos sociométricos do tipo desenvolvido por J. L. Moreno, nos quais as relações de atração, repulsa e indiferença são minuciosamente estudadas.[9] De outro lado, temos os estudos teóricos a respeito

---

[7] Peter Spink. Conferência proferida em São Paulo, 1978.

[8] Burleigh B. Gardner. "The factory as a social system". In: William Foote Whyte (organizador). *Industry and society*. Nova York: McGraw-Hill, 1946, p. 20.

[9] Cf. J. L. Moreno. *Who shall survive? A new approach to the problem of human interrelations*. Washington: Beacon House, Nervous and Mental Disease Monograph Serie, nº 58, 1934.

do pequeno grupo informal. A literatura sobre o assunto é extensa. O livro básico da Escola de Relações Humanas, *Management and the worker*, de Roethlisberger e Dickson, gira em torno da descrição de dois grupos informais, o grupo de moças da "Sala Teste de Montagem" ("Assembly Test Room") e o grupo de homens da "Sala de Observação para Colocação de Fios" ("Bank Wiring Observation Room"). Embora nos limitemos a estudar dois aspectos teóricos do grupo informal dentro das organizações, que poderão orientar o administrador, quando este procurar observar e compreender os grupos informais ao seu redor, analisando os fatores que dão origem aos grupos informais e às funções que tais grupos executam, convém dizer algo da visão de W. R. Bion do plano emocional dos grupos.

Segundo Bion, o plano emocional dos grupos participa de certos supostos básicos em relação a objetivos. Certamente, cada um desses supostos contém traços estreitamente relacionados com objetos parciais extremamente primitivos, fazendo com que o grupo não funcione apenas como defesa contra a ansiedade em sentido restrito, mas como liberação de ansiedade psicótica. Entre outras coisas, essa colocação assume que psicose não é algo que separa grupos normais de grupos dementes. O comportamento do grupo é visto como sendo pautado por mecanismos psicóticos, sem nenhum julgamento de valor. De modo geral, os grupos podem ser classificados em grupos de dependência, de acasalamento e de ataque-fuga. Se tudo o que influi no indivíduo fosse o desejo de segurança, o grupo de dependência poderia bastar para satisfazê-lo, mas o indivíduo necessita de algo mais que segurança pessoal, e por essa razão necessita de outras classes de grupo. Se o indivíduo estivesse preparado para sofrer as penúrias da evolução e todo o esforço de aprendizagem implicado, poderia superar o grupo de dependência. Mas, mesmo com os impulsos que não se satisfazem no grupo de dependência, o fato é que o indivíduo deseja alcançar um estado no qual possa se encontrar totalmente equipado para a vida de grupo, sem sofrer as penúrias do crescimento, e esses desejos o impulsionam para um grupo estruturado para o acasalamento e para o ataque-fuga. Todos os supostos básicos incluem a existência de um líder, embora em alguns grupos na forma de líder não nascido. O líder não precisa se identificar com nenhum indivíduo do grupo; não precisa nem mesmo ser uma pessoa, podendo estar identificado com uma idéia ou com um objeto inanimado. Em termos amplos, cabe observar que as pessoas freqüentemente se reúnem em grupos a fim de conseguir manter um líder de que dependem para sua nutrição material e espiritual e para obter proteção. São os grupos de dependência. Freqüentemente, as pessoas se reúnem em grupos para produzir algo novo e valorizado. Esse algo novo, comumente ligado a uma fusão de duas pessoas, não pode ser produzido, a fim de que a expectativa não se desvaneça. São os grupos de acasalamento. Finalmente, as pessoas se reúnem em grupos para conseguir lutar contra algo ou fugir de algo. São os grupos de ataque e fuga.[10]

Já vimos que o pequeno grupo informal se define pela freqüência das relações sociais existentes entre determinado número de indivíduos. Tais relações devem ser diretas, face a face, e implicam geralmente ações mútuas ou recíprocas entre pares de indivíduos. São por isso chamadas de "interações", formando um tipo de relação social que se manifesta principalmente através de comunicações. O grupo social informal emerge dentro da organização burocrática quando as interações informais entre determinado número de indivíduos começam a se intensificar, ganham densidade dentro da difusa organização informal. E o resultado é a formação, dentro da organização, de um grande número de pequenos grupos informais, que podem ser distinguidos na medida em que se verificam interações entre seus membros, na medida em que estes conversam, jogam, tomam café ou almoçam em conjunto.

Se é, portanto, a freqüência das interações que vai definir a existência de um grupo, para determinarmos as causas da emergência de um grupo social informal deveríamos determinar os fatores que provocam interações entre os membros de uma organização burocrática. Há dois fatores que nos parecem básicos: as características tecnológicas do trabalho executado e a existência de interesses comuns.

Nas organizações industriais, particularmente entre os operários e empregados de escritório, as características tecnológicas do trabalho executado constituem a causa principal da emergência de grupos informais. Se o trabalho exige a cooperação de diversos indivíduos, que realizam uma tarefa comum, as interações formais, necessárias à execução do trabalho, são grandes, resultando delas interações de tipo informal. Além disso, um grupo informal é um pequeno sistema de cooperação entre indivíduos. Se a organização formal impõe essa cooperação, será mais fácil que surjam relações informais de cooperação. Por exemplo, na seção de anodização por nós já citada, formou-se um coeso grupo informal. O sistema tecnológico facilitava o aparecimento e preservação desse grupo. As duas operações fundamentais executadas na seção, banho e secagem, exigiam que os

---

[10] W. R. Bion. *Experiências em grupos*. Buenos Aires: Editorial Paidós, 1976.

operários trabalhassem em comum, preparando as peças para o banho, colocando-as e tirando-as do tanque de ácido, limpando-as e dispondo-as em cavaletes para secagem. O moral do grupo era elevado, apesar das más condições de trabalho existentes na seção. Mais tarde, tais condições foram melhoradas, mas em contrapartida o sistema de produção foi parcialmente automatizado, de forma a não exigir grande número de interações entre os operários da seção. Esse fator, somado a transferências e demissões de diversos operários, levou à dissolução do grupo informal, não tendo sido ele substituído por outro grupo formado pelos novos funcionários da seção.

A localização física dos indivíduos, ao executarem o trabalho, é outro fator importante como causa de formação de grupos sociais informais. Em um grande grupo industrial e comercial de São Paulo, por exemplo, foi emitida uma circular a respeito da distribuição de cafezinho aos funcionários do escritório, que desagradou a todos por uma série de razões. Eram mais de mil funcionários, exercendo as mais diversas tarefas, para as diversas empresas do grupo. A reação à circular, de um modo geral, limitou-se a manifestações de irritação e zombaria por parte dos funcionários. Apenas no departamento de contabilidade ela se manifestou através de um abaixo-assinado de protesto dirigido à alta administração do grupo. Nesse departamento havia um grande número de mesas, enfileiradas e aproximadas. Esse fato, mais o tipo de trabalho rotineiro que os funcionários executavam, permitiu que eles formassem um grupo social mais integrado, que soube manifestar sua reação de modo organizado.

Poderíamos continuar a citar outras características tecnológicas do trabalho que dão origem a grupos sociais informais. Em resumo, porém, pode-se dizer que, quanto mais o trabalho facilitar interações entre os indivíduos, quanto mais próximos fisicamente estiverem eles entre si, e quanto mais caráter de cooperação e não de concorrência tiverem as interações, mais provavelmente emergirá um grupo social informal.

Um grupo ou turma que surja nessas condições tenderá a cumprir uma série de funções gerais, não especializadas, para seus membros. Discutiremos logo adiante essas funções. Certas turmas, no entanto, surgem para satisfazer interesses comuns específicos. Formam-se, então, grupos para praticar esportes ou para conversar sobre o assunto. Os que gostam de discutir política ou falar sobre sexo reunir-se-ão nas horas de descanso etc. Esse tipo de turma, entretanto, embora de interesse para a compreensão da organização informal, não apresenta a mesma relevância para a administração que os grupos que emergem diretamente das relações de trabalho. Isso porque os valores e as crenças que tendem a se desenvolver nos grupos do primeiro tipo tendem a se relacionar muito menos com o trabalho e com a empresa do que os mesmos valores e crenças que se desenvolvem em um grupo de trabalho. É geralmente no grupo de trabalho que surgem normas de restrição de produção, é nele que as resistências à modificação encontram apoio mais decidido; é ainda nele que se desenvolve uma série de crenças a respeito da personalidade dos superiores, dos objetivos da empresa e das possibilidades pessoais que cada um tem de promoção e maiores salários dentro dela. Ora, todos esses fatos, naturalmente, terão direta influência no moral, no nível de satisfação existente na organização e na produtividade de seus membros. E, se a isso adicionarmos a circunstância de que nas organizações o número de grupos formados em torno de interesses comuns especializados é geralmente muito menor do que os grupos constituídos em função do trabalho e de suas características tecnológicas, concluiremos pela maior relevância para a administração deste último tipo de grupo.

Para que um grupo dessa natureza surja, entretanto, além das características favoráveis do trabalho, são geralmente necessárias algumas outras condições. Fundamentalmente, há necessidade de que os membros do grupo apresentem certas similaridades, tanto internas quanto externas, à organização. Entre as similaridades internas, a mais importante é a de "status". Os membros de uma turma tendem a ter mais ou menos o mesmo "status" dentro da organização. Diferenças de "status" tendem geralmente a implicar distância social. O indivíduo com "status" maior tende a manter distância e a limitar a intimidade que possa surgir com seu inferior. Dessa forma, ele defende seu "status". Ora, uma turma se caracteriza exatamente pela inexistência de distância social entre seus componentes. Na "Sala de Observação para Colocação de Fios", analisada por Roethlisberger e Dickson, o carregador não era aceito por nenhuma das subturmas que se formaram, devido ao seu "status" claramente inferior ao dos demais.[11] Pertencer ao mesmo tipo geral de qualificação profissional é também freqüentemente importante. Cria-se um "orgulho profissional" que funciona como uma barreira, dificultando a formação de grupos informais com a participação de indivíduos de qualificação profissional basicamente diversa. É por essa razão que, muitas vezes, é difícil surgirem grupos informais formados de técnicos e administradores, mesmo que trabalhem muito proximamente uns dos outros. Em agências de propaganda, por exemplo, embora deva haver perfeita coordenação entre o redator e o *layoutman*, de um lado, e o veiculador e o tráfego,

---

[11] F. J. Roethlisberger e William J. Dickson. *Management and the worker*. Cambridge, Massachusetts: Harvard University Press, 1949, p. 517.

do outro, e embora sejam necessárias interações constantes entre eles, é difícil que um redator e um veiculador façam parte do mesmo grupo informal. Os primeiros tendem a se julgar "criadores", enquanto os outros não passariam de meros executores.

Já nos referimos aos grupos informais que abrangem toda a organização. Em geral as turmas, ao se constituírem, não podem desrespeitar esses grupos maiores. Se existe uma diferenciação entre "os velhos" e "os novos" em uma organização, dificilmente alguém que se inclua claramente em um desses grupos pode também fazer parte de um grupo menor constituído de elementos do outro grupo maior.

Entre as similaridades externas que condicionam a formação de uma turma, podemos citar o fato de pertencerem seus membros à mesma classe social, à mesma raça, ao mesmo grupo étnico, à mesma religião, ao mesmo grupo de idade, à mesma corrente política. Como no caso das similaridades internas, a força que sua ausência pode representar como obstáculo à formação do grupo informal depende do grau da discrepância e do valor que o grupo dê a essas similaridades. No Brasil, por exemplo, o fato de alguém ser negro não se constituiria em obstáculo tão grande à sua participação em uma turma formada de brancos quanto nos Estados Unidos. Isso ocorre porque, principalmente entre as classes sociais mais baixas, no Brasil, se dá menor importância à similaridade de raça do que nos Estados Unidos. Outro exemplo: se um protestante deseja entrar em um grupo social formado de católicos, sua entrada será facilitada se os componentes do grupo não derem muita importância ao fato de ser católico para pertencer ao grupo, e se seu comportamento, como protestante, não for agressivo e chocante em relação aos padrões do grupo.

O que o grupo exige, antes de mais nada, de seus membros, é certo grau de conformidade às suas normas, aos seus valores. Para que essa conformidade ocorra é necessário que eles já entrem para o grupo trazendo certos pontos básicos em comum. A personalidade de cada um é, em grande parte, função daquelas similaridades externas. E o grupo só poderá funcionar se houver um acordo entre a personalidade de seus membros, especialmente em relação à forma pela qual encaram o mundo. Por isso, entre aquelas similaridades, talvez a mais importante seja a da classe social comum. É difícil para alguém pertencente a uma classe social inferior entrar em um grupo de classe social mais elevada, não só porque seus membros tenderão a objetar contra o fato, por verem nele uma ameaça ao seu "status", como também porque a cultura, os padrões de comportamento do pretendente se chocarão com os existentes no grupo.

➤ Funções do grupo informal

O grupo informal é um mecanismo social através do qual seus membros procuram atender a suas necessidades. A função do grupo, portanto, do ponto de vista de seus membros, é basicamente semelhante à de qualquer outro sistema social: visa satisfazer as necessidades daqueles que dele participam. Poderíamos, no entanto, especificar um pouco melhor tais funções. Teríamos, então, seis funções: (1) proteger os membros contra interferências do exterior; (2) tornar o comportamento dos companheiros previsível e adequado; (3) diminuir a monotonia e a fadiga; (4) satisfazer as necessidades de "status"; (5) atender às necessidades sociais de aprovação, comunicação, amizade; (6) opor-se à ameaça de despersonalização.

1) *Proteger os membros contra interferência do exterior.* Esta é, no entender de Roethlisberger e Dickson, a mais importante das funções do grupo.[12] O primeiro objetivo que todo organismo visa é o da sobrevivência. Isso acontece também com o grupo social. Ora, esse grupo está continuamente sofrendo ameaças externas. No caso de um grupo de operários ou de empregados de escritório, a ameaça de interferência parte geralmente da administração. É contra ela que o grupo social informal se volta, procurando proteger-se. A forma pela qual a administração geralmente ameaça o grupo é através da introdução de modificações, particularmente de modificações tecnológicas, e da exigência de um padrão de eficiência. Ora, as modificações tecnológicas, particularmente, tendem a ameaçar a integridade do grupo. Vimos que este, para se formar, depende do sistema tecnológico, da forma pela qual o trabalho é executado. Se modificações tecnológicas são introduzidas, a própria existência do grupo fica ameaçada. Assim, quando a administração tenta introduzir um novo sistema, o grupo se une para resistir à modificação. E é claro que se torna muito mais difícil quebrar a resistência organizada de um grupo, do que a resistência de indivíduos isolados. O grupo transforma-se, assim, em um mecanismo relativamente eficiente de proteção de seus membros contra modificações que se procuram introduzir de fora.

A turma ou o grupo informal atende à necessidade de segurança de seus membros. Do mesmo modo, essa proteção também se manifesta quando a administração pressiona por maior eficiência. Através de elaborados sistemas de restrição da produção, os operários conseguem iludir ou pelo menos tornar impotente a administração. De acordo com o grupo, os operários

---
[12] Idem, p. 525.

potencialmente mais eficientes estabelecem para si padrões de produção baixos, de forma a não apresentarem grande discrepância em relação àqueles operários sem qualificações para produzir eficientemente. Dessa forma, o grupo protege os membros ineficientes. Da mesma forma, quando um membro qualquer do grupo entra em conflito com seus superiores, o apoio informal que recebe do grupo serve-lhe de proteção. O grupo, portanto, tanto protege sua própria sobrevivência, como cada um de seus membros. No caso da restrição da produção, da "cera", esta pode ser tanto uma prática para proteger indivíduos isolados, como já observamos, como também para proteger o grupo todo. Às vezes, a restrição da produção é simplesmente uma manifestação de hostilidade em relação à administração. Em outras ocasiões, porém, ela é uma técnica que, mantendo a produção estável, não permitindo que ela aumente com o emprego de um mesmo número de homens, como seria o desejo da administração, evita que membros do grupo sejam despedidos ou transferidos por falta de trabalho naquele setor da empresa. Dessa forma, a turma protege sua integridade através da restrição da produção e obedece à norma bem expressa por um dos participantes da "Sala de Observação para Colocação de Fios": "vamos nos comportar de tal forma que a administração tenha a mínima oportunidade de interferir conosco".[13]

2) *Tornar o comportamento dos companheiros previsível e adequado*. Em função da organização formal, determinado número de indivíduos é obrigado a trabalhar em comum. Ora, quando duas pessoas mantêm relações entre si, é importante para ambas que sejam capazes de prever com razoável precisão o comportamento da outra. É preciso que cada uma delas saiba como reagirá a outra quando conversar com ela, quando lhe fizer um pedido, ou quando suceder algum fato externo que interesse a ambas. Essa necessidade de previsão está intimamente relacionada com a de segurança. Se alguém não tem meios de prever como o outro reagirá em face a determinadas circunstâncias, jamais terá segurança em suas relações com essa pessoa. Ora, o grupo, na medida em que estabelece normas e valores que deverão ser obedecidos pelos seus membros, torna o comportamento destes previsível. Na "Sala de Observação para Colocação de Fios", por exemplo, foram observadas quatro normas principais, aceitas pelo grupo:

"a. Você não deve produzir muito. Se o fizer, você será um 'rate-buster'.
b. Você não deve produzir pouco. Se o fizer, você será um 'chiseler'.

---

[13] Idem, p. 525.

c. Você não deve contar ao mestre nada que resulte em prejuízo de seus colegas. Se o fizer, você será um 'squealer'.
d. Você não deve tentar manter distância social ou agir formalmente. Se você for um inspetor, por exemplo, não deveria agir como tal".[14]

Com essas normas estabelecidas dentro do grupo e com suas respectivas sanções, que iam bem além dos simples epítetos pejorativos que recebiam, o grupo tornava previsível o comportamento dos seus membros.

Além disso, através de suas normas e sanções, o grupo controla e torna adequado o comportamento de seus membros. Para atender a suas outras necessidades, para resistir à modificação ou para restringir a produção, é preciso que o grupo se ordene, aceitando uma série de normas, e que haja a emergência de um líder que as execute. Quanto mais coeso for o grupo, mais isso tenderá a acontecer, mais as normas serão definidas e mais claro será o poder do líder, de forma que mais previsível e adequado será o comportamento de seus membros, em relação aos objetivos do grupo.

3) *Diminuir a monotonia e a fadiga.* Parte importante da atividade dos grupos informais consiste em contar piadas, fazer brincadeiras, jogar etc. Tais práticas aliviam a monotonia, que é peculiar a tantas tarefas, principalmente às mais rotineiras. Em certos casos, porém, os jogos têm outra função, além da mera recreação, do mero mecanismo de defesa contra a monotonia do trabalho. Na "Sala de Observação para Colocação de Fios", por exemplo, observou-se que um dos jogos, conhecido entre os operários pelo nome de "binging", tinha também como função punir aqueles que se afastavam das normas do grupo. O jogo consistia em dar um soco no antebraço do companheiro. Este não reclamava, mas ficava com o direito de devolver o soco. Pretendia-se, dessa forma, comparar a força dos socos ou a capacidade de resistência dos dois participantes do jogo. Na verdade, porém, muitas vezes funcionava como meio de canalizar a necessidade de agressão de cada um e, mais do que isso, era uma forma de punição. Em certa ocasião, um operário deu um soco no colega, dentro das normas do "binging". O observador da sala perguntou-lhe por que havia feito aquilo. Respondeu o operário: "Ele praguejou. Nós fizemos um acordo: quem praguejar toma um soco. Ele praguejou durante cinco minutos, mas acabou sendo socado algumas vezes e desistiu".[15]

---

[14] Idem, p. 522. Não existe tradução para as expressões "rate-buster", "chiseler" e "squealer". Elas fazem parte da gíria norte-americana e particularmente do vocabulário que era usado na época na "Western Electric". "Rate-buster" é aquele que ultrapassa os padrões de produção, o "fominha"; "chiseler" é o que trabalha pouco, o que faz "cera"; e "squealer" é o traidor, o "falador".

[15] Idem, p. 421.

4) *Satisfazer as necessidades de "status".* Sabemos que a necessidade de *status*, de posição social, é um dos motivos fundamentais para o comportamento humano. "O grupo informal pode oferecer caminhos alternativos para a aquisição de *status* – na maioria dos casos, para a aquisição de um *status* maior do que aquele que poderia ser obtido através da estrutura social formal."[16] O simples fato de a pessoa pertencer a um grupo social já dá mais *status* a essa pessoa, em relação àquela que ficou de fora do grupo. Observe-se, por exemplo, o seguinte comentário, que freqüentemente ouvimos no seio de organizações: "Eles fizeram uma 'panelinha' terrível. Ninguém consegue entrar naquele grupo". Tal comentário pode consistir em uma simples crítica objetiva ao comportamento de alguns colegas, mas freqüentemente é uma manifestação de despeito de alguém que, não tendo sido aceito no grupo, sente-se diminuído. Todo grupo tende a desenvolver um "orgulho de grupo", uma sensação de superioridade em relação aos demais que não pertencem àquele grupo. Tal sensação tende a transformar-se, pelo menos aos olhos do próprios participantes do grupo, em aumento de *status*. Além disso, às vezes, o próprio grupo possui um certo *status* em relação aos demais grupos existentes na organização. Se um indivíduo é admitido nesse grupo, sua posição social na organização aumenta imediatamente. Além do simples fato de pertencer a determinado grupo, outra fonte de *status* é naturalmente alcançar a posição de líder informal. Um grupo possui um ou mais líderes, dependendo dos problemas que enfrente. E a posição social de tais líderes, o prestígio e o poder que possuem, freqüentemente, não correspondem ao *status* que lhes é atribuído na organização formal.

5) *Atender às necessidades sociais de aprovação, comunicação, amizade.* Tais necessidades, ao contrário da necessidade de *status*, de prestígio e de poder, não são consideradas na organização formal. As comunicações restringem-se a apenas o que for "oficial" dentro da organização, e as relações de aprovação e amizade não podem ser definidas em nenhum documento formal. E, no entanto, tais necessidades devem ser atendidas pela organização como um todo. Os grupos informais encarregam-se dessa missão. Aqueles que, devido ao processo tecnológico, trabalham em conjunto, ao formarem um grupo social, estabelecem relações de amizade, apóiam-se uns aos outros, comunicam-se, trocando idéias e sentimentos. A vida particular de cada um deles é trazida, em maior ou menor grau, para o ambiente da organização, na medida em que conversam a respeito de problemas e

---

[16] Eugene V. Schneider. *Industrial sociology.* Nova York: McGraw-Hill, 1957, p. 194.

sentimentos pessoais. O grupo informal provoca, assim, uma quebra da barreira existente entre a vida privada e a vida organizacional.

6) *Opor-se à ameaça de despersonalização.* Vimos que uma das características fundamentais das organizações é seu caráter impessoal. Tal característica é inerente à burocracia. Quanto mais um sistema social se organiza, mais ele tende à despersonalização. Esse fenômeno apresenta uma série de vantagens, na medida em que implica administração objetiva, científica, imune ao favoritismo e aos fatores emocionais, mas também traz sérias desvantagens, ao tratar indiscriminadamente pessoas e grupos com características muito diversas, ao desrespeitar a natureza humana, não atendendo à necessidade básica de auto-identificação comum a todos os homens. Mesmo para uma criança, nada é mais desagradável do que ser chamada por outro nome que não seja o seu. O cinema, a literatura, os intelectuais já invectivaram um sem-número de vezes a tentativa de reduzir empregados a números, a simples peças de imensas estruturas. A Escola de Relações Humanas, muito justamente, fez eco a esse coro. Possivelmente, porém, foram os grupos informais que mais efetivamente se opuseram a essa ameaça de despersonalização a que a burocratização expõe cada empregado das organizações.

Através do fluxo de relações pessoais a que nos referimos acima e que era proporcionado pelo grupo informal, já se verificava uma tentativa de resistência à despersonalização. As relações verticais, de cima para baixo, poderiam ser impessoais, como a organização burocrática queria. Porém, as relações horizontais, isto é, entre funcionários do mesmo nível hierárquico, permaneceriam pessoais, por mais que a administração estabelecesse sistemas de trabalho que tratassem os indivíduos impessoalmente, graças ao apoio que lhes dava o grupo informal. Em certos casos, porém, o grupo informal se transformava em um instrumento ainda mais direto de resistência à despersonalização, inclusive em sentido vertical. Em determinada refinaria, por exemplo, os operários de uma torre de refino formaram um grupo social muito coeso e de elevado moral. Eram cerca de doze operários. Em certo momento, porém, viram-se ameaçados por uma medida de administração da refinaria. Sua reação foi significativa. Escreveram uma carta, em que protestavam contra as medidas que estavam sendo tomadas e faziam sugestões sobre como resolver o problema, enviando-a para a residência particular de cada um dos diretores da refinaria. Podiam e deviam, do ponto de vista regulamentar, mandar a carta para os escritórios dos diretores. Mas decidiram remetê-la para a residência de cada um deles porque, assim, rompiam a relação impessoal que os ligava aos diretores. Eles desejavam ser reconhecidos como pessoas, não como meros "fazedores de trabalho" que uma máquina pode substituir; eles queriam que a administração reconhecesse o caráter particular do problema que apresentavam. O grupo serviu de veículo para que esse desejo se manifestasse e ganhasse força.

Citamos seis funções do grupo informal, entre as quais não incluímos o eventual aumento de independência dos subordinados em relação aos superiores. Deixamos de fazê-lo propositadamente. Seria de imaginar que o grupo informal fortalecesse o poder de barganha dos empregados em relação à administração. Em certos casos particulares, isso pode acontecer. Já afirmamos que todo o processo de resistência à modificação tem por base o grupo social. Mas nos processos de barganha entre empregados e a alta administração, em que se discutem em termos gerais problemas referentes a salários e condições de trabalho, os grupos informais têm pouca influência. Esta é tarefa que cabe a um tipo especial de organização – aos sindicatos –, pois só eles apresentam as condições de eficiência requeridas para tratar com a alta administração das empresas. Esse fato, aliás, confirma uma das teses fundamentais deste livro – a que afirma ser a organização o tipo de sistema social eficiente por excelência. Não sendo o grupo informal uma organização, ele não tem condições para dialogar em pé de igualdade com uma empresa. Só uma outra organização, como o sindicato, pode fazê-lo de forma efetiva.

▶ A organização informal e a administração

Vimos que a organização informal não pode ser considerada apenas como conseqüência imprevista da organização burocrática. Embora freqüentemente as relações informais derivem diretamente da estrutura formal existente, em muitas outras ocasiões, aquelas relações nada têm a ver com a organização burocrática. Entretanto, conseqüência ou não da burocracia, a organização informal é sempre imprevista, na medida em que o comportamento a que ela dá lugar não foi predeterminado formalmente. Pergunta-se, então: não seria a organização informal uma anomalia, uma irregularidade que a administração deveria procurar eliminar? Não seria a organização informal um obstáculo a uma boa administração, um traço de irracionalidade e imprevisibilidade dentro da tentativa de racionalização do comportamento humano grupal visada pela administração?

Sem dúvida, a organização informal é um fenômeno irracional, na medida em que, por definição, não é deliberado e muitas vezes nem mesmo consciente. Daí, porém, não se pode concluir que a organização informal seja sempre um obstáculo para a administração ou que se deva destruí-la. Para que não se queira destruí-la, há uma razão simples. Mesmo que a organização informal só trouxesse malefícios à administração, isso seria impossível. A organização informal é uma característica inerente a qualquer organização burocrática. Não é possível pensar em uma organização na qual parte das suas relações não sejam informais, a não ser que se trate de uma organização de autômatos e não de seres humanos... Em outras palavras, a organização informal é um dado do problema, algo com que a administração tem que trabalhar. Pretender destruí-la, eliminá-la, seria uma tarefa inglória, porque impossível. O máximo que se poderia conseguir seria fazê-la voltar-se contra o agressor. Ignorá-la, como na prática fizeram os representantes mais autênticos da Escola da Administração Científica, seria omitir um dos dados fundamentais que o administrador deverá levar em consideração ao tomar decisões.

Porém, mesmo que, por hipótese, fosse possível destruir a organização informal ou pelo menos reprimi-la, isso não seria conveniente do ponto de vista da administração. Quando estudamos as funções dos grupos informais, do ponto de vista de seus membros, vimos que muitas delas em nada prejudicavam a organização, só podiam auxiliá-la. Poderíamos dizer que a função básica do grupo informal é satisfazer as necessidades dos seus membros. Ora, enquanto tal satisfação não entrar em conflito com os objetivos da organização, o grupo informal só poderá ser considerado como um elemento positivo dentro da organização.

Barnard é incisivo a respeito. Diz ele: "As organizações informais são necessárias ao funcionamento da organização formal, como um meio de comunicação, coesão e proteção da integridade individual".[17] De fato, façamos uma abstração e imaginemos uma organização em que seus membros não se comuniquem informalmente. O resultado será uma organização extremamente ineficiente, emperrada. Um sistema informal de comunicações dentro de uma organização, quando aliado a um sistema formal, torna as comunicações mais rápidas e mais completas. As comunicações horizontais, especialmente, são muito facilitadas pela organização informal. Além disso, muitas vezes surgem novas idéias e decisões importantes são tomadas com base em comunicações informais. Por exemplo, as diretrizes de uma empresa de propaganda determinam que a realização de anúncios e

---

[17] Chester Barnard, *op.cit.*, p. 123.

campanhas para um determinado cliente deve caber a um grupo de trabalho, que se reunirá para sugerir idéias e tomar decisões. Na maioria dos casos, essa diretriz é seguida, mas imagine-se o que aconteceria se ela tivesse que ser seguida sempre! Se, para resolver cada problema que o cliente apresentasse, fosse necessário convocar uma reunião formal, o trabalho da agência tornar-se-ia extremamente ineficiente.

A organização informal, portanto, funciona como um meio de comunicação dentro da organização burocrática. Funciona também como um meio de coesão, de solidificação das relações existentes entre os empregados de uma organização, e como meio de proteção da integridade pessoal, da independência de cada indivíduo em relação à organização. Já vimos como a organização informal realiza tais missões, quando estudamos as funções do grupo informal.

Entretanto, nem sempre a influência da organização informal é benéfica para a administração. Na verdade, do ponto de vista da administração, a organização informal tem sempre aspectos positivos e negativos. Às vezes, as normas informais que surgem em uma organização vêm contrariar frontalmente os objetivos da própria organização. É o caso das normas de restrição à produção, tão freqüentes entre operários. O desenvolvimento, dentro da organização informal, de atitudes desfavoráveis à empresa ou a certos superiores tende a prejudicar o bom funcionamento da organização. E há muitos outros exemplos de como a organização informal pode dificultar de forma efetiva a tarefa da administração. Por outro lado, pode ajudá-la de muitas maneiras, como já vimos. Citemos apenas mais um caso. Uma das mais famosas pesquisas sociológicas realizadas nos Estados Unidos versou sobre uma grande burocracia: o exército norte-americano. Essa pesquisa foi realizada durante a Segunda Guerra Mundial e foi publicada em quatro volumes, com o título *The American soldier*. Comentando alguns achados dessa pesquisa que dizem respeito às relações entre a organização formal e a informal, diz Edward A. Shills: "Considerações morais (isto é, concepções de dever e legitimidade), sanções de grupos primários e sanções militares formais, na maioria dos casos, moviam-se na mesma direção, reforçando-se mutuamente".[18] E, um pouco mais adiante, ele faz uma citação do próprio texto da pesquisa: "Uma importante função geral das sanções formais era... a de que, quando aplicadas, elas punham a funcionar automaticamente

---

[18] Edward A. Shills. "Informal organization and formal organization". In: Robert Dubin, *Human relations in administration*, op. cit., p. 50.

sanções informais, tanto sociais quanto pessoais. A existência dessas sanções informais dava à sanção formal boa parte de sua força".[19] Vemos, portanto, de que forma decisiva a organização informal auxiliava a administração do exército norte-americano.

Essa citação do *The American soldier* sugere ainda outra observação. Quando as normas da organização formal estão de acordo com o sistema de valores daqueles que devem cumpri-las, tendem a desenvolver-se normas informais que reforçam as formais. A recíproca é naturalmente verdadeira. Assim, a administração, ao organizar um sistema social, deve procurar, sempre que possível, ir ao encontro das normas éticas informais preexistentes.

Da análise anterior da organização informal e de suas relações com a administração, esperamos ter deixado claro um fato: a organização informal é um dado do processo administrativo que o administrador não poderá ignorar ou pretender destruir. Dessa forma, a alternativa que resta ao administrador é geralmente tentar fazer com que a organização informal trabalhe a seu favor.

O objetivo imediato de toda atividade administrativa é aumentar a eficiência do trabalho. Uma das definições que já apresentamos de organização foi a de que é um sistema social que se administra segundo critérios de eficiência. Seria preciso, portanto, fazer com que a organização informal se transformasse em um instrumento a serviço do aumento da produtividade. Será possível obter tal coisa? A Escola de Relações Humanas estudou exaustivamente o problema. E a conclusão mais geral a que chegou foi a de que, basicamente, a produtividade de uma organização é função do moral, do grau de satisfação de seus membros. Empregados satisfeitos produziriam eficientemente; empregados frustrados, não. Essa era a hipótese. Entretanto, um grande número de pesquisas foram realizadas a respeito, e a hipótese não conseguiu ser provada. Muitas pesquisas indicavam clara correlação entre produtividade e moral, mas muitas outras não indicavam nenhuma relação entre os dois fenômenos.

Ao que tudo indicava, necessitava-se de uma hipótese mais ampla. A um moral elevado seria necessário adicionar, pelo menos, outras duas variáveis: o grau de identificação dos empregados com os objetivos da organização e a qualidade da organização burocrática, particularmente de seu sistema de controle. De nada adiantará a uma organização possuir empregados com moral elevado se a satisfação que eles sentem não os obriga a trabalhar mais

---

[19] Research Branch, United States Army. *The American soldier*, citado em Edward A. Shills, *op. cit.*, p. 49.

eficientemente. É possível encontrarmos ao mesmo tempo, em uma organização, um nível de satisfação alto e um baixo grau de identificação dos empregados com seus objetivos. O moral pode ser alto na medida em que cada indivíduo, cada grupo dentro dela persegue seus próprios objetivos, satisfaz suas próprias necessidades, livremente, sem ser obrigado a contraprestações em termos de trabalho eficiente, na medida em que inexiste, dentro da organização, um sistema burocrático aperfeiçoado, que permita à administração planejar e controlar o trabalho de seus subordinados.

Bibliografia

ARGYRIS, Chris. *Understanding organizational behavior.* Homewood, Illinois: Doresey Press, 1960.

BARNARD, Chester. *The functions of the executive.* Cambridge, Massachusetts: Harvard University Press, 1958.

BION, W. R. *Experiências em grupo.* Buenos Aires: Editorial Paidós, 1976.

DUBIN, Robert. *Human relations in administration.* Nova York: Prentice Hall, 1954.

GARDNER, Burleigh B. "The factory as a social system". In: *Industry and society.* Nova York: McGraw-Hill, 1946.

GOULDNER, Alvin W. *Patterns of industrial bureaucracy.* Glencoe, Illinois: Free Press, 1954.

HOMANS, George C. *The human group.* Nova York: Harcourt Brace, 1950.

MARCH, James C. e SIMON, Herbert A. *Organizations.* Nova York: John Wiley & Sons, 1958.

MAYO, Elton. "Primary significance of the group concept". In: *Human relations in administration.* Nova York: Prentice Hall, 1954.

MERTON, Robert K. *Social theory and social structure.* Glencoe, Illinois: Free Press, 1957.

MERTON, Robert K., GRAY, Ailsa P., HOCKEY, Barbara e SELVIN, Hanan C. *Reader in bureaucracy.* Glencoe, Illinois: Free Press, 1952.

MILLER, Delbert C. e FORM, William H. *Industrial sociology.* Nova York: Harper & Brothers, 1951.

MOORE, Wilbert E. *Industrial relations and social order.* Nova York: MacMillan, 1957.

MORENO, J. L. *Who shall survive? A new approach to the problem of human interrelations*. Washington: Beacon House, Nervous and Mental Disease Monograph Serie, nº 58, 1934.

ROETHLISBERGER, F. J. e DICKSON, William J. *Management and the worker.* Cambridge, Massachusetts: Harvard University Press, 1949.

SCHNEIDER, Eugene V. *Industrial sociology.* Nova York: McGraw-Hill, 1957.

SHILLS, Edward A. "Informal organization and formal organization". In: *Human relations in administration.* Nova York: Prentice Hall, 1954.

SPINK, Peter. Conferência proferida em São Paulo, 1978.

Capítulo 3

Centralização e Descentralização

Poucos problemas, no campo da Administração, têm sido tão discutidos quanto o da medida em que uma organização deve ser centralizada ou descentralizada. Tal interesse, no entanto, é relativamente recente. Surgiu após a Segunda Guerra Mundial. Antes disso, o problema preocupara pouco os estudiosos a respeito das vantagens de uma administração centralizada ou descentralizada, pois limitavam-se a estudar o problema da delegação da autoridade. O administrador deve delegar autoridade, afirmavam eles dogmaticamente. Mas até que ponto deveria ele delegar sua autoridade? Não havia resposta para essa pergunta. De um modo geral, afirmavam que as decisões de maior monta deviam ser reservadas à cúpula das organizações, pois isso parecia estar mais de acordo com um sistema de administração racional, em que a coerência das ações e sua perfeita coordenação fossem preservadas. Adotavam, pois, uma atitude a favor da centralização. E essa posição parecia comprovada na prática. A maioria das empresas, mesmo as grandes, eram administradas em bases centralizadas. O mesmo acontecia com o Governo, o exército, as associações. Havia apenas uma exceção: a Igreja Católica. A tal fato não se dava, porém, maior atenção. James D. Mooney, por exemplo, um dos mais notáveis representantes da Escola Clássica, escrevendo em 1931, estudou de forma ampla a organização da Igreja Católica e, no entanto, não fez nenhuma referência a seu caráter descentralizado.[1] Preocupou-se em descrever os aspectos funcionais da organização, que conta com sacerdotes, diáconos, subdiáconos, acólitos, exorcistas, leitores e guardiães, cada qual com sua respectiva função, deixando de salientar que o que distinguia em termos de estrutura essa milenar organização era a ampla descentralização de sua administração, era a subordinação direta, ao Papa, de todos os bispos (cardeais e arcebispos são, em última análise, bispos com maior "status", possuindo jurisdição apenas sobre sua diocese). Se perguntássemos a Mooney se a administração da Igreja Católica era centralizada ou descentralizada, ele provavelmente diria que era descentralizada. Não se referiu ao problema, porém, porque, como os demais estudiosos da Administração daquela época, não estava particularmente interessado nele.

Hoje a situação é muito diversa. Nenhum competente analista de organizações, se lhe fosse dado estudar a Igreja Católica, deixaria de observar seu caráter descentralizado. E provavelmente o faria para concluir pela superioridade da descentralização sobre a centralização. Isso porque, se antes havia uma atitude geral a favor da centralização, hoje acontece exatamente o oposto. E não se trata mais de uma atitude difusa, maldefinida, mas uma atitude que se traduz em opiniões precisas, em afirmações claras e decididas a favor da descentralização, afirmações essas que muitas vezes se baseiam em exemplos concretos.

Na verdade, poderíamos dizer que a descentralização, atualmente, "está na moda". Mais do que isso, é considerada a panacéia universal. Hoje, quando se fala em reorganizar uma empresa, é comum pensar em descentralizá-la. Reorganiza-se descentralizando. Se uma empresa vai mal, uma das primeiras hipóteses para explicar suas dificuldades será provavelmente a de que sua administração é excessivamente centralizada.

Por que tanta ênfase na descentralização, quando há alguns anos era dada pouca importância ao problema? Veremos, no decorrer deste capítulo, que há boas razões para isso – razões de ordem puramente administrativa, exemplos de grandes empresas que se descentralizaram, desejo de maior poder e independência por parte dos administradores logo abaixo da administração de cúpula das empresas e mesmo razões de ordem ideológica, com nítido fundo político.

As expressões *centralização* e *descentralização* não são empregadas sempre com um mesmo sentido. Quando se afirma que uma organização é

---

[1] James D. Mooney. *Principios de organización*. Universidad de Puerto Rico, 1954, San Juan, Porto Rico.

descentralizada, pode-se estar dizendo que ela é geograficamente dispersa, que possui unidades em diversos pontos do país. Por outro lado, às vezes se diz que em uma empresa as funções de produção e engenharia são centralizadas porque são desempenhadas por um único departamento. Finalmente, as duas expressões podem ser usadas para definir o nível em que as decisões são tomadas em uma organização: se as decisões de maior importância são tomadas na cúpula da organização, esta é centralizada; seria descentralizada se boa parte dessas decisões coubesse a administradores mais abaixo na hierarquia organizacional.

Podemos, pois, empregar essas expressões em três sentidos diferentes. A centralização ou a descentralização podem ser de caráter geográfico, funcional e decisório. E esses três sentidos são plenamente independentes. Uma organização pode ser geograficamente descentralizada e, no entanto, do ponto de vista da localização das decisões, altamente centralizada. Uma estrada de ferro, por exemplo, que se espalhe por larga porção do território nacional, será geograficamente descentralizada, mas é muito provável que todas as decisões de maior monta sejam tomadas pela administração central. Da mesma forma, uma organização que possua suas funções de contabilidade e finanças em um mesmo departamento pode descentralizá-las, dividi-las e, no entanto, essas funções poderão ser consideradas centralizadas do ponto de vista das decisões.

Do ponto de vista administrativo, a centralização ou a descentralização de caráter decisório é a que maior importância tem. A descentralização geográfica é geralmente um problema que interessa à produção (se a descentralização for de unidades produtivas) ou à mercadologia (se a descentralização for de unidades de vendas). A descentralização funcional é um problema que já discutimos no capítulo referente à departamentalização. Para evitar confusões de ordem semântica, portanto, usaremos neste livro as expressões centralização ou descentralização para nos referirmos ao nível em que as decisões são tomadas em uma organização.

Determinar se uma organização é centralizada ou descentralizada é um problema de grau. Não existe nenhuma forma absoluta de distinguir uma organização centralizada de uma descentralizada. Toda organização é, até certo ponto, centralizada, da mesma forma que é, até certo ponto, descentralizada. Não existe uma organização em que nenhuma autoridade seja delegada, em que todas as decisões sejam tomadas pela alta administração, da mesma forma que não existe uma organização em que todas as decisões sejam tomadas por subordinados. De qualquer forma, certos critérios de bom senso e a comparação entre as diversas organizações nos permitem determinar aproximadamente o grau de descentralização de uma organização. Segundo Ernest Dale, "podemos dizer que o grau de descentralização administrativa de uma companhia será tanto maior:

1. quanto maior for o número de decisões tomadas na parte inferior da hierarquia administrativa;
2. quanto mais importantes forem as decisões tomadas na parte inferior da hierarquia administrativa; por exemplo, quanto maior for a soma de despesas de investimento que puderem ser aprovadas pelo gerente da fábrica, sem consultar quem quer que seja, maior será o grau de descentralização nesse campo;
3. quanto maior número de funções tiverem as decisões tomadas na parte inferior da hierarquia; assim, companhias que permitem que apenas decisões operacionais sejam tomadas em fábricas isoladas são menos descentralizadas do que aquelas que permitem que decisões financeiras e de pessoal sejam também tomadas nessas fábricas;
4. quanto menor supervisão for exigida sobre a decisão. A descentralização será maior quando nenhuma verificação for necessária; menor quando os superiores tiverem de ser informados depois que ela foi tomada; menor ainda se os superiores tiverem de ser consultados antes de ser tomada a decisão. Quanto menor o número de pessoas a consultar, e quanto mais baixo estiverem elas na hierarquia administrativa, maior será o grau de descentralização".[2]

Empregando esses critérios será possível, sempre em termos relativos, distinguir uma empresa centralizada de uma empresa descentralizada. Se todas as decisões são tomadas pela alta administração, deixando apenas as questões de rotina para a administração de nível médio, se cada medida tomada por um subordinado é supervisionada de forma estrita pelo superior, estaremos diante de uma organização centralizada, ao passo que, se a prática da delegação de autoridade é amplamente empregada, se os administradores de nível médio possuem um razoável grau de autonomia, se deles se exige pensamento independente, iniciativa, e não a mera aplicação de decisões previamente tomadas, a organização poderá ser considerada descentralizada. É claro que haverá sempre uma área cinzenta em que se localizarão as organizações que são em parte centralizadas, em parte

---

[2] Ernest Dale. *Planning and developing the company organization structure.* American Management Association, 1957, Nova York, p. 149 e 150.

descentralizadas. Mas esse é um problema comum a todas as classificações em que a distinção é apenas de grau.

Definido nesses termos o problema da centralização e da descentralização, vemos que ele é básico na teoria da organização. O administrador é, antes de mais nada, alguém que toma decisões e as faz executar – é um centro de decisões, é um centro de comunicações. Conforme salientou Herbert Simon, a estrutura organizacional é função da localização das decisões. A estrutura de uma organização é dada pelas atribuições de autoridade para decidir de cada administrador. "A anatomia da organização deve ser encontrada na distribuição da função de tomar decisões."[3] A distribuição vertical dessa função de tomar decisões é que definirá o grau de centralização ou descentralização de uma organização.

Cumpre, portanto, antes de mais nada, determinar os critérios que orientarão o administrador a distribuir verticalmente a responsabilidade da tomada de decisões, que indicarão até onde determinada atividade deverá ser centralizada ou descentralizada. É o que tentaremos fazer em seguida. É certo que esse tipo de análise apresenta o perigo de que de adverte Herbert Simon – o perigo de concluirmos que, se a centralização é de muitos aspectos desejável, a descentralização certamente apresenta vantagens inegáveis...[4] Esse é o tipo de conclusão inconclusiva, de lugar-comum transformado em ciência, em que a Escola de Administração Científica incorreu tantas vezes. Esperamos poder evitar esse perigo.

▶ Vantagens da centralização

Em uma primeira abordagem do problema, devemos examinar as vantagens e desvantagens que cada uma das alternativas apresenta. Imaginemos por um momento que não houvesse solução de meio-termo, e muito menos uma solução inovadora; imaginemos que fosse preciso decidir simplesmente entre a adoção de uma administração centralizada ou descentralizada. Quais as vantagens e desvantagens que cada uma das soluções apresenta? Limitar-nos-emos a discutir as vantagens. É claro que as desvantagens serão recíprocas.

Os aspectos vantajosos para uma alternativa serão naturalmente desvantajosos para a outra.

---

[3] Herbert A. Simon. *Administrative behavior*. Nova York: MacMillan, 1951, p. 220.

[4] Idem, p. 35.

As decisões mais importantes são tomadas por pessoas mais capazes. Em uma organização centralizada, cabe aos administradores de cúpula a tomada das principais decisões. Ora, pelo menos em princípio, dentro de uma organização burocrática, são eles as pessoas mais competentes. Essa vantagem da centralização é óbvia e será especialmente importante nas organizações em que haja deficiência de administradores capazes.

Há necessidade de menor número de administradores de alto nível. Essa vantagem é o complemento natural da primeira. Se os administradores abaixo da cúpula das organizações, os administradores de nível médio, portanto, são transformados em meros executores, não precisarão ser altamente treinados. A eficiência da organização sofrerá menos se se constituírem eles em administradores rotineiros, sem espírito empresarial, inovador.

Há uniformidade de diretrizes e normas. Essa é uma exigência da boa administração que a centralização assegura. Vimos que o que distingue as organizações dos demais sistemas sociais é seu caráter racional. Ora, uma das formas por excelência através da qual se expressa a racionalidade de uma organização está na coerência interna entre as normas que a regem. E essa coerência será mais facilmente atingida desde que as mesmas normas, as mesmas diretrizes sejam válidas para toda a organização.

É preciso, no entanto, distinguir as diretrizes "internas", isto é, as diretrizes que dizem respeito ao funcionamento interno da organização, das diretrizes "externas", que se referem às relações da organização com os fregueses, os fornecedores, o público em geral. A uniformidade é geralmente mais necessária quando se trata de diretrizes do primeiro tipo. Tome-se, por exemplo, o sistema contábil de uma empresa. Só é possível um controle realmente eficiente de uma empresa se o seu sistema contábil é padronizado, se as diretrizes adotadas para apurar o lucro, para determinar os custos, são uniformes. Senão, será impossível comparar o desempenho das diversas unidades de que se compõe a empresa. Também as diretrizes referentes à administração de pessoal, a salários, férias, indenizações, estabilidade, promoções etc. devem ser em princípio uniformes. E são elas diretrizes de caráter tipicamente interno.

Já em relação às diretrizes externas, as vantagens da uniformidade são discutíveis. Pode ser que o que se pretenda seja exatamente o oposto. Uma grande cadeia de lojas norte-americanas, por exemplo, tem como diretriz, no Norte, não fazer discriminação racial. No Sul, porém, suas lojas discriminam os negros dos brancos. Quando a um alto administrador dessa empresa foi perguntado por que tal dualidade de diretrizes, e, mais, por que ele não tomava uma medida contra isso, sua resposta foi a de que nada podia fazer, pois sua empresa era descentralizada e era preciso respeitar a autonomia local... A uniformidade de diretrizes era, nesse caso, propositadamente evitada, procurando, com isso, atender a condições locais diversas. Na maioria dos casos, porém, procura-se manter uma uniformidade em relação mesmo às diretrizes externas. Veremos mais adiante que é possível descentralizar, inclusive, a autoridade de definir diretrizes, ou descentralizar apenas o poder de tomar decisões particulares. Ora, o segundo tipo de descentralização é bem mais comum e geralmente mais aconselhável do que o primeiro.

A coordenação torna-se mais fácil. Em uma organização centralizada, o administrador de cúpula mantém todas as rédeas da empresa em suas mãos. Coordenar as atividades de cada departamento, de cada divisão da empresa, torna-se mais fácil do que em uma organização descentralizada, em que cada administrador de nível médio possui certo grau de autonomia. Se uma unidade de uma empresa automobilística produz motores e outra, carroçarias, será muito mais fácil coordenar as atividades de ambas se elas possuírem uma administração centralizada. Da mesma forma, a coordenação das divisões de um exército, do departamento de trânsito e de pavimentação de uma administração municipal, ou de duas lojas varejistas operando em uma mesma cidade será grandemente facilitada desde que haja uma forte administração central.

Facilitar o trabalho de coordenação é, provavelmente, a mais importante das vantagens que a centralização apresenta. Um exército totalmente descentralizado, no qual as divisões atacam sem prévio plano, uma administração municipal em que o departamento de pavimentação inicia obras de repavimentação em todas as principais ruas que levam a determinado ponto da cidade ao mesmo tempo são exemplos não apenas de má coordenação, mas de total falta de administração. Se todas as atividades administrativas exigissem o mesmo grau de coordenação, não seria possível tomar nenhuma medida no sentido da descentralização.

Aproveita-se mais o trabalho dos especialistas. Para compreender essa vantagem, é preciso levar em consideração o fato de que os processos de descentralização, na maioria das vezes, têm como base o mercado, ou o produto, em vez da função. Em outras palavras, são descentralizadas as unidades que foram departamentalizadas com base no mercado atendido ou no produto produzido, e não na função executada. Assim, se uma empresa possui lojas em São Paulo e no Rio de Janeiro, ou se conta com uma fábrica de sabonetes e outra de dentifrícios, é bem possível que sua administração seja descentralizada. Mas, se essa empresa atender a um único mercado ou produzir um único produto, de forma a apresentar apenas uma departamentalização funcional, com departamentos de produção, mercadização, contabilidade, finanças e pessoal, dificilmente ela será descentralizada.

Se isso é verdade – voltaremos ao problema mais adiante para discutir suas razões –, fica evidente que há certo conflito entre descentralização e departamentalização funcional. A descentralização só se efetiva plenamente quando o critério funcional de departamentalização é usado após uma departamentalização com bases no produto ou no mercado. Ora, a departamentalização funcional é aquela que faz uso máximo da especialização. Cada administrador é um especialista em sua função. Quanto mais a departamentalização for realizada em bases funcionais, maior será o uso que se fará da especialização. Quando a departamentalização é feita com base no mercado, por exemplo, o administrador que se encarrega de determinado mercado deve ser um generalista. Quanto mais for descentralizada a operação, mais deverá ele entender de todas as funções executadas em sua região. Ao passo que, se a departamentalização for funcional, provavelmente não haverá descentralização, e cada administrador abaixo do presidente poderá ser um especialista.

Esse fato poderá ser mais bem compreendido com a apresentação de dois organogramas simplificados. Imaginemos uma empresa que possua três fábricas de colchões de molas e móveis estofados padronizados. Para este exemplo, não interessa a localização das fábricas. Se a administração da empresa fosse inteiramente centralizada, provavelmente teríamos um organograma mais ou menos do tipo que aparecerá na Figura 3.1. Haveria uma administração central, com um presidente e, digamos, três diretores funcionais: de vendas, de produção e financeiro. Em cada uma das três fábricas haveria um gerente correspondente subordinado diretamente ao seu respectivo diretor. Observa-se, por esse organograma, que as vantagens da especialização são plenamente asseguradas. Tanto no nível dos diretores como no nível dos gerentes temos especialistas funcionais. Suponhamos, agora, que a administração dessa empresa não fosse centralizada, mas amplamente descentralizada. Nesse caso, é bem possível que seu organograma obedecesse ao esquema da Figura 3.2, apresentada mais adiante. No nível dos diretores teríamos, em vez de especialistas, diretores generalistas, responsáveis por todas as especialidades funcionais existentes em sua fábrica, e a departamentalização funcional só seria usada em segundo nível. As vantagens da especialização não seriam, pois, tão bem aproveitadas nesta segunda hipótese. Isso, é claro, não nos leva a concluir que o primeiro organograma seja superior ao segundo. Mostra-nos apenas como a centralização aproveita mais o trabalho dos especialistas. Aliás, é conveniente salientar que esses dois organogramas estão extremamente simplificados. Não constituem receita a ser aplicada em nenhuma empresa.

Há, porém, outra razão que leva ao melhor aproveitamento do trabalho dos especialistas nas organizações centralizadas. Segundo Ernest Dale, "os melhores e mais altamente remunerados talentos de muitas companhias estão geralmente reunidos na matriz. Quando a descentralização é introduzida, as filiais podem sentir que não mais necessitam utilizar os conselhos da matriz. Podem sentir-se felizes por escapar a tais conselhos, uma vez que os consideram sem grande valor, fazendo-os apenas perder tempo".[5] Dessa forma, deixa-se novamente de aproveitar a superioridade do conhecimento técnico dos especialistas. No organograma da Figura 3.2, por exemplo, seria possível introduzir, logo abaixo do presidente, um grupo de assessores especializados. Entretanto, na medida em que a administração permanecesse descentralizada, é bem possível que os diretores das três fábricas evitassem consultar aqueles assessores, inclusive por motivos de "status". Poderia constituir-se em perda de "status", para eles, pedir conselhos a assessores de outro diretor, no caso, do presidente. Se isso acontecesse, o trabalho dos especialistas estaria sendo desperdiçado.

Torna menos decisiva a identificação dos administradores de nível médio com a organização. O administrador se identifica com a organização quando seus objetivos são comuns, quando não há conflito entre os fins visados pelo administrador e pela organização. Se um administrador se sente pessoalmente realizado em cada êxito que sua empresa alcance, ou se sente frustrado depois de cada fracasso, pode-se afirmar que se identifica com a organização que administra. Não importa se participou ativamente dos eventos que levaram ao êxito ou ao fracasso. Ele não fica satisfeito apenas porque foi o responsável pelo sucesso. Se este fosse devido a outros, o administrador ficaria da mesma forma feliz. Seu plano de vida está intimamente ligado à organização. E, quando se refere a ela, ele usa preferentemente a expressão "nós" em vez de "ela". Ele diz: "nós produzimos parafusos, nós não aceitamos devoluções".

Poder-se-á objetar que nunca existe um administrador que seja plenamente identificado com sua empresa, com sua organização. Sem dúvida. O problema é de grau. Há administradores mais ou menos identificados. O grau de identificação de alguns, porém, é bastante elevado. Temos, por exemplo,

---

[5] Ernest Dale, *op. cit.*, p. 158.

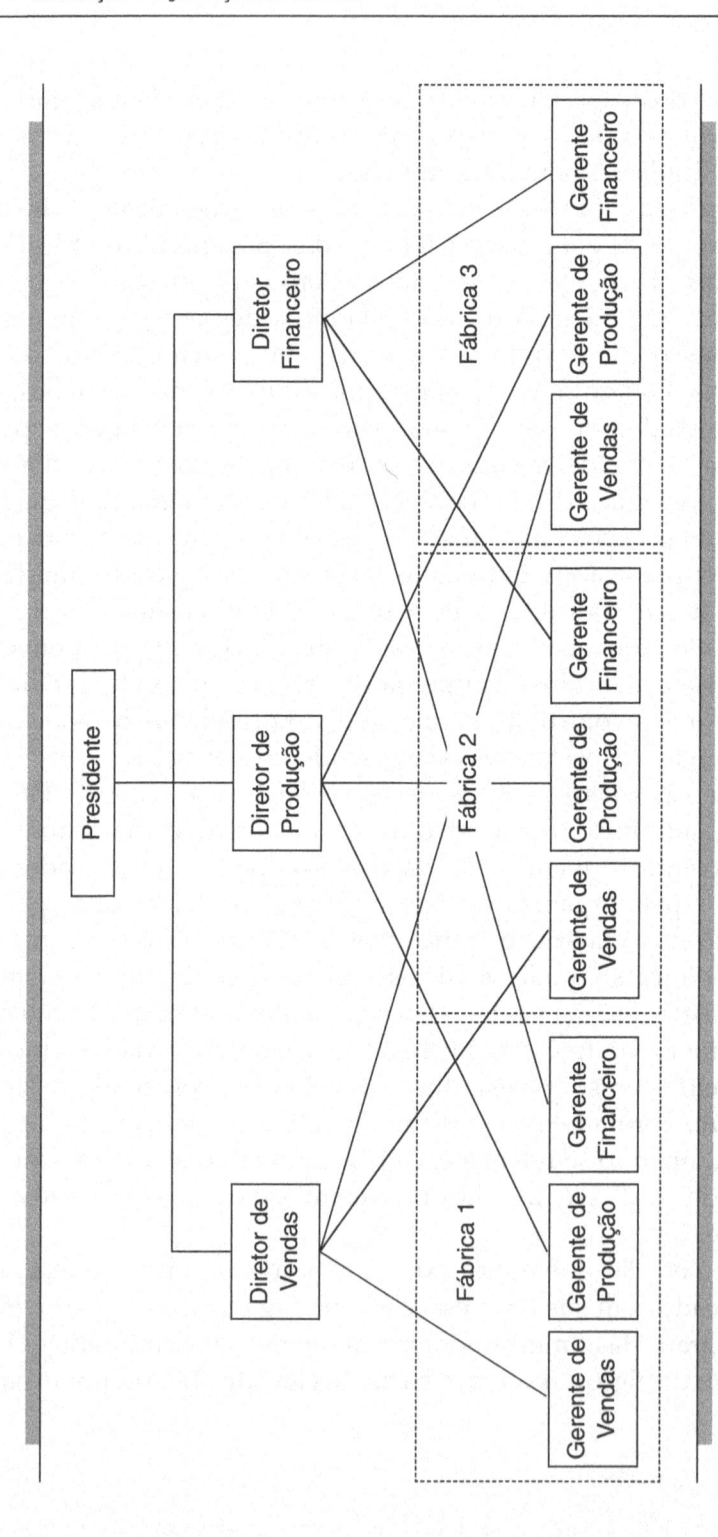

FIGURA 3.1 – *Organização centralizada: maior aproveitamento da especialização*

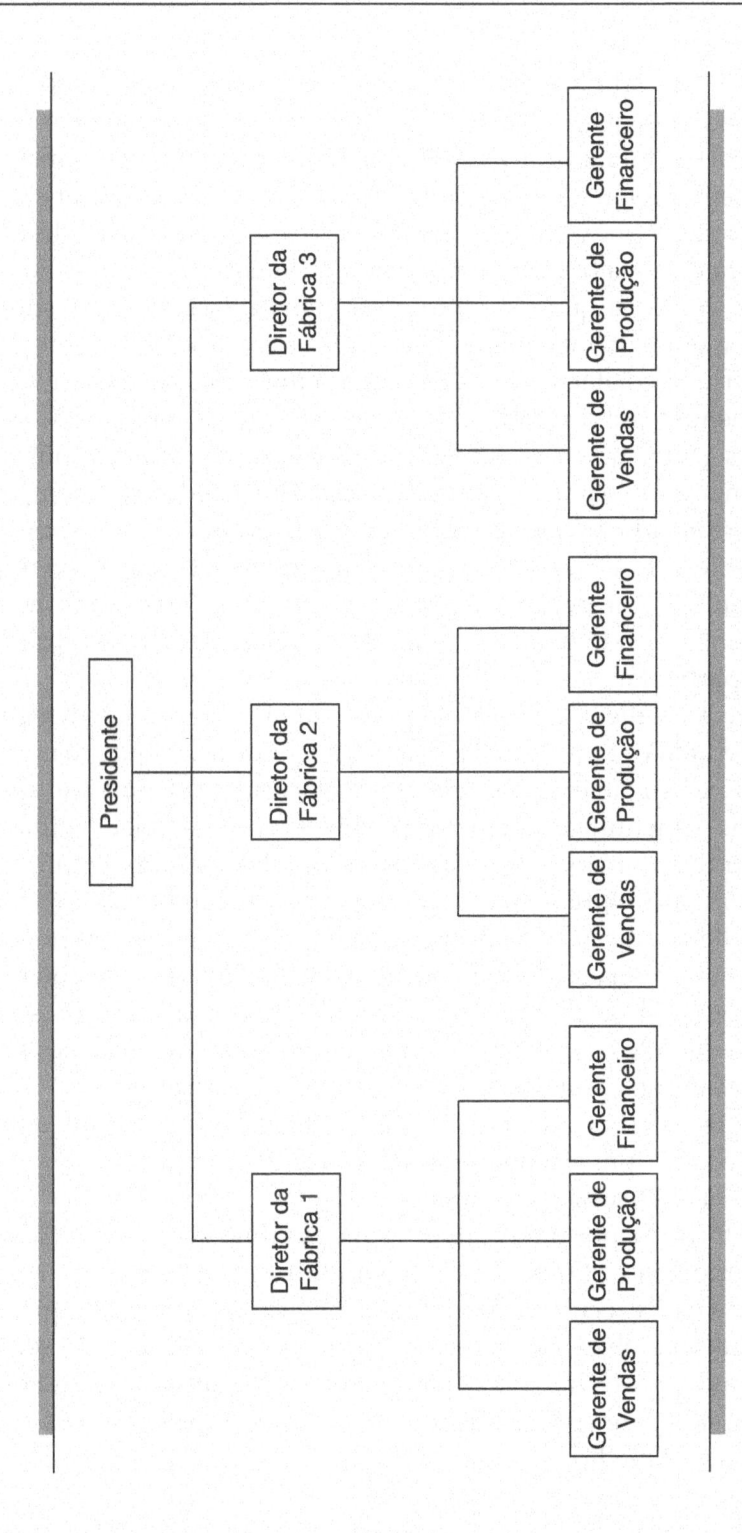

FIGURA 3.2 – *Organização descentralizada: menor aproveitamento da especialização*

o caso de um jovem administrador de uma grande empresa de caldeiraria sediada em São Paulo que, embora não sendo acionista da firma nem ligado a seus proprietários por laços de parentesco ou amizade, tornara-se em pouco tempo um de seus diretores. Era seu antigo projeto, no entanto, realizar ele próprio um investimento industrial, em sociedade com alguns amigos. Estavam apenas à espera de uma oportunidade de investimento. Certa ocasião, esse administrador verificou que a construção de uma fundição se constituiria em um investimento altamente lucrativo, dadas as condições favoráveis do mercado. Sugeriu imediatamente aos demais diretores da empresa que dirigia que o investimento fosse realizado. Boa parte da produção da fundição poderia, inclusive, ser utilizada pela caldeiraria. Quando seus amigos souberam do fato, perguntaram-lhe por quê, em vez de propor o negócio à sua empresa, não tinha ele realizado o investimento por conta própria. Sua resposta foi imediata. Disse que não fizera isso por um motivo muito simples: em primeiro lugar, era diretor de uma empresa e, portanto, interessado no seu êxito; apenas em segundo lugar era uma pessoa interessada em realizar um investimento particular.

Não é preciso salientar a importância de uma identificação desse tipo para o êxito de uma organização. No caso das empresas, enquanto elas são administradas exclusivamente por seus proprietários, o problema não chama maior atenção. A identificação dos proprietários com os objetivos da empresa é, em geral, automática. Com a emergência dos administradores profissionais, no entanto, o problema surge com toda a sua importância. Provavelmente não há condição mais decisiva para o êxito de uma empresa do que a identificação de seus administradores com ela. E não é fácil obter essa identificação. Mesmo na administração de cúpula das organizações já se encontram dificuldades em se obter plena identificação; quanto mais baixo se desce na hierarquia administrativa, mais difícil se torna obtê-la.

Ora, reside nesse fato a relativa vantagem da centralização sobre a descentralização. Em um sistema centralizado, a identificação só é absolutamente decisiva em relação aos administradores de cúpula. Em relação aos demais, ela se torna menos importante do que em uma organização descentralizada. Na medida em que os administradores de nível médio apenas recebem ordens e as executam, diminui a necessidade de um alto grau de identificação com os objetivos da organização. A centralização dá sempre uma segurança de que os interesses particulares estão subordinados aos interesses gerais, independentemente do grau de identificação de seus administradores de nível médio.

Essa vantagem é particularmente significativa no caso daquelas organizações que encontram maior dificuldade em obter de seus administradores identificação ou, pelo menos, lealdade. E, como veremos mais adiante, há o reverso da medalha. Se a centralização torna menos decisiva a identificação dos administradores, ela em nada contribui para aumentar essa identificação, enquanto a descentralização tem efeitos positivos nesse sentido.

Possibilita a realização de compras em larga escala. Essa vantagem da centralização é óbvia, não necessitando maiores comentários. Qualquer livro de administração da produção salienta as vantagens das compras em quantidade que, dando ao comprador um poder de barganha maior, possibilitam a obtenção de melhores preços. Entretanto, o que as grandes cadeias de supermercados e de lojas de departamento têm demonstrado, tanto no Brasil como nos Estados Unidos, é que é possível descentralizar a operação das lojas e manter centralizadas as compras.

▶ Vantagens da descentralização

Examinadas as vantagens da centralização, vejamos agora os principais fatores que nos poderiam levar a optar por um sistema descentralizado. São muitos esses fatores. Gostaríamos de analisar, primeiro, porém, aquele que relaciona a elevação do moral com a descentralização.

Os autores da Escola de Administração Científica não se preocuparam particularmente com os problemas relacionados com o moral da organização, com o nível de satisfação de seus participantes. Estavam muito mais interessados em racionalizar, em tornar planejado e coerente o trabalho administrativo. E, provavelmente por esse motivo, inclinaram-se mais pela centralização. Esta lhes parecia permitir um controle mais firme, um planejamento mais completo, em que todas as partes da organização tivessem uma participação harmônica previamente determinada. Fayol, por exemplo, cita entre os seus quatorze princípios de administração o da centralização. É certo que ele adverte que "a centralização em si não é um sistema de administração nem bom nem mau, podendo ser adotado ou abandonado à vontade dos dirigentes ou das circunstâncias: entretanto, existe sempre, em maior ou menor grau. O problema da centralização ou descentralização é uma simples questão de medida. Trata-se de encontrar o limite favorável à empresa".[6] Mas Fayol não deixa muitas dúvidas a respeito do lado para o qual se inclina em relação ao problema, quando afirma: "Tal como a divisão do trabalho, a centralização

---

[6] Henri Fayol. *Administração industrial e geral.* São Paulo: Atlas, 1960, p. 44.

é um fato de ordem natural; em todo organismo, animal ou social, as sensações convergem para o cérebro ou direção e do cérebro ou direção partem as ordens que movimentam todas as partes do organismo".[7]

Já os autores da Escola de Relações Humanas, quando trataram do assunto, revelaram-se sempre francamente favoráveis à descentralização, afirmando que esta contribuía decisivamente para a elevação do moral das organizações. Escrevendo em uma época em que as grandes empresas são um fenômeno dominante e acreditando nas vantagens de ordem administrativa que o tamanho dessas empresas oferece, viram eles, na descentralização, uma forma de resolver as dificuldades humanas trazidas pelo desmesurado tamanho das organizações. Assim, segundo James C. Worthy, então membro do departamento de pessoal da Sears, que escreveu um artigo pioneiro sobre o assunto em 1950, "através de efetiva descentralização administrativa, é possível preservar as vantagens econômicas especiais das grandes empresas sem perder as vantagens humanas especiais das pequenas empresas".[8]

Despersonalização, tamanho da organização e moral. Quais são essas "vantagens humanas especiais das pequenas organizações" a que se refere Worthy? Cremos que podem ser resumidas em uma só: nas pequenas organizações, o grau de despersonalização dos funcionários tende a ser menor. Na grande organização burocrática, em que a formalização atinge necessariamente um grau elevado, as relações pessoais entre superior e subordinado e mesmo entre funcionários do mesmo nível são geralmente secundárias quando comparadas com as relações de trabalho. Os funcionários são reconhecidos pela posição que ocupam, pelas atividades que executam, muito mais do que por suas qualidades pessoais, pelo tipo de família que possuem etc. E isso é perfeitamente natural. Ao passo que em uma pequena organização é possível que todos se conheçam e que haja mesmo relações pessoais entre a maioria dos membros da organização fora das horas de trabalho, em uma grande organização isso é praticamente impossível devido a um simples problema de comunicação. Ao diretor de uma grande empresa, por exemplo, não é possível dar a seus subordinados a mesma atenção que poderia dar se dirigisse uma pequena empresa. Podemos, portanto, fazer a seguinte generalização: quanto maior uma organização, maior tende a ser o grau de despersonalização de seus membros.

---

[7] Idem.

[8] James C. Worthy. "Factors influencing employee morale". *Harvard business review,* janeiro de 1950, p. 69.

Esse problema já foi por nós analisado anteriormente, de outro ângulo, quando consideramos o caráter impessoal como uma das características básicas da burocracia. Perguntamos agora: qual a relação desse fato com o moral das organizações e qual o papel da descentralização nesse campo?

Já vimos que, na medida em que as organizações são sistemas sociais racionais, seu caráter impessoal é uma decorrência dessa racionalidade. Para que uma organização alcance a eficiência almejada, é preciso que a execução de seus objetivos e das normas e diretrizes que conduzem a esses objetivos se sobreponham às considerações de ordem pessoal, às relações familiares e de amizade, aos sentimentos pessoais de cada um de seus membros. É claro, porém, que esse fato tem repercussões negativas sobre o moral, sobre o grau de satisfação dos funcionários, na medida em que cada um deles quer ser reconhecido como uma pessoa, cujos problemas e necessidades devem ser levados em consideração por seus superiores. Dessa forma, podemos fazer uma segunda generalização: quanto maior for o grau de despersonalização de uma organização, mais baixo tenderá a ser o moral nela existente.

Vemos, portanto, que, de um lado, o caráter impessoal das organizações apresenta claras vantagens do ponto de vista estritamente administrativo; de outro, prejudica o moral da organização. Como resolver o problema? Como encontrar um ponto de equilíbrio, em que a racionalidade da organização seja preservada e ao mesmo tempo não haja prejuízo para o seu moral? Uma solução, que já discutimos anteriormente, é a de o administrador incentivar a constituição de uma organização informal cujos objetivos não estejam em conflito, mas de acordo com os da organização formal. Outra solução, que pode ser adotada concomitantemente, é a da descentralização.

Como a descentralização contribui para a elevação do moral. Enumeraremos a seguir as principais formas através das quais a descentralização contribui para a elevação do moral das organizações.

Em primeiro lugar, criando dentro de uma grande organização condições de trabalho semelhantes às existentes em uma pequena organização. Imaginemos uma grande empresa de caldeiraria e equipamentos industriais que possua uma fundição em que trabalhem cerca de 50 empregados. Essa empresa passa por um processo de descentralização. A fundição torna-se uma unidade autônoma. Dentro das diretrizes estabelecidas pela administração de cúpula da empresa, o gerente da fundição passa a ter ampla autoridade para decidir. Sua autoridade sobre o pessoal, especialmente, torna-se plena. Resultará daí, provavelmente, que os funcionários e operários da fundição sentir-se-ão como se estivessem trabalhando para uma pequena empresa. Seu verdadeiro chefe será o gerente, com o qual eles têm contato face a face com freqüência, e não um longínquo diretor, que não os conhece pessoalmente. Além disso, na medida em que sentirem que a fundição é uma unidade distinta dentro da empresa, com objetivos próprios, será mais fácil se identificarem com esses objetivos. Dentro da empresa, os operários e funcionários de nível mais baixo tenderão a sentir-se uma peça sem importância, enquanto dentro da fundição é muito provável que cada um deles se sinta até certo ponto responsável pelo êxito dela. E esse êxito não será algo de abstrato, impessoal, que interessa aos acionistas e à alta administração da empresa, mas algo que interessa direta e particularmente a alguém que conhecem, que está próximo deles: o gerente da fundição.

Dessa forma, através da descentralização, a despersonalização do empregado nas grandes organizações tende a diminuir, na medida em que o empregado tem relações face a face com um superior a quem foi dada ampla autoridade e responsabilidade em seu setor, uma vez que ele sente que a consecução dos objetivos da unidade para a qual trabalha e, conseqüentemente, o sucesso pessoal de seu superior dependem até certo ponto de seu esforço, de seu trabalho. Em outras palavras, na medida em que, através do processo de descentralização, suas condições de trabalho passam a se assemelhar às existentes em uma pequena empresa.

Em segundo lugar, a descentralização contribui para a elevação do moral da organização por atender melhor às necessidades de independência do administrador da unidade descentralizada. Já examinamos, quando tratamos das conseqüências imprevistas da burocracia, no Capítulo 2, a importância das necessidades opostas de independência e dependência para a compreensão do funcionamento das organizações, a primeira levando a situações de conflito e desobediência às normas burocráticas e a segunda conduzindo a um conformismo exagerado, inflexível, com as mesmas normas. Neste capítulo, interessa-nos analisar o efeito da descentralização na necessidade de independência dos funcionários. Ora, esse efeito é indiscutível. O administrador de uma divisão ou de um departamento, ao ver sua unidade descentralizada, tornar-se-á muito mais independente. O problema, portanto, é saber se esse maior grau de independência, conseguido através da descentralização, contribuirá para a elevação do moral do administrador. Em outras palavras, é preciso saber se nesse indivíduo a necessidade de independência sobrepõe-se à de dependência. Ambas, em geral, coexistem em toda pessoa. Acreditamos, porém, que, entre administradores, a primeira tenda a sobrepor-se à segunda. Um traço de personalidade que parece comum à maioria dos administradores bem-sucedidos é o da independência. Geralmente eles estão sempre dispostos a aceitar novas responsabilidades, que os obriguem a tomar decisões sobre assuntos a respeito dos quais não há normas ou diretrizes definindo o rumo a seguir. Ora, uma medida de descentralização só poderá justificar-se se a alta administração da organização conta com administradores capazes para gerir as unidades descentralizadas, se ela conta com administradores em que a necessidade de independência é muito mais forte do que a de dependência.

Em terceiro lugar, a descentralização contribui para a elevação do moral da organização na medida em que atende às necessidades de segurança dos administradores e funcionários das unidades descentralizadas. A segurança do administrador aumenta em correlação com o aumento de independência. Ganhando independência e desde que veja na independência uma conquista positiva, o administrador começa a se sentir senhor de seu destino. As decisões que afetam seu trabalho não são mais tomadas, em sua maioria, por seus superiores, mas por ele mesmo. Ele torna-se menos sujeito à autoridade eventualmente discricionária e caprichosa do superior. Sua necessidade de segurança é atendida. Em relação aos demais membros da unidade descentralizada, o aumento de segurança poderá derivar do fato de que agora eles dependem de alguém mais próximo a eles, que os conhece, a quem será mais difícil tomar decisões totalmente frias, impessoais a respeito de problemas que afetam os interesses de seus subordinados. É claro, porém, que esse aumento de segurança para os demais subordinados dependerá grandemente da personalidade do administrador encarregado da unidade descentralizada. Estamos supondo que ele inspire confiança em seus subordinados. Se isso não acontecer – e muitas vezes não acontece –, a descentralização não ajudará a satisfazer as necessidades de segurança dos empregados.

Finalmente, a descentralização contribui para a elevação do moral da organização na medida em que satisfaz as necessidades de prestígio e poder dos administradores das unidades descentralizadas. Essa afirmação é mais ou menos óbvia. Os indivíduos que seguem a carreira administrativa e que são bem-sucedidos nela geralmente são pessoas em que as necessidades de poder e de prestígio são duas forças motivadoras preponderantes. Ora, administradores de nível médio, ao passarem ao comando da unidade descentralizada, verão seu poder e seu prestígio aumentarem muito mais do que seria possível em uma organização centralizada.

Em resumo, uma organização descentralizada tenderá a ter seu moral mais elevado do que uma organização centralizada, na medida em que, através da descentralização, dispõe de melhores meios para atender às necessidades de reconhecimento pessoal, de independência, de segurança, de prestígio e de poder dos membros da organização. Entre essas necessidades, o atendimento da primeira diz mais respeito aos subordinados do administrador da unidade descentralizada, ao passo que o atendimento das demais necessidades beneficia mais diretamente esse administrador. É claro que a generalização que estamos fazendo só é válida se fizermos permanecer constantes as demais variáveis do problema. O moral de uma empresa centralizada poderá ser mais elevado do que o de uma empresa descentralizada se, por exemplo, os administradores desta tiverem uma atitude negativa com seus operários, virem neles inimigos, adversários, e não colaboradores. Entretanto, desde que as demais variáveis permaneçam constantes, a descentralização contribuirá para a elevação do moral da organização.

Além de seu efeito positivo em relação ao moral das organizações, uma segunda vantagem da mais alta importância da descentralização está no fato de que ela permite à administração atender de forma mais eficiente às peculiaridades das situações locais. Aliás, essa vantagem é provavelmente a principal razão pela qual a descentralização vem ganhando tanta projeção nos últimos tempos. À medida que as grandes empresas norte-americanas iam crescendo, criando novas linhas de produtos, abrindo novas unidades em regiões distantes, o atendimento às condições locais tornava-se cada vez mais difícil. Como era possível à administração central da General Motors saber o que se passava e tomar decisões a respeito de problemas que ocorriam em suas fábricas espalhadas por todos os cantos do país? E, mesmo que todas as unidades de produção estivessem sediadas no estado de Michigan, são tantos os seus produtos, apresentam eles problemas tão diferentes, que seria impossível à administração central da empresa tomar conhecimento de todos os problemas de alguma importância para decidir de forma correta e eficiente.

Todo o problema era basicamente de comunicação. Se fosse possível às diversas divisões da empresa enviar à administração central informações ao mesmo tempo completas e resumidas sobre tudo o que estivesse ocorrendo na divisão, a administração central poderia ficar encarregada de tomar as decisões, a empresa poderia permanecer centralizada. Mas, apesar de todos os progressos da comunicação, mesmo nos Estados Unidos, isso é praticamente impossível. Jamais um gerente de uma loja da Sears americana seria capaz de transmitir à administração central todos os problemas, todos os fatos, todas as observações pessoais que seriam necessárias para a tomada de decisão. Muitos dos fatos seriam simplesmente intransmissíveis, por se constituírem em impressões de caráter pessoal. Por outro lado, o custo de reunir todas as informações, resumi-las, enviá-las e de sua análise na administração central seria imenso. Finalmente, todo esse processo demandaria tempo e, enquanto o tempo decorresse, é bem possível que a oportunidade para a tomada de decisão já tivesse passado, que o problema exigisse uma decisão urgente.

A descentralização vem resolver todos esses problemas. O poder de decisão é delegado a quem está próximo às condições locais, a quem vive o problema. Todo aquele processo oneroso e inviável de comunicações é evitado, com resultados melhores. A administração central, através do estabelecimento de diretrizes e do controle por resultados, mantém as rédeas da empresa, ao mesmo tempo em que os problemas locais são resolvidos com maior eficácia. A fábrica isolada, a loja, a repartição, o sindicato local, enfim, a unidade da organização que for descentralizada, torna-se muito capaz de se adaptar ao ambiente, de responder com rapidez e precisão aos estímulos circundantes, às ações dos concorrentes, às flutuações do mercado, aos problemas políticos locais, ao clima da região, às reclamações do público etc. E não há dúvida de que da capacidade dos organismos, inclusive das organizações sociais, de se adaptarem ao ambiente depende sua sobrevivência e desenvolvimento.

Além de seu efeito positivo sobre o moral e do melhor atendimento às condições locais que permite, podemos citar outras vantagens da descentralização. Vejamos algumas.

Concentra a atenção da administração nos resultados. Toda organização tem objetivos definidos. Esses objetivos são particularizados pela administração de cúpula para as unidades descentralizadas. E as atenções, tanto do administrador dessa unidade, quanto da administração central, se voltam para a consecução desses objetivos. A administração central controla a unidade descentralizada pelos resultados que alcança, em vez de controlá-la pela análise dos meios que são empregados para atingir os fins visados. O que interessa são os resultados. Estes são comparados com os objetivos, mantendo-se, assim, o controle da organização. O administrador da unidade deve conhecer perfeitamente os objetivos de sua unidade e os objetivos da organização como um todo. Isso só é plenamente possível através da descentralização, que o torna responsável total pela consecução dos objetivos de sua unidade. Torna-se, então, possível a introdução do que Peter Drucker chama de "administração por objetivos e autocontrole", na qual o administrador da unidade sabe melhor do que ninguém como ele está desempenhando suas tarefas.⁹ Ele conhece seus objetivos, e através do processo de identificação com esses objetivos ele se torna capaz de controlar a si próprio.

Estimula a iniciativa dos administradores de nível médio. Essa vantagem está ligada à anterior. Para atingir os objetivos que lhe são atribuídos, sua iniciativa tem necessariamente que aumentar. Ele não pode ficar à espera de ordens. Cabe a ele dá-las. Um dos maiores perigos de uma organização centralizada é o de transformar-se em um obstáculo à iniciativa, à inventividade dos administradores de nível médio. Esse fato é reconhecido universalmente. Na administração pública dos países socialistas, por exemplo, esse problema foi sentido agudamente, como atestam as seguintes afirmações do líder cubano "Che" Guevara em artigo publicado no jornal *Revolución* e transcrito, devidamente traduzido, em *O Estado de S. Paulo*. Diz ele que, depois da revolução, instaurou-se uma administração centralizada, e "esta concepção centralizada explica-se pela carência de quadros médios e pelo espírito anárquico que reinava anteriormente", mas, acrescenta ele um pouco adiante, "uma centralização excessiva sem organização perfeita freou a ação espontânea, sem substituí-la por ordens corretas e oportunas".¹⁰

Facilita a identificação do administrador com os objetivos da organização. Esta vantagem da descentralização já foi indiretamente apresentada quando analisamos os efeitos da descentralização sobre o moral e quando salientamos a característica da descentralização de concentrar a atenção da administração nos objetivos. À medida que a descentralização contribui para elevar o moral dos administradores e para focalizar as atenções nos objetivos a serem atingidos, ela facilita o processo de identificação – processo muito importante para as empresas burocráticas, cujos administradores de nível médio, pelo menos, não são seus proprietários. O resultado fundamental da descentralização, em relação a esses administradores, é torná-los todos mais responsáveis pelos destinos da organização como um todo. Ele não é mais responsável pela execução de sua função apenas. Ele não pode mais atribuir seu eventual fracasso a falhas de outros departamentos. Em um processo de descentralização bem executado, o administrador torna-se responsável pleno pela unidade que dirige. E, no momento em que aceitar essa responsabilidade – o mínimo que se pode exigir de um bom administrador –, ele começará a sentir

---

⁹ Peter Drucker. *The practice of management.* Nova York: Harper & Brothers, 1954, p. 209.

¹⁰ "Che" Guevara. "A Burocracia: eis o grande inimigo". *O Estado de S. Paulo,* 7 de julho de 1963. Observe que o autor entende o termo "burocracia" em seu sentido vulgar, pejorativo.

que sua responsabilidade é mais ampla ainda; que, sendo responsável por sua unidade de forma plena, ele é também em boa parte responsável pelos destinos de toda a empresa. Nesse momento, o processo de identificação de seus objetivos com os da empresa já estará adiantado.

É um meio de treinamento de administradores. Uma das principais preocupações dos administradores de cúpula realmente identificados com os objetivos de sua organização é a de treinar administradores de nível médio para no futuro substituí-los. Que treinamento é esse? Os processos formais de educação, os cursos dos mais diversos tipos, têm, sem dúvida, um papel importante a desempenhar. Mas o treinamento principal é aquele que se realiza através do trabalho. O administrador de nível médio é treinado especialmente administrando, aceitando responsabilidades, tomando decisões, dirigindo recursos humanos e materiais. Ora, em uma organização altamente centralizada, os administradores de nível médio terão pouca oportunidade de executar esse tipo de atividade. Seu treinamento para as posições de cúpula na empresa será inadequado.

Esse problema pode ocorrer inclusive em níveis mais baixos, em uma empresa que tenha setores centralizados e setores descentralizados. Os administradores dos setores descentralizados, graças ao melhor treinamento a que serão submetidos, terão mais oportunidades de promoção. Peter Drucker apresenta um caso ocorrido na Sears que ilustra bem esse ponto: "Logo após a Segunda Guerra, a Sears empregou um grande número de jovens. Cerca de um terço deles foi colocado em grandes lojas, um terço em pequenas lojas e um terço no setor de encomendas pelo correio. Cinco anos depois, os melhores dentre os jovens nas grandes lojas estavam se tornando gerentes de seção; e os melhores dentre o jovens nas pequenas lojas estavam se tornando gerentes das pequenas lojas. Nos departamentos de encomendas pelo correio houve, na verdade, mais oportunidades de promoção durante esses anos. Mas as encomendas pelo correio haviam sido sempre organizadas à base da especialização funcional (centralização). Os melhores dentre os jovens lá colocados haviam deixado a companhia; os outros, cinco anos após, eram ainda funcionários subalternos batendo cartão de ponto".[11]

É um meio de testar administradores. Essa questão é também salientada por Drucker. Diz ele que a descentralização "testa homens em posições de comando independente cedo e em um nível razoavelmente baixo".[12] Se eles

---

[11] Peter Drucker, *op. cit.*, p. 210.

[12] Idem, ibidem.

fracassarem, os prejuízos para a organização serão menores do que se lhes tivessem dado uma posição de comando já na cúpula da empresa. E não há outro meio de saber se alguém será capaz de dirigir autonomamente senão dando-lhe oportunidade para tal. Drucker ilustra essa vantagem da descentralização com o caso de uma empresa fabricante de embalagens na qual havia dois "herdeiros aparentes" da diretoria: um gerente de produção e o assistente do presidente. Ambos eram considerados altamente competentes. Entretanto, nomeados gerentes-gerais de duas grandes divisões departamentalizadas por produto, não passaram no teste. Depois de três anos, ficou claro que não eram administradores-gerais, mas especialistas. Enquanto isso, outros três administradores nos quais depositavam menos confiança e que foram colocados na direção de três divisões menores revelaram excelente potencial para chegar à administração de cúpula da empresa. Se essa empresa não fosse descentralizada, tal teste não teria sido possível, trazendo grande prejuízo para a empresa.

Alivia a carga de trabalho dos administradores de cúpula. Esta vantagem é evidente. Com a descentralização, aproveita-se melhor a capacidade dos administradores de nível médio, deixando para o administrador de cúpula apenas as decisões mais importantes; e assim, para essas decisões, como para os inúmeros contatos externos que um administrador nesse nível precisa fazer, ele terá mais tempo.

Facilita a concorrência interna. A concorrência é um meio de controle e de estímulo. É um meio de controle na medida em que ela estabelece automaticamente os padrões de eficiência, de sucesso; e o padrão é estabelecido por quem vence a concorrência. É um meio de estímulo na medida em que os participantes da concorrência não têm simplesmente um objetivo frio e impessoal a atingir, mas esse objetivo é personalizado, a atuação de cada um é colocada em confronto com a dos outros, e, mesmo que se superem os objetivos visados, pode ainda ser vencido por um concorrente ainda mais bem-sucedido. Devido a esses fatos, a concorrência tem sido usada no âmbito da administração inclusive para estimular e controlar o trabalho de administradores. É certo que tal prática apresenta alguns percalços. A concorrência é uma forma de conflito, é um meio de se institucionalizar o conflito. Mas nem sempre o conflito deve ser evitado. Pelo contrário, o conflito é uma das molas que movem o mundo. Por isso, pelo menos em princípio, pode-se considerar válida a introdução de concorrência pela alta administração entre os administradores de nível médio e, conseqüentemente, entre as unidades que dirigem.

Isso, no entanto, só é plenamente possível quando a organização é descentralizada. Aí a concorrência ganha realmente força como um meio de estímulo e de controle. Cada administrador é realmente responsável pelo êxito de sua unidade. E os resultados que cada um obtiver estarão sendo sempre comparados com os de seus colegas administradores das demais unidades. No caso de uma empresa, se a departamentalização for geográfica e as unidades forem plenamente similares, a comparação será mais fácil. Mas, mesmo no caso da departamentalização por produto, ou por função, a comparação ainda será perfeitamente possível através da análise dos resultados financeiros individualizados para cada uma das unidades.

A importância dessa vantagem da descentralização pode ser ilustrada pelo seguinte fato. Uma grande cadeia de lojas brasileira passou por um processo de descentralização. O País foi dividido em regiões e foi dada autonomia bem maior aos gerentes dessas regiões. Depois de dois anos de operação, fazendo uma análise dos resultados da descentralização, os diretores da empresa concluíram que a descentralização trouxera benefícios por dois motivos principais: a possibilidade de melhor atender às condições locais do mercado e a oportunidade de criar um clima de concorrência entre os gerentes. Concluíram também que não se podia dizer que a descentralização tivera pleno êxito. As vantagens que trouxera pareciam superar as desvantagens. Mas, ao contrário do que se sugerira quando de sua introdução na empresa, estava longe de ter descoberto a panacéia universal para os males da organização. E esta segunda conclusão confirma o fato exposto nesta parte deste capítulo, de que centralização e descentralização têm vantagens e desvantagens recíprocas, que tornam difícil uma decisão entre uma forma mais centralizada ou mais descentralizada.

▶ A descentralização como uma ideologia e uma necessidade

A conclusão de que a descentralização não é a fórmula mágica que vai resolver todos os problemas organizacionais das empresas parece estar de acordo com esta análise que fizemos das vantagens e das desvantagens recíprocas da centralização e da descentralização. Não está de acordo, no entanto, com a tendência observada em amplos círculos de administradores e professores de administração nos Estados Unidos. Lá, segundo nos informam Pfiffner e Sherwood, "sob certos aspectos, a descentralização tornou-se um 'evangelho' dos administradores".[13]

---

[13] John M. Pfiffner e Frank P. Sherwood. *Administrative organization*. Englewood Cliffs, NJ: Prentice-Hall, 1960, p. 190.

Esse "evangelho", essa boa nova com cunho de verdade universal e definitiva, teve seu primeiro grande profeta na década de 20, com Alfred P. Sloan, Jr., o genial organizador da General Motors. A esse respeito informa Peter Drucker: "Em vinte anos de trabalho, primeiro de 1923 a 1937 como presidente-executivo, e desde então como presidente do Conselho de Administração da Companhia, o sr. Alfred P. Sloan, Jr. transformou o conceito de descentralização em uma filosofia de administração industrial em um sistema de autogoverno local. Não é uma mera técnica de administração, mas um esboço de ordem social. Descentralização, na General Motors, não se limita às relações entre administradores de divisões e a administração central, mas abrange todas as posições administrativas, inclusive a do mestre; não se limita às operações dentro da companhia, mas abrange todas as suas relações externas de negócios, particularmente com os revendedores de automóveis; e, para o sr. Sloan e seus associados, a aplicação em grau cada vez maior da descentralização é a resposta a muitos dos problemas da sociedade industrial moderna".[14]

Essa citação salienta bem a extraordinária importância dada à descentralização, que foge ao âmbito puramente administrativo, para entrar pelo campo da Política e da Moral. Essa linha de pensamento foi em especial seguida por Ralph J. Cordiner, então presidente da General Electric. Em um livro que se tornou famoso nos meios administrativos dos Estados Unidos, *New frontiers for professional managers*, ele afirma: "o que eu disse a respeito de descentralização como uma filosofia aplica-se com igual força a qualquer tipo de grande organização de seres humanos livres, seja ela um governo, uma universidade, um sindicato ou uma empresa. Descentralização é uma resposta criativa aos desafios do nosso tempo, um meio de preservar e estimular o sistema da livre empresa à medida que ele evolui para novas formas tão corretamente chamadas de 'capitalismo do povo'... A administração centralizada de grandes instituições de qualquer tipo pode levar à irresponsabilidade, à falta de visão, à ineficiência e ao abuso de poder, embora isso não tenha necessariamente que ocorrer sob uma sábia e bem disciplinada direção. Descentralização responsável – como uma filosofia – torna possível combinar a um só tempo os grandes resultados que advêm da grande empresa com a liberdade humana que advém do respeito à competência e dignidade de cada indivíduo dentro da empresa".[15]

---

[14] Peter Drucker. *Concept of corporation*. Nova York: John Day, 1946, p. 46.

[15] Ralph J. Cordiner. *New frontiers for professional managers*. Nova York: McGraw-Hill, 1956, p. 78-79.

Para esses homens, portanto, a descentralização é, em primeiro lugar, a grande resposta aos problemas administrativos das grandes empresas. Mais que isso, é uma filosofia (na acepção norte-americana da palavra filosofia), é uma forma de encarar o mundo através da qual se respeita a liberdade e a dignidade humana. Finalmente, é um meio de organizar cada empresa e a sociedade como um todo em termos democráticos.

Na verdade, encarada nesses termos, a descentralização transforma-se em uma ideologia política, ou pelo menos em uma peça de um sistema ideológico maior. A descentralização seria um meio de conciliar a grande empresa oligopolística moderna com a democracia. Seria um meio de equacionar a exigência de livre concorrência, formulada pela teoria econômica clássica, e a aspiração de democracia com a realidade do capitalismo moderno, em que as grandes empresas, as grandes organizações, dominam o panorama social.

De um lado, Sloan, Cordiner e muitos outros defendiam a necessidade das organizações industriais gigantescas, como aquelas que eles mesmos dirigiam. De outro lado, preocupavam-se com os efeitos sociais dessas grandes organizações, particularmente com os efeitos sobre a liberdade individual. A descentralização surgiu como uma possível solução para o problema. O ideal do liberalismo econômico do século XIX era o da pequena empresa em um mercado de concorrência perfeita. No século XX, a pequena empresa, em alguns setores, já não era possível. Através da descentralização, porém, criar-se-iam dentro das grandes empresas condições semelhantes às existentes nas pequenas empresas, inclusive um sistema de concorrência. E a autonomia individual seria muito mais respeitada.

Em conferência pronunciada na década de 70, Charles Perrow distinguiu quatro tipos de descentralização que são discutidos na bibliografia sobre o assunto: administração por participações, divisionalização, estrutura orgânica e "democracia industrial". O primeiro tipo, que remonta às primeiras décadas, apresenta-se como resposta à sindicalização dos trabalhadores norte-americanos. A administração começa a tratar os operários "humanamente", pedindo idéias e sugestões sobre o trabalho e diminuindo seu caráter arbitrário e ditatorial. "Apesar das vantagens conseguidas, porém, não creio que exista alguma evidência de que o poder da alta administração no estabelecimento dos objetivos e estratégias das grandes empresas tenha se deteriorado. A supervisão 'higiênica', o incentivo positivo e a participação em coisas triviais dificilmente levam a uma política de descentralização ou a um nivelamento de autoridade."[16] O segundo tipo, a divisionalização,

---

[16] Charles Perrow. "Uma dissensão a propósito de tecnologia, estrutura e meio ambiente", EAESP, FGV, 1975, mimeo., p. 3.

é tipicamente o caso da General Motors, como relatam os livros de Alfred Sloan, Alfred Chandler, Robert Dale, Peter Drucker e muitos outros. Não há dúvida que a General Motors, como outras grandes empresas, é altamente divisionalizada. Todavia, "em termos de controle exercido sobre as decisões, existem poucas organizações mais centralizadas que a General Motors".[17] É o sistema de descentralização fundamental, que será examinado no capítulo seguinte com a denominação de organização funcional descentralizada. O terceiro tipo, a estrutura orgânica, é uma forma mais radical e avançada de descentralização e se refere à idéia de que "o trabalho precisa ser organizado de acordo com aqueles que têm qualificação e conhecimento para realizá-lo... A organização seria formada de pequenas células de trabalho que apareceriam e desapareceriam de acordo com um ciclo mensal de inovações e implementações".[18] É o que Victor Thompson e Warren Bennis imaginam constituir a organização do futuro. É um tipo de organização em que o trabalho não é rotineiro, em que domina o soberano, o "colarinho-branco". Para Perrow, "a imagem de organizações formadas primariamente de técnicas e profissionais de 'colarinho-branco' é simplesmente falsa; as equipes projetadas, adaptadas e orgânicas, que supostamente caracterizariam as organizações em 1980, não mostram sinais de quererem aparecer".[19] Quanto ao último tipo, a "democracia industrial", a avaliação torna-se mais complexa. Nesse título se incluem com freqüência desde as mais elementares práticas de manipulação dos trabalhadores até as suas maiores conquistas.

Essa classificação é um exemplo da transformação da descentralização, de uma técnica administrativa, com vantagens e desvantagens, em uma ideologia. Os dois últimos "tipos" de descentralização são uma tentativa evidente de legitimar a organização burocrática.

Não cremos, porém, que tenham sido motivos de ordem política ou moral que tenham determinado o movimento de descentralização que ocorreu nos Estados Unidos. Esses motivos constituíram-se em uma inteligente racionalização *a posteriori*. Justificavam a descentralização e envolviam-na em uma aura quase mística que lhe dava mais força. Não cremos, inclusive, que os objetivos da descentralização verificada nas empresas americanas tenham sido a democratização das empresas, o estabelecimento, dentro delas, de práticas mais permissivas, a redução do controle da administração de cúpula sobre o resto da empresa. Os objetivos da descentralização eram

---

[17] Idem, p. 4.

[18] Idem, p. 8.

[19] Idem, ibidem.

mais práticos. Em vez de diminuir o controle sobre a empresas, visava aumentá-lo. Apenas, diante do enorme crescimento das organizações e da crescente complexidade de sua administração, era preciso encontrar outros meios de comando e controle. A descentralização foi um deles. Seu objetivo era o objetivo de todos os atos administrativos racionais: aumentar a eficiência das empresas, mantendo seu controle firmemente nas mãos da alta administração. Esse fato pode, aliás, ser comprovado por uma afirmação de um dos mais estreitos colaboradores de Alfred P. Sloan, Jr., Donaldson Brown. Dizia ele, em 1927, quando Sloan estava começando a pôr em prática suas idéias de descentralização, que esta devia ser levada a cabo com o mínimo sacrifício de controle. Eis suas palavras: "o problema é combinar as vantagens econômicas da empresa moderna com o menor sacrifício possível daquele controle estreito e daquele desenvolvimento de capacidade administrativos, que são próprios das pequenas empresas bem administradas".[20]

Se não foram motivos de ordem política ou moral, se não foram condições de caráter ideológico que levaram ao movimento de descentralização, como explicar esse movimento? A nosso ver, trata-se simplesmente de um problema de necessidade. As empresas cresciam cada vez mais, não só em número de empregados e em capital, mas também no espaço geográfico que ocupavam. Deixavam de ser empresas locais para se transformarem em empresas regionais, nacionais e depois internacionais. Por outro lado, as empresas diversificavam suas linhas de produção. Em vez de produzirem uns poucos produtos, passavam a produzir grande número deles, cada um com problemas de produção e de mercadização diferentes. E é claro que, quanto maior a empresa, quanto mais espalhada geograficamente for ela, quanto mais diversificada for sua linha de produtos, mais necessidade terá ela de descentralizar-se.

Não é necessário um raciocínio elaborado para concluirmos que, ao passo que em uma organização pequena, situada em um único local e produzindo uma linha restrita de produtos, um sistema de administração centralizado pode ser indicado, o mesmo não acontece em relação a grandes organizações, geograficamente espalhadas e com uma linha diversificada de produtos. Neste último tipo de organização, a descentralização torna-se, via de regra, uma condição de sua eficiência. Não se descentralizando, seus administradores de cúpula seriam esmagados por um extraordinário número de problemas. Muitos deles exigiriam, provavelmente, um conhecimento muito

---

[20] Donaldson Brown. *Centralized control with decentralized responsibility*. American Management Association, Annual Convention Series, nº 57, 1927, p. 11.

acurado das circunstâncias que os envolvem, de forma que os administradores de cúpula, apesar de toda sua competência, seriam menos capazes de resolvê-los do que administradores situados mais abaixo na hierarquia organizacional. Outros problemas, quando chegassem ao conhecimento da administração de cúpula para serem resolvidos, já estariam ultrapassados, dadas as deficiências dos meios de comunicação humana, apesar de todos os grandes progressos que tiveram eles nos últimos tempos.

Na verdade, para empresas muito grandes, contando com número grande de empregados, produzindo dezenas senão centenas de produtos e operando em uma infinidade de mercados, um sistema centralizado é impraticável. Se a administração central pretender conservar todo o poder em suas mãos, provavelmente acabará por perdê-lo. Em compensação, são exatamente organizações dessas dimensões que podem contar com grande número de administradores competentes. Seu poderio econômico permite-lhes sustentar um quadro administrativo de primeiro nível, de forma que possivelmente o maior obstáculo à descentralização, que é a falta de administradores capazes, tende a se fazer sentir muito menos nas grandes do que nas pequenas organizações. Nesse tipo de organização, portanto, a descentralização não só é uma necessidade, mas é uma necessidade viável.

Um estudo interessante do processo de transformações estruturais por que passaram as empresas norte-americanas e que foram caracterizadas como descentralização foi realizado por Chandler. Esse estudo parte da análise das ferrovias de administração centralizada, e passa pelas empresas multidepartamentais do final do século XIX e pelas multidivisionais que surgem a partir dos anos 20.[21] É o modelo das multidivisionais que foi adaptado às gigantescas multinacionais do final do século XX.

Analisamos neste capítulo as vantagens e desvantagens de um sistema centralizado ou descentralizado. Agora concluímos, pelo menos em relação às organizações de determinado tipo – grandes, geograficamente espalhadas e com uma linha diversificada –, que a descentralização é o modelo organizacional mais adequado. Em relação a organizações sem essas características, o problema de ter um sistema centralizado ou descentralizado deverá ser estudado caso por caso, diante de uma série de outras variáveis, dentre as quais a mais importante seria provavelmente a qualidade de seus administradores. Mas, em relação às organizações que anteriormente caracterizamos, parece

---

[21] Alfred D. Chandler, Jr. *Strategy and structure – chapters in the history of the American industrial enterprises*. Garden City: Doubleday, 1966.

não haver dúvida da conveniência, senão da necessidade, de um sistema descentralizado. Um problema, porém, permanece: ao adotarmos um sistema descentralizado, estaremos automaticamente perdendo todas aquelas vantagens da organização centralizada – o fato de as decisões principais serem tomadas por pessoas mais capazes, a uniformidade de diretrizes, a maior facilidade de coordenação, o melhor aproveitamento dos especialistas etc.; ou será possível encontrarmos um modelo de descentralização que alie as vantagens da descentralização – o atendimento das condições locais, a contribuição à elevação do moral, a possibilidade de treinar e melhor testar administradores, a possibilidade de estabelecer uma efetiva concorrência interna – com as vantagens da centralização? É o que veremos no próximo capítulo, quando estudaremos o processo de descentralização e apresentaremos o modelo da organização funcional descentralizada.

Bibliografia

ANDERSON, Richard C. *Management practices*. Nova York: McGraw-Hill, 1960.

BROWN, Donaldson. *Centralized control with decentralized responsibility*. Annual Convention Series, nº 57, American Management Association, 1927.

CHANDLER, Jr. Alfred D. *Strategy and structure – chapter in the history of the American industrial enterprises*. Garden City: Doubleday, 1966.

CORDINER, Ralph J. *New frontiers for professional managers*. Nova York: McGraw-Hill, p. 78-79, 1956.

DALE, Ernest. *Planning and developing the company organization structure*. Nova York: American Management Association, 1957.

DRUCKER, Peter. *The concept of corporation*. Nova York: John Day, 1946.

_____. *The practice of management*. Nova York: Harper & Brothers, 1954.

FAYOL, Henri. *Administração industrial e geral*. São Paulo: Atlas, 1960.

GARDNER, Burleigh e MOORE, David G. *Human relations in industry*. Homewood, Illinois: Richard D. Irwin, 1955.

GUEVARA, Ernesto. "A burocracia: eis o grande inimigo". *O Estado de S. Paulo*, 7 de julho de 1963.

MOONEY, James. *Principios de organización*. San Juan, Porto Rico: Universidad de Puerto Rico, 1954.

PERROW, Charles. "Uma dissensão a propósito de tecnologia, estrutura e meio ambiente", mimeo. São Paulo: EAESP, FGV, 1975.

PFIFFNER, John M. e SHERWOOD, Frank P. *Administrative organization*. Englewood Cliffs, Nova Jersey: Prentice-Hall, 1960.

SIMON, Herbert A. *Administrative behavior*. Nova York: MacMillan, 1951.

WOOT, Philippe de. *La fonction d'enterprise*. E. Nauwelaerts: Louvain, 1962.

WORTHY, James C. "Factors influencing employee morale". *Harvard business review*, v. XXVIII, nº 1, janeiro de 1950.

Capítulo 4

O Processo de Descentralização

Da conclusão do último capítulo, ficou patente a necessidade de encontrar uma solução para o dilema centralização–descentralização na qual as principais vantagens de ambas as alternativas fossem preservadas. Evidentemente, uma solução de meio-termo não satisfaz. Poderíamos acabar não tendo as vantagens de nenhum dos sistemas. Precisamos de uma solução nova, diferente, que seja centralizada e ao mesmo tempo descentralizada, na qual a coordenação e o controle sejam preservados enquanto se atribui ampla liberdade às unidades descentralizadas. Neste capítulo, veremos que essa solução existe e já vem sendo aplicada com grande êxito. Para chegar a essa solução, no entanto, deveremos estudar o que chamamos de "o processo de descentralização". Deveremos analisar o processo de delegação de decisões, os critérios que nele devem ser empregados. Estudaremos o problema da amplitude de controle, que por si só é um item da maior importância na teoria da organização, e verificaremos suas relações com a descentralização. Estaremos, então, prontos para estudar as linhas mestras da organização funcional descentralizada, que, a nosso ver, representa aquela solução inovadora a que nos referimos. Finalmente, faremos a análise das condições técnicas e humanas necessárias ao processo de descentralização.

> Delegação de decisões

O meio por excelência através do qual se leva a cabo o processo de descentralização é o da delegação de decisões. Quanto mais extensa for a delegação, quanto mais baixo for o nível em que as decisões forem tomadas, maior será seu grau de descentralização. Existe, inclusive, uma frase muito conhecida que afirma: "administrar é delegar". O administrador administra delegando sua autoridade para tomar decisões. Toda a pirâmide administrativa de uma organização resulta, em última análise, de sucessivas delegações de autoridade. Os sócios delegam o poder de tomar decisões aos diretores, que, por sua vez, o delegam aos gerentes, e assim por diante. Todo o problema consiste, porém, em saber quais decisões delegar e em que nível tomar este ou aquele tipo de decisão.

Não há resposta simples para esse problema. Trata-se de localizar as decisões dentro da organização. Mas, quais critérios empregar para saber se esta ou aquela decisão deve ser tomada por um diretor, por um gerente ou por um chefe de departamento? Em outras palavras, quais as variáveis independentes que determinarão o grau de descentralização recomendável para uma decisão? Tais variáveis, evidentemente, não determinam precisamente qual o nível em que a decisão deve ser tomada. Indicam apenas que, em função delas, essa decisão deverá ser tomada em um nível mais alto ou mais baixo. Examinemos as principais variáveis independentes.

1. *Importância da decisão.* Quanto mais importante for a decisão, mais alto será o nível em que ela deverá ser tomada. Este é um fato óbvio. Decisões importantes são aquelas que têm influência direta sobre a definição e a consecução dos objetivos da organização. Nas empresas, a importância das decisões é muitas vezes medida em dinheiro. São estabelecidas normas que determinam que investimentos, despesas e compras além de tantos reais só poderão ser tomados por pessoas acima de determinado nível hierárquico. Na maioria das vezes, o administrador sabe se uma decisão é importante ou não. Em um processo de descentralização, ele estabelecerá o grau de importância dos diversos tipos de decisão e delegará de acordo com esse critério, localizando as decisões mais importantes em nível mais alto. Dessa forma, as decisões mais importantes ficarão reservadas para os administradores mais capazes, que se responsabilizam mais diretamente pelo êxito da organização. Por outro lado, a coordenação das atividades ficaria mais bem assegurada.

Mas não estaremos dessa forma centralizando, no lugar de descentralizar a organização? Não necessariamente. Em qualquer organização, inclusive nas descentralizadas, as decisões mais importantes ficam com a administração de cúpula. Em uma organização descentralizada, porém, o conceito de decisão importante é mais restrito do que em uma organização centralizada. Além disso, é feita uma hierarquização da importância das decisões, de forma a deixar apenas aquelas realmente decisivas, cruciais, com a administração de cúpula.

De qualquer forma, porém, a generalização aqui apresentada, de que quanto mais importante for a decisão, em mais alto nível deverá ser ela tomada, continua válida.

2. *Irreversibilidade da decisão.* Quanto mais irreversível for uma decisão, mais alto será o nível em que ela deverá ser tomada. Às vezes podemos estar diante de um tipo de decisão que, se levada adiante, poderá ser da mais alta importância para a organização. Entretanto, se essa decisão for revogável a qualquer momento, se for possível voltar atrás sem prejuízos de monta, ela poderá ser tomada em um nível mais baixo na organização. Imaginemos, por exemplo, a decisão de despedir todos os empregados da empresa, desde os operários até os administradores, quando completarem oito anos e meio de casa, a fim de evitar que atinjam a estabilidade. Essa é uma decisão importante, que terá amplos efeitos sobre o futuro da organização. Poderá, no entanto, ser tomada em um nível mais baixo do que sua importância indicaria, já que essa diretriz poderá ser revogada a qualquer momento. Inversamente, imaginemos o caso de uma empresa que compra algumas máquinas especializadas para produzir peças que vinha, até então, comprando de terceiros. O investimento deverá ser relativamente pequeno; logo, a decisão pode ser tomada em um nível mais baixo. Mas imaginemos ainda a possibilidade de a decisão não ser correta, de o custo de produção das peças internamente se revelar muito maior que o preço de mercado. As máquinas, porém, são especializadas. Não servem para outra finalidade. Essa decisão tem, portanto, alto grau de irreversibilidade. Será mais aconselhável que seja tomada em um nível mais alto da empresa.

3. *Efeitos cruzados da decisão.* Quanto maiores forem os efeitos cruzados de uma decisão, mais alto será o nível em que ela deverá ser tomada. Por efeitos cruzados entendemos aqui aqueles efeitos ou conseqüências que abrangem diversos setores da organização. Por exemplo: suponhamos duas decisões de caráter financeiro, uma estabelecendo a diretriz de que sempre se aproveitarão os descontos de caixa oferecidos pelos fornecedores, e outra limitando as vendas a crédito ao prazo de trinta dias fora o mês. Ambas as decisões são importantes, mas a primeira diz respeito apenas ao departamento de finanças da empresa, enquanto as conseqüências da segunda serão imediatamente sentidas pelo departamento de vendas e, a longo prazo, pelo departamento de produção. Os efeitos cruzados desta última são, portanto,

grandes, indicando que ela deverá ser tomada em um nível mais alto dentro da organização. O diretor-financeiro dessa empresa não poderá tomar tal decisão sozinho, já que não é responsável por suas conseqüências sobre as vendas. A decisão terá, portanto, que ser tomada em um nível mais alto.

Isso, no entanto, não significa que uma decisão desse tipo não possa ser descentralizada. Ela não precisa ser necessariamente tomada pelo diretor-presidente da empresa. Se a empresa for descentralizada, possuindo várias unidades autônomas em que todas as funções são executadas, desde o financiamento até a produção e a venda (por exemplo: uma empresa de produtos alimentícios que possua três unidades independentes, uma produzindo óleos de mesa, outra, massas e uma terceira produzindo conservas), a decisão sobre o prazo de vendas poderá ser tomada pelo gerente-geral de cada uma das unidades. Seus efeitos cruzados limitar-se-ão ao âmbito da unidade, na medida em que as funções de vendas e produção também são descentralizadas.

4. *Conhecimento das peculiaridades do problema.* Quanto maior for a necessidade de conhecimento dessas peculiaridades, mais baixo será o nível em que a decisão deverá ser tomada. Em outras palavras, se a decisão exigir um conhecimento íntimo do problema e se esse problema for complexo, de forma que seja difícil transmitir todas as suas facetas a alguém que esteja longe, será mais conveniente deixar a decisão para o administrador mais próximo, que esteja vivendo o problema. Já tratamos desse assunto de um ângulo diferente, quando citamos como uma das vantagens da descentralização o melhor atendimento às condições locais. Nas empresas, há dois tipos de problemas que exigem especialmente grande conhecimento de suas peculiaridades: os problemas que afetam pessoas dentro da empresa e os que dizem respeito ao mercado e à concorrência. Esses problemas caracterizam-se muitas vezes por uma série de fatores imponderáveis, que podem ser observados, sentidos, mas dificilmente verbalizados e comunicados. Além disso, estão sempre sujeitos a modificações bruscas, que não haviam sido previstas. São problemas em que o comportamento humano está envolvido, seja dos empregados, dos consumidores ou dos concorrentes. Torna-se difícil, portanto, nesses setores, que alguém possa tomar decisões acertadas se não tiver amplo conhecimento, uma vivência mesmo, das condições locais, se não estiver próximo e se não conhecer intimamente o problema. Nesses casos, portanto, as decisões ganharão uma eficiência muito maior se forem delegadas aos níveis mais baixos da organização.

5. *Capacidade e dificuldade.* Essas duas variáveis da localização da tomada de decisão são interdependentes. Quanto maior for a capacidade dos

administradores de nível médio e de todos os subordinados em geral, mais baixo será o nível em que as decisões deverão ser tomadas. Essa generalização é óbvia. É condição para a descentralização que os subordinados, aos quais é delegada maior autoridade, sejam capazes, estejam à altura das novas responsabilidades que lhes são conferidas. Por outro lado, quanto maior for a dificuldade envolvida na decisão, mais alto será o nível em que ela deverá ser tomada. Se se tratar de uma decisão em que fatores altamente complexos devam ser levados em consideração, será conveniente que seja tomada em um nível superior, mesmo que não se trate de uma decisão de grande importância. Essa afirmação parte, naturalmente, da hipótese de que nos níveis superiores estejam pessoas mais capazes para tomar decisões. Daí se conclui que, se tivermos administradores capazes nos níveis médios, mesmo as decisões difíceis não precisarão subir à cúpula da empresa apenas pelo fato de serem difíceis.

6. *Urgência da decisão*. Quanto mais urgente for uma decisão, mais próxima do problema deverá estar a pessoa que vai tomar a decisão. Se se pretender comunicar um problema urgente a um superior, seja devido à importância da decisão, seja devido à sua irreversibilidade ou a qualquer outro fator, e não for possível fazer a comunicação com a maior brevidade, quando a decisão for tomada já será, provavelmente, tarde demais. Veja, por exemplo, o caso de uma empresa de construções sediada em São Paulo que participava de uma concorrência pública em Brasília. No último momento, antes de se encerrar o prazo para apresentação das propostas, os funcionários que haviam preparado a proposta, e agora estavam em Brasília para apresentá-la, foram informados de que uma empresa concorrente estava para apresentar uma proposta com preço menor. Que poderiam fazer os funcionários da primeira empresa? O problema era urgente. Se a direção de sua empresa lhes tivesse delegado autoridade para modificar a proposta, eles poderiam tomar uma decisão a respeito. Sem essa delegação, porém, nada poderiam fazer senão tentar comunicar-se com São Paulo. Mas, quando conseguissem realizar o contato, já seria tarde.

7. *Tempo para decisão*. Quanto maior for o tempo para tomar uma decisão, mais baixo será o nível em que ela deverá ser tomada. Essa afirmação parte do pressuposto de que o tempo do administrador de cúpula é caro. Ele geralmente é um homem muito ocupado, de forma que precisa escolher aquelas atividades às quais dedicará seu tempo. As demais, deverá delegar a seus subordinados. Por exemplo: temos duas decisões da mesma importância; a primeira, porém, pode ser tomada rapidamente, ao passo que a segunda, para ser tomada com segurança, exigirá largo tempo do

administrador. É possível que esse simples fato justifique a delegação da segunda decisão e de decisões do mesmo tipo a administradores de nível mais baixo, cujo tempo não seja tão precioso.

A descentralização das decisões é, portanto, um meio de aliar a carga de trabalho dos administradores de cúpula. É claro que existem outros meios: a diminuição da amplitude de controle, o uso de assessores, o cerceamento dos contatos pessoais externos. Esses meios não são exclusivos, podendo ser usados concomitantemente. O uso maior de assessores permitirá aos administradores tomar decisões mais rapidamente; o que não impedirá que se deleguem aquelas decisões que, em relação à sua importância, tomem tempo excessivo do administrador.

8. *Necessidade de coordenação da decisão*. Quanto mais uma decisão, para dar bons resultados, necessitar de coordenação com outras decisões, mais alto será o nível em que ela deverá ser tomada. Se determinada decisão pode ser tomada sem implicar uma série de outras decisões, ela poderá acontecer em um nível relativamente baixo. Imagine-se, porém, o caso de uma loja comercial que decida aumentar as facilidades de pagamento para a venda de alguns de seus artigos. Essa decisão terá que ser tomada em coordenação com o setor financeiro, o de propaganda e, eventualmente, o de compras. Só poderá, portanto, ser tomada por alguém suficientemente alto na hierarquia administrativa, de forma a coordenar a tomada das demais decisões.

Acabamos, pois, de apresentar oito variáveis independentes que determinarão o nível em que uma decisão deverá ser tomada. Entre elas, a variável mais significativa é a que se refere à importância da decisão. As demais vêm modificá-la. Assim, uma decisão poderá ser importante, mas, se for muito urgente, se exigir um conhecimento muito íntimo das condições locais, se tomar muito tempo do executivo, poderá ser delegada a um administrador de nível mais baixo, desde que competente. Em contrapartida, se a importância em si da decisão for menor, mas esta for irreversível, tiver efeitos cruzados, implicar coordenação com outras decisões, ou for muito difícil de ser tomada, será conveniente tomá-la em um nível mais alto do que sua simples importância indicaria.

Vemos, portanto, que para descentralizar através do processo de delegação de decisões é preciso fazer antes uma análise cuidadosa das possíveis decisões a serem tomadas. A análise das decisões, de forma a se levarem em conta todas as variáveis acima enumeradas, é condição para a delegação correta do poder de tomar decisões. Esse, porém, não é o único meio de se levar a cabo a descentralização. Vejamos os demais.

> *Amplitude de controle*

O aumento da amplitude de controle é um segundo meio de se proceder à descentralização de uma organização. Quanto maior for a amplitude de controle média que se observar em uma organização, mais tenderá ela a ser descentralizada.

Porém, o que é amplitude de controle? É simplesmente o número de subordinados diretos de um administrador, seja ele um mestre, um gerente ou um diretor. Se diretamente sob suas ordens houver cinco subordinados, sua amplitude de controle será de cinco. Dessa forma, o que estamos afirmando é que, se aumentarmos o número de subordinados que cada administrador possui em média em uma organização, estaremos descentralizando-a, ou, pelo menos, estaremos facilitando o processo de descentralização.

Vimos que uma organização será tanto mais descentralizada quanto mais baixo for o nível em que as decisões mais importantes forem tomadas. Dessa forma, o meio por excelência de descentralizar é a delegação do poder de tomar decisões, isto é, fazendo com que as decisões desçam na pirâmide hierárquica. Ora, é possível, em vez disso, fazer com que os níveis hierárquicos se reduzam através do aumento da amplitude de controle. Dessa forma, quando a diretoria de uma empresa delega determinado número de decisões aos seus gerentes, isso significa uma descentralização maior do que se tivéssemos grande número de níveis hierárquicos. Significa uma descentralização muito maior porque aqueles gerentes, ao mesmo tempo que estão próximos do topo da empresa, estão também próximos à sua base, pois o número de níveis hierárquicos é reduzido. Se tivéssemos uma empresa com dez níveis hierárquicos, poder-se-ia dizer que as decisões tomadas em seu segundo nível seriam ainda decisões centrais; se essa mesma empresa tivesse três ou mesmo quatro níveis, as decisões tomadas no segundo nível já não poderiam, propriamente, ser chamadas de centralizadas. Conforme a importância dessas decisões, poderíamos estar diante de uma organização descentralizada.

Qual a relação entre o número de níveis hierárquicos e a amplitude de controle? É uma relação inversa. Dado um mesmo número de funcionários, quanto maior for a amplitude de controle, menor será o número de níveis. Assim, o organograma, a seguir, de uma organização em que a amplitude de controle seja geralmente grande terá uma forma de pirâmide baixa, achatada (Figura 4.1), ao passo que, no caso oposto, o organograma tomará a forma de uma pirâmide alta e estreita (Figura 4.2). Em ambos os organogramas, há lugar para trinta e uma pessoas. Na Figura 4.1, porém, a amplitude de controle é de apenas dois, de forma que há quatro níveis abaixo do presidente; na Figura 4.2, a amplitude de controle é de cinco, de modo a só serem necessários dois níveis hierárquicos abaixo do presidente. Para facilitar a apresentação gráfica, tomamos um exemplo teórico em que aparece um pequeno número de pessoas. Observe, porém, que, se adicionássemos mais um nível à Figura 4.2, perfazendo lugares para 156 pessoas, dois níveis a mais não seriam suficientes na Figura 4.1 para atingir o mesmo número.

Podemos, pois, chegar a uma primeira forma de relacionamento da amplitude de controle com a descentralização: quanto maior for a amplitude de controle, dado um mesmo número de funcionários, menor será o número de níveis hierárquicos, mais achatada será a forma da organização, mais próximos da base estarão os administradores de nível médio e, portanto, dado um mesmo grau de autoridade delegada a esses administradores de nível médio, mais descentralizada será a organização. A ressalva quanto ao grau de autoridade delegada é importante. Se tivermos duas empresas, em que o grau de autoridade delegada aos gerentes diretamente subordinados à diretoria seja praticamente o mesmo, aquela que possuir maior amplitude de controle será a mais descentralizada, não só porque esses gerentes estarão mais próximos das bases, como também porque serão em número maior, de forma que a autoridade estará distribuída entre eles.

Temos uma segunda maneira pela qual o aumento da amplitude de controle constitui-se em um meio de descentralização no processo que chamamos de "delegação forçada". Se formos aumentando a amplitude de controle de um administrador de cúpula qualquer, chegará o momento em que ele terá forçosamente que delegar parte de sua autoridade, se desejar manter o nível de eficiência de seu trabalho. Antes de chegar a isso, ele poderá ainda recorrer ao auxílio de assessores, reduzir seus contatos externos, ou trabalhar mais longa e intensamente. Mas há um limite para o uso desses recursos, de modo que podemos fazer a seguinte generalização: quanto maior for a amplitude de controle de um administrador, mais tenderá ele a delegar autoridade, formal ou informalmente, a seus subordinados diretos, e maior, portanto, será a descentralização. Dizemos formal ou informalmente porque muitas vezes a delegação é informal: não está prevista nos regulamentos da empresa. Simplesmente, devido ao excesso de administradores sob suas ordens, o administrador de cúpula não pode mais exercer sua autoridade plenamente. Tem que delegá-la.

Poder-se-ia perguntar: não seria essa técnica de aumentar exageradamente a amplitude de controle uma forma irracional de descentralização? Não seria muito mais fácil e seguro manter a amplitude de controle constante e estabelecer formalmente maior grau de delegação? Não necessariamente. Não nos parece razoável que se descentralize apenas por esse meio. A delegação das decisões será sempre o meio por excelência. Mas o aumento da amplitude de controle poderá ser um meio auxiliar, que vem dar força à delegação.

Na literatura administrativa, existe pelo menos um caso em que esse método de descentralização foi empregado deliberadamente. Trata-se da Sears americana, uma das empresas reconhecidas pela excelência de sua administração. A amplitude de controle foi aumentada com o objetivo específico de forçar a descentralização. O que se pretendia, basicamente, era dar maior autonomia aos gerentes das lojas. Com essa finalidade, estabeleceu-se um sistema formal de normas organizacionais, através do qual se delega maior autoridade aos gerentes. Essa medida, no entanto, não foi considerada suficiente. O superior dos gerentes poderia ainda ser tentado, informalmente, a exercer seu poder mais plenamente, tomando as decisões mais importantes. Foi, então, aumentada a amplitude de controle desses administradores, de forma que lhes fosse não só legal, mas também materialmente impossível deixar de delegar.

A experiência da Sears é descrita por James Worthy: "Na Sears, achamos conveniente levar a cabo a descentralização não só através de diretrizes normativas, mas mais particularmente através do esquema da própria organização. A administração de cúpula pensou em estabelecer uma estrutura organizacional que tornasse difícil para administradores trabalhar em qualquer outra base que não fosse a de uma intensa delegação de autoridade e responsabilidade. Essa estrutura organizacional pode ser caracterizada como 'baixa' ou 'achatada', em contraste com estruturas mais 'alongadas' ou 'altas' nas quais há muitos níveis de supervisão entre o topo e a base. O ponto até o qual a Sears caminhou nesse sentido pode ser indicado pelo fato de que apenas quatro níveis intervêm entre o presidente da companhia e o pessoal de venda nas lojas, o que é uma realização difícil em uma organização que conta com aproximadamente 110.000 empregados apenas na divisão de varejo... Em uma organização com tão poucos níveis hierárquicos como a Sears, é óbvio que muitos executivos-chave têm tantos subordinados prestando-lhes contas que simplesmente não podem exercer uma supervisão muito cerrada sobre suas atividades. Por esse meio, garante-se, em termos práticos, uma substancial descentralização do processo administrativo".[1]

Vemos, portanto, que, pelo simples fato de reduzir os níveis hierárquicos, tornando a base da organização mais próxima à sua cúpula, e pela

---

[1] James C. Worthy, *op. cit.*, p. 69 e 70.

112 ▶ *Introdução à Organização Burocrática*

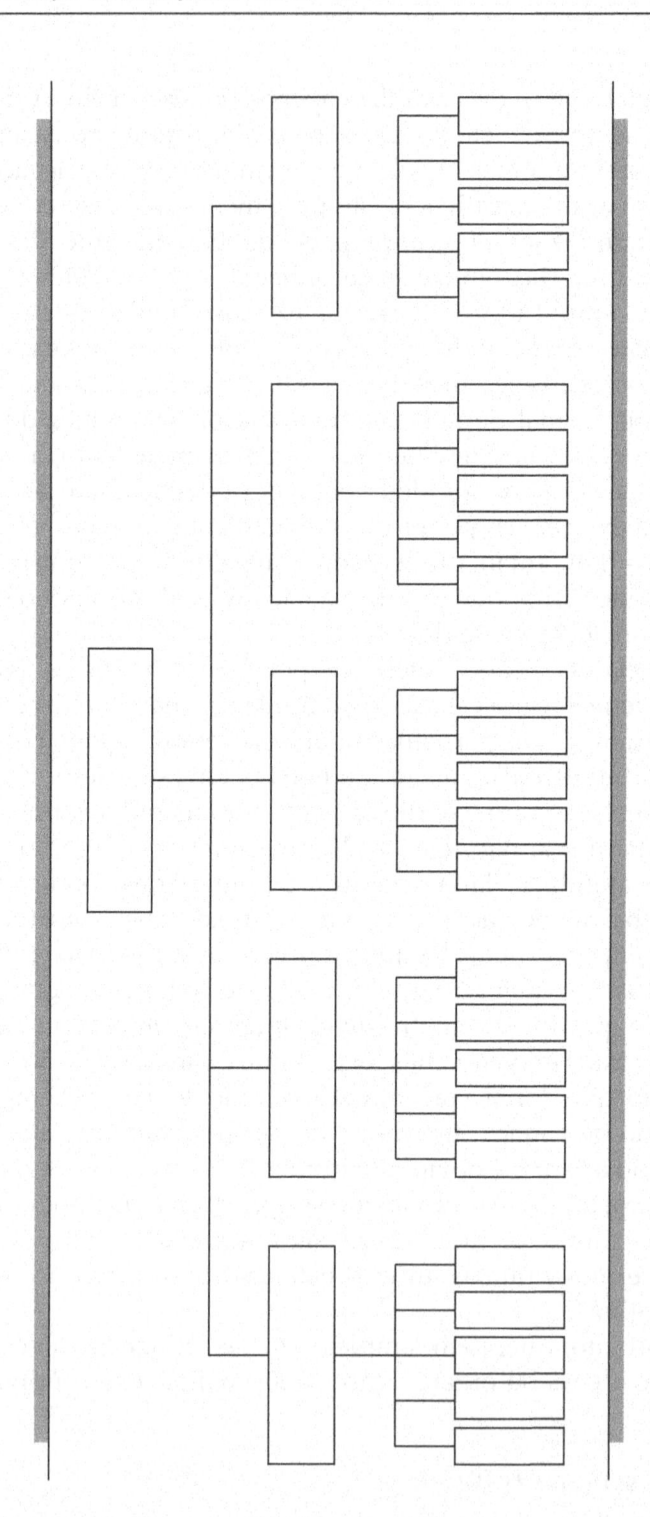

FIGURA 4.1 – *Amplitude de controle menor: organização "alta", maior número de níveis hierárquicos*

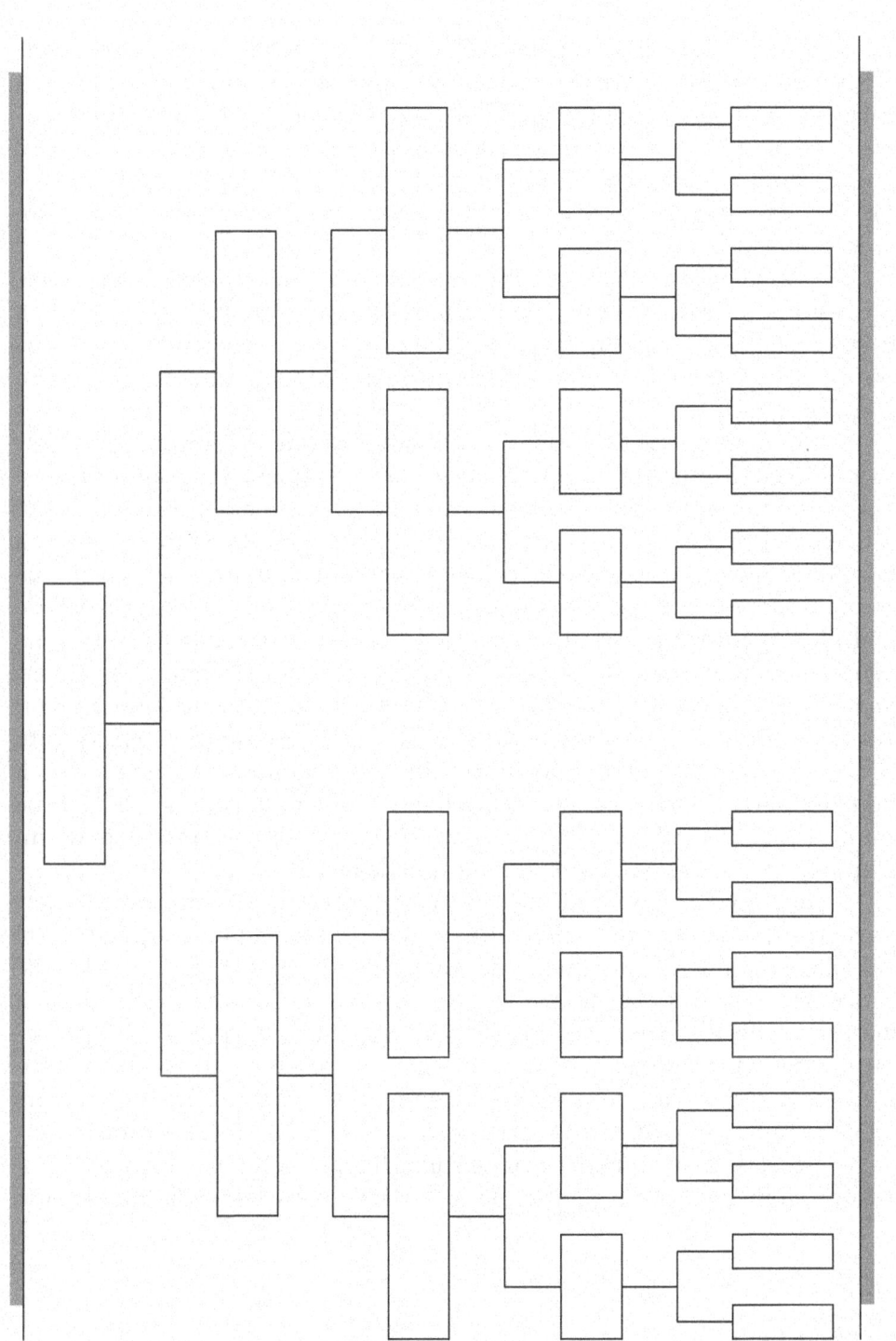

FIGURA 4.2 – Amplitude de controle maior: organização "baixa", menor número de níveis hierárquicos

impossibilidade que o administrador acaba por encontrar de exercer uma supervisão cerrada, o aumento da amplitude de controle é um meio de descentralização. Mas será um bom meio? Todas as vezes que desejarmos descentralizar uma organização, deveremos também aumentar a amplitude de controle? Até que ponto a experiência da Sears pode ser transplantada legitimamente para outras organizações? Não deve a amplitude de controle ser em princípio pequena?

Tentaremos responder a essas perguntas. Não podemos tratar do problema da amplitude de controle apenas em relação à descentralização. Ela tem outras repercussões nas organizações que terão que ser consideradas. Como vimos, manipular a amplitude de controle significa alterar a própria estrutura da organização.

Todo o problema relacionado com a amplitude de controle pode ser resumido nas seguintes perguntas: deve ela ser pequena ou grande? É possível determinar *a priori* o número ideal de subordinados diretos de um administrador? A Escola Clássica tinha respostas razoavelmente precisas para essas duas indagações. Entre os princípios administrativos que essa Escola procurou desenvolver, um dos mais representativos foi o da amplitude de controle. Pretendendo transformar rapidamente a Administração em uma ciência, seus representantes necessitavam estabelecer princípios, leis gerais, cuja aplicação levaria automaticamente a uma maior eficiência administrativa. Surgiu, então, uma série de princípios, muitos dos quais não passavam de lugares-comuns, como, o terceiro princípio de administração de Fayol, o da disciplina: "sem disciplina, nenhuma empresa poderá prosperar";[2] ou o quinto, da unidade de direção: "... uma cabeça e um plano apenas para um grupo de atividades que tenham o mesmo objetivo".[3]

O princípio da amplitude de controle, porém, era muito mais específico. Afirmava que a amplitude de controle deveria ser pequena e geralmente estipulava o número aproximado de subordinados diretos que um administrador deveria ter. Dessa forma, quando um consultor administrativo era chamado para reorganizar uma empresa, uma de suas primeiras preocupações era a de examinar a amplitude de controle existente. Se essa amplitude fosse maior do que o padrão aceito como máximo, estava ali uma primeira medida corretiva, de racionalização do trabalho, a ser tomada.

Qual seria esse número ideal de subordinados? Os autores variam. Entretanto, tomemos como representativos da Escola Clássica autores como

---

[2] Henri Fayol, *op. cit.*

[3] Idem.

Fayol, Urwick e *Sir* Ian Hamilton. Diz o primeiro: "Um ministro (na França) tem 20 assistentes, quando a teoria administrativa ensina que um administrador à testa de um grande empreendimento não deveria ter mais do que cinco ou seis".[4] Confirma o segundo: "Estudiosos de Administração reconheceram há longo tempo que, na prática, nenhum cérebro humano deveria tentar supervisionar mais do que cinco, ou no máximo seis outros indivíduos cujo trabalho seja inter-relacionado".[5] A mesma idéia é exposta por outro pioneiro dos estudos de Administração, *Sir* Ian Hamilton: "O cérebro humano médio encontra seu limite na eficiência ao controlar três a seis outros cérebros".[6]

Quais as razões dessa limitação da amplitude de controle pregada pela Escola de Administração Científica? Urwick nos apresenta o seguinte raciocínio: "Boa parte dos argumentos a favor de uma limitada amplitude de controle baseia-se no reconhecimento da posição central do processo de comunicações. De certo ponto de vista, o executivo é simplesmente um centro de um sistema de comunicação. Se ele tenta carregar a responsabilidade pela supervisão direta de mais do que um número limitado de subordinados, uma de duas coisas acontece: a) sua comunicação com alguns deles ou todos eles torna-se defeituosa; b) ou sua preocupação com o sistema formal de comunicações torna-se tão dominante que ele passa a ter pouco tempo para outros deveres".[7]

O motivo básico, portanto, pelo qual a amplitude de controle deveria ser pequena, está na dificuldade para as comunicações que uma amplitude maior implicaria. Mas seriam tão grandes essas dificuldades trazidas por um aumento de amplitude de controle? Quem desenvolveu uma teoria a respeito das mais interessantes foi o autor francês V. A. Graicunas. Representante típico da Escola de Administração Científica, escreveu ele um artigo, em 1933, que se tornou famoso no campo da Administração.[8]

---

[4] Henri Fayol. "The administrative theory in the state", em L. Urwich e Luther Gulick (organizadores). *Papers on the science of administration*. Nova York: Institute of Public Administration, 1937, p. 110.

[5] L. Urwick. "Organization as a technical problem". *Papers on the science of administration, op. cit.*, p. 52.

[6] Ian Hamilton. *The soul and body of an army*. Londres: Arnold, 1921, p. 229.

[7] L. Urwick. "The span of control — some facts about the fables". *Advanced management*, novembro de 1956, p. 6.

[8] V. A. Graicunas. "Relationship in organizations". *Papers on the science of administration, op. cit.*, p. 183-187.

O que tornou particularmente atrativo o trabalho de Graicunas foi o fato de nele ter o autor reduzido o problema da amplitude de controle a uma fórmula matemática. Sua tese é a de que o número de relações que um superior tem que manter com seus subordinados aumenta em uma proporção geométrica, à medida que cresce aritmeticamente a amplitude de controle. Dessa forma, o aumento da amplitude de controle iria tornando cada vez mais complexa a tarefa de administrar e mais difícil o processo de comunicação, e essa dificuldade cresceria em termos geométricos.

Graicunas distingue três tipos de relações: relações simples diretas, relações grupais diretas e relações cruzadas.

Relações simples diretas são as relações que o superior tem diretamente com seus subordinados imediatos. O número de relações simples diretas é, portanto, igual à amplitude de controle. Se um administrador A possui três subordinados, B, C e D, o número de relações simples diretas (n) será igual a 3.

(1) Relações simples diretas = n = amplitude de controle

Relações grupais diretas são aquelas que o administrador pode manter com determinado subordinado na presença de outro ou de outros subordinados de mesmo nível. Dessa forma, se A tem três subordinados, podemos ter as seguintes relações grupais diretas:

A com B na presença de C
A com B na presença de D
A com C na presença de B
A com C na presença de D
A com D na presença de B
A com D na presença de C
A com B na presença de C e D
A com C na presença de B e D
A com D na presença de B e C

Temos, portanto, nove relações grupais diretas, segundo Graicunas. Essas relações poderiam ser calculadas, dado n, pela seguinte fórmula:

(2) Relações grupais diretas $= n\left(\dfrac{2^n}{2} - 1\right)$

Relações cruzadas são aquelas que os subordinados de determinado superior mantêm entre si, ao se dirigirem uns aos outros. Com três subordinados, temos as seguintes relações cruzadas:

B dirige-se a C
C dirige-se a B

B dirige-se a D
D dirige-se a B
C dirige-se a D
D dirige-se a C

Temos, portanto, arranjos de n elementos dois a dois, o que nos leva à seguinte fórmula:

(3) Relações cruzadas = n(n − 1)

Somando-se algebricamente as três fórmulas, temos a fórmula geral do número total de relações N:

(4) Número total de relações = $N = n\left(\dfrac{2^n}{2} + n - 1\right)$

Aplicando-se essa fórmula a várias amplitudes de controle, temos os resultados da Tabela 4.1.

TABELA 4.1 – *Número de relações segundo a amplitude de controle*

Amplitude de controle	Número total de relações
1	1
2	6
3	18
4	44
5	100
6	222
7	490
8	1.080
9	2.376
10	5.210
11	11.374
12	24.708
17	1.114.384
18	2.359.602

Chegando aos resultados da Tabela 4.1, Graicunas conclui: "A razão pela qual um administrador que já tenha quatro subordinados deveria hesitar antes de adicionar um quinto membro ao grupo que ele controla diretamente torna-se clara se se compreende que essa adição não apenas traz 20 novas relações para ele, como também adiciona mais nove relações para cada um de seus subordinados. O total é aumentado de 44 para 100 possíveis relações para a unidade, o que significa um aumento em complexidade de 127% em troca de um aumento de 20% em capacidade de trabalho."[9]

De fato, pela simples observação da Tabela 4.1, parece ficar provada, pelo menos teoricamente, a tese da Escola Clássica de que a amplitude deve ser pequena. A partir de uma amplitude de controle de cinco, estamos na casa da centena; da amplitude de controle oito, na casa do milhar; e da amplitude de controle 17, na casa do milhão. À medida, portanto, que a amplitude de controle fosse aumentando, a comunicação envolvida nessas relações iria ficando tão difícil, tão complexa, que as mensagens começariam a ser cada vez mais distorcidas, os membros da organização passariam cada vez a perder mais tempo apenas mantendo relações entre si, a organização caminharia para a ineficiência, se não para o caos.

Não acreditamos, no entanto, que essas conclusões sejam válidas. Aplicando a análise combinatória ao estudo das organizações, Graicunas chegou a uma fórmula interessante, mas arbitrária e de validez reduzida.

A arbitrariedade resulta da exclusão da fórmula de pelo menos três tipos de relações: as relações grupais conjuntas, em que o superior não se dirige particularmente a nenhum de seus subordinados mas a alguns deles ou a todos eles em conjunto; as relações cruzadas grupais conjuntas, em que um subordinado se dirige a um ou a alguns de seus colegas em conjunto; e, finalmente, as relações cruzadas grupais, em que um dos subordinados se dirige a outro na presença de eventuais colegas.

Poder-se-ia, porém, objetar que, se adicionássemos esses três tipos de relações, o número total de relações aumentaria, dando mais força à tese de Graicunas. Pode-se, todavia, raciocinar de outra forma. Se acrescentássemos à fórmula esses três novos tipos de relações, teríamos, mesmo para as pequenas amplitudes de controle, um número de relações tão grande que seríamos levados a concluir que mesmo com três ou quatro subordinados estaríamos com uma amplitude excessiva. Ou então começaríamos a desconfiar que essas relações não significam grande coisa.

De fato, não nos parece que signifiquem. A fórmula de Graicunas não distingue as relações pela sua importância e não faz nenhuma referência à freqüência com a qual elas ocorrem. Ele preocupa-se apenas com as relações possíveis, construindo a partir daí seu argumento. As relações simples diretas são realmente importantes, mas sua freqüência e a forma de que se revestem podem variar amplamente. Nas relações grupais diretas, Graicunas chega a

---

[9] Idem, p. 185.

distinguir a relação de A com B na presença de C, da relação de A com C na presença de B, e da relação de A com B ou C na presença dos outros dois. Essas distinções são de somenos importância, são filigranas. Além disso, sua freqüência pode variar imensamente. E o que se pode afirmar é que, se as relações grupais diretas em uma determinada situação real forem muito freqüentes (porque todos trabalham muito próximos uns dos outros), as relações simples diretas tenderão a ser menos freqüentes, e vice-versa. Finalmente, as relações cruzadas não dizem respeito ao trabalho do administrador, mas apenas ao dos subordinados. Além disso, como nos demais casos, Graicunas trabalha com a categoria do possível, não do efetivo. Na prática, isso dependerá muito das condições de trabalho. Se um administrador controla 20 empregados, todos trabalhando em uma mesma sala, em trabalho interdependente, as relações cruzadas efetivas serão em maior número; mas, se esses 20 subordinados forem gerentes de lojas, cada uma localizada em um ponto do país, o número de relações cruzadas efetivas será muito menor.

Uma das primeiras críticas ao princípio da amplitude de controle foi formulada por Herbert Simon. Partindo de sua tese de que não existem realmente "princípios" de administração, não passando todos os princípios formulados pela Escola de Administração Científica de meros "provérbios", de lugares-comuns, de orientações gerais de aplicação prática muito discutível, conclui ele por negar validade à afirmação de que a amplitude de controle deva ser pequena. Isso não precisa necessariamente ocorrer, diz ele, porque "o que não é geralmente reconhecido é que se pode afirmar um provérbio de administração contraditório, o qual, embora não tão familiar quanto o princípio da amplitude de controle, pode ser apoiado com argumentos de igual plausibilidade. O provérbio em questão é o seguinte: a eficiência administrativa é melhorada por meio da manutenção de um número mínimo de níveis organizacionais através dos quais um determinado assunto deve passar antes de ser resolvido".[10] Em outras palavras, ao princípio de que a amplitude de controle deve ser pequena opõe-se o princípio de que o número de níveis hierárquicos deve ser o menor possível, surgindo daí o impasse.

Entretanto, Herbert Simon parece admitir que, se o problema da amplitude de controle existisse independentemente do número de níveis hierárquicos, seria conveniente que essa amplitude de controle fosse reduzida. Já Waino Suojanen, que foi provavelmente um dos mais acerbos e inteligentes críticos do princípio da amplitude de controle, é mais radical. Ele nega a

---

[10] Herbert A. Simon, *op. cit.*, p. 26.

vantagem, mesmo em tese, de que essa amplitude seja reduzida. São os seguintes os principais argumentos que desenvolve para sustentar sua tese:

1. a maior amplitude de controle, permitindo menor número de níveis hierárquicos, traz consigo todas as vantagens da descentralização;

2. pesquisas realizadas entre empresas geralmente aceitas como bem-administradas revelam que a amplitude de controle dos administradores é superior a seis;

3. a teoria clássica da amplitude de controle baseia-se na organização dos exércitos; ora, "compare-se a natureza da missão das organizações militares com a missão das organizações nas quais muitos dos elementos do planejamento substantivo surgem como um resultado de planejamento deliberado internamente, ao invés de serem dependentes dos planos desconhecidos de um inimigo desconhecido... a amplitude de controle em uma organização criada para operar em períodos de emergência é muito menor do que em organizações nas quais padrões previsíveis podem ser estabelecidos";[11]

4. com o desenvolvimento nas organizações, especialmente no nível dos administradores, de relações primárias, surgem grupos informais de administradores altamente identificados com os objetivos da empresa, os quais tendem a funcionar como um "alter ego" do presidente ou do superior, tornando desnecessária uma pequena amplitude de controle.

E conclui Suojanen: "A amplitude de controle não é mais um princípio válido de organização... a institucionalização da organização e o desenvolvimento de relações primárias entre os membros do grupo executivo, conjuntamente, permitem um grau tão grande de controle, que a capacidade de supervisão efetiva do administrador torna-se muito maior do que aquela predita pelo princípio da amplitude de controle".[12]

Esse artigo foi respondido um ano mais tarde por Urwick, através de outro artigo na mesma revista, em que o famoso coronel e consultor administrativo, um dos mais ilustres representantes da Escola Clássica, procurou refutar ponto por ponto os argumentos de Suojanen.[13] Não cabe aqui reproduzir todo o debate. Remetemos o leitor que tiver particular interesse

---

[11] Waino W. Suojanen. "The span of control – some facts about the fables". *Advanced management, op. cit.*, p. 8-9.

[12] Idem, p. 13.

[13] L. Urwick. "The span of control – some facts about the fables", *op. cit.*

pelo assunto aos dois números de *Advanced management*. Apesar, no entanto, da brilhante, embora algumas vezes emocional, defesa de Urwick, o certo é que, após os contínuos ataques que sofrera, o princípio da amplitude de controle fora profundamente abalado. A afirmação de que a amplitude de controle deveria ser necessariamente pequena parecia discutível; limitar essa amplitude a um número específico – três, quatro, cinco, seis ou qualquer outro número – parecia decididamente arbitrário. Parecia mais indicado procurar determinar os critérios que permitiriam indicar ao administrador qual seria aproximadamente a amplitude de controle para cada caso particular; por outro lado, pesquisas de campo que verificassem qual a amplitude de controle efetivamente existente nas empresas poderiam também constituir-se em boa orientação para os administradores ao planejar suas organizações. Vejamos, pois, os critérios para determinação da amplitude de controle e os resultados de pesquisas sobre o assunto.

Vimos que as vantagens de maior amplitude de controle dizem respeito à redução do número de níveis hierárquicos e à conseqüente descentralização que ela traz. Por outro lado, essa amplitude de controle maior teria como inconvenientes as dificuldades de comunicação e controle apresentadas por maior número de subordinados e o maior uso do tempo do administrador com a supervisão, em prejuízo de suas outras atividades. Podemos, portanto, considerar esses inconvenientes como fatores limitativos de maior amplitude de controle. Dessa forma, a amplitude de controle ótima seria a maior possível, desde que não impedisse boa comunicação, um controle eficiente e o exercício de outras atividades por parte do administrador.

Vejamos, portanto, as variáveis que vão ter influência sobre esses fatores limitativos.

1. *Tempo dedicado à supervisão*. Quanto maior for o tempo que um administrador dedica à supervisão e menor ao planejamento, contato com clientes, fornecedores etc., maior poderá ser sua amplitude de controle. Se, na descrição de suas funções, a tarefa de controlar os subordinados for predominante, certamente não haverá mal em que, devido a uma grande amplitude de controle, ele efetivamente use a maior parte de seu tempo supervisionando seus subordinados.

2. *Nível hierárquico do administrador*. Essa variável decorre da anterior. Geralmente os administradores de mais alto nível, além de controlar seus subordinados, devem exercer uma série enorme de atividades de planejamento, tomada de decisão e contato. Em contrapartida, os administradores de nível mais baixo, como os mestres, por exemplo, em regra têm como

função principal controlar seus subordinados. Podemos, portanto, generalizar: quanto mais alto for o nível do administrador, menor deverá ser sua amplitude de controle.

3. *Caráter rotineiro ou não do trabalho controlado.* Se o trabalho executado pelos subordinados for rotineiro, repetindo-se dia após dia sem maiores variações, o trabalho de supervisão ficará muito facilitado, o número de relações que os subordinados deverão ter com o superior será menor, de forma que a amplitude poderá ser maior. Nas empresas industriais, por exemplo, o trabalho dos operários tende a ser rotineiro, padronizado, de forma que a amplitude de controle pode ser grande; já o trabalho dos diretores não tem nada de rotineiro, o que torna em geral recomendável que a amplitude de controle do presidente seja comparativamente pequena. Em um mesmo nível hierárquico, porém, poderemos ter amplitudes de controle muito diferentes. É o caso de dois mestres, um supervisionando um trabalho rotineiro como a colagem de caixas de papelão produzidas em série, outro dirigindo o trabalho de torneamento de peças especiais produzidas por encomenda.

4. *Grau de planejamento das atividades.* O trabalho dos subordinados poderá não ser rotineiro, mas estar bem planejado – diretrizes claras e padrões precisos podem já ter sido estabelecidos. Nesse caso, o trabalho de controle dos superiores será muito facilitado, permitindo a adoção de uma amplitude de controle maior.

5. *Grau de estabilidade da organização.* Quanto mais estável for uma organização, quanto menos suas diretrizes, normas e rotinas forem sujeitas a modificações bruscas, maior poderá ser a amplitude de controle. Uma empresa antiga, ou uma empresa que opere em um mercado estável, poderá ter, geralmente, sem prejuízo para sua eficiência, uma amplitude de controle maior do que uma empresa nova, ainda em plena fase de crescimento e de burocratização, ou que uma empresa que opere em um mercado instável, em que a concorrência, as variações sazonais e outros fatores estejam exigindo sempre decisões rápidas, modificações e adaptações de última hora. Uma estrada de ferro ou a Igreja Católica são exemplos típicos de organizações do primeiro tipo; uma fábrica de confecções femininas ou um exército em guerra representam bem o segundo tipo. Na prática observa-se que a amplitude de controle tende, em geral, a ser realmente bem maior no primeiro tipo de organização do que no segundo.

6. *Localização dos subordinados.* Se todos estiverem reunidos em uma mesma sala, como geralmente é o caso dos subordinados de um mestre ou de um chefe de seção, será relativamente fácil a comunicação; o controle,

portanto, será facilitado e a amplitude de controle poderá ser relativamente grande. Em contrapartida, se eles estiverem espalhados por todo o país, ou mesmo se cada um estiver em uma sala diferente, a comunicação tornar-se-á mais difícil e, desde que se deseje exercer a mesma supervisão, a amplitude terá necessariamente que ser menor.

7. *Tipo de subordinado.* Quanto mais capazes, quanto mais treinados, quanto mais responsáveis forem os subordinados, menos necessitará o superior de interferir e orientar seu trabalho, menor número de relações serão necessárias entre superior e subordinado e maior, portanto, poderá ser a amplitude de controle. Aumentando essa amplitude, não só se estaria reduzindo o número de níveis hierárquicos da organização, como também se estaria caminhando no sentido da descentralização da organização. Nesse caso, desde que os subordinados fossem competentes, essa descentralização seria especialmente indicada como um meio de aproveitar melhor sua competência, melhorar seu moral, incentivar sua iniciativa.

Com a análise dessas sete variáveis, será facilitado o processo de determinação da amplitude de controle ótima para cada caso particular. Continuamos sem um número mágico, que limite em termos absolutos a amplitude de controle, mas ficamos com uma série de orientações que nos permitem dizer que, se em determinado caso uma amplitude de controle funciona bem, em outro caso a amplitude deverá ser maior ou menor para se alcançar o mesmo bom resultado.

Observe que, quando dissemos que, quanto mais competentes fossem os subordinados, maior poderia ser a amplitude de controle, estávamos, em certo sentido, sendo contraditórios com as demais variáveis que nos orientam a respeito da amplitude de controle. Isso porque essas variáveis anteriores indicavam direta ou indiretamente que a amplitude de controle dos administradores de nível hierárquico mais alto deve ser em geral menor. Ora, essa última sugere exatamente o oposto. Subordinados altamente capazes, treinados e responsáveis são geralmente empregados de alto nível, administradores, engenheiros e assessores de todos os tipos. Seus superiores serão naturalmente administradores de nível ainda mais alto, que deverão, diante dessa variável, ter uma amplitude de controle maior.

O problema está colocado. Pergunta-se, então: desde que tenhamos subordinados de alto nível hierárquico e competentes (gerentes, por exemplo), será possível termos, sem prejuízo para a eficiência administrativa, grande amplitude de controle para seu superior (um dos diretores), contornando-se as demais variáveis? Lembre-se de que estas variáveis, como o caráter rotineiro das atividades, o grau de planejamento, o tempo dedicado à supervisão, indicam que a amplitude de controle de administradores de cúpula deve ser pequena em relação à amplitude de controle de administradores de nível mais baixo.

Essa grande amplitude de controle só será possível se, previamente, estabelecermos amplo sistema de delegação de decisões e, particularmente, se mudarmos o tipo de controle, de controle por supervisão para controle por resultado.

Fica, assim, mais uma vez evidenciada a estreita relação entre a descentralização, a delegação de autoridade e a amplitude de controle. Quanto mais se delegar o poder de tomar decisões, quanto mais os subordinados puderem tomar decisões sem consultar seus superiores a todo instante, menor número de comunicação ser necessária entre superior e subordinado e maior, portanto, poderá ser a amplitude de controle.

Além da simples delegação de autoridade, porém, outro fator correlato que influencia a amplitude de controle é o tipo de controle. Quando examinamos os critérios para determinação da amplitude de controle, estávamos sempre tomando por base as necessidades do controle por supervisão. Por esse tipo de controle entende-se o controle cerrado, no qual o controlador não se preocupa apenas com os resultados a serem atingidos, mas também com os meios a serem usados. Ele não está disposto a esperar que o trabalho se complete para então compará-lo com o padrão e eventualmente estabelecer medidas corretivas para o futuro; ao realizar o controle por supervisão, ele estabelece padrões de desempenho intermediários e fica constantemente verificando se esses padrões estão sendo observados.

O controle por supervisão era o tipo de controle em geral recomendado pelos autores da Escola de Administração Científica; era o tipo de controle cerrado que se coadunava com uma teoria de Administração que estabelecia métodos de produção precisos, inflexíveis, em que a iniciativa do subordinado fosse reduzida ao mínimo, que defendia a centralização administrativa, que baseava seu sistema de motivação dos empregados na simples disciplina, na ameaça de punições e nos incentivos monetários, sem se preocupar com os incentivos de caráter social e psicológico. Com esse tipo de controle, naturalmente, a amplitude de controle deveria ser relativamente pequena. Em particular, a amplitude de controle dos administradores de cúpula deveria ser pequena, dado somarem-se a esse controle por supervisão todas aquelas variáveis que indicavam que sua amplitude de controle deveria ser mesmo menor que a de administradores de nível mais baixo.

Entretanto, desde que tenhamos subordinados competentes, responsáveis, como geralmente acontece com os administradores de cúpula, poderemos usar outro tipo de controle: o controle por resultados. Nesse caso, o controlador não se preocupa mais particularmente com os meios que o subordinado usará para atingir os fins visados. Ele poderá estabelecer algumas normas e diretrizes a respeito, mas sua principal diretriz será a de deixar liberdade ao subordinado para escolher os melhores meios que o levarão a atingir os fins visados. Ao superior só interessam os resultados. Se estes forem satisfatórios, se estiverem de acordo com os objetivos previamente definidos, ele dar-se-á por satisfeito, não interferindo no trabalho do subordinado.

O controle por resultados é, pois, em última análise, um tipo de delegação de autoridade e, portanto, descentralização, com todas as vantagens da descentralização. O superior delega ao subordinado autoridade para escolher os meios que empregará para atingir os fins visados e só controla estes últimos. Aproveita-se, assim, muito melhor a competência dos subordinados, estimula-se sua iniciativa, satisfazem-se suas necessidades de independência, concentra-se a atenção de todos nos resultados. E é claro que, com o uso do controle por resultados, a amplitude do administrador de cúpula pode ser muito maior. A comunicação do superior com os subordinados e destes com o superior será em muito menor número, menor quantidade de decisões estarão envolvidas, a carga de controle do superior será grandemente aliviada, de forma que nada impedirá que também o administrador de cúpula (já vimos que em relação aos administradores de nível mais baixo isso não apresenta problema) tenha, em muitos casos, um número de subordinados diretos maior do que os cinco ou seis estabelecidos pela Escola Clássica.

Apresentaremos aqui os resultados de algumas pesquisas que procuraram determinar na prática qual a amplitude de controle adotada pelas empresas. O fato de elas adotarem em média esta ou aquela amplitude de controle certamente não significa que essa seja a amplitude de controle correta. Pode, no entanto, orientar-nos a respeito. Veremos que os resultados das pesquisas confirmam, em grande parte, as principais teses que estamos defendendo a respeito da amplitude de controle, quais sejam: (1) para cada caso particular haverá uma amplitude de controle ótima, podendo essa amplitude variar grandemente; (2) a amplitude de controle de administradores de nível mais baixo deve ser em geral maior que a dos de nível mais alto; e (3) mesmo a amplitude de controle destes últimos pode ser maior do que cinco ou seis.

Uma pesquisa muito interessante foi realizada por Alton Baker e Ralph Davis, entre empresas industriais do estado de Ohio. Estavam eles preocupados em provar a hipótese de que, enquanto o pessoal de linha tende a crescer em progressão aritmética em uma empresa em expansão, os assessores tendem a crescer em proporção geométrica. Não conseguiram provar essa tese, mas no processo de pesquisa chegaram a alguns dados significativos a respeito da amplitude de controle. Afirmam eles: "Esses dados confirmam a tese de que há uma unidade ou amplitude de controle para operários e que ela existe independentemente do setor em que esteja a indústria. Os dados indicam que a amplitude de controle média é de 100/6, isto é, 16,7 operários para cada mestre. Esse é quase exatamente o centro do intervalo de amplitude de controle para operários geralmente aceito, 10 a 30 empregados. Esses dados confirmam também que existe uma unidade ou amplitude de controle para administradores. Eles indicam que a amplitude de controle média para executivos é de seis subordinados, aproximadamente. Esse é também o centro do intervalo de amplitude de controle para administradores geralmente aceito, de três a oito ou nove administradores subordinados".[14]

Não sabemos onde os dois autores encontraram o que eles chamam de "intervalos de amplitude de controle geralmente aceitos". Os resultados de sua pesquisa, porém, mostram claramente uma amplitude quase três vezes menor dos administradores que controlam administradores, em comparação com os supervisores de operários. Observe, também, que a amplitude média de controle dos primeiros, amplitude de seis, ainda está dentro dos limites estabelecidos pela maioria dos representantes da Escola Clássica. Encontra-se, porém, no limite superior, de modo que se pode admitir que em grande número de casos a amplitude de controle dos administradores era maior do que seis.

A American Management Association realizou também nos Estados Unidos uma pesquisa sobre a amplitude de controle, cujos resultados são relatados por Ernest Dale. Informa ele que "as companhias selecionadas eram todas conhecidas como tendo boas práticas administrativas".[15] A pesquisa restringiu-se a procurar determinar a amplitude de controle dos presidentes das empresas. Foram realizadas cem entrevistas entre empresas consideradas grandes nos Estados Unidos, com mais de 5 mil empregados, e 41 entrevistas entre empresas de tamanho médio, com um número de empregados entre 500 e 5 mil. Os resultados da pesquisa aparecem nas Tabelas 4.2 e 4.3.

---

[14] Alton W. Baker e Ralph C. Davis. *Ratios of staff to line employees and stages of differentiation of staff functions,* Bureau of Business Research, Ohio State University, Research Monograph nº 72, 1954, p. 57, citado em John M. Pfiffner e Frank P. Sherwood. *Administrative organization.* Englewood Cliffs, Nova Jersey: Prentice-Hall, 1960, p. 157.

[15] Ernest Dale, *op. cit.*, p. 76-81.

Verificamos por essas tabelas que a amplitude de controle mediana para o primeiro grupo de empresas situa-se entre oito e nove. O número mediano de subordinados diretos dos presidentes das grandes empresas encontra-se acima do limite de seis postulado pelos representantes da Escola Clássica. Se, em vez de tomarmos a mediana, tomarmos como medida de valor central a média, teremos uma amplitude de controle média de 9,6. Maior ainda, portanto. Para a pesquisa realizada entre as empresas de tamanho médio, realizada com amostra bem menor e, desse modo, talvez menos representativa, temos uma amplitude de controle mediana entre seis e sete e um número médio de subordinados diretos ao presidente de exatamente sete.

Vemos, portanto, que a realidade observada entre empresas geralmente consideradas como bem administradas estava bem longe da amplitude de controle de três, considerada ideal para os administradores de topo por *Sir* Ian Hamilton, que, embora estabelecendo como limite a amplitude de controle de seis, dizia: "Quanto mais perto chegamos do supremo dirigente da organização, mais devemos caminhar no sentido de grupos de três; quanto mais nos aproximamos da base da organização, mais devemos caminhar no sentido de grupos de seis".[16] A realidade parece também se chocar com a teoria de Graicunas. Segundo sua fórmula, para uma amplitude de controle de sete já teríamos 490 relações possíveis, subindo essas relações para 2.376 no caso de uma amplitude de controle de nove. Em qualquer uma das circunstâncias, se a fórmula de Graicunas fosse realmente significativa, a situação administrativa das empresas pesquisadas seria insustentável, dada a complexidade das relações propiciadas pela amplitude de controle. A realidade, no entanto, indicava exatamente o oposto.

Analisando as Tabelas 4.2 e 4.3, podemos também observar como é arbitrário estabelecer uma amplitude de controle ideal. Já vimos que a amplitude de controle deve ser função das condições particulares de cada caso. Essa afirmação ganha substância se dermos atenção à grande variação de amplitudes de controle verificada na pesquisa. Entre as cem grandes empresas, temos seis em que a amplitude de controle é de apenas uma. Essas são provavelmente empresas em que existe um vice-presidente-executivo ao qual se subordinam os demais diretores. Em contrapartida, temos, no extremo oposto, cinco empresas nas quais a amplitude de controle do presidente é igual ou superior a 20, e 47 empresas com amplitude de controle igual ou superior a dez.

Já vimos como, através do aumento da amplitude de controle, a organização é descentralizada, seja devido à simples redução de níveis hierárquicos,

---

[16] *Sir* Ian Hamilton, *op. cit.*, p. 229.

TABELA 4.2 – *Amplitude de controle do presidente em 100 grandes empresas norte-americanas (mais de 5 mil empregados)*[17]

Amplitude de controle do presidente	Número de empresas
1	6
2	–
3	1
4	3
5	7
6	9
7	11
8	8
Mediana	
9	8
10	6
11	7
12	10
13	8
14	4
15	1
16	5
17	–
18	1
19	–
20	1
21	1
22	–
23	2
24	1
Total	100

TABELA 4.3 – *Amplitude de controle do presidente em 41 empresas norte-americanas de tamanho médio (500 a 5 mil empregados)*[18]

Amplitude de controle do presidente	Número de empresas
1	3
2	–
3	2
4	2
5	4
6	8
Mediana	
7	7
8	5
9	2
10	4
11	1
12	–
13	1
14	1
15	–
16	–
17	1
Total	41

---

[17] Ernest Dale, *op. cit.*, p. 77.

[18] Idem, p. 80.

seja através do processo de delegação forçada. Abandonamos, em seguida, o problema da descentralização, para estudarmos com certa minúcia o princípio da amplitude de controle – um dos temas mais fascinantes da teoria de organização. Voltamos agora à pergunta inicialmente realizada: até que ponto é legítimo descentralizar através do aumento da amplitude de controle? Não será desaconselhável e mesmo perigoso manipular a amplitude de controle, que tem tantas repercussões no sistema administrativo de uma organização, com o simples objetivo de descentralizá-la?

A nosso ver, não se deve utilizar o aumento da amplitude de controle como medida autônoma, isolada, de descentralização. É perigoso o emprego da técnica da delegação forçada, aumentando-se a amplitude de controle até o ponto em que o administrador não tem mais possibilidades materiais de controlar cerradamente seus subordinados e é então forçado a delegar. Com essa medida, poderemos ter descentralização, mas esta poderá vir acompanhada de desorganização, de perda de controle.

O aumento da amplitude de controle pode, no entanto, constituir em uma técnica legítima de descentralização, se vier como acompanhamento da delegação de autoridade. Delegado o poder de tomar decisões aos subordinados e estabelecido o sistema de controle por resultados, o superior ficará com mais tempo para administrar. Para aproveitar melhor seu trabalho, reduzir os níveis hierárquicos e impedir que ele seja tentado a voltar a supervisionar cerradamente seus subordinados, será conveniente então aumentar sua amplitude de controle. Dessa forma, o aumento da amplitude de controle, sem prejudicar o sistema de controle, reforçará o processo de descentralização iniciado com a delegação das decisões.

➤ *Organização funcional descentralizada*

Já estudamos longamente os meios de descentralizar, a delegação de decisões, o controle por resultados, o aumento da amplitude de controle. Tanto em relação à delegação de autoridade quanto em relação à amplitude de controle examinamos os critérios objetivos que nos devem orientar no sentido de delegar mais ou menos autoridade, de aumentar ou restringir o número de subordinados diretos de um administrador. Vimos que, se alguns fatores conduziam para a maior descentralização, outros indicavam o caminho contrário. Por outro lado, quando, no último capítulo, estudamos as vantagens e desvantagens recíprocas da centralização e da descentralização, chegamos também a uma espécie de impasse. Em vez de chegarmos a uma conclusão prática e global, que orientasse com simplicidade e clareza o leitor, dedicamo-nos à extensa análise do problema, que, por si só, não nos levava à solução desejada. Não poderíamos, porém, agir de outra forma. O problema é realmente complexo, não pode ser sujeito a análises e soluções simplistas. Mas perguntará o leitor: embora não sendo tão simples e fácil quanto desejaríamos, existe uma solução para o problema, existe um meio de descentralizar a organização através do qual se possam auferir todas as vantagens de ordem moral e administrativa da descentralização, sem, ao mesmo tempo, incorrer em suas desvantagens? Cremos que essa solução existe. É o que chamamos de organização funcional descentralizada.

Se quisermos classificar as organizações segundo o tipo de autoridade nelas existente, teremos basicamente dois tipos de organização: a organização em linha e a organização funcional. A primeira é aquela em que a autoridade de linha é a única a existir. Além dos administradores de linha, haverá também assessores. Por isso ela é também chamada organização em linha e assessoria.

A autoridade de linha é aquela relação em que o administrador exerce o comando direto e exclusivo sobre seus subordinados. O administrador investido de autoridade de linha tem comando sobre todas as funções exercidas por seus subordinados. Em outras palavras, ele é o único chefe de seus subordinados. Poderíamos, assim, definir também a organização em linha como aquela organização na qual se respeita o chamado princípio de unidade de comando, na qual cada subordinado obedece apenas a uma pessoa.

Em contrapartida, a organização funcional é aquela na qual, ao lado da autoridade de linha, existe também a autoridade funcional. Por autoridade funcional entende-se a relação em que o superior tem comando sobre apenas uma ou algumas das funções dos subordinados. Isso implica outro superior ter também autoridade sobre outras funções do subordinado, de forma que, nessa organização, um subordinado poderá ter mais de um chefe. É uma organização em que a unidade de comando não é observada. A autoridade funcional pode ser total ou parcial. O administrador investido de autoridade funcional pode ter plena autoridade dentro de sua função, ou sua autoridade pode ser limitada, restringir-se, por exemplo, à emissão de diretrizes concernentes à sua função.

O primeiro autor a defender a idéia da organização funcional foi Taylor.[19] O fundador da Escola de Administração Científica, ao apresentá-la, não estava preocupado com a descentralização das empresas. Conforme já

---

[19] Frederick Winslow Taylor. "Shop management". *Scientific management*, volume no qual constam as principais obras de Taylor, editado por Harper & Brothers, 1947, Nova York, p. 98-109.

dissemos, os primeiros estudiosos de Administração não se preocuparam com o problema da descentralização. Taylor estava, isso sim, interessado em tirar a maior vantagem possível da especialização. E a organização funcional por ele imaginada atendia, exatamente, a esse objetivo.

Taylor preocupava-se muito mais com a organização e a racionalização do trabalho ao nível dos operários do que ao nível da administração. Dessa forma, quando ele idealizou seu modelo de organização, deu-lhe o nome de "mestrança funcional" (*functional foremanship*). Cada operário, em vez de prestar contas a um único mestre, deveria subordinar-se a oito tipos de mestres funcionais. Quatro deles deveriam trabalhar na própria oficina, junto aos operários. Eram eles os chefes de grupo (*gang bosses*), os chefes de rapidez (*speed bosses*), os inspetores (*inspectors*), e os chefes de manutenção (*repair bosses*). Os outros quatro tipos de mestres deveriam permanecer na sala de planejamento a maior parte do tempo. Taylor lhes dava os seguintes nomes: encarregado da rota e ordem de trabalho (*order of work and route clerk*), encarregado da ficha de instrução (*instruction card clerk*), encarregado dos tempos e custos (*time and cost clerk*) e disciplinador da oficina (*shop disciplinarian*).

Não cabe aqui apresentar as funções que cada um desses mestres deveria ter, segundo Taylor. O importante é observar que sua organização funcional opunha-se frontalmente ao modelo da organização em linha e assessoria, à "organização do tipo militar", conforme a chamava Taylor. Segundo seu sistema, em vez de termos um pequeno grupo de operários prestando contas a um único chefe, teríamos um grande número de operários subordinando-se, ao mesmo tempo, a oito chefes. Estes seriam especialistas e sua autoridade seria limitada à área de sua especialidade. Caía, assim, por terra o princípio da unidade de comando e, com ele, o princípio da amplitude de controle.

Taylor, cujas idéias foram em geral aceitas com grande rapidez, não obteve o mesmo êxito com sua organização funcional. Foi ela a causa de uma das únicas divergências entre ele e Fayol, para o qual os "princípios de administração" e, particularmente, o da unidade de comando eram sagrados. Pode-se afirmar que, de um modo geral, seu modelo de organização funcional não foi aceito no nível dos operários por ele proposto. Os mestres, contramestres ou capatazes conservam sua autoridade exclusiva sobre os operários. Os membros dos departamentos de planejamento e controle da produção, controle de qualidade, administração de pessoal e manutenção exercem suas funções na qualidade de assessoria ou serviço.

Entretanto, esse modelo foi aceito ao nível da administração de cúpula das grandes empresas, transformando-se em um instrumento excepcionalmente adaptado para permitir sua descentralização. Quase todas as grandes empresas norte-americanas adotaram o modelo da organização funcional descentralizada. E, no resto do mundo, inclusive no Brasil, à medida que as empresas cresciam e se diversificavam, observava-se também uma tendência para a adoção desse modelo. Provavelmente, a primeira empresa que se estruturou em bases de uma organização funcional descentralizada foi a General Motors americana, na década de 20. No Brasil, uma das primeiras empresas brasileiras a se organizar dessa forma foi possivelmente o Grupo Ultra (Ultragaz-Ultralar), durante a década de 50.

Ao opormos a organização em linha e assessoria à organização funcional, apresentamos uma definição desta última. Dissemos que organização funcional é aquela em que, ao lado da autoridade de linha, existe também a autoridade funcional, adstrita apenas à função do administrador, de forma que o princípio da unidade de comando deixa de ser respeitado e cada subordinado passa a prestar contas a mais de um superior. Da mesma forma, porém, que a organização em linha e assessoria, a organização funcional pode ser descentralizada ou não. Não há nenhuma relação direta necessária entre descentralização e organização funcional. Taylor, quando apresentou seu modelo, não estava pensando em descentralização. O simples fato de desenharmos uma organização funcional, em cujo organograma a autoridade funcional é representada por linhas pontilhadas, enquanto a autoridade de linha o é por linhas cheias, não significa que essa organização seja descentralizada. O fato, porém, é que a organização funcional ganhou evidência quando aplicada na cúpula das empresas como uma técnica de descentralização. Instalava-se uma organização funcional que era acompanhada de uma descentralização da empresa, de forma que o resultado era a organização funcional descentralizada. Pergunta-se, então: qual a característica essencial que define a organização funcional descentralizada?

O modelo da organização funcional descentralizada, talvez devido às grandes dimensões e ao dinamismo interno dos sistemas sociais nos quais é aplicado, tem um caráter dialético. Baseia-se em uma contradição, que poderia ser assim expressa: a organização funcional descentralizada é aquela em que a autoridade é amplamente delegada, ao mesmo tempo em que se conserva um centro forte; em outras palavras, é uma organização ao mesmo tempo descentralizada e centralizada.

Essa idéia já foi mais ou menos expressa por um administrador da General Motors que, em 1927, escreveu uma monografia com o título *Controle centralizado com responsabilidade descentralizada*.[20] O que se pretende com a

---

[20] Donaldson Brown, *op. cit.*

organização funcional descentralizada é descentralizar não diminuindo, mas aumentando o controle da administração de cúpula sobre as bases; e ter ao mesmo tempo as vantagens da descentralização e da centralização.

Essa mesma idéia de organização foi em parte adotada pela China comunista. É claro que, tratando-se de um país com condições econômicas, políticas e sociais totalmente diversas daquelas prevalecentes nos países industriais do Ocidente, entre a organização funcional descentralizada desenvolvida pelas grandes empresas privadas norte-americanas e o "centralismo democrático" aplicado pelos chineses em suas organizações, encontramos apenas uma semelhança básica. Mas essa semelhança merece ser observada. O centralismo democrático, como seu próprio nome já sugere, baseia-se em uma contradição – uma contradição dialética deliberadamente procurada pelos líderes comunistas chineses de formação marxista. H. F. Schurman escreveu a respeito um artigo[21] sobre o qual nos basearemos. Diz ele que Mao Tsé-tung distingue as contradições antagônicas das não-antagônicas. As primeiras ocorrem entre inimigos e devem ser resolvidas pela força. As últimas ocorrem entre amigos e são resolvidas pela discussão, pela crítica e pela educação.

O centralismo democrático seria uma contradição do segundo tipo. Por centralismo entende-se a obediência absoluta ao comando supremo, que teria como instrumentos: (1) um sistema hierárquico de toda a sociedade, tendo na cúpula o Partido Comunista; e (2) os líderes dos sindicatos e dos quadros administrativos, que seriam membros do partido. Por democracia entende-se o máximo de independência e de participação nas decisões por parte das bases. A democracia teria como instrumentos: (1) o "positivismo" e a "criatividade", ou seja, além da obediência, a capacidade de tomar decisões de caráter independente, pois o partido espera de seus membros iniciativa, espontaneidade e desejo de tomar decisões; (2) a "crítica" e a "autocrítica", que devem ocorrer em reuniões especialmente organizadas para tal fim, chamadas "reuniões de retificação"; e (3) independência local e regional para a tomada de decisões, em função dos problemas locais particulares. Por exemplo, "o Decreto de 29 de agosto de 1958 de forma alguma determinava em seus mínimos detalhes como as comunas deveriam ser estabelecidas. A organização das comunas locais era, via de regra, resultado do trabalho dos funcionários locais do partido".[22]

---

[21] H. F. Schurman. "Organizational principles of Chinese communists". *The China quarterly*, nº 2, abril/junho, 1960.

[22] Idem, p. 51.

O maior inimigo do sistema seria o "burocratismo" (esse termo é sempre compreendido em sua acepção pejorativa pelos comunistas, que o identificam com as conseqüências não previstas nem desejadas da burocracia, a que nos referimos no Capítulo 2). "O burocratismo pode ser descrito como o funcionamento perfeito demais do controle centralizado – como um centralismo excessivo na forma em que ele foi descrito na literatura. O burocrata do partido age de pleno acordo com as diretrizes do partido, mas no processo seu trabalho torna-se mera rotina, e ele perde a capacidade de tomar decisões com independência".[23] Dessa forma, o burocracismo opõe-se diretamente à democracia, na forma em que ela é entendida pelos comunistas chineses, explicando, assim, o fato de que a maioria dos muitos movimentos de "retificação" tenham sido dirigidos precipuamente contra ele.

A semelhança entre a organização funcional descentralizada e o centralismo democrático é evidente. Ambos se baseiam em uma contradição. Nos dois sistemas, essa contradição resume-se na existência de um centro forte lado a lado com bases dotadas de grande autonomia. Tanto em um quanto no outro caso reconhece-se a inviabilidade, no seio das grandes organizações, de um sistema centralizador, mas não se quer correr o risco da perda de controle pela cúpula – risco esse em que se incorreria com um sistema descentralizado e simples.

Em termos práticos, como se define e se resolve essa contradição na organização funcional descentralizada? Basicamente, através de uma estrutura organizacional que alie administradores funcionais e administradores de linha. Naturalmente, na realidade de cada empresa, observa-se grande variedade de estruturas, cada qual com suas feições particulares. Em forma esquemática, porém, podemos definir a estrutura da organização funcional descentralizada como aquela que aparece, mais adiante, na Figura 4.3. No topo da empresa temos um presidente e muitas vezes um vice-presidente-executivo. São administradores de linha aos quais cabe a direção-geral de toda a organização. Em grandes organizações, além desses dois diretores, temos muitas vezes outros, entre os quais, geralmente, o diretor-financeiro, constituindo todos o Comitê Executivo, com autoridade suprema sobre a empresa. (Não nos estamos referindo ao Conselho de Diretores, *Board of Directors*, que é uma instituição norte-americana especial, intermediária entre os acionistas e a diretoria executiva da empresa, a qual está em seu controle.) Abaixo da presidência da organização (e da vice-presidência executiva e do Comitê Executivo, se tais órgãos existirem na empresa), temos os administradores

---
[23] Idem, p. 55.

funcionais. Dependendo da empresa, serão eles diretores, superintendentes ou gerentes. No grupo Ultra, por exemplo, eles eram chamados superintendentes. Esses administradores funcionais são também membros da administração central, localizam-se junto à presidência, dando consistência à idéia de que a organização funcional descentralizada possui um centro forte. Cada um deles é um especialista. Os departamentos que dirigem foram criados segundo um critério de departamentalização funcional. No modelo de organização funcional descentralizada que apresentaremos na Figura 4.3, temos quatro administradores funcionais: o diretor-financeiro, o diretor de produção, o diretor de mercadização e o diretor de relações industriais. Abaixo também da presidência da organização temos os administradores de linha responsáveis pela direção das unidades autônomas, geralmente chamadas de divisões. Essas unidades autônomas são pequenas empresas dentro da empresa maior. Em cada divisão, geralmente existem os departamentos funcionais correspondentes aos existentes na administração central. No modelo que apresentaremos, temos cinco divisões, cada uma chefiada por um diretor de divisão. Completa-se, assim, a estrutura básica da organização funcional descentralizada.

Independência das divisões. Como se inter-relacionam os administradores funcionais e os administradores divisionais (de linha)? A estes últimos é dada ampla liberdade operacional. A eles cabe toda a responsabilidade pelo êxito ou fracasso de sua divisão. Realiza-se, de fato, uma efetiva descentralização em favor da autoridade dos administradores divisionais. As várias divisões, dentro da empresa, competem entre si. Seus resultados, em termos de lucro e de aumento da produtividade, são medidos separadamente. Geralmente, seus administradores não são obrigados a comprar produtos ou serviços produzidos dentro da empresa por outra divisão. Se o preço exigido pela outra divisão for maior que o do mercado, a compra poderá ser realizada fora da empresa. Da mesma forma, uma divisão não é obrigada a vender a outra. Se a divisão vendedora encontrar fora da empresa quem lhe ofereça mais por seu produto ou serviço, poderá realizar a venda a esse terceiro. É esse o chamado "direito de anulação" (*right of nullification*), segundo a terminologia norte-americana. É um direito que raramente é usado, mas, desde que exista, dá grande liberdade às divisões, ao mesmo tempo que estimula o aumento de sua produtividade e a redução de seus custos.

Mas o "direito de anulação" é apenas um aspecto do caráter descentralizado das divisões. Como fruto de uma análise das decisões mais típicas em cada área funcional dentro da empresa, temos setores em que há maior ou menor delegação de autoridade. Observe, aliás, que a organização funcional

FIGURA 4.3 – *Um modelo de organização funcional descentralizada*

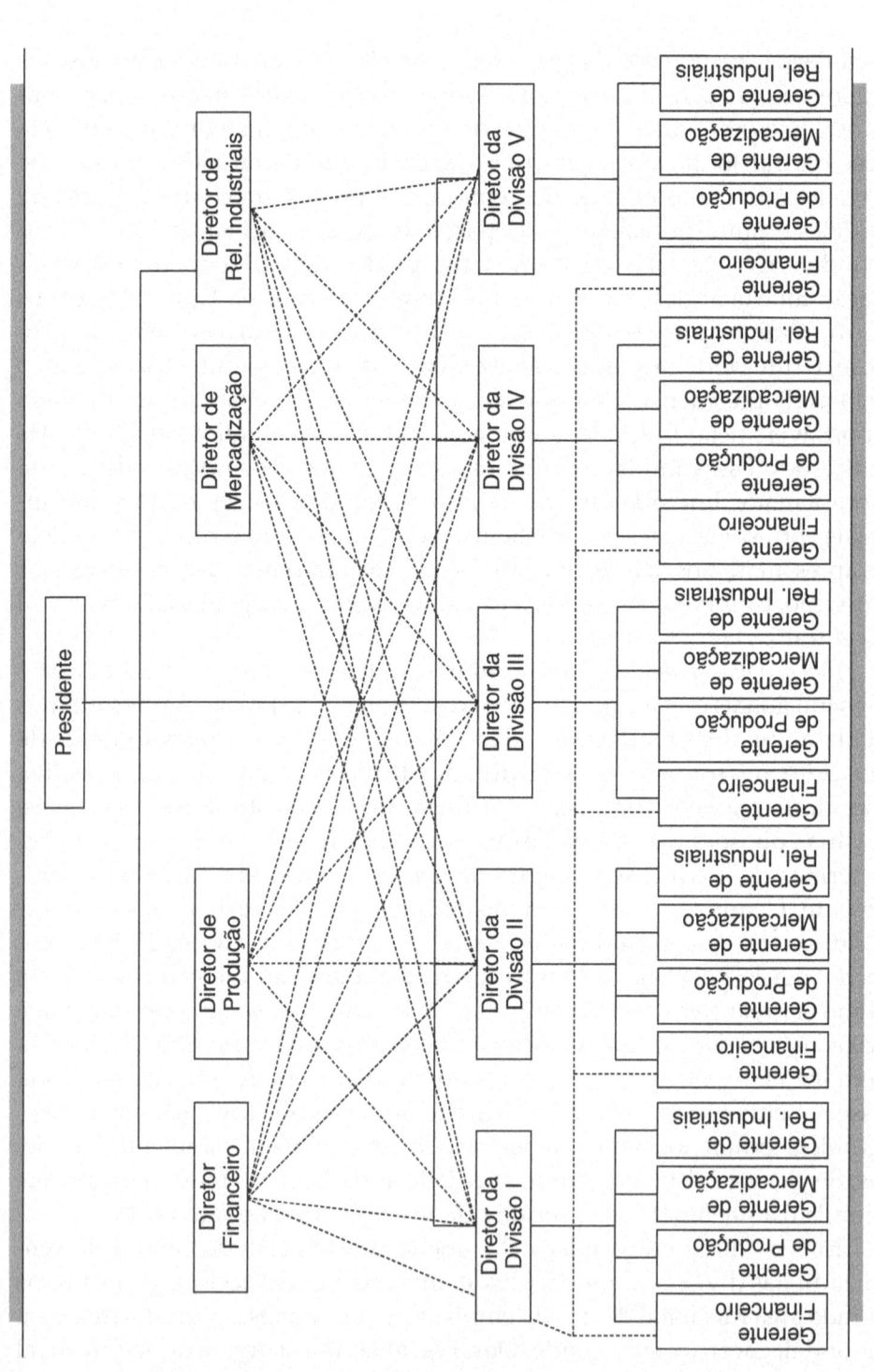

descentralizada usa de todos os meios de descentralização a que já nos referimos, além de possuir algumas características específicas. A descentralização é feita basicamente através da delegação de autoridade, depois de uma apropriada análise das decisões; em certos casos, usa-se o aumento da amplitude de controle; e certamente o controle por resultados e não por supervisão é uma norma na organização funcional descentralizada.

Descentralização e áreas funcionais. Vejamos o grau de descentralização observado em cada uma das principais áreas funcionais, na organização funcional descentralizada. No campo da administração de pessoal é deixada relativa autonomia aos administradores divisionais. A seleção de administradores de alto nível, a promoção de administradores, os acordos salariais e os relativos a condições de trabalho são centralizados, enquanto a direção direta dos subordinados, a seleção de operários e funcionários, suas promoções, transferências etc. são delegadas aos administradores divisionais. Já no campo da produção, dentro das diretrizes preestabelecidas, é deixada ampla liberdade aos administradores divisionais. O mesmo se diz em relação ao setor de mercadização. Tanto em um como no outro é geralmente necessário um conhecimento íntimo das condições locais, das condições locais da produção no primeiro caso, das condições locais do mercado no segundo caso, de forma que a descentralização é uma regra nesses setores. Além disso, é muito comum que decisões nessas áreas tenham caráter urgente, exigindo um sistema descentralizado.

Enquanto, geralmente, temos ampla delegação de autoridade e o uso de controle por resultados, no que diz respeito à produção e às vendas, e, no setor da administração de pessoal, uma relativa descentralização, na área de finanças e contabilidade a descentralização tende a ser muito restrita. A administração central geralmente prefere manter firme controle sobre esses setores, estabelecendo regras uniformes a serem obedecidas por todas as divisões. Padronizando o sistema contábil, a administração central assegura o emprego de critérios uniformes na apuração dos resultados financeiros das diversas unidades. Torna-se, assim, possível uma comparação direta entre os resultados das divisões. Todo o controle exercido pela administração central é um controle por resultados. Aos administradores divisionais é deixada grande autonomia decisória. Mas, para que o controle por resultados possa efetivar-se, a administração central conserva em suas mãos o instrumento de controle por excelência dentro da empresa, que é a contabilidade. No setor do financiamento propriamente dito, a administração central tende também a conservar sua autoridade. Ao controle dos fundos da empresa é dada grande importância. Por outro lado, como no caso do setor contábil, as vantagens provenientes do conhecimento das condições locais não têm maior significado no campo do controle financeiro da empresa. Além disso, a criação dentro da empresa (ou grupo de empresas) de um departamento ligado à administração central, que controle recursos financeiros da empresa, obtendo fundos e distribuindo-os entre as diversas unidades autônomas conforme suas necessidades, parece uma prática muito conveniente. Resulta daí que o setor financeiro também tende a ser centralizado dentro da organização funcional descentralizada. Outro setor que da mesma forma tende a ser centralizado é o de compras. Com a centralização, pretende-se tirar vantagem da possibilidade de se efetuarem compras em larga escala.

Papel dos administradores funcionais. Se, porém, exceto nos setores contábil e financeiro e eventualmente no de compras, é delegada ampla autoridade aos administradores divisionais de linha, que papel cabe aos administradores funcionais? Fundamentalmente, cabe a eles, cada um dentro da sua função específica, definir os objetivos a ser atingidos, estabelecer as diretrizes gerais a ser seguidas por todas as divisões para que os objetivos sejam atingidos, coordenar as atividades das divisões sem ferir sua autonomia, obter os dados referentes aos resultados atingidos pelas divisões em seus respectivos setores, de forma que o Comitê Executivo ou o presidente possam controlá-las efetivamente, assessorar os administradores divisionais com informações e conselhos. Em virtude desta última função dos administradores funcionais, há quem os confunda com simples assessores. É claro que aí há um engano. Assessores não têm autoridade para definir diretrizes, para ditar normas gerais. Sendo, porém, especialistas, ao contrário do presidente e dos administradores divisionais, que são tipicamente generalistas, cabe aos administradores funcionais também a missão de assessoria. Seus conhecimentos são mais aprofundados em sua área de ação, de forma que eles podem ajudar os administradores divisionais a tomar suas decisões. E a organização funcional descentralizada foi criada tendo-se em vista, entre outras coisas, essa possibilidade.

É claro que o papel do administrador funcional varia de empresa para empresa. Descrevemos apenas quais são suas funções mais típicas. Em algumas empresas, ele pode ter mais autoridade; em outras, menos. E, mesmo dentro da mesma empresa, pode haver administradores funcionais com maior ou menor autoridade, não só do ponto de vista informal, mas também do aspecto formal. No modelo apresentado na Figura 4.3, temos exatamente esse fato. A autoridade funcional do diretor-financeiro é maior que a dos demais administradores funcionais. Sua função é basicamente centralizada, de forma que ele tem relações diretas com os administradores financeiros e contábeis existentes em cada divisão. Estes, do ponto de vista disciplinar, subordinam-se ao diretor-regional respectivo, e do ponto de vista funcional prestam contas ao diretor contábil e financeiro. A dualidade de comando, neste caso, é completa.

Em suma, a estrutura básica da organização funcional descentralizada pode ser assim descrita: de um lado, uma forte administração central, conservando centralizados certos setores como o financeiro e o contábil e, através de administradores funcionais, estabelecendo objetivos, diretrizes e controlando por resultados o trabalho das divisões; por outro lado, divisões administradas com ampla liberdade, especialmente nos setores de produção, mercadização e relações industriais, constituindo-se cada uma delas unidades autônomas que competem e transacionam entre si.

Critérios de departamentalização. Em relação à estrutura organizacional da organização funcional descentralizada, resta ainda um problema: quais os critérios de departamentalização usados? Em relação à departamentalização dos órgãos dirigidos pelos administradores funcionais, é claro que o critério só pode ser funcional. Cada departamento corresponde a uma função. Já em relação à departamentalização das divisões, temos dois critérios básicos: a departamentalização por produto e a departamentalização por região. Quando a empresa produz grande número de bens e serviços, como é o caso da General Motors americana, por exemplo, a departamentalização das divisões tende a ser feita por produtos. A descentralização e a departamentalização resultam da política de diversificação da empresa. Quando, porém, o que caracteriza a empresa é menos a produção de grande número de bens e serviços e mais o fato de abranger, geograficamente, um campo muito grande, como era o caso da Sears nos Estados Unidos e do Grupo Ultra no Brasil, a departamentalização das divisões tende a ser feita de acordo com um critério regional. É claro que, depois dessa primeira departamentalização ao nível das divisões, dentro delas se processam outras departamentalizações, que podem obedecer a todos os critérios de departamentalização possíveis.

A descrição que acabamos de realizar da estrutura básica da organização funcional descentralizada sugere uma conclusão: trata-se de um modelo de organização complexo e delicado, sem a simplicidade e a clareza da organização em linha e assessoria. A existência da autoridade funcional e a conseqüente quebra do princípio da unidade de comando tornam a operação desse modelo de organização uma tarefa difícil. Baseando-se em uma contradição dialética entre um centro forte e bases fortes, falta-lhe aquele caráter lógico, direto, da organização em linha e assessoria. Sua eficiência, no entanto, tem sido provada e comprovada por significativo número de grandes empresas, a começar pela General Motors americana, que, além de ser a maior empresa industrial do mundo, é considerada uma das empresas mais perfeitamente administradas.

Muitos são os problemas que a administração das empresas organizadas segundo o modelo funcional descentralizado precisam enfrentar a fim de que essa eficiência seja atingida. Entre eles, queremos salientar dois: o problema da multiplicidade de comando e o do "status" dos administradores funcionais em relação aos administradores divisionais de linha.

Multiplicidade de comando. A relativa multiplicidade de comando existente na organização funcional descentralizada traz consigo uma série de problemas administrativos. Dizemos "relativa" multiplicidade porque, em sua estrutura mais comum, o administrador funcional não tem autoridade direta sobre seus correspondentes funcionais nas divisões. Este presta contas ao administrador divisional. Mas já vimos, no modelo da Figura 4.3, que no caso do diretor financeiro e contábil sua autoridade funcional sobre seus correspondentes nas divisões é direta, verificando-se a multiplicidade efetiva de comando. Temos, portanto, na organização funcional, desde o que chamamos de uma multiplicidade "relativa" de comando, em que a autoridade do administrador funcional se exerce sobre seus correspondentes nas divisões através dos administradores divisionais, até uma efetiva multiplicidade de comando.

Já Fayol era decididamente contra a multiplicidade de comando. Dizia ele que tal multiplicidade traria inevitavelmente ordens contraditórias, deixaria confusos os subordinados, tornaria impossível determinar as responsabilidades, roubaria, enfim, todo o desejado caráter racional da administração. Os fatos, porém, parecem contradizer suas deduções lógicas. Pelo menos nos escalões mais altos das organizações, e desde que a autoridade seja funcionalmente dividida com precisão, podemos ter mais de um chefe para cada subordinado sem todas aquelas conseqüências previstas por Fayol. Este fato pode ser explicado pelo nível cultural mais elevado e principalmente pela forma particular pela qual os administradores situados nos níveis mais altos da empresa – como é o caso dos administradores divisionais, dos administradores funcionais e de seus correspondentes funcionais nas divisões – encaram a idéia de autoridade. Para eles, ao contrário do que provavelmente previa Fayol, a autoridade do superior não é vista como algo negativo, restritivo. Esse fato foi observado por William E. Henry, autor de famosa pesquisa sobre a personalidade do administrador norte-americano bem-sucedido.²⁴ Na verdade, eles encaram a autoridade como uma relação controladora mas positiva, que poderá auxiliá-los a realizar suas funções.

Daí se conclui que as relações entre superiores e subordinados, nos níveis administrativos mais altos, não são, primordialmente, relações de conflito, mas de cooperação. Dentro desse quadro, compreende-se que um sistema de multiplicidade de comando possa funcionar. Os possíveis conflitos de autoridade serão mais facilmente resolvidos. O perigo das ordens contraditórias, das confusões, da indefinição de responsabilidades não desaparece totalmente, mas é grandemente reduzido.

"Status" dos administradores funcionais e divisionais. O segundo problema diz respeito ao *status* dos administradores funcionais em relação ao dos administradores divisionais. Alguns entendem que o *status* dos primeiros deva ser maior que o dos últimos. É freqüente vermos os administradores funcionais serem chamados de diretores ou, segundo a terminologia norte-americana, vice-presidentes, enquanto os administradores divisionais têm o título de gerentes. E à primeira vista isso parece lógico. Se os administradores funcionais têm autoridade funcional sobre os administradores divisionais, é natural que os primeiros tenham uma posição superior dentro da empresa. Essa idéia é reforçada pela forma pela qual geralmente se apresentam os organogramas das organizações funcionais descentralizadas. Existe uma convenção que afirma que, se os retângulos correspondentes às diversas posições forem do mesmo tamanho e estiverem dispostos verticalmente, os ocupantes das posições que aparecem acima têm maior *status*. É claro que essa é uma convenção que abriga número imenso de exceções. De qualquer forma, a convenção existe, e, se formos interpretar o organograma da Figura 4.3 segundo essa convenção, concluiremos que os administradores funcionais têm maior *status* do que os divisionais.

Tal idéia, no entanto, tem-se transformado em um dos maiores obstáculos ao bom funcionamento das empresas que pretendem adotar o modelo da organização funcional descentralizada. Segundo esse modelo, em sua forma mais pura, o *status* dos administradores divisionais deve ser o mesmo dos administradores funcionais, caso contrário, poderemos ter uma organização funcional, mas não uma organização descentralizada. Mesmo que se estabeleça, formalmente, que os administradores divisionais têm autonomia decisória e que a autoridade dos administradores funcionais se limita ao estabelecimento de diretrizes gerais, se a posição destes últimos

---

²⁴ William E. Henry. "The psychodynamics of the executive role". *Industrial man, op. cit.*, p. 28.

dentro da empresa for mais elevada, se eles forem, por exemplo, diretores, enquanto os administradores divisionais forem gerentes, é claro que, na organização informal, eles não se limitarão a definir diretrizes gerais. Suas diretrizes gerais tornar-se-ão cada vez mais específicas, dirigindo-se cada vez mais a cada divisão em particular; seus conselhos começarão a tomar caráter de ordem a ser cumprida; em vez de ajudarem a presidência ou o Comitê Executivo a controlar as divisões, passarão eles a controlá-las diretamente, não só coligindo os resultados e comparando-os com os objetivos prefixados, mas também já exercendo a ação corretiva. Em outras palavras, o maior *status* conferido aos administradores funcionais, mesmo que não seja acompanhado por medidas formais que roubem a autonomia das divisões, acabará, na realidade, por levar a esse resultado, frustrando-se o desejado processo de descentralização.

A maior dificuldade a essa igualação dos *status* dos administradores funcionais e divisionais reside no fato de que, em muitas empresas que decidem se descentralizar, os administradores funcionais já existem, sendo muitas vezes diretores da empresa. Quando se criam unidades autônomas ou divisões, ocorre então uma natural resistência em se conceder o mesmo "status" aos administradores dessas divisões. Isso significaria uma divisão de poder. Além disso, não é fácil encontrar administradores de alto gabarito para preencher essas posições. Apesar dessas dificuldades, é importante, para o bom funcionamento da organização funcional descentralizada, que haja essa igualdade de *status*. E, para que o organograma não cause confusões, pode-se usar o modelo de organograma que apresentaremos na Figura 4.4. Esse organograma contém as mesmas posições e pretende descrever de forma gráfica a mesma organização que temos na Figura 4.3, com a diferença que os administradores funcionais e divisionais são colocados em um mesmo nível, a fim de que não se possa interpretar que o "status" dos primeiros seja mais elevado que o dos últimos.

▶ Condições de êxito

Vimos que a organização funcional descentralizada é um instrumento extremamente delicado. Pode ser muito eficiente como modelo de organização, mas há uma série de condições para que essa eficiência se efetive, para que um sistema social estruturado segundo o esquema da organização funcional descentralizada tenha êxito. Quais são essas condições?

Já falamos a respeito da importância que há em que os administradores sejam de alto nível e tenham uma atitude positiva em relação à autoridade,

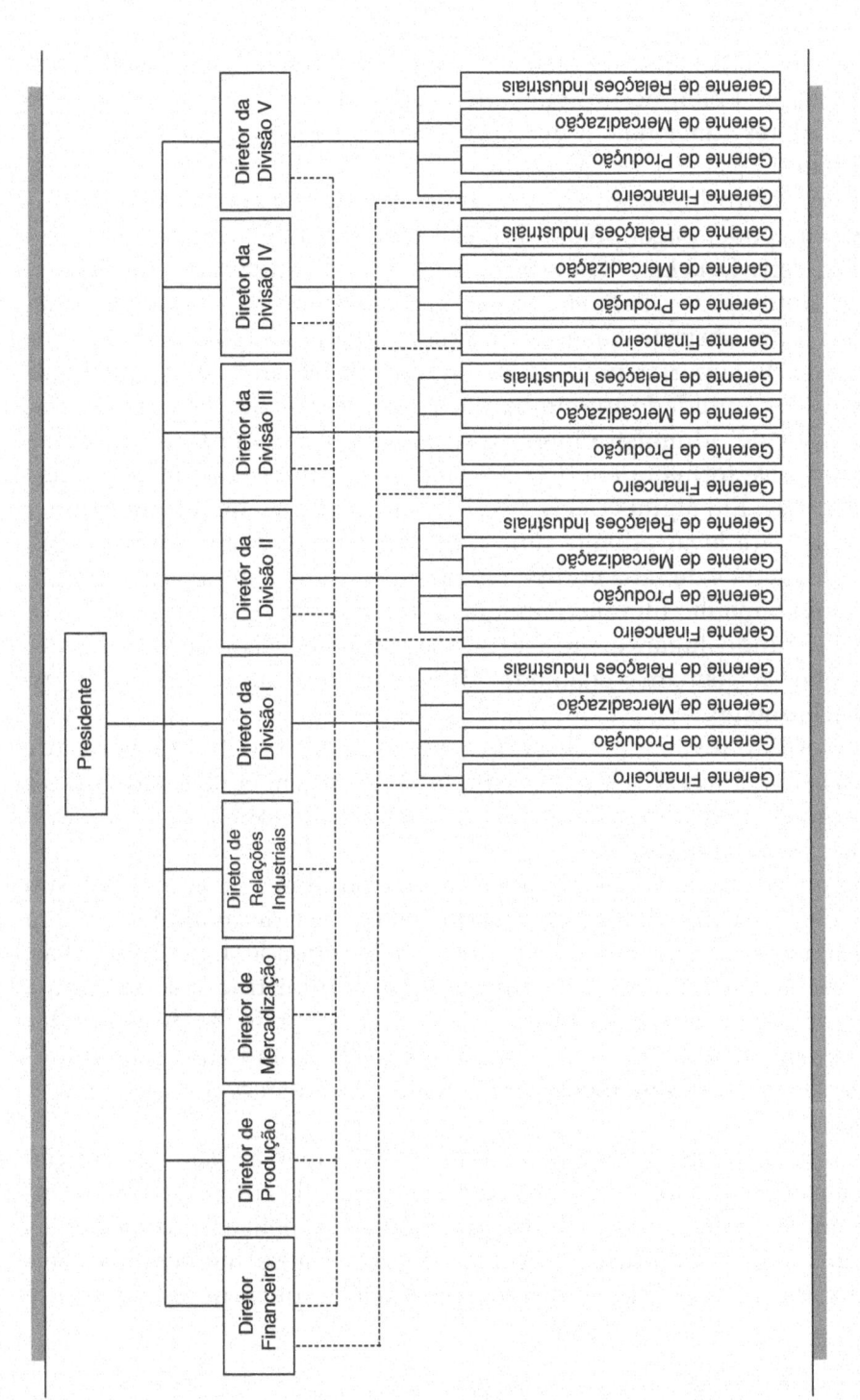

FIGURA 4.4 – *O mesmo modelo de organização funcional descentralizada da Figura 4.3, salientando a igualdade de status dos administradores funcionais e divisionais*

para que a multiplicidade de comando não se torne um obstáculo à eficiência da organização. Referimo-nos também à necessidade de que o "status" dos administradores funcionais e divisionais seja o mesmo. Há outras condições, porém.

Em primeiro lugar, é preciso que as divisões sejam suficientemente grandes para poder pagar pelos administradores de alto nível de que necessitam. Diz Peter Drucker: "O objetivo deve ser o de ter o maior número de unidades autônomas possível e tê-las do menor tamanho possível; mas chegamos a um absurdo quando a unidade autônoma é tão pequena que não é capaz de suportar uma administração do tamanho e da qualidade necessários".[25] A unidade autônoma não poderá ser realmente autônoma se não dispuser de administradores capazes. Pessoas desse tipo são geralmente caras. De forma que a divisão não deverá ser tão pequena que não possa pagá-las. Em alguns casos, precisamos de apenas um administrador competente para levar adiante uma unidade autônoma. Em outros casos, porém, precisamos de uma equipe de administradores, impondo-se a definição de um tamanho mínimo para que a unidade ganhe autonomia.

Em segundo lugar, é preciso que as divisões sejam independentes entre si, que elas tenham o chamado "direito de anulação" a que nos referimos anteriormente.

Em terceiro lugar, é preciso que a administração central disponha de objetivos bem definidos e de meios para medir o desempenho das divisões e de cada um de seus administradores com precisão, de forma a tornar viável o controle por resultados.

Em quarto lugar, é preciso que os administradores de cúpula estejam intimamente resolvidos a ceder parte de seu poder de mando e tenham confiança nos subordinados a quem delegam autoridade. Uma coisa, aliás, está ligada à outra. É muito comum vermos administradores de cúpula que, intimamente, não se conformam em ceder uma parcela de seu poder e que, para justificar essa posição, racionalizam, afirmando que seus subordinados não são suficientemente competentes, não merecendo a necessária confiança.

Em quinto lugar, conforme diz Ralph J. Cordiner, a "descentralização baseia-se na necessidade de termos objetivos gerais da empresa, uma estrutura organizacional, relações, diretrizes e meios de mensuração todos eles conhecidos, compreendidos e seguidos; mas baseia-se também na compreensão de que a definição de diretrizes não implica necessariamente

---

[25] Peter Drucker. *The practice of management*, op. cit., p. 214.

uniformidade de métodos de execução de tais diretrizes nas operações descentralizadas".[26]

Em sexto lugar, é preciso que os administradores divisionais realmente aceitem as novas responsabilidades de que são investidos. Nem sempre isso é fácil de conseguir. Especialmente nas organizações em que os administradores de nível médio estão habituados a obedecer, mais do que a tomar decisões independentes, o processo de transformação de um sistema centralizado para um descentralizado é particularmente penoso.

Poderíamos continuar citando condições para o êxito da organização funcional descentralizada. Preferimos, no entanto, terminar, reiterando a necessidade de que a autoridade funcional dos administradores funcionais se limite à definição de objetivos e diretrizes, ao oferecimento de conselhos e sugestões e à realização de avaliações do desempenho dos administradores de linha, não se envolvendo nas operações das divisões. Caso contrário, poderemos muito bem ouvir uma frase semelhante àquela dita por um administrador divisional frustrado face ao processo de descentralização mal-executado: "Eu agora tenho sete chefes em vez de um, e cada um tem uma idéia diferente sobre como devo executar o meu trabalho; eu não posso realizá-lo da forma que acho melhor; muito pelo contrário, sou obrigado a tentar adivinhar o que está acontecendo na administração central".[27]

Frases como as que acabamos de citar podem resultar de uma crise de transição, mas podem significar também o fracasso do processo de descentralização através do modelo da organização funcional descentralizada. Nada impede, porém, que o processo de descentralização seja bem executado, que as condições de êxito a que nos referimos sejam atendidas. E, nesse caso, após um período normal de transição, quando é preciso vencer as clássicas resistências a modificações que qualquer sistema novo traz consigo, a organização funcional descentralizada revelará sua grande qualidade: a de reunir a maioria das vantagens da descentralização e da centralização a um só tempo.

Isso é possível devido àquele caráter essencialmente contraditório da organização funcional descentralizada, ao fato paradoxal de aliar um centro forte a bases também fortes, à circunstância de nela coexistirem administradores funcionais e administradores de linha, aqueles trabalhando na administração central, ao passo que estes nas unidades autônomas.

---

[26] Ralph J. Cordiner, *op. cit.*, p. 51.

[27] Cf. Eli Gizberg e Ewing W. Reiley. *Effecting change in large organizations*. Nova York: Columbia University Press, 1958, p. 2.

Para comprovar essa qualidade da organização funcional descentralizada, lembremos em primeiro lugar as vantagens da descentralização: contribui para a elevação do moral dos subordinados, evitando sua despersonalização e atendendo a suas necessidades de independência pessoal, segurança e prestígio; permite melhor conhecimento e, portanto, um melhor atendimento das condições locais; concentra a atenção dos administradores nos resultados; estimula a iniciativa dos administradores; facilita a identificação dos administradores com os objetivos da organização; facilita o treinamento de administradores; é um meio de testar administradores; alivia a carga de trabalho dos administradores de cúpula; facilita a concorrência interna. É claro que todas essas vantagens estão presentes na organização funcional descentralizada devido à grande autonomia concedida às divisões. Essas unidades são efetivamente descentralizadas (já vimos inclusive que, quando elas deixam de sê-lo, o sistema entra em colapso), de forma que é natural que a organização funcional descentralizada tenha como conseqüência todas as vantagens da descentralização.

Já em relação às vantagens da centralização, esse fato é menos evidente. Veremos, no entanto, que, graças à existência dos administradores funcionais, quase todas as vantagens da centralização são mantidas na organização funcional descentralizada. Dissemos que nos sistemas centralizados há maior uniformidade de diretrizes e normas. Ora, isso também acontece na organização funcional descentralizada, já que a definição das diretrizes cabe aos administradores funcionais. Afirmamos que a coordenação torna-se mais fácil, mas na organização funcional descentralizada distinguem-se aquelas atividades que exigem maior coordenação das que exigem menor coordenação, cabendo aos administradores funcionais coordenar as primeiras. Dissemos ainda que nos sistemas centralizados aproveita-se mais o trabalho dos especialistas, mas esta é exatamente a grande vantagem da existência dos administradores funcionais e seus respectivos departamentos. Observamos também que a centralização possibilita a realização de compras em larga escala, mas já ficou dito que na organização funcional descentralizada alguns setores permanecem centralizados, não só quanto à definição das diretrizes mas também em relação à sua execução.

Em conclusão, a organização funcional descentralizada parece ser realmente o modelo organizacional ideal para todos aqueles sistemas sociais que, ao atingirem determinado tamanho, necessitam descentralizar-se. Reúne ela todas as vantagens da descentralização e a maioria das vantagens da centralização. Em relação a esta, apenas uma vantagem deixa de ser incluída. Os sistemas centralizados exigem um número relativamente menor de administradores altamente competentes. Mas esta pode bem ser uma vantagem enganadora para a organização centralizada. Hoje não há dúvida de que o grande segredo do êxito de uma organização está no fato de ela possuir administradores de alto nível. O fator humano sobrepõe-se a todos como determinante do bom desempenho de uma organização. E não devemos esquecer que, se a organização funcional descentralizada exige um grupo de administradores de alto gabarito, ela em compensação facilita seu treinamento, estimula sua iniciativa, permite sua mais rápida identificação com os objetivos da organização, contribui, enfim, para a elevação de seu moral.

Bibliografia

BROWN, Donaldson. *Centralized control with decentralized responsibilities.* Annual Convention Series, nº 57, American Management Association, 1927.

CHANDLER, Jr., Alfred D. "Management decentralization: An historical analysis". *The business history review*, junho, 1956.

CORDINER, Ralph J. *New frontiers for professional managers.* Nova York: McGraw-Hill, 1956.

DALE, Ernest. *Planning and developing the company organization structures.* Nova York: American Management Association, 1957.

DRUCKER, Peter. *The practice of management.* Nova York: Harper & Brothers, 1954.

FAYOL, Henri. "The administrative theory in the state". *Papers on the science of administration.* Nova York: Institute of Public Administration, 1937.

_____. *Administração industrial e geral.* São Paulo: Atlas, 1960.

GIZBERG, Eli e REILLEY, Ewing W. *Effecting change in large organizations.* Nova York: Columbia University Press, 1958.

GRAICUNAS, V. A. "Relationship in the organizations". *Papers on the science of administration.* Nova York: Institute of Public Administration, 1937.

HAMILTON, Ian. *The soul and body of an army.* Londres: Arnold, 1921.

HENRY, William E. "The psychodynamics of the executive role". *Industrial man.* Nova York: Harper & Brothers, 1959.

KOONTZ, Harold e O'DONNEL, Cyril. *Princípios de administração.* São Paulo: Pioneira, 1962.

NEWMAN, William H. *Administration action*. Englewood Cliffs, Nova Jersey: Prentice-Hall, 1960.

PFIFFNER, John M. e SHERWOOD, Frank P. *Administrative organization*. Englewood Cliffs, Nova Jersey: Prentice-Hall, 1960.

SHURMAN, H. F. "Organizational principles of Chinese communists". *The China quarterly*, abril/junho de 1960.

SIMON, Herbert A. *Administrative behavior*. Nova York: MacMillan, 1951.

SOUJANEN, Waino W. "The span of control — fact or fable". *Advanced management*, novembro de 1955.

TAYLOR, Frederick Winslow. "Shop management". *Scientific management*. Nova York: Harper & Brothers, 1947.

URWICK, L. "The span of control — some facts about the fables". *Advanced management*, novembro de 1956.

URWICK, L. e GULICK, Luther (organizadores). *Papers on the science of administration*. Nova York: Institute of Public Administration, 1937.

WHITE, K. K. *Understanding the company organization chart*. Nova York: American Management Association, 1963.

WHORTHY, James C. "Factor influencing employee morale". *Harvard business review*, janeiro de 1950.

Capítulo 5

Burocracia e Administração

O estudo das organizações e das formas de organizar é um dos capítulos das ciências sociais. Estas preocupam-se com o homem, sua vida em sociedade, as relações que mantém, as instituições de que participa, os trabalhos que executa, os valores e as crenças que aceita. Entre as instituições sociais criadas pelo homem, situam-se as organizações, e a tarefa de organizar é um aspecto particular da ação mais geral de administrar e racionalizar o trabalho. Estamos, portanto, em pleno reino das ciências sociais, ou seja, em pleno reino da controvérsia.

O conhecimento humano é constituído de algumas áreas de razoável ou relativa certeza e de muitas áreas de incerteza. As primeiras são geralmente o campo das ciências físico-matemáticas; as segundas, o campo das ciências sociais. O objetivo da ciência é reduzir essas áreas de incerteza. No setor das ciências sociais, porém, estamos ainda no início de uma longa caminhada, na qual a controvérsia é obrigatória e as escolas, as teorias antagônicas, uma necessidade. É através da controvérsia que nos aprofundamos nas questões. É freqüentemente por meio dela que passamos a compreender os problemas em extensão e profundidade. Este livro não pretende ser particularmente um livro de controvérsias. Estas, porém, são extremamente vivas no campo da Teoria da Administração e, em especial, no estudo das organizações. Não pretendemos, pois, ignorá-las.

A Teoria da Administração é a ciência social ou projeto de ciência social que tem como objetivo estudar e operacionalizar as organizações burocráticas. Enquanto a Sociologia estuda as organizações a partir de uma perspectiva puramente analítica, a Teoria da Administração preocupa-se com as estratégias administrativas, orienta-se para formular um sistema de recomendações aos administradores.

Existem, na Teoria da Administração, duas escolas originais ou básicas de pensamento: a Escola Clássica ou da Administração Científica e a Escola de Relações Humanas. A título de simplificação, limitaremos a controvérsia apenas a essas duas escolas.[1] Ambas visam especificamente operacionalizar a teoria da organização burocrática formulada por Max Weber. Isso não significa que as primeiras teorias da Administração tenham desenvolvido suas idéias a partir das de Max Weber. Taylor e Fayol escreveram seus trabalhos alguns anos antes de Max Weber estudar a burocracia. Mas, enquanto Max Weber estudava a organização burocrática de um ponto de vista estritamente sociológico e histórico, Taylor, Fayol, Elton Mayo, Chester Barnard estudavam o mesmo problema com o objetivo explícito de estabelecer uma série de princípios ou de recomendações sobre como planejar, organizar e controlar. Ainda que a Escola de Relações Humanas vá criticar a Escola de Administração Científica pela sua pretensão e estabelecer princípios rígidos de Administração, o certo é que também ela acaba se constituindo um conjunto de propostas aos administradores. Além disso, essas escolas e toda a Teoria da Administração terão um sentido claramente ideológico, visando legitimar o capitalismo monopolista de grandes empresas do século XX.[2]

Além de colocar as duas teorias em confronto, procuraremos realizar outro tipo de comparação. Trata-se do confronto entre a teoria e a prática. E, quando falamos em prática, estamos nos referindo à prática brasileira, tal como a conhecemos de nossa experiência no contato com organizações nacionais.

▶ Escola da Administração Científica

Com a Escola da Administração Científica iniciou-se o estudo sistemático da administração das organizações e, em particular, das empresas. Essa Escola,

---

[1] Para uma análise das Escolas de Teoria da Administração, ver Fernando C. Prestes Motta. *Teoria geral da administração* – uma introdução, *op. cit.*

[2] A análise da Teoria da Administração como ideologia foi realizada por Maurício Tragtenberg. *Burocracia e ideologia*. São Paulo: Ática, 1974.

que alguns também chamam de Escola Clássica, é fruto tardio do racionalismo. Não do racionalismo *stricto sensu* dos filósofos que, discutindo a origem do conhecimento, afirmam que ela está na razão e não na experiência, como querem os empiristas; mas do racionalismo que se opõe ao tradicionalismo. Entendido nesses termos, o racionalismo engloba todos os esforços no campo do conhecimento e da atividade humana, no sentido de substituir o império da tradição pelo da razão.

Durante séculos, o mundo foi governado pela tradição. Essa era a fonte de todo conhecimento, de todo poder, de todo valor. Toda atividade social era controlada por usos e costumes de origens imemoriais. O poder era recebido em herança. Algo era ou valia na medida em que assim o acreditavam os pais, avós e bisavós. Houve reações contra o tradicionalismo na Antiguidade, especialmente entre os gregos, e na Idade Média. Mas foi só com o advento da Idade Moderna que o tradicionalismo passou a ser sistematicamente atacado pelo racionalismo.

No campo da Filosofia, a primeira grande investida coube a Descartes, no século XVII. Ele começa por negar todo conhecimento que lhe fora transmitido anteriormente. Diz ele que arrancou de seu espírito todos os erros que ali haviam podido infiltrar-se. É a dúvida sistemática, é a negação de todo conhecimento tradicional. Mas não é uma dúvida que leve ao ceticismo. Partindo da constatação de sua própria existência, derivada do simples fato de pensar – *cogito ergo sum* –, Descartes, tendo como base essa verdade fundamental, passa a usar da razão para dirimir as demais dúvidas e constrói sua filosofia, o primeiro grande monumento do racionalismo.

No campo da Ciência, o espírito racionalista tem como primeiros expoentes Bacon e Galileu. Aquele estabelece as bases filosóficas do método experimental moderno; este, sem manter nenhum contato com Bacon, é o primeiro a usar sistematicamente na pesquisa científica o método experimental, com suas famosas experiências sobre a aceleração dos corpos. Já no campo da Política, temos inicialmente Hobbes, que procura dar uma base racional para o poder do estado absoluto, e mais tarde Locke e os enciclopedistas, que advogam a causa do estado constitucionalmente organizado. No campo do Direito, Grotius, ainda no século XVII, afirma a autonomia do direito natural em relação à moral e à teologia, dando-lhe como base a natureza social do homem, da qual ele deve ser racionalmente deduzido.

O racionalismo tem seu momento de glória no século XVIII – o século das luzes ou o século da razão. Seu coroamento se verifica com a Revolução Francesa, em que a "Deusa da Razão" é entronizada. O século XIX é marcado pelas grandes vitórias do racionalismo no campo das ciências físico-matemáticas e sociais, que se desenvolvem como nunca anteriormente, no da nação política com a vitória do sistema capitalista sobre o feudal, no campo do Direito, com o aparecimento dos estados constitucionais e dos códigos escritos, e, na atividade econômica, com a produção industrial mecanizada.

Um setor, porém, ainda não sofrera de forma decidida o grande impacto do racionalismo: o do trabalho. O advento da máquina significou, sem dúvida, o abandono violento do sistema artesanal de produção, em nome de maior eficiência. Foi uma vitória do racionalismo sobre o tradicionalismo. Mas o emprego de máquinas na produção industrial não levou imediatamente ao emprego de métodos racionais na execução e organização do trabalho. Essa tarefa caberia aos representantes da Escola da Administração Científica, já nos albores do século XX. Escrevendo em uma época em que o racionalismo não sofrera ainda os grandes ataques por parte da Sociologia, da Psicologia e da própria Filosofia, eles trouxeram de forma brilhante para o campo do trabalho humano os princípios do racionalismo, criando a "Ciência da Administração".

Esse, aliás, é o grande mérito da Escola Clássica. Ela rompe com o tradicionalismo nos métodos de organizar e executar o trabalho. Veremos no decorrer deste livro que muitas de suas posições são passíveis de críticas severas. Mas, por mais que essas críticas sejam justas – veremos que nem todas o são –, sua contribuição é ainda inestimável pelo simples fato de ter-se levantado contra os métodos tradicionais de trabalho.

Um método de trabalho já não é válido simplesmente porque nossos pais e avós o empregavam e o julgavam bom. Não será também a intuição do operário, sua iniciativa, sua engenhosidade que dirão como efetuar uma operação. Nem será a imaginação, a capacidade de improvisar e de enfrentar as situações difíceis com habilidade que tornarão alguém um bom administrador. O trabalho do operário deverá ser estudado cientificamente, experiências deverão ser feitas, princípios gerais terão que ser aplicados, até que se encontre a forma mais eficiente de realizá-lo; alguém será um bom administrador na medida em que planejar cuidadosamente seus passos, organizar e coordenar racionalmente as atividades de seus subordinados, e souber comandar e controlar tais atividades. Cada operação e projeto deverão ser repensados e reestudados nesses novos termos. A razão, o método científico e os princípios lógicos dir-nos-ão o que fazer. É o racionalismo em sua forma mais pura, a serviço da Administração. E é desse prisma que a Escola da Administração Científica deverá ser compreendida.

A Escola da Administração Científica tem como seus fundadores Taylor, nos Estados Unidos, e Fayol, na França. Frederick W. Taylor é um estrangeiro.

A primeira atividade profissional que exerceu foi a de mestre em uma fábrica. Era um técnico, que desde que atingiu a posição de mecânico-chefe da Midvale Steel Co., em 1884, passou a se ocupar cada vez mais com experiências destinadas a aumentar a eficiência do trabalho. Suas obras fundamentais são, de 1903, *Shop management*, e, de 1911, *The principles of scientific management*, que estabelecem as bases do pensamento da Escola Clássica. Taylor ganha grande projeção nos Estados Unidos nos primeiros anos do século XX. Seus defensores são tão acirrados quanto seus inimigos. Em 1906, é eleito presidente da Associação Americana de Engenheiros. Dedica a parte final de sua vida à propaganda de suas idéias.

Henri Fayol é também engenheiro – engenheiro de minas. Trabalhou toda sua vida para apenas uma grande empresa metalúrgica, *Companie Commentry-Fourchambot*, da qual se torna diretor-geral, salvando-a da falência. Sua obra principal data de 1916, *Administration genérale et industrielle*. Como Taylor, devotou os últimos anos de sua vida à propagação de sua obra, que obteve logo grande repercussão.

Os trabalhos desses dois homens não só definem as linhas fundamentais até hoje seguidas pelos defensores da Escola da Administração Científica, como também inauguram os estudos sistemáticos da Administração, isolando-a de outros campos de estudo como a Economia e a Engenharia. Por serem ambos engenheiros e terem vivido na mesma época, há uma série de pontos de contato em suas obras. A semelhança em seu pensamento é tal que nos será possível sintetizar as idéias centrais da Escola Clássica sem nos referirmos a todo instante às idéias de um ou do outro. Por outro lado, a formação americana de um em comparação à educação francesa do outro e o fato de que Taylor foi um técnico e um consultor administrativo, ao passo que Fayol, embora engenheiro, foi antes de mais nada um administrador de cúpula dão origem a algumas diferenças na forma de abordagem do problema.

Taylor preocupa-se principalmente com a racionalização do trabalho ao nível dos operários. Todas as suas experiências, inclusive a mais famosa delas, referente à técnica de transportar barras de ferro, com a qual conseguiu um aumento na capacidade de transporte do operário de 12 para 47 toneladas por dia, relacionam-se com o aumento da produtividade do trabalho de operários, usando ou não máquinas e ferramentas. É ele quem estabelece os princípios da Escola Clássica relativos à racionalização do trabalho manual. Quando fala em organização, preocupa-se apenas com a ordenação do trabalho ao nível dos operários e mestres, propondo o modelo da "organização funcional", que daria origem a uma das únicas divergências substantivas entre ele e Fayol.

Fayol, em contraposição, já se preocupa mais em racionalizar o trabalho do administrador propriamente dito e a estrutura das empresas. Nelas, ele distingue várias atividades, entre as quais a administrativa. As funções do administrador são por ele definidas e amplamente analisadas. É dele a clássica divisão das funções do administrador em planejar (prever), organizar, comandar, coordenar e controlar. Fayol estabeleceu também os "princípios" da administração científica, todos eles derivados de sua experiência como administrador e de uma análise lógico-dedutiva. Seu livro é esquemático, bem-estruturado, como é próprio do estilo francês. Taylor, por sua vez, interessou-se mais por estudar métodos de trabalho e sistemas de racionalização do trabalho do que por estabelecer princípios. Além disso, preferiu sempre a indução, a experiência, ao método dedutivo, a fim de chegar às principais conclusões. A contribuição de Fayol é especialmente significativa na medida em que ele coloca em termos de princípios e recomendações muito claros e simples aquilo que Max Weber depois delinearia como característico da organização burocrática.

De um modo geral, a diferença de método e a diferença de ponto de focalização, um interessado mais pela base, outro mais pela cúpula das empresas, fez com que a obra de ambos se completasse. De forma que foi possível, a partir desses primeiros trabalhos e das obras de outros pioneiros como Henry Gantt, Frank e Lilian Gilbreth e Harrington Emerson, construir uma teoria sólida e bem-estruturada, embora simplista e eivada de um mecanicismo que hoje não pode mais ser aceito; uma teoria que, apesar de suas limitações, revolucionou os métodos de administração dos países industrializados, tanto capitalistas, como comunistas – nestes últimos, através do stakhanovismo, que não passa de uma adaptação soviética do taylorismo; uma teoria racionalista que surgia no ocaso do racionalismo ingênuo dos séculos XVIII e XIX, mas no auge da industrialização americana e européia, quando essas economias realizavam sua Segunda Revolução Industrial, entrando pelo caminho da produção em massa. E seria exatamente à racionalização dos métodos de produção em massa que a Escola Clássica emprestaria sua maior contribuição.

Certos autores não vêem, entre as idéias que a seguir apresentaremos, apenas uma escola, mas uma escola geral, a Escola Clássica, com duas subdivisões: a teoria da administração científica e a teoria da departamentalização. Esta é a posição tomada por March e Simon em seu livro *Organizations*.[3] A origem dessa distinção está naquela diferença de focalização entre Taylor e Fayol, a qual continuou a verificar-se posteriormente nos estudos de

---

[3] James C. March e Herbert A. Simon. *Organizations*. Nova York: John Wiley & Sons, 1958, capítulo 2.

grande número de autores, uns preocupando-se mais com a racionalização do trabalho de operários e funcionários de baixo nível, outros interessando-se mais pelos problemas de organização e, mais especificamente, com as questões de departamentalização e funcionalização das empresas. Não nos parece, todavia, conveniente estabelecer essa distinção, a não ser que tomemos uma série de precauções. O principal objetivo de qualquer classificação é sempre tornar o problema em foco mais claro e compreensível. Ora, essa divisão em duas teorias poderia levar ao resultado justamente oposto. Poderíamos pensar que houvesse discussão entre os dois grupos, que em certos pontos de importância para a Administração houvesse discordância entre os representantes da teoria da administração científica e os da teoria da departamentalização, quando nada disso se verifica. Há apenas uma diferença de ênfase nas matérias estudadas. Continuaremos, portanto, a nos referir a apenas uma escola, a Clássica ou da Administração Científica, cujas posições sofreram crítica por parte da Escola de Relações Humanas.

Entre as afirmações da Escola Clássica em relação ao trabalho e à natureza do homem, a primeira delas, e talvez a mais importante – aquela que serve de fundamento para as demais –, é a de que o homem é um ser eminentemente racional. Mais do que uma afirmação, esse é um postulado da Escola Clássica, que nunca chegou a ser realmente discutido pelos seus representantes. Estes simplesmente o aceitaram como verdade e, a partir daí, construíram todo um edifício teórico. Afirmando a perfeita racionalidade do homem, eles estavam, na realidade, aceitando o modelo de *homo economicus*, fruto do pensamento racionalista. O *homo economicus* é uma abstração. É o homem perfeitamente racional e onisciente, que, ao tomar uma decisão, conhece todas as alternativas que o podem levar a atingir seus objetivos. Conhece todas as conseqüências de cada uma das alternativas, de forma que pode escolher com precisão o melhor dos cursos de ação possíveis, e assim ampliar os resultados de sua decisão. E aumenta os resultados em termos de lucros. A melhor decisão é aquela que traz maiores ganhos ou menores perdas em termos de dinheiro.

Em outras palavras, o *homo economicus* é o homem cujos valores são previamente definidos como econômicos. Sua vida é orientada por objetivos simples. Ele terá êxito na medida em que suas decisões lhe trouxerem maiores lucros pessoais. Por outro lado, ele conhece perfeitamente todos os meios que, em cada situação de fato, o levam a atingir seus objetivos. Ele sabe quais os meios mais eficientes e quais os menos eficientes, e entre eles escolherá certamente o melhor. Dessa forma, seu comportamento será perfeitamente previsível. Saberemos sempre qual será sua decisão em face de um dado estímulo.

O *homo economicus* constitui, portanto, um modelo extremamente simplificado da natureza humana. E é nessa simplicidade que residem, ao mesmo tempo, sua grande vantagem e suas enormes deficiências. A vantagem traduz-se na facilidade com que podemos prever o comportamento humano. Se diante de cada problema o homem reage sempre procurando aumentar seus lucros, ele transforma-se em um autômato, cujo comportamento é condicionado por uma única variável: o lucro. Embora seja criação do individualismo dos séculos XVIII e XIX, o *homo economicus* leva dentro de si essa curiosa contradição. Ele toma decisões livre e soberanamente, mas, na medida em que suas decisões são sempre tomadas seguindo um critério econômico e são sempre ampliadas, elas já estavam, na realidade, determinadas anteriormente.

Isso, é claro, simplifica extraordinariamente o trabalho de construir uma teoria sobre o comportamento humano, como a Teoria da Administração Científica. Facilmente são derivados princípios de como administrar, de como controlar o trabalho dos subordinados da maneira mais eficiente. Se sabemos prever com precisão qual será a reação dos operários a cada estímulo novo, a cada nova decisão da administração, torna-se relativamente fácil estabelecer uma série de recomendações sobre como administrar. Mais do que isso, torna-se possível construir uma teoria simples, clara e bem-estruturada como a Teoria Clássica.

Se essa é a vantagem da adoção do *homo economicus* como base de uma teoria de administração, a desvantagem está no fato de que essa simplicidade é enganadora. O homem, realmente, não é tão simples assim. E, na medida que consideramos apenas a variável econômica na determinação de seu comportamento, nos tornamos, na realidade, incapazes de prever seu comportamento. Prevêmo-lo teoricamente, mas não na prática. Em seus estudos, os economistas clássicos usaram amplamente a figura do *homo economicus*. Este está na base da própria lei da oferta e da procura, que constitui o centro de todo o pensamento econômico capitalista.

Todavia, embora incorrendo em simplificações às vezes excessivas, os economistas foram mais bem-sucedidos do que os representantes da Escola da Administração Científica no uso do modelo do *homo economicus*. E é fácil explicar por quê. O economista trabalha com agregados maiores e todos os seus problemas são, por definição, de natureza econômica. Ele se interessa pela produção, pela distribuição e pelo consumo de bens. Ao trabalhar apenas com problemas econômicos, verifica que os valores de ordem econômica dos indivíduos tendem a se sobrepor aos valores de outra natureza. Além disso, trabalhando com agregados maiores, como a economia de uma região, ou de um país, o economista pode supor que as variações de comportamento dos indivíduos, os desvios em relação aos objetivos econômicos básicos, compensam-se uns aos outros e se perdem dentro de um todo maior, de forma que o *homo economicus* se torna um modelo de natureza humana aceitável em suas linhas gerais e, portanto, um instrumento útil na previsão do comportamento geral dos indivíduos.

O problema do administrador já é completamente diferente. As questões em que ele e seus subordinados se vêem envolvidos muitas vezes não são de natureza puramente econômica, de forma que outros padrões, além dos de natureza econômica, precisam ser considerados. Se, antes de tomar uma decisão, o administrador quer prever as reações que ela provocará em seus subordinados, ele terá que tomar em consideração uma série de outros valores e condicionantes, além dos de natureza meramente econômica. Além disso, o administrador, ao contrário do economista, não trabalha com grandes massas de pessoas, mas com número limitado de indivíduos, que varia, dentro da empresa, do total de pessoas a ele subordinadas até um indivíduo apenas. Dessa forma, antes de tomar uma decisão, ele terá que estudar cada indivíduo, cada grupo de indivíduos, em particular, já que suas reações variarão de forma infinita, dependendo da personalidade de cada indivíduo, dos valores e crenças de cada grupo. Vemos, portanto, que a primeira das afirmações da Escola Clássica, a da racionalidade do homem levando à aceitação do modelo do *homo economicus*, ao mesmo tempo que simplificava a elaboração teórica de seus autores, colocava uma série de limitações à validade científica dessa elaboração.

A segunda idéia central da Escola da Administração Científica refere-se diretamente à racionalização do trabalho e pode ser expressa nos seguintes termos: é função primordial do administrador determinar "a única maneira certa de executar o trabalho". Segundo Taylor e seus seguidores, existe um método ótimo, uma "única maneira certa" para a realização de cada tarefa. Se descoberta e adotada, a eficiência do trabalho será ampliada. Como descobrir essa única maneira certa? Existe um sistema científico de determiná-la. Em primeiro lugar, analisa-se a forma pela qual o trabalho vem sendo executado atualmente. Em segundo lugar, inicia-se um processo científico de estudo dos movimentos necessários a executar o trabalho, de forma a simplificá-los e reduzi-los ao mínimo, tornando, assim, mais rápida a execução da operação. Nesse estudo de movimentos serão aplicados princípios gerais sobre a matéria, já anteriormente definidos, como, "durante a execução de um trabalho, pelo menos uma das mãos e, preferivelmente, as duas deverão estar sendo usadas"; ou "os movimentos dos braços deverão sempre que possível ser simétricos e simultâneos". Além disso, e principalmente, serão realizadas experiências com movimentos diferentes cujo tempo de duração será sempre medido, até que se encontre a maneira mais rápida de executar o trabalho. Terminada a aferição cuidadosa dos tempos necessários para cada movimento, estará descoberta a única maneira certa de realizar o trabalho. Teremos movimentos e tempos-padrões. O trabalho estará plenamente padronizado e todos os operários deverão, a partir desse momento, adotar o método prescrito. Toda iniciativa e liberdade sobre como executar o trabalho ser-lhes-á retirada.

Conforme diz Taylor, a administração científica por ele preconizada vem substituir o antigo sistema de administração "por iniciativa e incentivo". Esse sistema deixava a eficiência do trabalho à mercê da intuição do operário e da forma tradicional de executá-lo que lhe fora ensinada. Redundava em desperdícios de esforços e baixa produtividade, com prejuízo para os proprietários, os empregados e a sociedade em geral. O emprego dos métodos científicos de administração, entretanto, vinha resolver esse problema e abrir novas perspectivas de progresso econômico e paz social. A importância do administrador crescia de forma extraordinária. Antes, ele participava da produção do produto final apenas em uma pequena parcela; agora, quando todo o segredo da administração estava em planejar precisa e exaustivamente a execução de cada operação, de cada movimento, sua participação no produto final seria muitas vezes maior. Os administradores, cujas funções ganhavam novas dimensões e cujo número deveria agora aumentar decisivamente para fazer face às novas necessidades, seriam as cabeças pensantes. Ao operário, ao trabalhador manual, caberia executar estritamente as operações planejadas.

Essa posição da Escola Clássica seria uma das mais violentamente atacadas pela Escola de Relações Humanas. As acusações a Taylor de que ele reduzia o homem a uma máquina, ou, no máximo, a um complemento de uma máquina, partiram daí. O trabalho estaria sendo levado para a total desumanização. O homem era ignorado. A única maneira certa, *the one best way*, de Taylor, seria uma violência à integridade da personalidade humana. Sua adoção, tirando do operário toda iniciativa, toda capacidade de participar criativamente de seu trabalho, reduzia-o a um autômato. E o aumento da produtividade, que afinal era o objetivo principal, muitas vezes deixava de ser atingido. Ignorando os fatores psicológicos e sociais que influenciam o trabalho humano, passando por cima das diferenças individuais, os ensinamentos da Escola Clássica, quando aplicados, tenderiam a baixar o nível de satisfação dos operários e a provocar o aparecimento de atitudes negativas em relação ao trabalho, à empresa e à administração, as quais se traduziriam em diminuição da produtividade. Na realidade, "a única maneira certa" não existiria, seria um absurdo científico, que encontrava sua explicação no erro anterior de admitir a simplificação grosseira da natureza humana do *homo economicus*.

Sem dúvida, essas críticas são sólidas. Diríamos que basicamente estão corretas, embora às vezes exageradas e injustas. É certo que a Escola Clássica radicalizou por demais suas posições, tornando-se merecedora de crítica. A introdução dos estudos de tempo e movimento, por exemplo, e a ênfase dada ao planejamento e à importância dos administradores são conquistas definitivas para o estudo da administração. A Escola Clássica poderia ter parado nesse ponto. Mas preferiu levar o planejamento do trabalho, o estudo dos tempos e movimentos até suas últimas conseqüências, até a admissão da existência de uma única maneira certa de executar um trabalho. E a partir desse momento tornou-se particularmente vulnerável às críticas de seus adversários.

A fim de determinar o padrão de produção, além de fixar a "única maneira certa" de executar um trabalho, é preciso ainda encontrar quem realizará a tarefa. A esse respeito os autores da Escola da Administração Científica possuem idéias bem definidas, como, aliás, é a maioria de suas idéias. Afirmam eles que existem homens especialmente adaptados para cada tipo de trabalho. Em seguida, passam a procurar esse homem. E então Taylor surge com seu "homem de primeira classe", que é um homem totalmente fora do comum, particularmente adaptado para aquele tipo de trabalho. Em sua experiência com o transporte das barras de ferro, por exemplo, Taylor escolheu um homem extraordinariamente forte; e, com base no trabalho desse homem, foram medidos os tempos e movimentos. Os resultados foram padrões extremamente elevados, que terminaram por causar fortes reações por parte dos operários, dos quais se exigiu mais tarde a mesma produção.

De muitas críticas foi alvo a Escola Clássica em virtude da adoção do "homem de primeira classe" como base de seus estudos. A Escola Clássica, aliás, procurou dar um fundamento fisiológico para sua posição. O próprio Taylor interessou-se diretamente por esse problema quando desenvolveu sua famosa "lei da fadiga", com o auxílio de Carl Barth. Essa lei pretendia dar às posições da Escola Clássica uma base fisiológica e científica. Segundo essa lei, existe simplesmente uma relação inversa entre a carga levantada e o tempo em que essa carga é suportada. Quanto maior for a carga levantada e, portanto, quanto maior for o esforço muscular, menor deverá ser o tempo durante o qual o esforço é exercido. Daí se conclui que é necessário, para cada trabalho, determinar a quantidade necessária de intervalos de descanso para que os músculos fatigados possam ser recuperados através da circulação do sangue.

O simplismo dessa lei é evidente. Nela não se levam em consideração diferenças individuais e se reduz a fadiga a um problema exclusivamente fisiológico, quando se sabe que se trata realmente de um fenômeno psicofisiológico. Seguidores de Taylor procuraram tornar essa lei um pouco mais elaborada, levando em consideração, por exemplo, o problema de "generalização da fadiga", ou seja, o fato de que a fadiga de um músculo é função da fadiga dos demais músculos. Em outras palavras, a fadiga de um músculo depende do esforço exercido anteriormente pelos demais músculos. Entretanto, embora eliminando da "lei da fadiga" aquela excessiva simplicidade, essas contribuições não a tornam isenta das críticas mais gerais de que ela é merecedora, isto é, ignorância das diferenças individuais entre as pessoas e negação das origens psicológicas da fadiga.

Segundo a Escola Clássica, a primeira tarefa a realizar, a fim de aplicar em uma empresa métodos científicos de trabalho, é a de estabelecer padrões para cada trabalho. É preciso determinar quanto um homem deve produzir durante um dia, qual é a produção correta para um dia de trabalho. Para conseguir isso, são necessários os três elementos que acabamos de estudar: os estudos de tempos e movimentos, levando à "única maneira certa"; a escolha de um "homem de primeira classe"; e a aplicação da "lei da fadiga". Um homem de primeira classe, executando o trabalho de acordo com a única maneira certa e descansando durante certos períodos, conforme a lei da fadiga recomenda, produzirá no fim do dia a produção-padrão para um dia de trabalho.

Muitos dos críticos de Taylor e de seus seguidores afirmaram que, além de sua crença na existência de uma única maneira correta de executar um trabalho ser uma violência à natureza humana e de sua lei da fadiga não ter bases científicas reais, seu objetivo real não era a aplicação de métodos científicos ao trabalho, mas o simples aumento de velocidade do trabalho. Embora essa crítica possa não se aplicar a muitos estudiosos modernos do assunto cujo pensamento se inclui, em linhas gerais, dentro da Escola da Administração Científica, parece indiscutível que tem algum fundamento em relação aos que iniciaram os estudos nesse campo, a partir de Taylor. Realmente, a escolha de homens excepcionais para definir o que é a produção-padrão levará necessariamente os demais operários a apressar seu trabalho para atingir o padrão. Por outro lado, no estudo dos tempos e movimentos, o estabelecimento da rapidez como único objetivo leva também a um apressamento artificial do trabalho. Os movimentos do corpo humano possuem um ritmo natural. A longo prazo, a observância desse ritmo trará mais resultados do que a tentativa de quebrar o ritmo e exigir o máximo de rapidez para cada movimento.

Além disso, quando falava da "lei da fadiga", Taylor dizia que não queria ver os operários no fim do dia extenuados, mas que estes deveriam, sem dúvida, sentir-se cansados. Quão cansados?

Essa decisão depende de vários fatores, inclusive do equilíbrio de forças entre o administrador e os operários. O certo é que pouco tem de científica. É essencialmente uma decisão arbitrária. Se o equilíbrio de forças entre a administração e os operários estiver claramente a favor da primeira, esta poderá fixar padrões elevados, o que corresponderá a um alto grau de fadiga. Ora, a Escola Clássica foi desenvolvida em uma época em que esse equilíbrio de forças era ainda claramente favorável à administração, embora já estivesse sofrendo seus primeiros abalos. Assim, a administração ainda podia estabelecer os padrões de produção, independentemente dos operários. O poder estava ainda essencialmente nas mãos da administração. O problema era saber como estabelecer esses padrões, e para isso a contribuição da Escola Clássica era inestimável naquele momento: não só sugeria um método de chegar à produção-padrão, como também reclamava para esse método caráter científico.

Com o poder para estabelecer padrões de produção elevados em suas mãos, e com o apoio de uma teoria que se pretendia científica, é claro que a administração procurou não só um aumento de produtividade legítimo, que métodos racionais permitiam, mas um simples apressamento do trabalho, até o limite possível de fadiga. Mais tarde, aquele equilíbrio de forças modificou-se e foi, então, necessário modificar também as teorias.

Depois de dizer quanto um operário deve produzir por dia, a Escola da Administração Científica informa de que maneira a administração levará os empregados a atingir a produção-padrão e mesmo superá-la. Para isso, é preciso colocar em conjugação quatro fatores principais: seleção, treinamento, controle por supervisão e estabelecimento de um sistema de incentivos.

À seleção já nos referimos anteriormente, quando falamos da existência de homens especialmente adaptados para a realização de determinado trabalho. A primeira tarefa da administração será encontrar esses homens. Em segundo lugar, será necessário treinar esses homens. O treinamento é uma decorrência da substituição dos métodos intuitivos e tradicionais de trabalho pelos métodos racionais. Estes haviam sido ampla e pormenorizadamente estudados pela administração. O operário não poderia conhecê-los. Cabia, portanto, à administração ensinar os novos métodos. Essa tarefa, no entanto, não seria muito difícil, porque, durante o processo de racionalização do trabalho, este fora dividido e simplificado ao máximo. Cada pessoa teria apenas que realizar algumas operações simples, não sendo necessário para sua execução um treinamento prolongado.

Os sistemas de seleção e treinamento são estudados amplamente nos livros sobre administração de pessoal. A Escola Clássica deu sua contribuição inicial ao problema, sendo essa contribuição completada pela Escola de Relações Humanas. Há eventuais discrepâncias entre as posições dos dois grupos, mas elas raramente chegam a se tornar agudas. O mesmo não acontece em relação ao sistema de controle e ao de incentivos.

Selecionado e treinado o empregado, é preciso agora motivá-lo positivamente para que atinja os padrões de produção planejados. Isso talvez não fosse tão necessário em épocas anteriores, quando o desequilíbrio de forças entre a administração e os subordinados era muito grande. Bastava então a motivação negativa, a ameaça de diminuir o grau existente de satisfação de necessidades. No caso extremo do escravo, havia a possibilidade de castigos corporais e de prisão. No caso do operário, durante pelo menos as três primeiras quartas partes do século XIX, a ameaça de despedida era talvez motivação negativa suficiente para obrigar o operário europeu e o norte-americano a produzir o exigido. Nos albores do século XX, todavia, os operários já haviam adquirido um mínimo de força. Organizavam-se. Impunham sua vontade através da greve ou da prática da restrição deliberada da produção, da "cera". Esta última, especialmente, preocupou muito Taylor e seus seguidores. Era necessário, portanto, o estabelecimento de um sistema de motivação positiva, de incentivos, não simplesmente de um sistema de ameaças e punições.

Que sistema será esse? A resposta da Escola da Administração Científica é simples e decorre diretamente do *homo economicus*. A solução é o incentivo monetário, é pagar mais a quem produz mais. E começam então a surgir os sistemas de pagamento. Taylor apresenta seu sistema de pagamento por peça. Gantt apresenta a idéia do bônus. E depois disso surge uma infinidade de outros sistemas. Aliás, já se afirmou com propriedade que existe um sistema de incentivos monetários para cada administrador que se tenha preocupado com o assunto.

Tais sistemas teriam um condão: o de levar o empregado a produzir o máximo e, correlatamente, o de convencer o operário que o melhor método para aumentar sua produtividade (e seu salário) era aquele planejado pela administração. Um sistema de incentivos monetários corretamente estabelecido, dizia Taylor, e a adoção dos métodos científicos de trabalho fariam com que o operário ganhasse de 30% a 100% mais do que vinha ganhando com os métodos tradicionais. E não haveria quem fosse capaz, em condições normais, de resistir a essa motivação. O incentivo monetário era panacéia que levaria os empregados a cooperar com a administração, a produzir mais, com benefícios para ambas as partes.

Essa posição foi motivo de críticas acerbas por parte da Escola de Relações Humanas, pois implicava em reduzir o homem à condição de máquina de fazer dinheiro. Havia muitas outras coisas que motivavam o homem, como o prestígio, o poder, a amizade e a aprovação dos membros de seu grupo, o sentimento de auto-realização, a segurança, a possibilidade de participação nas decisões superiores, o amor e o ódio, enfim, toda uma infinidade de fatores que não podiam ser reduzidos ao dinheiro. O homem é um ser complexo, afirmava a Escola de Relações Humanas, e como tal deve ser tratado. E completava, radicalizando sua posição: na verdade, o incentivo monetário é um incentivo secundário em relação aos demais.

Não cabe aqui a discussão ampla desse problema, cuja importância para a teoria da administração é fundamental. É indiscutível, porém, que, debatendo o problema, ambas as Escolas pecaram pelo excesso. Tem razão a Escola de Relações Humanas quando afirma que os incentivos monetários são apenas um tipo de incentivo dentre muitos outros. Não há dúvida a respeito. Se não bastasse o bom senso, temos inúmeras pesquisas realizadas por representantes da Escola de Relações Humanas que provam a tese de sobejo. Mas essa Escola perde-se quando dá caráter secundário ao incentivo monetário. Este não é o único, mas dificilmente se pode negar que é o principal dos incentivos na sociedade em que vivemos. E o motivo mais geral para essa predominância do incentivo monetário em relação aos demais é simples: é em grande parte através do dinheiro que é satisfeita a maioria das outras necessidades sociais do indivíduo, às quais a Escola de Relações Humanas dá a merecida ênfase, como a segurança, o prestígio, o poder. O dinheiro é um incentivo-meio, que permite que o homem moderno consiga obter a maioria dos bens aos quais atribui valor. Se isso não fosse verdade, não se explicaria o largo uso que as empresas fazem de sistemas de incentivos monetários. Aliás, alguns representantes de grande envergadura da Escola de Relações Humanas, como William Foote Whyte, por exemplo, vêm ultimamente reconhecendo a grande importância dos incentivos monetários.[4]

---
[4] William Foote Whyte. "Human relations reconsidered". *Industrial man, op. cit.*, p. 310.

Teoricamente, seleção e treinamento adequados mais o estabelecimento de um sistema de incentivos monetários seriam os elementos essenciais que levariam o empregado a atingir e mesmo superar o padrão de produção. Entretanto, em uma demonstração implícita de que desconfiavam de sua panacéia, isto é, dos incentivos monetários, os representantes da Escola da Administração Científica advogam um processo de controle por supervisão cerrada. Esse tipo de controle opõe-se ao controle por resultado, em que se deixa grande liberdade ao subordinado para executar a tarefa e depois, em face dos resultados, se exerce ou não ação corretiva. No controle por supervisão, o superior acompanha constantemente o trabalho do subordinado. Qualquer desvio do que foi planejado deve ser corrigido pelo superior. É um sistema que completa a adoção da "única maneira certa". Se existe essa maneira, é preciso segui-la religiosamente. Cabe ao mestre, supervisionando de forma direta e cerrada seus subordinados, conseguir que isso se realize. Dessa forma, é mais uma vez retirada toda iniciativa e liberdade do subordinado, que se deve conformar com os planos para ele previamente traçados.

A Escola de Relações Humanas combateria duramente essa posição, advogando maior liberdade e responsabilidade para os subordinados, através de um controle sempre que possível por resultados e da participação dos subordinados nas decisões que afetam seu trabalho. Seleção, treinamento, sistema de incentivos monetários e controle por supervisão são os meios pelos quais os empregados serão levados a atingir os objetivos de produção, dizia a Escola Clássica; retrucava a Escola de Relações Humanas: seleção e treinamento são sem dúvida importantes, e nesses campos temos muito que realizar juntos, mas os incentivos não devem ser necessariamente monetários; quanto ao controle, aquele por resultados, que deixa mais iniciativa ao subordinado e o torna mais cooperativo com a administração, deverá ser preferido ao controle por supervisão.

A Escola da Administração Científica sempre entendeu a palavra *organização* com o sentido de estrutura orgânica, de forma por que se organiza a empresa. Nunca viu na empresa um tipo especial de organização. Jamais procurou estudar as características e a dinâmica das organizações. Sua abordagem foi sempre mais prática e direta. Uma empresa não é uma organização; ela tem uma organização. Essa organização, essa estrutura orgânica, terá defeitos e qualidades, auxiliará ou dificultará o trabalho da empresa, será racional ou irracional. O problema é torná-la racional, estruturá-la de forma sistemática, de acordo com princípios administrativos sólidos, e torná-la, assim, eficiente. Já estudamos rapidamente as principais idéias da Escola

Clássica a respeito da natureza do homem, do método de determinar a produção-padrão, da maneira pela qual se leva o subordinado a atingir os padrões de produção. Vejamos agora algumas das suas afirmações centrais a respeito de como organizar o trabalho em geral, de como estruturar a empresa, já que uma boa organização é condição indispensável para que todo o processo de racionalização do trabalho tenha bons resultados.

Segundo Fayol, organizar é uma das funções do administrador. Fayol tinha uma noção muito ampla dessa função do administrador, na qual incluía a atividade de obter recursos humanos e materiais para a empresa, além da atividade propriamente dita de colocar em ordem esses recursos. Fiquemos com a noção mais restrita do termo. Organizar é simplesmente colocar os recursos humanos da empresa em ordem. Fundamentalmente, é um processo de divisão racional do trabalho, no decorrer do qual são definidas as tarefas, que em seguida são agrupadas.

Esses temas já foram discutidos nos capítulos 3 e 4 deste livro. Enumeraremos agora apenas as quatro idéias centrais que a Escola Clássica apresenta a respeito. São elas as seguintes: 1ª) Quanto mais dividido for o trabalho em uma organização e, portanto, quanto maior uso se fizer da especialização, mais eficiente será a empresa. 2ª) Quanto mais o agrupamento de tarefas em departamentos obedecer ao critério de agrupamento por semelhança de processos de trabalho e menos ao de agrupamento por semelhança de objetivos, mais eficiente será o trabalho. O critério do agrupamento por semelhança de processos de trabalho atende ao princípio da especialização; apenas os trabalhos cujos processos são iguais ou semelhantes serão colocados em um mesmo departamento. Será, por exemplo, criado o centro de digitadores para servir a toda a empresa. Se o critério for a semelhança de objetivos, o princípio da especialização não será obedecido. Em um mesmo departamento poderão trabalhar especialistas os mais diversos, desde que seu objetivo geral seja o mesmo. Nesse caso, por exemplo, cada digitador servirá a um departamento, e não será criado o centro de digitadores. Isso só será aconselhável quando a necessidade de coordenação, que se opõe à de especialização, tiver que prevalecer. Em outras palavras, a coordenação seria o único e grande limite para a especialização e a adoção integral do critério de departamentalização por semelhança de processo de trabalho. 3ª) Um pequeno número de subordinados para cada chefe e um alto grau de centralização das decisões, de forma que o controle possa ser cerrado e completo, tenderá a tornar as organizações mais eficientes. 4ª) O objeto da ação de organizar são mais as tarefas do que os homens. Dessa forma, ao organizar, o administrador não deverá levar em consideração os problemas de ordem

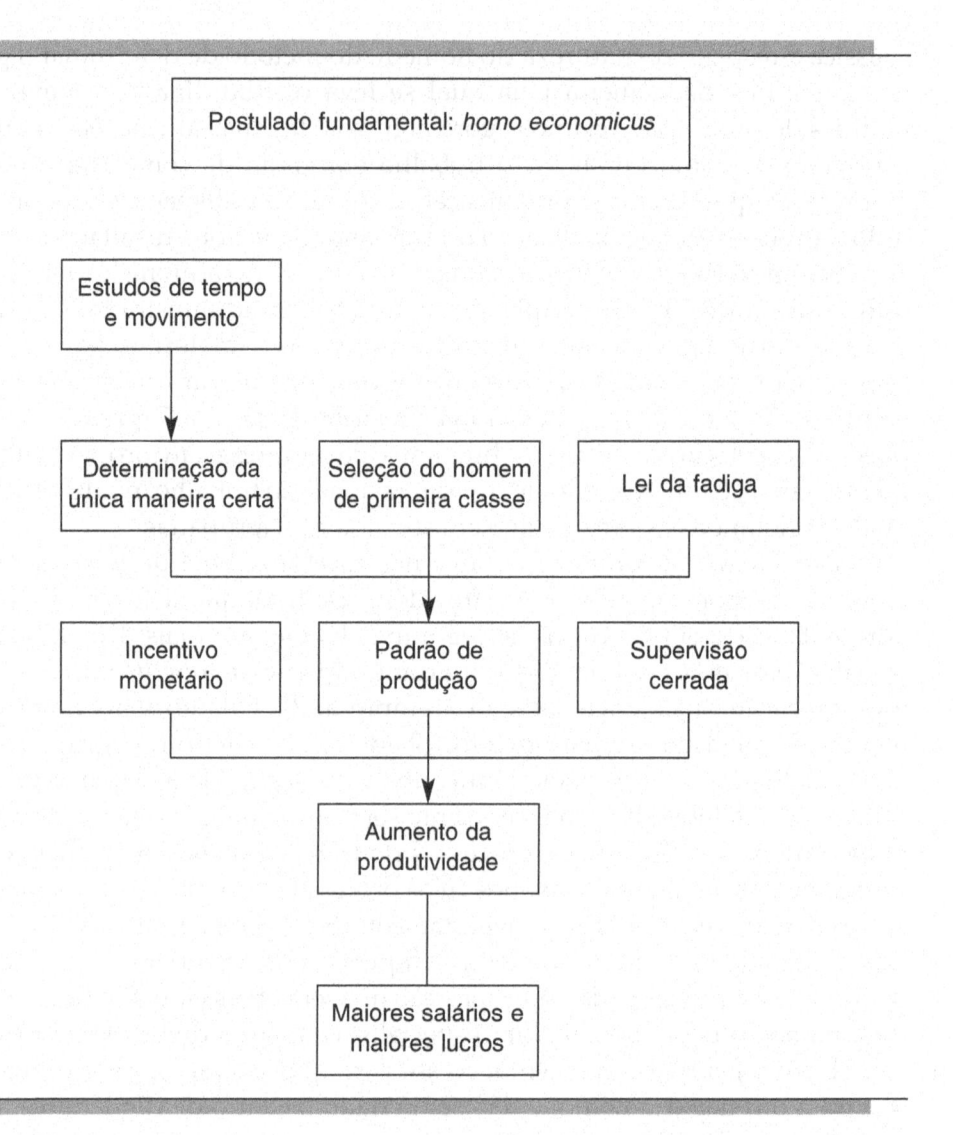

```
                    ┌─────────────────────────────────────────┐
                    │  Postulado fundamental: homo economicus │
                    └─────────────────────────────────────────┘

        ┌──────────────────┐
        │ Estudos de tempo │
        │   e movimento    │
        └──────────────────┘
                 │
                 ▼
   ┌──────────────────┐   ┌──────────────────┐   ┌──────────────┐
   │  Determinação da │   │ Seleção do homem │   │ Lei da fadiga│
   │única maneira certa│  │ de primeira classe│  │              │
   └──────────────────┘   └──────────────────┘   └──────────────┘
            │                      │                     │
            ▼                      ▼                     ▼
   ┌──────────────┐        ┌──────────────┐      ┌──────────────┐
   │  Incentivo   │        │  Padrão de   │      │  Supervisão  │
   │  monetário   │        │   produção   │      │   cerrada    │
   └──────────────┘        └──────────────┘      └──────────────┘
                                   │
                                   ▼
                          ┌──────────────┐
                          │  Aumento da  │
                          │ produtividade│
                          └──────────────┘
                                   │
                                   ▼
                         ┌──────────────────┐
                         │ Maiores salários e│
                         │  maiores lucros  │
                         └──────────────────┘
```

FIGURA 5.1 – *Modelo simplificado do pensamento da Escola da Administração Científica*

pessoal daqueles que vão ocupar as funções. Deverá criar uma organização ideal, de acordo com as tarefas a executar, e, depois, procurar os homens que se adaptem às necessidades da estrutura previamente criada.

Todas essas idéias foram amplamente criticadas pela Escola de Relações Humanas. A especialização, tanto do trabalho de cada indivíduo, como do trabalho de cada departamento, deveria ser limitada, não simplesmente em virtude das dificuldades de coordenação que acarreta, mas também da insatisfação e das deformações psicológicas que provoca nos homens. A descentralização seria superior à centralização, principalmente na medida em que torna os homens mais responsáveis. No ato de organizar, seria um contra-senso, uma alienação da realidade, ignorar o homem com quem se vai trabalhar. O homem ideal não existe. Uma organização deveria procurar adaptar-se às personalidades dos homens de que dispõe e às relações pessoais que esses homens mantêm entre si.

Finalmente, neste resumo crítico das principais teses da Escola Clássica ou da Administração Científica, trazemos à discussão uma última idéia central, que está presente em todo o pensamento dessa Escola. Afirma ela que a Administração é uma ciência, um conjunto de conhecimentos sistemática e racionalmente organizados. Ela é constituída de princípios – os chamados princípios de administração –, os quais teriam origem, de um lado, em experiências científicas relacionadas com o trabalho e sua produtividade e, de outro, no método lógico-dedutivo. Ao administrador caberia aplicar esses princípios, clara e precisamente definidos pela Escola Clássica. Dessa forma, ele estaria dando ao seu trabalho uma dimensão científica e tornando-o muito mais eficiente.

Na verdade, nada impede que a Administração seja uma ciência. Para isso basta que possua objeto próprio – e a Administração o tem – e que possa utilizar métodos científicos no estudo de seus problemas. É certo que, se adotássemos o critério de Comte de classificação das ciências – Matemática, Astronomia, Física, Química, Biologia, Sociologia –, baseado no nível de abstração e no grau de dependência que as ciências apresentam umas em relação às outras, a Administração apareceria entre as últimas, pois depende em alto grau das demais: da Sociologia, da Psicologia, da Economia, das aplicações práticas da Física e da Química etc.

Em maior ou menor grau, todavia, todas as ciências dependem umas das outras, de forma que essa dependência da Administração não constitui obstáculo para que ela seja considerada uma ciência. O problema, realmente, é saber qual o grau de desenvolvimento dessa ciência: se ela já atingiu suficiente grau de maturidade para ser considerada uma Ciência com "cê" maiúsculo, ou se é uma ciência em sua infância, uma ciência cujos princípios que realmente merecem esse nome são poucos, cujos conhecimentos ainda se traduzem muito mais em termos de orientações gerais para o comportamento dos administradores, do que em termos de princípios cientificamente provados.

É claro que a Escola da Administração Científica, como seu próprio nome sugere, adota a primeira alternativa. Desde que foi fundada por Taylor e Fayol, ela já reclamava para si foros de ciência desenvolvida. O racionalismo se traduzia, naquela época, no cientificismo, na crença total nas possibilidades das ciências naturais, sustentada pelas grandes descobertas científicas de então. Os pioneiros da Escola Clássica acreditavam nessas idéias e procuraram aplicá-las no campo da Administração. A hipótese simplificadora do *homo economicus* facilitou extraordinariamente essa tarefa. Desenvolveu-se, então, uma série de princípios, a maioria dos quais de origem dedutiva – não indutiva –, aos quais se pretendeu atribuir força de lei, de verdade indiscutível. Já Fayol falava em 14 princípios de Administração. Exemplo típico de princípio defendido pela Escola Clássica é o da amplitude de controle, que procura definir o número ideal de pessoas que devem estar sob o controle de um administrador.

Entretanto, esses princípios seriam válidos apenas na medida em que a hipótese do *homo economicus* o fosse. Quando a Escola de Relações Humanas realizou a crítica violenta e implacável desse modelo simplista e impreciso da natureza humana, os princípios começaram a ruir por terra, o belo esquema montado pela Escola da Administração Científica passou a parecer menos científico. Não estávamos, realmente, diante de uma ciência, mas de um começo de ciência. Descobria-se ou redescobria-se que o homem é um ser muito complexo e que os problemas administrativos são de tal variedade que nem aquele nem estes poderiam ser reduzidos facilmente a princípios de Administração simples e claros como a Escola Clássica queria. Na verdade, esses princípios são, na maioria das vezes, generalizações apressadas, insustentáveis, em face da multiplicidade das situações particulares. A administração, na medida em que é uma ciência, está ainda em sua infância. Seus princípios são realmente meras orientações para o administrador, que deverá tomar decisões pesando um sem-número de variáveis que cada situação administrativa particular apresenta.

▶ A Escola de Relações Humanas

A Escola de Relações Humanas surge dos estudos e experiências realizados por um grupo de professores da Universidade de Harvard e de funcionários da Western Electric, na fábrica de equipamentos telefônicos da empresa em Hawthorne, perto de Chicago. Esse grupo foi chefiado por Elton Mayo, de Harvard, e contou com a colaboração de grande número de pessoas, entre as quais os professores F. J. Roethlisberger, W. Lloyd Warner e T. N.

Whitehead, e George A. Pennock, encarregado-geral da pesquisa por parte da Western Electric. Os estudos iniciaram-se em 1924, por iniciativa da empresa. Em 1927, o grupo de Harvard passou a participar ativamente da pesquisa, que só foi definitivamente encerrada em 1939. Dentre os principais livros que apresentaram e analisaram a pesquisa, temos *The human problems of an industrial civilization* e *The social problems of an industrial civilization*, de Elton Mayo, e *Management and the worker*, que é o mais completo relato a respeito das pesquisas, de F. J. Roethlisberger e W. J. Dickson.

O estudo começou com a verificação dos efeitos da luz sobre a produtividade dos operários. Naquela época, depois da quase total concentração dos estudos de administração nos problemas de racionalização do trabalho, nas duas primeiras décadas do século, um segundo tema estava chamando a atenção dos estudiosos do assunto: as condições de trabalho. Já se começava a verificar que o método proposto por Taylor não era, por si só, capaz de aumentar a produtividade dos operários na medida desejada. Talvez nas condições físicas de trabalho – intensidade de luz, pintura interna das fábricas e das máquinas, umidade, ventilação, limpeza etc. – estivesse a resposta ao problema, o complemento necessário das teorias da Escola Clássica.

Essa crença levou J. A. C. Brown a declarar, não sem certa maldade, que, quando o conceito de eficiência começou a ser relacionado com a saúde do corpo, a fábrica ideal passou a assemelhar-se a um estábulo-modelo.[5] A Escola da Administração Científica estaria, ao adotar essa posição, deixando de considerar o homem como mera máquina dentro de um sistema mecânico de produção, para considerá-lo um animal nobre, que produziria mais na medida em que se melhorasse o ambiente físico de trabalho... Além da maldade da crítica, ela é algo injusta. Brown estava com isso salientando que até aquele momento o operário não havia ainda sido considerado como homem, como ser social que precisa ser compreendido através dos instrumentos da Psicologia e da Sociologia. E nisso ele estava certo. Mas, para dar mais força a seu ponto de vista, ele descartou muito facilmente a importância das condições físicas de trabalho.

O importante, porém, é observar que os estudos de Hawthorne começaram com o objetivo de determinar os efeitos das condições físicas de trabalho na produtividade. Os métodos de produção e os sistemas de remuneração eram mantidos constantes e, com a introdução de variações nas condições físicas de trabalho para um grupo de operários – o grupo de experiência – enquanto

---

[5] J. A. C. Brown. *The social psychology of industry*. Harmondsworth, Inglaterra: Penguin, 1954, p. 16.

elas eram mantidas constantes para o outro – o grupo de controle –, procurava-se determinar a influência dessas variações na produtividade.

Os resultados das pesquisas, porém, revelaram que as prováveis relações entre condições de trabalho e produtividade eram tão tênues que não podiam ser verificadas. Aumentava-se a luz e a produtividade previsivelmente aumentava, mas diminuía-se a luz ao estado anterior e a produção imprevisivelmente continuava a crescer. Evidentemente, havia outras variáveis que não estavam sendo controladas e que tinham influência direta sobre a produtividade. O grupo de pesquisadores de Hawthorne logo percebeu esse fato e iniciou, então, novas pesquisas com o objetivo geral de determinar que variáveis estavam deixando de ser consideradas e controladas. O relato de todos esses estudos é brilhantemente realizado por Roethlisberger e Dickson em *Management and the worker*. As variáveis que estavam deixando de ser consideradas e que, a partir desse momento, passariam a ser exaustivamente exploradas pela Escola de Relações Humanas eram o que se poderia chamar de variáveis psicológicas e sociais do trabalho, eram os fatores humanos, de ordem individual e social, que, somados ao processo tecnológico, condicionam a produtividade do trabalho.

Não foi, porém, apenas esse fracasso de algumas experiências que tentavam relacionar as condições físicas de trabalho com a produtividade o fator que deu origem à Escola de Relações Humanas. Essa foi apenas a causa mais imediata. Outras causas mais gerais devem ser lembradas, principalmente o desenvolvimento da Sociologia e da Psicologia e as modificações havidas no sistema de equilíbrio entre operários e administração.

A Escola de Relações Humanas foi, em grande parte, o resultado da transplantação e adaptação das ciências sociais, particularmente da Sociologia e da Psicologia, para o campo da Administração. Os pesquisadores de Hawthorne eram todos cientistas sociais, sociólogos e psicólogos, que traziam para a Administração grande bagagem de conhecimentos que precisavam ser filtrados e ajustados aos problemas das organizações. A Escola de Relações Humanas realizou tal tarefa com grande brilho e, depois de uma fase em que a Administração praticamente só absorvia conceitos das demais ciências sociais, pesquisas e estudos realizados para a Administração começaram a constituir-se em importantes subsídios para as demais ciências sociais. Aquela primeira fase, no entanto, em que os conhecimentos sociológicos e psicológicos possibilitaram o aparecimento da Escola de Relações Humanas, só seria possível se esses conhecimentos já tivessem passado por razoável processo de desenvolvimento e divulgação. E foi precisamente isso o que aconteceu. Os estudos de Sociologia e Psicologia científica tiveram realmente início no século XIX, mas foi só na terceira década do século passado que ambas alcançaram suficiente grau de desenvolvimento e principalmente de divulgação para que pudessem transbordar de suas fronteiras e contribuir decisivamente para o desenvolvimento da Administração.

Uma terceira causa do aparecimento da Escola de Relações Humanas reside nas modificações ocorridas no equilíbrio das forças sociais envolvidas no processo de produção. Mary Parker Follet, que, por escrever antes mesmo que os estudos de Hawthorne fossem realizados, merece o título de pioneira da Escola de Relações Humanas, afirmava que existiam três métodos de solução dos conflitos industriais: o método da força, o da barganha e o da integração.[6] Segundo o método da força, a administração atingiria seus objetivos em relação aos operários através da força, da ameaça de redução de satisfação de necessidades; segundo o método da barganha, os conflitos seriam resolvidos por meio de uma troca de concessões, baseada em um compromisso entre os empregados e a administração, em que os objetivos e necessidades de ambos seriam apenas parcialmente satisfeitos; segundo o método da integração – que Mary Parker Follet julgava superior aos demais e que depois os representantes da Escola de Relações Humanas advogariam amplamente –, os conflitos seriam resolvidos através da descoberta de uma terceira solução, diferente da apresentada inicialmente pelos empregados e pela administração, uma solução integradora dos interesses de ambas as partes, que não as levaria a reduzir seu grau de satisfação de necessidades para que o conflito fosse resolvido. Mary Parker Follet dizia que era preciso muita imaginação e um estudo aprofundado do problema para chegar a essa solução integradora, e admitia que nem sempre ela era viável.

A discussão desse problema é fascinante; por isso remetemos os interessados aos originais citados no rodapé. O que foi esquecido pelos autores que trataram do assunto, porém, é que a escolha de um dos três métodos não depende, em última análise, da vontade do administrador. Este usará o método que for mais eficiente, que o levar a resolver o conflito e a fazer com que seus subordinados trabalhem segundo seus desejos, mais rapidamente e pelo menor custo. Ora, este ou aquele método será mais eficiente, dependendo da relação de forças entre os grupos em conflito. Em síntese, se o

---

[6] Mary Parker Follet. *Dynamic administrations*, compilado por Henry C. Metacalf e L. Urwick (Nova York, Harper & Brothers, 1940, p. 31). Irving Knickerbocker sugeriria um quarto método, entre a força e a barganha: o paternalismo. Veja Irving Knickerbocker, "Liderança: uma conceituação e algumas implicações". *Revista de Administração de Empresas*, setembro/dezembro de 1961, nº 2, p. 154.

poder da administração for superior ao dos subordinados, o método da força, "adoçado" eventualmente por algumas "pitadas" de paternalismo, será o mais eficiente do ponto de vista do administrador. O subordinado curvar-se-á à vontade do superior diante da ameaça, já que não lhe restará outra alternativa. Mas, se o poder de ambos os grupos se apresentar em posição de relativo equilíbrio, o método da barganha será normalmente usado.

A Escola da Administração Científica, sem haver discutido nesses termos o assunto, pensava na solução dos conflitos principalmente em nível de força. O método da integração só aparece na colocação da Escola Clássica quando ela diz que, através do aumento da produtividade, aumentarão os lucros e os salários. Mas toda a ênfase é dada à autoridade do administrador para planejar pormenorizadamente e controlar cerradamente o trabalho dos subordinados. O objetivo era evitar a solução dos conflitos com a utilização da barganha, por meio dos acordos com empregados organizados em sindicatos, em que a administração teria de fazer concessões. A solução aventada era o emprego do método da força, somado ao da integração unicamente no que diz respeito ao aumento de salários graças ao aumento da produtividade.

Já na época em que Taylor e seus companheiros escreviam, era muito duvidoso que a relação de forças entre a administração e os subordinados fosse tal que permitisse o uso eficiente da força. Os subordinados já haviam atingido, nos Estados Unidos e na Europa, tal grau de sindicalização, e haviam desenvolvido, através principalmente da educação, tal capacidade de defesa pessoal de seus interesses, que o método da barganha já devia ser o mais indicado. Entretanto, se isso é discutível em relação à época em que surgiu a Escola Clássica, não o é em relação ao momento em que apareceu a Escola de Relações Humanas. Nesse momento, o método da barganha já era uma conquista definitiva dos trabalhadores. Não era convincente, porém, aos administradores, ou pelo menos à maioria deles. E surge, então, a Escola de Relações Humanas, que, através do método da integração e de uma série de outras técnicas correlatas, procuraria resolver os conflitos entre a administração e os empregados. Ela nascia, portanto, no momento em que se tornava necessária. Seu objetivo geral era o de reduzir a extensão dos conflitos sociais dentro das organizações, particularmente dentro das empresas. Seu objetivo mais específico, na medida em que ela surgia do trabalho conjunto de funcionários de uma empresa – Western Electric – e de professores de uma escola de Administração de Empresas – Harvard Graduate School of Business Administration –, era o de reduzir o custo, para as empresas, desses conflitos sociais.

Vejamos, agora, as principais idéias da Escola de Relações Humanas. Tentaremos resumir ao máximo a exposição, pois muitas de suas teses já foram por nós apresentadas quando discutimos a Escola Clássica, e seria desnecessário repetir o argumento. Vejamos, portanto, de forma razoavelmente sistemática, apenas o que há de essencial na Escola de Relações Humanas.

Em primeiro lugar, afirma a Escola de Relações Humanas que a empresa é um sistema social. Ela não é um simples sistema econômico, uma pluralidade de indivíduos racionalmente organizados para a produção, como queria a Escola da Administração Científica, mas um sistema social – um conjunto de indivíduos e de relações de interdependência que esses indivíduos mantêm entre si, em função de normas, valores, crenças e objetivos comuns e de uma estrutura tecnológica subjacente.

Dessa primeira afirmação, a Escola de Relações Humanas deduz algumas conseqüências imediatas: em primeiro lugar, o estudo da Administração não é simplesmente um problema de caráter econômico e técnico, não é um capítulo da Economia e da Engenharia, pois tem um caráter social também; em segundo lugar, os princípios estudados pelas ciências sociais com relação aos sistemas sociais em geral aplicam-se igualmente às empresas e a todas as organizações; em terceiro lugar, o indivíduo isolado deixa de ser a principal unidade de estudos por parte da administração, sendo substituído pelo pequeno grupo social. Isso não significa que o indivíduo seja ignorado. Muito pelo contrário. Apenas se compreende que seu comportamento só tem sentido se analisado dentro das normas e padrões do grupo social a que pertença. Cada organização é constituída de uma série de subgrupos, que, com outros sistemas sociais externos à organização que se está administrando, tais como a família, a Igreja, o grupo étnico, a classe social do indivíduo, vão condicionar e explicar seu comportamento. Torna-se, então, importante para os administradores estudar e conhecer os grupos sociais existentes dentro das organizações que administram, a tal ponto que se poderia afirmar que eles constituem a principal unidade de estudos da Administração.

Em segundo lugar, a Escola de Relações Humanas procura distinguir, dentro do sistema social maior que é a organização e, mais particularmente, a empresa industrial (já que em seus primeiros estudos ela se preocupou exclusivamente com as organizações industriais), alguns subsistemas. Distingue ela, em primeiro lugar, dentro da empresa, a "organização técnica", constituída dos materiais, das máquinas, dos edifícios, dos materiais de escritório organizados para a produção; e, em segundo, a "organização humana", constituída pelos indivíduos. Esses indivíduos, porém, mantêm relações entre si, e dessas relações emergem padrões de comportamento, normas, valores, sentimentos, de forma a constituírem uma "organização social". Nessa organização social podemos distinguir uma "organização formal", constituída das normas e dos regulamentos expressamente definidos pela empresa, e uma "organização informal", constituída das relações realmente existentes entre os indivíduos.[7]

Em terceiro lugar, a Escola de Relações Humanas faz a crítica cerrada e definitiva do *homo economicus*. Em seu lugar, sugere um modelo da natureza humana a que poderíamos chamar de "homem social". Esse homem social é, em primeiro lugar, um ser complexo, cujo comportamento não pode ser reduzido a esquemas simples e mecanicistas. Em segundo lugar, esse homem é ao mesmo tempo condicionado pelos sistemas sociais em que se insere e motivado a agir por necessidades de ordem biológica – a ausência de fome, de sede, de dor, o sono, o sexo etc. –, de ordem psicológica e social – a segurança, o prestígio, o poder, a aprovação, o sentimento de auto-realização etc. Os valores que orientam o comportamento de cada indivíduo são, de um lado, diretamente derivados das necessidades, que constituem a fonte dos valores sociais, e, de outro, transmitidos ao indivíduo pelos sistemas sociais de que participa. Em terceiro lugar, o homem social realmente não existe... Essa expressão "homem social" serve apenas para se opor ao *homo economicus* e para facilitar o raciocínio. Na verdade, o que existem são homens, indivíduos, cada um com sua história pregressa, com sua personalidade, com seus valores e crenças pessoais. Um indivíduo pode ser semelhante aos outros indivíduos do mesmo grupo, mas nunca será igual. Essas semelhanças, adquiridas através do processo de socialização do indivíduo, são de grande importância na compreensão da sua personalidade e de seu comportamento, mas não nos podem levar a esquecer as diferenças individuais que fazem de cada indivíduo um ser único.

Apesar dessa ressalva quanto à individualidade de cada ser humano, é claro que a Escola de Relações Humanas tem no homem social um modelo de natureza humana que lhe permitirá desenvolver suas teorias subseqüentes, um modelo mais completo e realista do que o *homo economicus*, mas sempre um modelo. Em relação a ele existe uma divergência dentro da Escola de Relações Humanas, à qual, pela importância, queremos nos referir, sem todavia nos aprofundamos no problema, que é fascinante. O grupo que iniciou a Escola de Relações Humanas tinha uma atitude para com o homem que poderia ser chamada de otimista ou ingênua. Para eles, o homem seria um ser naturalmente bom. Seu eventual egoísmo, sua preguiça, sua falta de

---

[7] O resumo dessas duas primeiras afirmações da Escola de Relações Humanas, a conceituação da empresa como um sistema social e a constituição básica desse sistema social, está em F. J. Roethlisberger e William J. Dickson. *Management and the worker, op. cit.*, capítulo XXIV.

vontade de cooperar e os próprios conflitos sociais seriam desvios da natureza causados por má comunicação, por uma percepção errônea dos problemas, por uma educação deficiente. Aperfeiçoada essa comunicação e adotadas técnicas eficientes de educação e persuasão, a maioria dos problemas estaria resolvida.

Posteriormente, surgiram outros estudiosos que, incluindo-se na Escola de Relações Humanas, rejeitaram esse otimismo do grupo inicial com relação à natureza humana. Pareceu-lhes, inclusive, que esse otimismo ingênuo seria na realidade uma forma de encobrir, de disfarçar o conflito social. O homem, de fato, não é essencialmente bom ou mau. Ele tem necessidades e objetiva atendê-las. Por outro lado, vive em um mundo em que impera a escassez, em que os meios de satisfazer as necessidades são escassos, insuficientes para atender a todos. No processo de repartição desses meios de satisfação de necessidades, de bens, materiais ou não, o homem procura atender a suas necessidades em detrimento das dos demais. Resulta, portanto, ser egoísta. E o conflito se verifica. Conflito real, que não se pode resolver simplesmente com boas comunicações. Isso não quer dizer que não existam também conflitos fictícios, que possam ser resolvidos usando "técnicas de relações humanas". Mas muitas vezes o conflito é real, o aumento da satisfação de uns representa a diminuição da satisfação de outros, o método da integração não é viável, o emprego de técnicas de persuasão por um dos grupos seria de efeito duvidoso e a curto prazo, e a única solução legítima é a da barganha, do compromisso, do sistema de concessões mútuas.

Como se vê, temos dentro da Escola de Relações Humanas dois conceitos de natureza humana que estão em conflito e que resultam em ilações práticas às vezes radicalmente opostas. Uns acreditam na bondade essencial do homem. Outros preferem ver o homem, nas condições em que ele tem hoje vivido, como um ser fundamental, mas não essencial, e exclusivamente egoísta. A discussão desses problemas cabe à Filosofia e à Teologia. Uma opção a respeito está mais no campo da crença do que no da ciência. "O homem é o lobo do homem", de Hobbes, e o pecado original do cristianismo representam uma tomada de posição a respeito. Mas não encerram a questão.

Voltemos às idéias centrais comuns a todos ou à maioria dos participantes da Escola de Relações Humanas. Vejamos, agora, resumidamente, algumas das principais recomendações práticas dessa Escola. Em primeiro lugar, o administrador deve conhecer o mais profundamente possível a organização que administra. A organização informal, particularmente, deverá ser objeto de seu estudo. Ele deverá conhecer os grupos e subgrupos que a constituem; deverá conhecer sua constituição, seus líderes, os valores, crenças e normas que regem grupos; as necessidades daqueles que participam da organização.

Em segundo lugar, ele deverá obter a cooperação dos subordinados para a consecução dos fins da organização. Isso ele fará através de uma série de métodos. Dará uma atenção especial aos líderes naturais, que procurará identificar com os objetivos da organização. Treinará os mestres em técnicas de liderança, a fim de torná-los verdadeiros líderes e não apenas pessoas investidas de autoridade. Procurará, de todas as formas, atender às necessidades de seus subordinados, dando ênfase à satisfação das necessidades sociais. Nesse sentido: (a) incentivará a participação dos subordinados nas decisões, a fim de torná-los mais senhores de seus destinos, mais seguros, mais responsáveis; (b) simulará o espírito de iniciativa dos subordinados, o desejo espontâneo de cooperação; (c) dará sempre preferência à motivação positiva – prêmios, incentivos – do que à motivação negativa – ameaças, punições; (d) dará maior importância às diferenças salariais relativas entre subordinados de nível aproximadamente igual, diferenças essas que são causadoras de atritos e de baixo moral, do que a sistemas de incentivos monetários; (e) introduzirá modificações tecnológicas e orgânicas, respeitando o mais possível a organização informal, a fim de amenizar o processo de resistência às modificações; (f) organizará um sistema de comunicação aperfeiçoado, não só de cima para baixo, mas também de baixo para cima, a fim de conhecer clara e precisamente o ponto de vista dos subordinados; (g) descentralizará a organização; (h) limitará o processo de divisão do trabalho, a fim de evitar operações excessivamente monótonas, repetitivas, em que o subordinado nada possa criar; (i) introduzirá sistemas de avaliação e promoção que levem em consideração não só o mérito aferido pela administração, mas também a avaliação feita pelos subordinados de si mesmos e de seus companheiros; (j) enfim, o administrador adotará essas e muitas outras medidas, procurando de todas as maneiras incentivar a formação de uma atitude positiva dos subordinados com relação à organização e seus objetivos.

Observe-se que, entre essas medidas, não mencionamos os serviços sociais internos – cooperativas de consumo e de crédito para os funcionários, grêmio, serviços médico e dentário, restaurante, bar etc. Não foi esquecimento. Existe a idéia popular de que essa seria a principal maneira pela qual se aplicam as idéias da Escola de Relações Humanas em uma empresa. Ora, isso é um absurdo. A Escola de Relações Humanas não é contra esses serviços sociais. Muito pelo contrário. Mas esses serviços tanto poderiam ter origem no pensamento dessa escola como em uma atitude paternalista por parte da administração. É excelente que uma organização preste esses serviços a seus funcionários, mas a simples existência deles está longe de significar que seus administradores tenham uma abordagem de Relações Humanas para os problemas administrativos.

Para concluir este rápido estudo das principais teses da Escola de Relações Humanas, vejamos quais são, segundo essa corrente, as funções da empresa. São duas: produzir um produto lucrativamente e atender às necessidades daqueles que dela participam. Atingindo o primeiro objetivo, a empresa estaria resolvendo seus problemas de equilíbrio externo. O objetivo intermediário mais importante nesse campo é o aumento da produtividade, a redução dos esforços em relação aos resultados, dos custos em relação à produção. Atingindo o segundo objetivo, a empresa estaria resolvendo seus problemas de equilíbrio interno. Esse só existiria na medida em que a administração fosse capaz de criar, dentro da organização, condições para que os indivíduos membros satisfizessem suas necessidades. A Escola de Administração Científica limitava-se ao primeiro objetivo. A Escola de Relações Humanas acrescenta este segundo, observando, porém, que ambos não estão em conflito ou totalmente em contradição, como se poderia pensar. Afirma ela que não é possível atingir plenamente o equilíbrio externo sem o equilíbrio interno, e vice-versa. Se a empresa não for capaz de criar um alto nível de satisfação, ou seja, moral elevado, não conseguirá o aumento da produtividade e, portanto, não atingirá o equilíbrio externo.

A afirmação é discutível, como são discutíveis muitas das outras teses da Escola de Relações Humanas. Dezenas de pesquisas já foram realizadas tentando estabelecer uma relação de causa e efeito entre moral elevado e produtividade. Quanto mais alto fosse o primeiro, mais alta seria a segunda. A maioria das pesquisas confirmou a hipótese, mas um bom número delas não encontrou relação entre as duas variáveis. O tema é dos mais interessantes, mas não poderemos discuti-lo aqui. O importante é observar que a Escola de Relações Humanas, adotando esses dois objetivos para a empresa e fazendo-os interdependentes, é perfeitamente coerente com suas demais idéias, as quais poderiam ser resumidas nos seguintes termos: nada é mais importante em uma organização do que o fator humano. É preciso conhecê-lo, definir os grupos sociais em que se reúne, determinar os valores desse grupo e as necessidades de cada indivíduo, para então motivá-los a cooperar, através da satisfação dessas necessidades. Dessa forma, as relações humanas, as relações entre indivíduos e grupos estarão sendo melhoradas, os possíveis conflitos diminuirão em número e intensidade, e aumentarão o nível de satisfação de cada um dos indivíduos e a produtividade da empresa como um todo.

Bibliografia

BARNARD, Chester. *The functions of the executive*. Cambridge, Massachusetts: Harvard University Press, 1958.

BROWN, J. A. C. *The social psychology of industry*. Harmondsworth, Inglaterra: Penguin, 1954.

FAYOL, Henry. *Administração geral e industrial*. São Paulo: Atlas, 1960.

FILIPETTI, George. *Industrial management in transition*. Homewood, Illinois: Richard D. Irwin, 1949.

FOLLET, Mary Parker. *Dynamic administration*, compilado por Henry C. Metacalf e L. Urwick. Nova York: Harper & Brothers, 1940.

HARBISON, Frederick H. e MYERS, Charles A. *Management in the industrial world, and international analysis*. Nova York: McGraw-Hill, 1959.

KNICKERBOCKER, Irving. "Liderança: uma conceituação e algumas implicações". *Revista de Administração de Empresas*, setembro/dezembro de 1961, nº 2.

MARCH, James G. e SIMON, Herbert A. *Organizations*. Nova York: John Wiley & Sons, 1958.

MAYO, Elton. *The social problems of an industrial civilization*. Boston: Harvard University, Graduate School of Business Administration, 1945.

_____. *The human problems of an industrial civilization*. Boston: Harvard University, Graduate School of Business Administration, 1946.

MOTTA, Fernando C. Prestes. *Teoria geral da administração: uma introdução*. São Paulo: Pioneira, 1974.

ROETHLISBERGER, F. J. e DICKSON, William J. *Management and the worker*. Cambridge, Massachusetts: Harvard University Press, 1939.

TAYLOR, F. Winslow. "Shop management". *Scientific management*. Nova York: Harper & Brothers, 1911.

_____. *Princípios de administração científica*. São Paulo: Atlas, 1960.

TRAGTENBERG, Maurício. *Burocracia e ideologia*. São Paulo: Ática, 1974.

WARNER, W. Lloyd e MARTIN, Norman H. *Industrial man*. Nova York: Harper & Brothers, 1959.

WHYTE, Jr., William H. *The organization man*. Nova York: Simon and Schuster, 1956.

WHYTE, William Foote. "Human relations reconsidered". *Industrial man*. Nova York: Harper & Brothers, 1959.

Capítulo 6

Burocracia e Teoria de Sistemas

É tão curioso quanto esclarecedor o fato de que as modernas teorias das organizações norte-americanas e soviéticas tenham tantos pontos em comum. Em ambos os países, encontramos o estudo da administração e do comportamento organizacional fundamentado, principalmente, em duas tendências da ciência e, especialmente, da ciência social moderna: a grande teoria e o empirismo. De um lado, o esforço em abarcar o máximo possível da realidade organizacional, sem perder de vista a realidade social, biológica e física, mas, muito pelo contrário, servindo-se à vontade das duas últimas para explicar as duas primeiras. O grande problema é mostrar como a realidade organizacional diferencia-se da social, como ambas se diferenciam da biológica, e como esta diferencia-se da física. Estando ou não presente a preocupação com tal diferenciação, está sempre presente, porém, a idéia de que uma estrutura teórica é, em si, capaz de ser utilizada para os mais variados campos do conhecimento, e a preocupação básica é o jogo com conceitos extremamente formalizados, integrados e abstratos para uma análise do fenômeno organizacional. A formalização exagerada dá ao cientista social uma espécie de sentimento de segurança, com a certeza de estar realizando um trabalho científico; embora talvez se trate mais de uma *ilusão científica*, o nível de abstração, falsa ou real, é também importante porque permite ao cientista um campo extremamente amplo na operacionalização dos conceitos e, finalmente, a integração conceitual garante uma análise aparentemente lógica, uma vez que, em princípio, torna-se muito fácil relacionar as variáveis em que o cientista se encontra interessado.

De outro lado, a quantidade enorme de estudos empíricos que se vem avolumando com os anos, trazendo muito pouca inovação. Muitas vezes a pesquisa é feita pela própria pesquisa: fascinado com um instrumental *metodológico* para o levantamento e a análise de dados, ocorre freqüentemente que o cientista social experimenta uma deformação profissional. Muitas vezes, pouco importa o que vai ser estudado, mas enorme relevância é atribuída ao método que será utilizado. Existem inúmeras razões para tal fenômeno.

Em primeiro lugar, é extremamente mais fácil dominar uma metodologia e utilizá-la para o estudo de fenômenos que vão do pequeno grupo de trabalho até à marginalidade social, do que tentar, através de um esforço realmente criador, uma análise teórica que dê conta dos elementos responsáveis pela ocorrência de tais fenômenos nas sociedades contemporâneas. Entretanto, isso exige do cientista em geral e do teórico das organizações em particular uma perspectiva histórica que ele geralmente não possui.

Em segundo lugar, existem inúmeras entidades *culturais* ligadas a empresas gigantes que financiam generosamente pesquisas de campo que muito pouco têm a ver com um conjunto lógico de hipóteses que faça sentido por si mesmo. Para as empresas associadas a tais entidades, é muito interessante o financiamento, tanto do ponto de vista fiscal como do ponto de vista de imagem perante a opinião pública e perante uma *intelligentzia* potencialmente crítica e perigosa; no tocante à imagem, o mesmo pode-se aplicar a muitos governos.

Em terceiro lugar, uma das formas pelas quais as universidades conseguem sobreviver e obter a aceitação dos grupos sociais dominantes é através de órgãos consultivos e, às vezes, até mesmo deliberativos, dos quais fazem parte, geralmente, as pessoas mais proeminentes desses meios e, nem sempre, os interesses acadêmicos dos pesquisadores dessas universidades coincidem com os interesses desses líderes do cenário econômico e político da comunidade.

Em quarto lugar, a produção em massa no campo acadêmico tende a refletir a produção em massa de bens no campo econômico. Idéias, mercadorias e serviços são produzidos e consumidos rapidamente na sociedade industrial. Da mesma forma que os presidentes das grandes empresas estão continuamente pressionando os diretores de produção para sua maximização, levando em conta o potencial de mercado, os deões, reitores etc. das universidades pressionam seus pesquisadores no mesmo sentido, levando igualmente em conta o potencial de mercado, e ocorre que a produção em massa, ao menos no campo acadêmico, geralmente se dá em prejuízo da qualidade e de projetos de grande envergadura, e o potencial de mercado é igualmente maior para projetos menos ambiciosos que tratem de aspectos muito restritos da realidade organizacional ou social, porque as conclusões desse tipo de pesquisa podem ser, de um modo geral, utilizadas da forma que aprouver ao *consumidor*.

Em quinto lugar, finalmente, Weber, Durkheim, Mills e tantos outros dedicaram, em rigor, uma vida a um projeto intelectual. Muitos influenciaram poderosamente a compreensão das organizações, embora freqüentemente seu pensamento fosse deturpado mais ou menos conscientemente por seus sucessores na sociologia. Na teoria das organizações e em várias correntes sociológicas, pesquisas realizadas segundo os métodos mais sofisticados, tornados possíveis pela tecnologia moderna e realizados em períodos que vão de um a 12 anos exercem, por meio da comunicação de massa, uma influência hoje tão ou mais poderosa quanto a obra de um Weber ou de um Durkheim. Todavia, as facilidades oferecidas pela tecnologia moderna ainda não incluem a capacidade conceitual e o espírito crítico, nem tampouco a autocrítica.

No que se refere à ciência social americana, devido ao conhecimento que dela temos, é extremamente fácil encontrar ilustrações dessas duas tendências.

Que estudioso da sociologia ou de áreas afins não se espantou com a sofisticação, a prolixidade e o sincronismo de *O sistema social* de Talcott Parsons, que lembra um romance de mil personagens, que nos obriga a voltar constantemente atrás, para saber quem é quem? E, no final, a gente descobre que os personagens não eram tantos, mas que respondiam por vários nomes. Ou, ainda, quem não se deliciou com os conceitos de homeostase dinâmica, morfogênese, eqüifinalidade, isomorfismo, integração e diferenciação, *steady state* e tantos outros mais ou menos curiosos do jargão da teoria geral dos sistemas? Por outro lado, que homem de bom senso não se espantou com o "parto da montanha" de alguns artigos publicados pela *Administrative science quarterly*, pela *American sociological review* e tantas outras muito menos importantes, porque as mencionadas estão certamente entre as melhores revistas de ciências sociais dos Estados Unidos, que, baseadas em pesquisa de campo, utilizando um instrumental técnico e metodológico extremamente complexo, chegam a conclusões óbvias de uma ingenuidade que faria corar qualquer estudante mediano?

No que se refere à sociologia soviética, muito pouco divulgada entre nós, tudo indica que a intransigência intelectual de algumas décadas atrás é já um capítulo interessante da história do autoritarismo intelectual, no tempo e no espaço. Alvin Gouldner, que conhece muito bem o assunto para um sociólogo ocidental, constata entre as várias características dessa sociologia, em nossos dias, o fato de que, a despeito de sua pouca uniformidade, ela está atingindo níveis cada vez mais altos de sofisticação, especialmente no que se refere ao estudo da estratificação e à análise organizacional, especialmente nos centros de pesquisa de Talinn e Novosibirsk, e, de acordo com Gouldner, alguns cientistas sociais soviéticos foram relativamente devagar nesse processo para não provocar uma desagregação dessa sociologia nascente. Por sua vez, é também Gouldner quem constata a importância especial dada por muitos cientistas sociais soviéticos ao que chamam de "pesquisa concreta", que, segundo o autor, significa uma tomada de posição positiva no que diz respeito a um novo programa de trabalho empírico e, igualmente, um julgamento crítico tácito de formas mais antigas de análise teórica.[1]

▶ A moderna teoria das organizações nos Estados Unidos: algumas considerações

Julho de 1972 foi um mês difícil para muitos cientistas e especialmente para grande número de teóricos das organizações que perdiam o seu mestre – o biólogo Ludwig von Bertalanffy, do Centro de Biologia Teórica da Universidade Estadual de Nova York (Buffalo) –, de quem ainda, em março de 1968, o público recebera o livro *Teoria geral dos sistemas*, fruto de seu trabalho junto à Universidade de Alberta, no Canadá, mas que já em 1928, aos 27 anos, começava a delinear os caminhos que percorreriam suas idéias, com a publicação, em Munique, de *Nikolaus von Kues*, e, em Berlim, de *Teoria crítica da monogênese*, curiosamente traduzido para o inglês como *Teorias modernas do desenvolvimento*.

Já nessa época Bertalanffy entendia que, uma vez que o caráter fundamental da coisa viva é sua organização, a investigação costumeira das diversas partes e processos em separado não nos podia fornecer uma explicação completa do fenômeno vida.

Tal investigação não podia nos oferecer informações sobre a coordenação das partes e processos. Assim, a principal tarefa da biologia precisava ser a descoberta das leis dos sistemas biológicos (em todos os níveis de

---

[1] Alvin W. Gouldner. *The coming crisis of western sociology*. Nova York: Basic Books, 1970.

organização). E, para Bertalanffy, as tentativas nesse sentido levariam a uma mudança fundamental na concepção do mundo, na medida em que a biologia teórica encontrasse seus fundamentos. Tal visão, considerada como um método de investigação, poderia, a seu ver, ser chamada biologia *organísmica*, em oposição à biologia molecular, ocupando-se não apenas do nível físico-químico, mas também dos níveis mais elevados da matéria viva[2] e como uma tentativa de explicação de teoria sistêmica do organismo, que se basearia na constatação de que as propriedades e os modos de ação do todo não são explicáveis pela simples somatória das propriedades e modos de ação de seus componentes tomados isoladamente, mas pelo conjunto dos componentes e das reações existentes entre eles.

Cerca de 15 anos mais tarde, Bertalanffy admitia tacitamente a existência de modelos, princípios e leis aplicáveis a sistemas genéricos ou a seus subsistemas, independentemente da espécie, da natureza dos elementos componentes e das relações entre eles; propondo a teoria geral dos sistemas como uma nova disciplina, definida como um campo lógico-matemático, cuja tarefa seria a formulação e o desenvolvimento desses princípios aplicáveis aos sistemas em geral, de modo a permitir formulações exatas de termos tais como todo e soma, diferenciação, mecanização progressiva, centralização, ordem hierárquica, finalidade e eqüifinalidade, que dizem respeito a todas as ciências que tratam de sistemas.[3] O biólogo impressionou-se com as analogias existentes entre sistemas biológicos diversos; o cientista, com as analogias entre sistemas biológicos e não-biológicos.

O assombro do cientista foi reforçado pela receptividade encontrada em outros campos que não o biológico e pela constatação de que muitos outros especialistas estavam trabalhando em uma linha muito semelhante, tendo morrido, certamente, satisfeito ao verificar que apenas não estava sozinho, mas tinha a seu lado nomes reputadíssimos como Norbert Wiener (cibernética) e Kenneth Boulding (ecossistemas), além de elevado número de discípulos em quase todos os campos do conhecimento, resultante do trabalho a que se entregou com todo o empenho à sociedade criada, logo que o movimento começou a adquirir força, e, muito especialmente, do grupo de trabalho de J. G. Miller, psicólogo social que reuniu elementos das mais diversas áreas científicas com a finalidade de pesquisar a aplicação da

---

[2] Ludwig von Bertalanffy. *Teoria geral dos sistemas*. Petrópolis: Vozes, 1973, p. 21.

[3] Ludwig von Bertalanffy. "The history and status of general system's theory". *Academy of Management Journal*, v. 15, nº 4, dezembro de 1972.

teoria geral dos sistemas do nível da simples célula ao nível da sociedade. Finalmente, o ano da morte de Von Bertalanffy coincidiu com o da edição do livro *The system's view of the world*.[4] Para avaliar o *surto sistêmico* na ciência em geral e sobre a teoria tradicional das organizações, reproduziremos a seguir o quadro do politólogo O. R. Young,[5] feita a ressalva de que não estão ali presentes teóricos ditos sistêmicos das organizações, tais como Katz e Rozensweig, Katz e Kahn, Gross, Likert, Trist, Rice etc. Evidentemente, entretanto, isso não prova nada além do fato de que tal "surto" foi muito grande, o que, no caso das ciências sociais, é muito compreensível, visto que tanto as idéias de Von Bertalanffy quanto de alguns de seus colegas podem e foram utilizadas como um reforço positivo para o funcionalismo de Talcott Parsons, que, de resto, utilizou mais conceitos atualmente compreendidos como próprios da abordagem sistêmica do que o próprio Von Bertalanffy.

No que diz respeito, especificamente, à teoria das organizações, têm sido incontáveis os esquemas conceituais baseados na teoria geral dos sistemas. A ordem em que alguns desses esquemas são apresentados parece corresponder, *grosso modo*, a níveis de sofisticação teórica cada vez mais altos.

O primeiro esquema conceitual a ser considerado é o de Tavistock, ou, mais explicitamente, de Trist e Rice, que analisa a organização como um sistema sociotécnico aberto, ou seja, como composta de um subsistema técnico do qual as demandas da tarefa, a implantação física e o equipamento existente são os principais componentes e cuja eficiência é apenas potencial, e de um subsistema social dotado de normas, aspirações e valores que transforma a eficiência potencial em real. Desnecessário insistir em que a organização é vista como um sistema em transação contínua com o seu ambiente.

O segundo é o de Homans, segundo o qual o ambiente em que se insere um grupo social é diferenciado de modo a definir o seu sistema externo, composto das atividades, interações e sentimentos impostos pelo ambiente físico, cultural ou tecnológico. Todavia, essas atividades, interações e sentimentos interdependentes adquirem uma dinâmica própria constituindo um sistema interno.

Ao conjunto de todas essas variáveis Homans chama situação total, que inclui precisamente ambiente físico e social, compreendidos no último os grupos maiores nos quais os participantes dos grupos menores estão filiados,

---

[4] Ervin Laszlo. *The system's view of the world*. Nova York: Braziller, 1972.

[5] R. Young. *A survey of general system's theory*. General Systems, Yearbook of the Society for General Systems Research, v. 9, 1964, Nova York, p. 64.

ou com os quais mantêm contato, os materiais, ferramentas e técnicas utilizadas pelo grupo em sua ação sobre o ambiente: o sistema externo, isto é, as relações entre os membros do grupo para essa ação, o sistema interno, isto é, as relações sociais que se desenvolvem a partir do sistema externo e que a ele reagem, e, finalmente, as normas do grupo. A compreensão adequada dessa situação total é para o referido autor uma precondição para uma liderança eficaz.

O terceiro é o de Michigan: Ann Arbor, e inclui Likert, Kahn, Katz, Wolfe, Quinn, Rosenthal e Snoeck. Tal esquema precisa ser apresentado em forma de etapas. A etapa de Likert compreende a análise da organização em termos de um sistema de interligação de grupos, através de indivíduos em posições-chave que fazem parte, a um só tempo, de dois ou mais grupos e que são chamados elos de ligação. Tais elos de ligação também desempenham a função de relacionamento da organização com as demais (sistemas de mesmo nível), com o sistema industrial ou com a sociedade global (sistemas de larga escala) e com grupos formais ou informais (subestruturas). Também para ele a liderança eficaz deve estar alerta às relações internas e externas. O sucesso da organização é em grande medida condicionado à ampliação do desempenho eficaz dos elos de ligação. A etapa Kahn, Wolfe, Quinn, Snoeck e Rosenthal entende que se deve distinguir claramente grupos psicológicos de elos de ligação e que tal tarefa torna-se mais fácil mediante a substituição da utilização do conceito de grupo pelo conceito de conjunto de papéis. Dessa forma, são pessoas desempenhando determinados papéis interligados que se inter-relacionam. A organização passa a ser pensada em termos de um sistema aberto de conjuntos de papéis que se sobrepõem e que se ligam, ultrapassando alguns as fronteiras organizacionais e relacionando-a com o ambiente. A liderança eficaz aqui é aquela que consegue diminuir as tensões, os conflitos e a ambigüidade das pessoas no desempenho de seus papéis. A terceira é a etapa de Katz e Kahn, mais do que qualquer outra repleta de influências parsonianas. De certa forma, *Psicologia social das organizações* pode ser vista corno uma versão simplificada de *O sistema social*.

A etapa Kahn, Wolfe, Quinn, Snoeck e Rosenthal é absorvida e a organização passa a ser vista como um sistema aberto de papéis, normas e valores que reduzem a variabilidade humana, mas que, ao mesmo tempo, adaptam-se ao ambiente. Como o ambiente está sempre mudando, estabelece-se certa tensão entre a redução da variabilidade humana a padrões estáveis e a adaptação ao ambiente dinâmico, mas isso é muito natural, segundo os autores; não é nada mais do que o *steady state* e a homeostase dinâmica, característica fundamental de qualquer sistema aberto, que, estocando parte

186 ▶ Introdução à Organização Burocrática

dos insumos de energia, os chamados insumos de manutenção, é capaz de sempre se auto-superar e de se adaptar, tendendo ao crescimento e à expansão. A forma um pouco misteriosa pela qual a organização atinge o seu estado constante *steady state*, ou mantém-se nesse estado apesar da homeostase dinâmica, não tem muita importância porque se trata da eqüifinalidade, outra característica fundamental de todos os sistemas abertos, segundo a qual "todos os caminhos levam a Roma". A liderança eficaz aqui é aquela que dá, aos ocupantes de papéis predeterminados por normas justificadas por valores e aspirações mais altas, a possibilidade de legislar, mas que mantém na hierarquia o poder executivo, que pode fazer uso do sistema de recompensas e punições adequadas à manutenção das formas de comportamento exigidas pelos vários papéis a serem desempenhados. Assim, o funcionamento harmônico da organização depende de suas funções administrativas e institucionais que coordenam o funcionamento de vários subsistemas de funções, inclusive a produção ou "processamento de insumos energéticos produtivos", que é vital, adaptando tal funcionamento às demandas ambientais.

Existem outros esquemas conceituais, tais como o de integração-diferenciação (Harvard), que procura dar conselhos aos administradores de organizações complexas (um belo nome pelo qual Etzioni chama as unidades de produção e controle) a partir de uma sofisticação teórica admirável desses professores e consultores de alto nível que são Lawrence e Lorsch; a tentativa séria, mas um tanto frustrante, de Carzo e Yonouzas de quantificar a análise organizacional com base na abordagem sistêmica, e assim por diante. Há sintomas de que o *modelo do sistema aberto* esteja dando lugar a outro que enfatize a ação (Silverman), bem como de que ele tende a ser utilizado com um pouco menos de ortodoxia (J. Thompson), mas realmente a teoria moderna das organizações ocidentais, que nós tomamos a liberdade de chamar de americana, embora alguns de seus autores não sejam americanos, está ainda em termos gerais, decididamente, na fase do sistema aberto.

Todavia, a fase do sistema aberto e, portanto, de grande teoria de forma alguma implica a ausência de trabalhos de campo; aliás, muito pelo contrário, a aplicação do modelo do sistema aberto à teoria das organizações é caracterizada pela utilização em massa de dados obtidos em levantamentos de campo. A idéia parece ser a de que o amplo emprego de dados obtidos através dessa via é suficiente para validar a aplicação da teoria geral dos sistemas à análise organizacional. No livro *Psicologia social das organizações*, de Daniel Katz e Robert L. Kahn, existem cerca de 250 exemplos retirados de conclusões de trabalhos de campo para 514 páginas de texto.⁶ O livro *Organization and environment*, de Paul R. Lawrence e Jay W. Lorsch, não é nada mais nada menos do que uma descrição de sua pesquisa extremamente sofisticada junto às indústrias de plásticos, contêineres e de alimentos empacotados, e das conclusões por eles tiradas a respeito, conclusões aliás da maior sabedoria, que, em última análise, sugerem que organizações ou unidades organizacionais que funcionam em ambientes em mudança devem ter estruturas flexíveis e, ao contrário, organizações ou unidades organizacionais funcionando em ambientes estáveis devem ter estruturas mais rígidas, para sua maior eficiência.⁷ O livro *Organizations in action*, de James Thompson, extremamente utilizado nas universidades americanas, baseado igualmente em um número não desprezível de pesquisas metodologicamente impecáveis, também afirma que o grande problema das organizações é a incerteza, e que diferentes tecnologias e ambientes são fontes poderosas de incerteza e levam ao surgimento de diferenças nas organizações. Por essa razão, é importante estudar o papel e o sentido da racionalidade na administração. O autor adverte, porém, que sem pesquisas mais refinadas nós não estamos em condições de testar hipóteses e elaborar indagações mais sofisticadas.⁸

Entre os pesquisadores de campo mais destacados estão, sem dúvida alguma, Elton Mayo, pioneiro nessa tradição, e outros, mais recentemente, com vários estudos, tais como: Blauner (alienação), Joan Woodward (estrutura e tecnologia), Bernard Barber (liderança), Coch e French (resistência à mudança), Levinson (sanidade mental na indústria), Emery e Trist (sistemas sociotécnicos), Lazarsfeld (estudos sobre influência, tão absorvidos na literatura organizacional), Leavitt (comunicação), Katz (supervisão e moral) e Lawrence e Lorsch (desenvolvimento organizacional).

Em geral, um dos grandes problemas desse tipo de estudo é a escolha de variáveis, ou seja, das variáveis mais adequadas para a análise de determinado fato. Outro problema é a generalização das conclusões tiradas de estudos particulares que, muitas vezes, não é válida. Finalmente, a utilização inadequada de conceitos leva normalmente a conclusões enganadoras. Além disso, os vieses, muitas vezes inevitáveis, de formação, de centrismo

---

⁶ Daniel Katz e Robert L. Kahn. *A psicologia social das organizações*. São Paulo: Atlas, 1970.

⁷ R. Paul Lawrence e Jay W. Lorsch. *Organization and environment*. Homewood, Illinois: Richard D. Irvin, 1969.

⁸ James D. Thompson. *Organizations in action*. Nova York: McGraw-Hill, 1972.

cultural ou de envolvimento profissional, são elementos suficientemente importantes para justificar uma atitude de reserva diante de tais empreendimentos. De forma alguma, porém, tais estudos são desnecessários. Muito pelo contrário, sua relevância científica e pública é indiscutível, e é em função de tal relevância que todo o cuidado é pouco em sua realização ou utilização.

➤ A moderna teoria das organizações na União Soviética: algumas considerações

Em 1908, quando Von Bertalanffy era uma criança, o biólogo russo Alexander Bogdanov rompia política e ideologicamente com Lenin. Curiosamente, Bogdanov não podia aceitar o materialismo dialético como algo universal, aplicável às diversas ciências, mas aceitou criar, ele próprio, uma ciência universal da organização, à qual chamou tectologia, deixando assim muito clara a sua origem biológica.

Esse rompimento com Lenin e com o materialismo dialético, como a grande explicação, custou caro a Bogdanov. As portas da política foram-lhe imediatamente fechadas, como também lhe custou os centros de pesquisas e as organizações de modo geral. A imagem do "cientista louco", do homem excêntrico, garantiu que até os anos 20 seus escritos fossem tolerados, mas sua influência sobre a pesquisa e as atividades organizacionais era condenada e impedida a todo custo.

A obra de Bogdanov foi relativamente grande. O seu livro *Tectologia: a ciência universal da organização* é de 1912. Em 1918, publicou *O socialismo da ciência*, em que sua teoria é apresentada de forma simplificada, e, finalmente, em 1923, publicou com Stepanov o seu *Curso de economia política*. A obra básica, contudo, continuou sendo a primeira. E quem a estudar verificará claramente os seus pontos em comum com a teoria geral dos sistemas de Von Bertalanffy. Com este, Bogdanov preocupou-se em identificar os aspectos estruturais e processuais semelhantes nos sistemas físicos, biológicos e sociais. Como Bertalanffy, Bogdanov insistiu na idéia de que a especialização científica havia levado a uma visão distorcida da realidade, mostrando que os jargões das diversas áreas do conhecimento serviam apenas para obscurecer as semelhanças entre os diversos níveis de organização e para sublinhar as diferenças. Em *Tectologia: a ciência universal da organização* ele conclui que podem existir determinadas formas de organização comuns aos mais diversos elementos do universo. Daí a necessidade de estudar tais formas em estado puro, isto é, dissociadas de tudo aquilo que não é estrutural ou processual, de todo viés das ciências especializadas, e de estudá-las de forma global, como sistemas integrados. Esse era o objeto da sua tectologia.

Para Bogdanov, os sistemas podiam ser maiores, iguais ou menores que a soma de seus componentes, dependendo exclusivamente do nível de organização do sistema, de suas atividades integradoras ou desintegradoras. A homeostase ou equilíbrio dinâmico e a morfogênese eram os estados mais comuns de equilíbrio sistêmico. Muito menos freqüentes eram os sistemas em equilíbrio estável. O nível de organização do sistema, tão importante nesse tipo de visão, era em grande parte função de sua abertura, isto é, de sua capacidade de receber a diversidade de insumos ambientais, ou seja, como os teóricos das organizações do Ocidente, os sistemas de nível mais alto eram os sistemas abertos, e, como no Ocidente, os conceitos básicos utilizados na análise dos sistemas foram equilíbrio dinâmico, morfogênese, entropia, codificação, retroalimentação e codificação, sendo este último tratado em termos de seleção progressiva e negativa.

Para Bogdanov, a tendência natural dos sistemas altamente organizados era a absorção contínua da variedade ambiental (seleção progressiva), mas a possibilidade de essa absorção levar o sistema a um estado de sobrecarga era admitida. Nesses casos, Bogdanov propunha a seleção consciente de insumos ambientais para que o sistema não se destruísse (seleção negativa). Portanto, para Bogdanov a entropia negativa era um processo conscientemente provocado, e não uma característica natural dos sistemas abertos. Os rumos que a obra de Bogdanov tomaria são matéria de especulação. Sua morte em 1928 deixou-a inacabada, mas livrou-o da era stalinista. Após sua morte, o stakhanovismo, versão soviética do taylorismo, dominou a teoria administrativa. O pensamento político, econômico e social foi extremamente monopolizado por Stalin, com quem de nenhuma forma convinha discordar. A teoria das organizações soviéticas passa por uma fase de adormecimento.

É apenas na década de 60 que a teoria das organizações começa a ser novamente objetivo de preocupação dos intelectuais e políticos soviéticos. O marxismo-leninismo é de certa forma deixado "na geladeira". Muito pouca gente ousa repudiá-lo, mas, igualmente, muito pouca gente ousa desenvolvê-lo. Tal posição é, aparentemente, mais cômoda e segura para a intelectualidade soviética preocupada em não parecer revisionista.

A obra de Bogdanov é parcialmente ressuscitada, transformando-se imediatamente no ramo mais conservador da teoria das organizações. Em 1965, Jampol'skaja publica o livro *Desenvolvimento das formas estruturais e organizacionais da organização governamental* e dois artigos importantes sobre metodologia e conceitos da teoria das organizações, bem como Tikhomirov, Bachilo, Remnev, Sergienko e Kakovin, que publicaram *A organização científica do trabalho no aparato administrativo*, em 1969.

É de Jampol'skaja o texto que transcrevemos a seguir:

"A elaboração do método da ciência administrativa está apenas começando. O método permitirá reunir os dados das diferentes ciências afins aos problemas que dizem respeito à administração, descobrir as leis que regem o seu relacionamento, compreender tais leis e utilizar na prática administrativa as conclusões da ciência política e do direito, da psicologia e de outras ciências que ajudam a encontrar as variantes otimizantes da estrutura, dos processos e procedimentos da administração e de verificar na prática o valor dessa ciência, uma vez que, de acordo com o marxismo-leninismo, o critério objetivo de validação do conhecimento científico é a sua ligação com a prática. Tal método terá seu caráter específico derivado da natureza particular da administração enquanto processo de solução de problemas práticos complexos que exigem levar em consideração, a um só tempo, fatores os mais diversos, tais como políticos, econômicos, jurídicos etc.

"As partes componentes deste método devem ser: uma abordagem funcional da administração, a colocação em evidência das funções necessárias ao Estado num determinado período, graças às quais a administração estatal deverá atingir o melhor resultado, a pesquisa da repartição ótima dessas funções entre os órgãos de mesmo nível (como entre os órgãos federais e os órgãos republicanos etc.), um estudo da máquina administrativa do Estado como um sistema, uma abordagem histórica no estudo da administração e a utilização de análises sociológicas concretas para o estudo da administração, particularmente para verificar a eficácia de seu funcionamento.

"Todas essas abordagens, todos esses procedimentos científicos interpenetram-se: a concepção sistêmica supõe o estudo funcional. Essas duas formas de estudo são inseparáveis do estudo histórico, validando-se concretamente, através das análises sociológicas. As abordagens sistêmica e funcional, métodos particulares de pesquisa, são consideradas como elementos, como aspectos, de um método único de dialética materialista, como particularidades concretas cujas aplicações são definidas pela especificidade da matéria estudada. A tarefa dos cientistas marxistas na pesquisa da metodologia das diferentes ciências consiste precisamente, e antes de mais nada, na descoberta da especificidade dos métodos científicos, determinados pelo objeto de estudo, na demonstração da possibilidade, da admissibilidade ou da oportunidade de usar tal procedimento, tal ou qual método.

"A abordagem funcional concentra a atenção na especificidade do conteúdo da atividade da administração.

"Contrariamente ao que foi sustentado por alguns na década de 20, é indispensável compreender que existe uma interdependência entre as formas, a estrutura, os métodos e as funções de todo o sistema de órgãos administrativos.

"A questão da necessidade do estudo funcional da administração está já há muito tempo colocada. Há alguns anos ela colocou-se igualmente na doutrina administrativa soviética, mas tal abordagem ainda é aplicada às pesquisas jurídicas. Ela deveria, entretanto, dar seus melhores resultados nesta nova ciência altamente complexa que é a ciência administrativa.

"A abordagem sistêmica está estreitamente ligada à funcional, diferenciando-se na concentração de sua atenção na estrutura interna do sistema de órgãos pelos quais circula a atividade administrativa...

"É ainda difícil prever no que dará concretamente esse modo de pesquisa, mas pode-se desde já prever... que ele poderá ajudar, pela utilização e aperfeiçoamento dos canais de informação, a transformar nossa administração em um sistema cibernético autônomo, dotado de um mecanismo de *feedback*, e é nessa direção que nós devemos caminhar..."[9]

Todavia, parece que a influência dessas obras não foi, nem de longe, comparável à do sociólogo polonês Starosciak, que em 1965 teve seu livro traduzido para o russo, com uma introdução de Jampol'skaja.

A obra de Starosciak soava menos discordante do marxismo-leninismo, e sua posição, segundo a qual os princípios norteadores da administração capitalista eram inaplicáveis ao mundo comunista, legitimou-a perante o governo e o partido. Entretanto, *Elementos da ciência da administração* é um livro que poderia perfeitamente ser publicado por um intelectual americano. Os temas dos quais se ocupa Starosciak são extremamente semelhantes aos temas predominantes no Ocidente, e, curiosamente, também muitas de suas conclusões. Assim, por exemplo, os aspectos estruturais, comportamentais e processuais do papel do líder são estudados com grande ênfase pelo autor, inclusive as fontes de tensões entre autoridade pessoal e formal, lembrando bastante os estudos dos teóricos americanos. Da mesma forma, as técnicas de pesquisa e os exemplos de suas aplicações são logo de início valorizados, reconciliando de certa forma a grande teoria de origem bogdanoviana com o empirismo que na mesma época aparecia extremamente valorizado, adentrando a União Soviética, através dos poloneses e iugoslavos, com o nome de sociologia ou pesquisa concreta, ao qual nos referimos anteriormente ao citar Alvin Gouldner.

Dessa forma, para um trabalho teórico de fôlego como aquele realizado por Lebedev, que deduziu diversas proposições da teoria da informação

---

[9] Cecile Jampol'skaja. "Quelques aspects de méthode de la science administrative". *L'administration publique*, Pravove denie, Leningrado, nº 3, 1966, transcrito em *Recueil de textes preparé par les instituts belge et français de sciences administratives*. Paris: Armand Colin, 1972.

para aplicação à teoria e ao projeto de sistemas, milhares de trabalhos de campo foram e estão sendo realizados, especialmente no que diz respeito à pesquisa de opinião, o que parece interessar, sobremaneira, aos dirigentes soviéticos. A "questionariomania" invadiu as fábricas e as universidades. As atitudes dos jovens e dos trabalhadores no que diz respeito ao trabalho e à socialização são levantadas de uma forma nunca antes conhecida pelos soviéticos, e tais pesquisas são financiadas pelo partido.[10]

Evidentemente, a teoria das organizações reflete um fenômeno ocorrido com toda a ciência social soviética, estranhamente invadida pela aliança funcionalismo-empirismo, ao mesmo tempo em que o marxismo (ou os marxismos) começou a invadir a intelectualidade americana. E, se nos Estados Unidos não faltaram críticos dessas novas tendências, o mesmo ocorre na União Soviética. Todavia, a teoria das organizações permanece "onde sempre esteve e de lá não arredará um pé". Soviética ou americana, ela é extremamente flexível e ajustada.

> ▶ *Divisão do trabalho e teoria das organizações*

Na segunda metade do século XVIII, surgiu na França um corpo de doutrinas econômicas que recebeu o nome de fisiocracia. Sua contribuição para o pensamento econômico constituiu, ao lado da contribuição inglesa, a base para a construção da teoria econômica clássica, pois foi apenas com os fisiocratas que a economia passou a ser entendida em termos de escolas e de sistemas. O pensamento fisiocrático estava baseado em dois grandes pressupostos, o do produto líquido e o da ordem natural, e, em uma analogia da circulação do sangue no corpo humano, com a circulação e distribuição de riqueza na sociedade. Os diversos grupos sociais eram, portanto, comparados aos órgãos do corpo, e o comportamento econômico, com o comportamento biológico do organismo humano. O grande mestre da fisiocracia foi Quesnay, médico de Luís XV, que descreveu suas idéias no famoso *Tableau economique*. Talvez pela primeira vez a metáfora biológica estivesse sendo empregada, de forma estruturada, em um grande sistema, para explicar a realidade social, e a metáfora foi extremamente útil, porque em perfeita sintonia com o pressuposto da ordem natural, aliás tão a gosto da mentalidade cristã tradicional. Lembremo-nos de que no século anterior o Santo Ofício publicava: "O ponto de vista de que o Sol está imóvel no centro do Universo

---

[10] Robert F. Miller. "The new science of administration in the URSS". *Administrative science quarterly*, setembro 1971, Ithaca.

é insensato, filosoficamente falso e inteiramente herético, pois contraria a Santa Escritura. O ponto de vista de que a Terra não está no centro do Universo e tem mesmo uma rotação quotidiana é filosoficamente falso e, pelo menos, uma crença errônea".[11] Segundo o pressuposto da ordem natural, existia uma ordem providencial, um plano divino com o qual os homens deveriam se conformar se quisessem atingir a maior felicidade possível. Essa ordem natural incluía o respeito à autoridade e não podia ser impunemente contrariada.[12]

Evidentemente, tal ordem natural implicava a produção dos alimentos necessários à sobrevivência humana e o reconhecimento de que os lavradores constituíam o único grupo social produtivo, embora só o pudessem ser em função dos proprietários de terras, responsáveis pela manutenção secular do fator estratégico da produção.

Naturalmente, tudo isso está muito distante, tudo isso mudou, tudo se transformou. Por exemplo, no que se refere à mentalidade cristã, é difícil imaginar que há 300 anos ela fosse tão fechada. Nenhum cristão de bom senso concordaria atualmente com a visão geocêntrica do universo... A idéia parece tão bizarra, o equilíbrio de tal sistema tão estável... Não, realmente as coisas mudaram muito! Aliás, depois que as obras do padre jesuíta Teilhard de Chardin foram publicadas *post-mortem* a mentalidade cristã modificou-se bastante. Teilhard nasceu em 1881 e faleceu em 1954. Foi mesmo uma obra do acaso o seu desencontro com Bogdanov e Von Bertalanffy. O encontro poderia perfeitamente ter ocorrido, pois então, como no século XIX, esses biólogos transformados em filósofos da ciência haviam de encontrar muita coisa em comum com o expoente do novo cristianismo. Evidentemente, para que saibamos o que poderia ser encontrado em comum, é preciso que delineemos a filosofia do ilustre jesuíta.

A visão geral do universo, de Teilhard de Chardin, percorria a criação até o seu estado final: o ponto ômega. Sua proposição foi a de fazer "uma leitura morfológica" dos fenômenos da história natural e humana, descobrindo seu sentido e conteúdo íntimo e buscando seu lugar no dinamismo evolutivo do cosmos. Chardin distingue três grandes épocas da História, às quais chama cosmogênese, biogênese e antropogênese. A primeira é a época que parte da criação e vai até o aparecimento da vida; a segunda encerra-se

---

[11] Roland Mousnier. "Os séculos XVI e XVII". In: Maurice Crouzet. *História geral das civilizações*. São Paulo: Difusão Européia do Livro, 1967, v. 1, t. 4, p. 226.

[12] Eric Roll. *História das doutrinas econômicas*. São Paulo: Nacional, 1962.

com o aparecimento do homem; a última, desembocando no ponto ômega. As duas primeiras, portanto, dizem respeito à história natural e biológica do mundo, englobando o aparecimento de todas as espécies, átomos, moléculas e células. A última corresponde à história do homem, de suas origens até seu grau máximo de aperfeiçoamento.

Para Teilhard, tal evolução dá-se em termos de convergência e ascendência. No que diz respeito à cosmogênese, tal movimento é chamado litosfera. No que diz respeito à biogênese, biosfera, e, finalmente, no que diz respeito à antropogênese, noosfera. Porém, a noosfera ultrapassa a antropogênese ou a expande, levando-a à cristogênese, isto é, à construção da unidade de todas as coisas em Cristo. Tal evolução, por certo, seria regida por leis às quais Teilhard chama de complexidade crescente e consciente, que se aplicam por excelência ao desenvolvimento da cosmogênese e da biogênese até o aparecimento de seres vivos superiores que, devido a seu alto grau de perfeição relativa, requerem a lei da cefalização. Já a antropogênese é inteiramente regida pela lei da socialização. Em uma linguagem atual, essas quatro leis regem a grande morfogênese universal, morfogênese que Teilhard divide em etapas, ou seja, tal morfogênese implica necessariamente a existência de estágios sempre mais altos, ou seja, implica equilíbrio dinâmico, uma espécie de homeostase.

A operação das leis evolutivas de Teilhard, porém, só é possível em função da existência de energia. A idéia de Chardin é que tal energia manifesta-se já no momento em que aparece a matéria, pois esta já é pelo menos uma manifestação de pré-consciência ou pré-vida, e consciência e vida constituem, para Teilhard, a essência da energia. A energia é, pois, o ponto de partida da evolução; sem energia não há processamento, ou melhor, transformação do universo.

No entanto, Teilhard, dotado de formação física sólida, entende que a entropia ocorre em qualquer processo de transformação. Para ele, a entropia é o inverso da energia, é o custo da evolução, a expressão e a prova de sua irreversibilidade.[13] Porém, a vida é, para ele, uma espécie superior de energia. A lei da complexidade consciente garante a continuidade da evolução ou transformação do universo. Em termos da teoria geral dos sistemas, a entropia negativa superaria o processo entrópico. Em termos da tectologia, o processo de seleção consciente seria responsável pela manutenção do sistema.

---

[13] Teilhard de Chardin. *Le phénomène humain, l'avenir de l'homme* e *L'activation de l'energie* Seuil, 1955, 1959 e 1963, Paris; e Detrez, Conrado. "A história e o universo segundo Teilhard de Chardin". *Revista Paz e Terra* nº 2, 1966, Rio de Janeiro.

Da mesma forma que a posição do Santo Ofício tão estática e conservadora parece de uma incrível pobreza diante da filosofia extremamente dinâmica de um cristão moderno como foi Teilhard de Chardin, a concepção fisiocrática da sociedade e do sistema econômico torna-se miserável diante da sofisticação de Bogdanov e de sua teoria universal da organização, ou tectologia, e desprezível diante do aparato teórico de Von Bertalanffy e de seus seguidores ocidentais. Todavia, é bastante curioso encontrar pontos em comum entre a teoria sistêmica e a filosofia de Teilhard de Chardin em nosso século. É igualmente bastante curioso encontrar pontos em comum entre a fisiocracia e a posição da Igreja, nos séculos XVII e XVIII. Porém, mais curioso do que tudo é encontrar pontos em comum entre a fisiocracia e a moderna teoria das organizações.

Realmente, também para a moderna teoria das organizações, estas são sistemas que dependem de energia para sobreviver. Uma das formas de energia que elas absorvem é o capital, outra é a matéria-prima, outra é o conjunto de equipamentos; e, especialmente, os dois primeiros circulam em uma organização entre os seus vários subsistemas, compostos estes de homens que desempenham papéis interdependentes vertical, diagonal e horizontalmente e, por essa razão, o respeito à autoridade é imprescindível aos processos produtivos. Ah, mas os processos produtivos são tão variados atualmente! As combinações de tipos de produto e tecnologia incluem desde produção de automóveis através da linha de montagem até a produção de idéias, através do raciocínio, passando pela produção, ou melhor, formação de profissionais de alto nível, através do magistério e pela produção de móveis com base na criatividade, para não ir muito longe.

Decididamente, o desempenho de papéis interligados precisa ser direcionado, e o é: quando o produto é concreto e a tecnologia é rígida, como no caso da indústria automobilística, o processo produtivo vale-se principalmente das atividades de distribuição do produto dos chamados subsistemas de apoio ou de procura e colocação; quando o produto é uma idéia ou um conjunto de idéias, uma política, por exemplo, a tecnologia é extremamente flexível, o processo produtivo vale-se principalmente da obtenção do consenso, ou seja, dos mecanismos de socialização, de recompensas etc., isto é, dos chamados subsistemas de manutenção; quando o produto é abstrato como a formação de profissionais de alto nível e a tecnologia flexível, o processo produtivo vale-se basicamente dos chamados subsistemas institucionais, isto é, de pessoas cuja influência serve de suporte para o seu funcionamento; e, finalmente, quando o problema são a originalidade e a criatividade, ele utiliza-se da pesquisa e desenvolvimento do produto, da pesquisa de mercado etc., isto é, dos chamados subsistemas de adaptação.[14]

Bem, mas todos esses mecanismos coexistem em qualquer organização, independentemente da natureza do processo produtivo. O que observamos é apenas um direcionamento, uma ênfase em determinados mecanismos ou conjuntos de atividades, em subsistemas líderes, segundo a concepção sistêmica das organizações. Nesse caso, tal direcionamento deve ser extremamente difícil de ser conseguido. É preciso um nível de coordenação e de controle muito alto para que os papéis sejam adequadamente desempenhados. É preciso que tais papéis sejam especificados detalhadamente através de normas, e é preciso que as pessoas aceitem essas normas. Porém, como fazer com que as pessoas as aceitem? Aparentemente, elas aceitá-las-ão se não houver contradição com seus sistemas de valores; mas, e se houver? Nesse caso é preciso doutriná-las, socializá-las através de programas de integração e mesmo, talvez, através de recompensas e punições. Então, os mecanismos de controle, de influenciação, devem ser realmente muito fortes. Deve ser necessário todo um aparato voltado para tal fim, e, provavelmente, é preciso que haja uma estrutura de autoridade dotada de mecanismos de informação eficazes, de um subsistema administrativo.

Mas qual seria o interesse das pessoas que agem nesse subsistema em controlar tanto as demais? Na grande sociedade anônima norte-americana, os proprietários estão ausentes... Na administração pública soviética, não existe propriedade... Bem, é verdade que na grande sociedade anônima norte-americana as pessoas que estão nesse subsistema praticamente fixam seus próprios salários e só estão lá devido à anuência dos proprietários, cujos direitos são garantidos por lei e cujos interesses na produtividade e na lucratividade de suas empresas é evidentemente muito alto. Igualmente, é verdade que as altas posições na administração pública soviética são ocupadas por altas personalidades do partido ou por homens de sua absoluta confiança... Talvez seja por isso que alguns intelectuais considerem a teoria das organizações uma teoria de dominação, seja do poder econômico, seja do poder político, ou de sua possível aliança. Vamos verificar o que afirmam dois desses intelectuais: o casal Fleron, da Universidade Estadual de Nova York, em Buffalo.[15]

---

[14] Thompson e Bates. "Technology, organization and administration". Business and Public Administration School, Cornell University, mimeo., 1969, Ithaca.

[15] Frederick Fleron Jr. e Jean Lou Fleron. "Administrative theory as repressive political theory: the communist experience", ASPA, mimeo., março 1972, Nova York.

Aparentemente, tais autores acreditam que a teoria da administração é inevitavelmente um instrumento de dominação, visto que ela se insere no quadro daquilo que vem sendo ultimamente chamado de conhecimento instrumental, isto é, daquele conhecimento que não tem outro valor intrínseco além do controle. Todos os aspectos da personalidade humana precisam ser compreendidos, para que na prática a produtividade não seja comprometida. Evidentemente, a história do homem tem sido a do controle da natureza, porém, a teoria das organizações procura dar ao homem, com sua aparência de "neutralidade" e de "caráter científico", condições para ir bem mais longe e passar do controle do mundo natural ao controle do mundo social.

Talvez daí a tendência a adotar a metáfora física e biológica, pois, uma vez que o homem já foi razoavelmente bem-sucedido no controle do mundo natural, por que não adaptar os mesmos mecanismos para o controle do mundo social? Naturalmente, porém, o controle é a tentativa bem-sucedida de direcionar o comportamento das pessoas, mas a capacidade potencial de mudar o comportamento das pessoas é o próprio poder. Isso quer dizer que, em última análise, só exercem controle efetivo os grupos sociais que detêm o poder. Mas é muito conveniente que o exercício desse poder não seja personalizado ou identificado como monopólio de uma oligarquia político-econômica. Muito ao contrário, é extremamente conveniente para essa oligarquia que, entre os controladores e os controlados, estabeleça-se uma cortina de fumaça, o "subsistema administrativo ou gerencial" que a serve e que se beneficia dessa servidão.

A abordagem sistêmica, portanto, representaria o refinamento máximo da teoria das organizações em seu aspecto coercivo, na manutenção da divisão de trabalho mais adequada aos interesses da oligarquia político-econômica. Aliás, por si só, a abordagem sistêmica constituiria o refinamento máximo do exercício sutil da dominação, não apenas no nível organizacional, mas no nível da divisão internacional do trabalho. A concepção do mundo como um sistema fechado que está esgotando os seus recursos energéticos e que não é capaz de codificar insumos energéticos de natureza diversa daqueles que vêm processando é, por exemplo, extremamente interessante para os países desenvolvidos e, especialmente, para os Estados Unidos, o mais desenvolvido de todos. Evidentemente, se os recursos estão escasseando é preciso economizá-los, é preciso parar de crescer. É especialmente preciso que todos os países parem de crescer. É preciso que os países em desenvolvimento renunciem aos benefícios que as sociedades desenvolvidas há muito vêm desfrutando, da mesma forma que a China e a França foram pressionadas para que não aumentassem o "poder destrutivo" da humanidade, para que renunciassem às suas explosões atômicas na superfície. Não importa, para o efeito de nossas considerações, que tais explosões sejam ou não realmente nocivas; importa, porém, que, se esses dois países se submetessem às pressões soviéticas e americanas, Estados Unidos e União Soviética deteriam o monopólio dos meios de intimidação que pairaram sobre o Vietnã e talvez ainda pairem sobre o Oriente Médio, e que, ironia da História, pairaram sobre as próprias sociedades americana e soviética, funcionando ali também como instrumentos de controle social.

Bibliografia

BERTALANFFY, Ludwig von. *The history and status of general system's theory.* Academy of Management Journal, v. 15, nº 4, dezembro de 1972.

_____. *Teoria geral dos sistemas.* Petrópolis: Vozes, 1973.

BOULDING, Kenneth. *The organizational revolution.* Chicago: Quadrangle, 1967.

CHARDIN, Teilhard de. *Le phénomene Humain.* L'Avenir de L'Homme e L'Activation de L'Energie. Paris: Seuil, 1955, 1959 e 1963.

DETREZ, Conrado. "A história e o universo segundo Teilhard de Chardin". *Revista paz e terra*, nº 2. Rio de Janeiro, 1966.

EASTON, David. *A system's analysis of political life.* Nova York: John Wiley & Sons, 1967.

FLERON, Jr., Frederick e FLERON, Jean Lou. "Administrative theory as repressive political theory: the communist experience". Nova York: ASPA, 1972.

GOULDNER, Alvin W. *The coming crisis of western sociology.* Nova York: Basic Books, 1970.

JAMPOL'SKAJA, Cecile. "Quelquer aspects de méthode de la science administrative". *L'administration publique*, Pravove denie, nº 3. Leningrado, 1966.

KATZ, Daniel e KAHN, Robert L. *A psicologia social das organizações.* São Paulo: Atlas, 1970.

LASZLO, Ervin. *The system's view of the world.* Nova York: Braziller, 1972.

LAWRENCE, Paul e LORSH, Jay W. *Organization and environment.* Homewood, Illinois: Richard D. Irwin, 1969.

MILLER, Robert F. "The new science of administration in the URSS". *Administrative science quarterly*, Ithaca, setembro de 1971.

MOUSNIER, Roland. "Os séculos XVI e XVII". In: Crouzet, Maurice. *História geral das civilizações*, t. 4, v. 1. São Paulo: Difusão Européia do Livro, 1967.

ROLL, Eric. *História das doutrinas econômicas*. São Paulo: Nacional, 1962.

THOMPSON e BATES. "Technology, organization and administration", mimeo., Ithaca: Business and Public Administration School, Cornell University, 1969.

THOMPSON, James D. *Organizations in action*. Nova York: McGraw-Hill, 1972.

YOUNG, R. *A survey of general system's theory*. General Systems, Yearbook of the Society for General Systems Research. Nova York, 1964.

Capítulo 7

A Crítica Administrativa da Burocracia

A produção intelectual de Max Weber precisa ser compreendida a partir do marco histórico que a determina, ou seja, a Alemanha do século XIX e das primeiras décadas do século XX. A crítica administrativa da burocracia é, portanto, uma leitura específica de Max Weber, que precisa ser entendida a partir de outro marco histórico, a saber, os Estados Unidos, principalmente da década de 40 em diante, e outros países desenvolvidos contemporâneos.

Assim, não se pode perder de vista que o Império Alemão, que desaparece realmente na época da eclosão da Primeira Guerra Mundial, existiu durante um século, nas formas de Confederação Alemã, Autoritarismo Bismarckiano e o reinado de Guilherme II. O período, que vai de 1862 a 1866, é especialmente relevante, já que, nessa época, a hegemonia prussiana sobre a austríaca torna-se um fato histórico e, em grande medida, pelas mãos de Bismarck, a unificação alemã torna-se um problema resolvido.

Não fora resolvida, porém, a tensão com a França, e as pressões exercidas por Napoleão III acabaram constituindo a base política da guerra franco-prussiana de 1870 e 1871. Resumidamente, os resultados dessa guerra foram a formação do Império Alemão, o Segundo Reich com Guilherme I, rei da Prússia, além da perda, por parte da França, da Alsácia, salvo Belfort, da maior parte da Lorena, bem como o pagamento de uma indenização de 5 bilhões de francos.

Se o equilíbrio de poder entre as potências européias garantiu um período relativamente tranqüilo para a Alemanha, tal equilíbrio durou somente até a Primeira Guerra Mundial. O país, no pré-guerra, tem uma ação política considerável, buscando a todo custo a aliança inglesa contra as investidas das potências continentais, além da procura constante de evitar um conflito armado nos Bálcãs, onde fervilhava a rivalidade austro-russa. Talvez, porém, mais do que tudo, a ação política se concentrasse na busca do isolamento da França, entre outras coisas, para que esta não reconquistasse a Alsácia-Lorena.

De modo mais amplo, todo o período, que compreende o século XX e as primeiras décadas do século atual, é de crucial importância política para a Alemanha. Bismarck foi um estadista forte, de ação decisiva. No plano da política externa, articulou todo um conjunto de alianças com a Rússia e a Áustria e, posteriormente, com esta última e a Itália, institucionalizado na Tríplice Aliança, em 1882. A política externa, tanto quanto a interna, de Bismarck foi, inclusive, responsável por sua demissão em 1890, a partir de desacordos manifestos com Guilherme II. O que o primeiro temia acaba por ocorrer: a "Tríplice Entente", entre Grã-Bretanha, Rússia e França. A "Tríplice Entente" surge como uma frente ante a Tríplice Aliança da qual a Alemanha fazia parte. Essa é a situação às vésperas da Primeira Guerra Mundial. A Alemanha é palco de uma situação interna, em que a hegemonia do Estado sobre a sociedade civil é incontestável. A situação econômica é de instabilidade, e a social e política, de crise e fraqueza. A elite burocrática estatal é forte, na medida em que a burguesia e o proletariado não conseguem se impor nem juntos nem isoladamente. O Parlamento não tinha nenhum poder efetivo sobre a burocracia, o que equivale a dizer que esta absolutamente não era controlada de forma adequada, nos padrões de uma democracia liberal.

No plano econômico, a Alemanha não consegue trocar seus produtos em posição competitiva, em face da "Tríplice Entente". No plano social, o clima é de temor. A classe média obtém pouco proveito de uma economia dominada por trustes e cartéis. Os grandes proprietários temem os perigos que vêm do exterior, o proletariado procura se proteger no Partido Social Democrata e nos Sindicatos. Os pequeno-burgueses temem as reivindicações trabalhistas. O Parlamento, sem poder efetivo, está muito longe de poder ser visto como representante real do povo. Tudo isso se refletia, no mínimo, em uma atmosfera cultural. A Alemanha oscilava entre o irracionalismo e o objetivismo científico. O delírio coletivo exacerbado do pangermanismo é dominante no começo do século.[1]

---
[1] Edmond Vermeil. *The German scene:* social, political, cultural – 1890 to the present days. Londres: George G. Harrap, 1956.

Nesse contexto, Weber estuda a burocracia e sua erudição leva à elaboração de uma sociologia, nem positivista nem marxista, em que a teorização sobre a dominação constitui um elemento central. A obra monumental de Weber não recusa as determinações históricas. Ao contrário, as instituições administrativas são estudadas em épocas muito diversas e o estudo da racionalidade burocrática, que lhe é contemporânea, é paralelo ao estudo da racionalidade capitalista. Na Alemanha que Weber produz teoricamente, ele é um profeta desarmado. Percebe o poder da burocracia e percebe o seu perigo. No plano político, propugna seu controle pelo Parlamento.

Todavia, a teorização de Weber foi terrivelmente empobrecida pela reinterpretação cultural feita pela teoria administrativa. Todo o esforço foi feito no sentido de concentrar a atenção no "tipo ideal" de organização burocrática, de perceber se as organizações reais se adaptavam a ele ou não. Com isso, perde-se de vista a problemática central, a saber, a dominação burocrática. Assim, a crítica administrativa, ao afirmar as fontes de ineficiência da organização burocrática, ou ao afirmar que estamos passando para uma fase de organizações pós-burocráticas, na verdade, legitima ideologicamente a burocracia, enquanto poder e dominação que é. Por essa razão, é preciso não perder de vista o que é mais rico na sociologia política de Weber: a teoria da dominação.

Max Weber preocupa-se com a forma pela qual uma comunidade social, aparentemente amorfa, chega a se transformar em uma sociedade dotada de racionalidade. Tal passagem dar-se-ia através do que chama de ação comunitária, cujo aspecto fundamental é a dominação. Esta pode manifestar-se como dominação, mediante uma constelação de interesses, ou como dominação em função do poder de mando e subordinação. De qualquer forma, porém, uma pode facilmente se transformar na outra.

A dominação deve ser entendida como um estado de coisas no qual as ações dos dominados aparecem como se estes houvessem adotado, como seu, o conteúdo da vontade manifesta do dominante. Assim, embora a dominação seja uma forma de poder, ela não é idêntica ao poder. Poder é a possibilidade que alguém ou algum grupo tem de realizar sua vontade, inclusive quando esta vai contra a dos demais agentes da ação comunitária.

A manifestação de qualquer dominação dá-se na forma de governo.[2] Isso ocorre porque as tarefas a serem realizadas exigem um aumento crescente de treinamento e experiência. Assim, a necessidade técnica favorece a continuidade dos funcionários, levando ao que Weber chama de dominação

---

[2] Max Weber. *Economía y sociedad*, vol. II, *op. cit.*, p. 701.

mediante organização. A dominação organizada confere uma vantagem aos funcionários ante a massa dominada.[3] Tal vantagem decorre de seu número relativamente pequeno, que possibilita o acordo rápido no sentido da conservação de suas posições na criação e direção de uma ação racional. Embora tal vantagem vá se tornando menos provável na medida em que aumenta o número de funcionários, as disposições que regem a socialização garantem constantemente, aos chefes, ter à sua disposição um círculo de pessoas interessadas em participar no mando e em suas vantagens.

O círculo de funcionários potenciais, próximos aos chefes, permite o exercício do poder de coação e a manutenção da dominação, configurando o que Weber chama de estrutura de uma forma de dominação: o relacionamento entre o chefe e seu aparato administrativo e entre ambos e os dominados. Essa estrutura aparecerá nas diversas formas que pode assumir a dominação, fundamentalmente tradicional, racional-legal e carismática. Tais tipos constituem uma resposta à questão da legitimidade da dominação, isto é, dos princípios em que se apóia a exigência de obediência dos funcionários ao senhor e dos dominados diante de ambos.

Como sabemos, a dominação legal fundamenta-se no primado da regra racional estabelecida, manifestando-se em sua forma mais pura na burocracia, tipo específico de sua estrutura. É sempre bom lembrar que Weber tratou a burocracia como "tipo ideal", ou seja, como uma construção conceitual a partir de certos elementos empíricos que se agrupam, logicamente, em uma forma precisa e consistente, mas que, em sua pureza, nunca se encontram na realidade.[4] De qualquer modo, porém, o formalismo, a impessoalidade e o profissionalismo burocrático traduzem-se em uma administração heterônoma, em que a autoridade flui de cima para baixo, assumindo a forma piramidal, evidenciando seu caráter monocrático, isto é, a obediência ao princípio da unidade de comando.

A heteronímia burocrática significa a ausência de qualquer autonomia individual ou social, no que diz respeito à participação no processo administrativo. A ação individual está claramente limitada pelas posições na pirâmide organizacional. Que não restem dúvidas, para Weber, "a burocracia é um tipo de poder. Burocracia é igual à organização. É um sistema racional em que a divisão de trabalho se dá racionalmente com vista a fins. A ação racional burocrática é a coerência da relação de meios e fins visados".[5]

---

[3] Idem, p. 704.

[4] Max Weber. *On the methodology of the social sciences*, Glencoe, Illinois, 1949, p. 90-93.

[5] Maurício Tragtenberg, *op. cit.*, p. 139.

Toda a teorização weberiana está inserida em uma filosofia da História, que revela certo grau de pessimismo, que outros grandes pensadores sociais não compartilham. Essa filosofia, traduzida em termos simples, implica a tensão entre o carisma, representando as forças criativas e espontâneas da sociedade, e a rotina. "No processo histórico, o líder carismático constitui uma força revolucionária. Nos momentos críticos, quando as instituições sociais tornam-se rígidas demais e inadequadas para enfrentar situações difíceis e novas, o carisma, uma força destruidora, derruba a ordem estabelecida e abre novos caminhos de vida. Mas a vitória do carisma sobre a rotina nunca é definitiva. Ao contrário, o carisma termina sendo rotinizado, estabelecendo novamente a ordem de coisas".[6]

Para Weber, a burocratização do mundo moderno constituía a maior ameaça à liberdade individual e às instituições democráticas das sociedades ocidentais.

Para Weber, a burocracia era, portanto, um perigo e, por essa razão, devia estar sempre controlada pelo Parlamento.[7] Entretanto, mesmo assim, ele via o político adotando cada vez mais a ética do burocrata, com a burocratização dos partidos políticos. O pessimismo weberiano, longe de ser, para nós, um motivo de desilusão, deve ser um alerta. Mais do que isto, deve-se perceber nele o seu desagrado com a burocracia. Referindo-se a um debate do qual Weber tomou parte, Warren Bennis faz uma tradução, aparentemente um pouco livre, das palavras de Weber, mas que, de qualquer forma, dá uma idéia bastante forte de suas preocupações nesse sentido: "É horrível pensar que o mundo possa vir a ser um dia dominado por nada mais que homenzinhos colados a pequenos cargos, lutando com outros maiores; situação que será vista dominando parte sempre crescente do espírito do nosso sistema administrativo atual e, especialmente, de seu produto: os estudantes... A paixão pela burocracia é suficiente para levar alguém ao desespero".[8]

Isto posto, podemos entender melhor a crítica administrativa da burocracia. Sem dúvida, o estudo mais conhecido, nessa linha, é o modelo de Merton, e por essa razão iniciaremos por ele, para, a seguir, nos referirmos a outros autores.

---

[6] Nicos P. Mouzelis. *Organization and bureaucracy*, Tese de Doutoramento, London School of Economics, publicado na forma de livro pela Aldine-Atherton, Nova York–Chicago, 1972, p. 20.

[7] Max Weber. "Parlamentarismo e governo numa Alemanha reconstruída", em *Os pensadores*. São Paulo: Abril, 1974.

[8] Idem. In: Warren G. Bennis (organizador). *Organizações em mudança*. São Paulo: Atlas, 1976, p. 18.

➤ O modelo de Merton

Para Robert King Merton, a burocracia apresenta tanto funções quanto disfunções, e isso nos auxilia a perceber as diferenças entre o "tipo ideal" e a realidade. Para ele, a burocracia pode ser estudada em termos de seu direcionamento para a precisão, a confiança e a eficiência, e das suas limitações para alcançar esses fins. A análise de Merton parte da exigência de controle, por parte da burocracia, para seu funcionamento satisfatório.

Assim, ela exerce pressão sobre o funcionário em termos de comportamento "metódico, prudente e disciplinado". Tal pressão decorre da necessidade de um alto grau de confiança na conduta dos funcionários.[9] Destaca-se, portanto, a relevância da disciplina. Esta só se realiza se os padrões estabelecidos forem sustentados por sentimentos que garantam a dedicação dos funcionários aos deveres burocráticos. Em última instância, portanto, a eficácia da burocracia depende do incentivo de atitudes e sentimentos apropriados a seu funcionamento.[10]

Ocorre, porém, que tais sentimentos inculcados tendem a se tornar mais intensos do que o necessário, diminuindo o número de relações personalizadas, substituídas pelo apego excessivo às exigências dos procedimentos burocráticos, estimulado pelo próprio planejamento da vida do burocrata, isto é, de uma carreira graduada, caracterizada por promoções, pensões, reajustes salariais etc. Ao funcionário cabe, portanto, a adaptação de pensamentos, sentimentos e ações, com vistas às perspectivas oferecidas pela carreira. Isso tende a estimular o seu conformismo, conservadorismo e tecnicismo.[11]

Além disso, tal idéia, estimulada pelo formalismo dos pequenos procedimentos, leva à transferência da identificação do burocrata com os fins da organização para a identificação com os meios representados pela conduta exigida pelas normas. A submissão à norma, que passa de meio a fim em si mesma, gera, no plano da organização, um deslocamento de objetivos. Em termos das "virtudes" do burocrata, levam à rigidez de comportamento e à dificuldade no trato com o público a que a burocracia deve atender.[12]

---

[9] Robert K. Merton. *Sociologia, teoria e estrutura*. São Paulo: Mestre Jou, 1970, p. 275.

[10] Idem. "Estrutura burocrática e personalidade". In: Edmundo Campos (organizador). *Sociologia da burocracia*. Rio de Janeiro: Zahar, 1966, p. 101.

[11] Idem, p. 104.

[12] Idem, p. 102.

Tal dificuldade é estimulada pela categorização, isto é, pela tendência ao enquadramento da grande variedade de casos particulares a algumas poucas categorias de tratamento. O burocrata, longe de ser estimulado ao comportamento inovador, é estimulado à segurança e ao conforto oferecidos pela obediência cega aos regulamentos. Previsibilidade e rigidez de comportamento caminham, portanto, paralelos. Ao mesmo tempo, paralela à redução das relações personalizadas, dá-se o desenvolvimento do "esprit de corps", a autodefesa do grupo burocrático ante a sociedade e seus públicos. O desenvolvimento dessa autodefesa burocrática, por sua vez, tende a aumentar a rigidez dos funcionários, cônscios de seus interesses comuns e em busca de sua defesa.

Na linha de Merton, as principais conseqüências da rigidez de comportamento são o surgimento de uma organização informal defensiva, diante de qualquer ameaça à integridade do grupo, o qual busca atender a seus objetivos, muito mais do que aos dos clientes, para o serviço dos quais a burocracia existe; o que geralmente implica conservadorismo, bem como redução, ao mínimo, de contatos pessoais com clientes, seguida do tratamento impessoal de assuntos que, para estes, têm importância pessoal, além do aparecimento do conflito entre o burocrata, que se sente investido da autoridade de toda a organização, e o cliente que, sentindo-se muitas vezes socialmente superior ao burocrata, pode também adotar uma atitude dominante.[13]

Embora de forma alguma se possa imputar falta de percepção da realidade à análise de Merton, sem dúvida nenhuma ela padece das deficiências fundamentais da crítica administrativa. Como bem observa Lapassade, se o desempenho real das organizações, que se regem segundo a rigidez burocrática, não lhes traz os resultados desejados, por que a administração não se modifica? E se ela não se modifica, por que não se deteriora?[14] A resposta a esse tipo de pergunta vincula-se, necessariamente, à percepção da burocracia enquanto poder e dominação. Isso explica, em parte, por que a "burocracia" ama os burocratas e os burocratas amam a "burocracia"...[15]

A percepção de todo o modelo desenvolvido por Merton fica extremamente facilitada pela análise do gráfico a seguir:

---

[13] Idem, p. 108.

[14] Georges Lapassade. *Grupos, organizações e instituições*. Rio de Janeiro: Francisco Alves, 1977, p. 145.

[15] Claude Lefort. *¿Qué es la burocracía?* Paris: Ruedo Ibérico, 1970, p. 246.

Modelo simplificado de Merton[16]

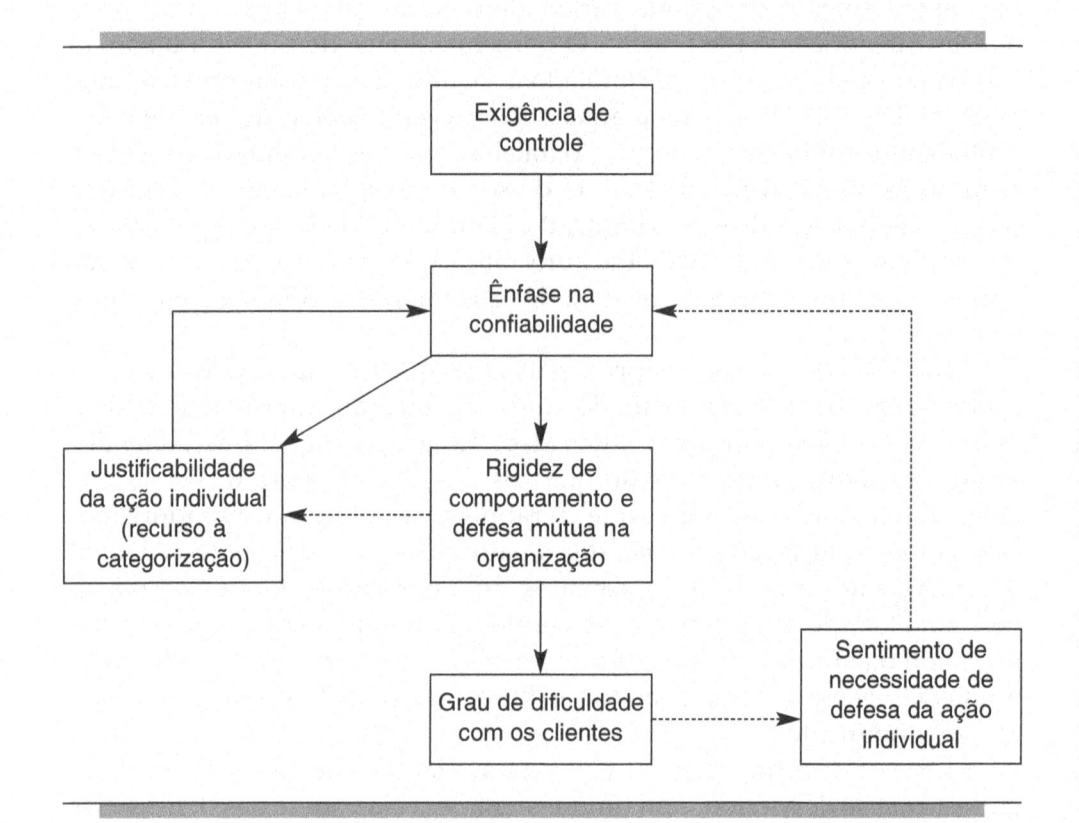

```
                    ┌──────────────┐
                    │ Exigência de │
                    │   controle   │
                    └──────┬───────┘
                           │
                           ▼
        ┌──────────────────────────────────┐
    ┌──►│      Ênfase na confiabilidade    │◄┄┄┄┄┄┄┄┄┄┄┐
    │   └──────────────┬───────────────────┘           ┊
    │                  │                               ┊
    │                  ▼                               ┊
┌───┴──────────┐   ┌──────────────────┐                ┊
│Justificabili-│   │   Rigidez de     │                ┊
│dade da ação  │◄┄┄│ comportamento e  │                ┊
│  individual  │   │ defesa mútua na  │                ┊
│ (recurso à   │   │   organização    │                ┊
│categorização)│   └────────┬─────────┘                ┊
└──────────────┘            │                          ┊
                            ▼                   ┌──────┴───────┐
                 ┌──────────────────┐           │ Sentimento de│
                 │ Grau de dificul- │┄┄┄┄┄┄┄┄┄┄►│ necessidade de│
                 │  dade com os     │           │ defesa da ação│
                 │     clientes     │           │   individual  │
                 └──────────────────┘           └───────────────┘
```

> ## O modelo de Selznick

Selznick desenvolveu o seu modelo mostrando, como Merton, algumas formas pelas quais a burocracia acaba alcançando resultados não desejados. Sua análise deriva do estudo da TVA, uma agência regional norte-americana, algo semelhante à Sudene, cujos resultados foram publicados em 1949.[17] Em trabalhos posteriores, o seu modelo é um marco de referência subjacente.[18]

---

[16] James G. March e Herbert A. Simon. *Teoria das organizações*. Rio de Janeiro: Fundação Getúlio Vargas, 1966, p. 53.

[17] Philip Selznick. *TVA and the grass roots*. Berkeley, 1949.

[18] Idem. *Leadership in administration*. Evaston, Illinois, 1957.

Diferentemente, porém, de Merton, que salientou o papel das decisões derivadas da exigência de controle, Selznick salienta o papel da delegação de autoridade.

Seu pressuposto é o de que as burocracias se caracterizam pela busca constante de integração de objetivos de subgrupos à doutrina oficial da organização. É, portanto, o reino do conflito, o reino da tentativa de legitimação de interesses parciais e freqüentemente divergentes. Partindo do princípio da especialização, a hierarquia delega autoridade, estabelecendo departamentos diversos para assuntos diversos. Com isso, é verdade, os funcionários ganham experiência em domínios restritos, reduzem os problemas nos quais concentram sua atenção e, naturalmente, aperfeiçoam a forma de tratá-los. Assim, a prática da delegação de autoridade, que não deve ser vista como delegação de controle, propriamente dito, mas como delegação de funções, é amplamente estimulada. Selznick observa, porém, que alguns problemas decorrem dessa prática.

Em primeiro lugar, deve-se lembrar que não só o teor das decisões organizacionais tende a se modificar, como também a produção de ideologias de subgrupos tende a se desenvolver. Assim, com a pressão de seus ruralistas, a TVA alterou, gradualmente, um aspecto significativo de seu caráter à maneira de uma agência conservadora, contradizendo seus objetivos estabelecidos. Com efeito, refletindo atitudes e interesses próprios, o grupo rural da TVA lutou contra a política de utilização de terras de propriedade pública, contribuindo efetivamente para a alteração da política original da TVA a esse respeito. Aliás, a busca inflexível de interesses próprios, por parte do grupo rural da agência, acabou por envolvê-la em um conflito com o Departamento do Interior, no nível da alta administração central federal.[19]

Em termos simples, a análise de Selznick indica-nos que a delegação de autoridade, bifurcando interesses mediante a especialização e propiciando o desenvolvimento de ideologias grupais ou subgrupais, acaba por aumentar, no interior dos próprios membros dos subgrupos, a internalização de subobjetivos, processo em que desempenham um papel básico as decisões de rotina.

Como elas dependem, em primeira instância, dos critérios estabelecidos pela organização, a própria operação das tarefas especializadas será responsável pela criação de precedentes que acabarão por se constituir na

---

[19] Philip Selznick. "Cooptação: um mecanismo para a estabilidade organizacional". In: *Sociologia da burocracia, op. cit.*, p. 99.

reação comum a determinadas situações, transformando-se, portanto, em padrões repetitivos de conduta, internalizando cada vez mais os objetivos dos subgrupos e não os da alta cúpula hierárquica ou da burocracia, como prefere Selznick. A busca de objetivos desejados pode, portanto, facilmente se transformar na realização de objetivos inesperados e indesejados pela burocracia, entendida em termos das diretrizes estabelecidas pelo comando monocrático.

Embora a análise de Selznick seja interessante e realista, escapa-lhe também a verdadeira percepção da burocracia enquanto poder e de sua decorrência: a lógica do comportamento burocrático. Com efeito, o padrão, que a análise de Selznick torna transparente, oculta o fato de que a burocracia existe pelos burocratas e para os burocratas. Assim, a multiplicação de tarefas especializadas, cargos e departamentos é a própria *raison d'être* dos burocratas. Em última instância, quanto mais cargos, melhores são as condições de aumento do poder burocrático, o que, em nível de sociedade global, implica quanto mais organizações burocráticas, mais satisfeitos os burocratas. Isso é evidente e relaciona-se com a própria carreira burocrática, com sua mobilidade vertical e horizontal.

Na verdade, já em Selznick, tanto quanto em Merton, vamos encontrar a contradição fundamental que permeia a teoria das organizações funcionalista-sistêmica: a mediação entre teoria e realidade feita por modelos, que, quanto mais claros, menor valor explicativo apresentam, e, quanto mais ricos, mais perdem esse valor. Isso ocorre porque o modelo é seletivo, parte de hipóteses preferenciais, sem estar inserido em uma teoria histórica. Assim, o valor dos critérios, que presidem a escolha das variáveis em jogo, é que dá o fundamento do modelo. Selznick não consegue escapar ao aspecto central da crítica administrativa da burocracia: a expressão da razão do poder, muito mais que do poder da razão.[20] Isso nos faz pensar duplamente em Veblen. Primeiro, porque ele foi um dos inspiradores de Merton, com seu conceito de "incapacidade treinada", e, em segundo lugar, porque é dele a afirmação: "A autenticidade e a dignidade sacramentais, porém, não pertencem nem à tecnologia, nem à ciência moderna, nem às atividades mercantis"...[21]

De qualquer forma, porém, para perceber bem o modelo de Selznick, nada mais nítido que o gráfico a seguir:

---

[20] Maurício Tragtenberg, *op. cit.*, p. 218.

[21] Thorstein Veblen. *Teoria da empresa industrial*. Porto Alegre: Globo, 1966, p. 202.

Modelo simplificado de Selznick[22]

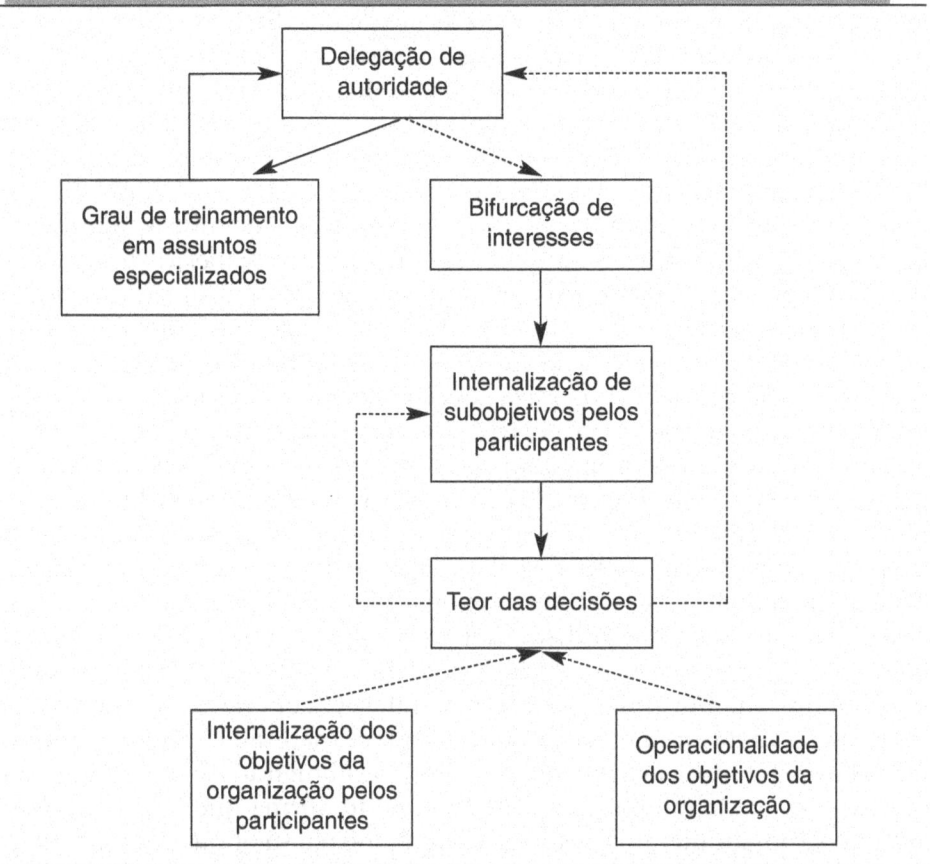

```
                    ┌──────────────┐
         ┌─────────▶│ Delegação de │◀─────────────┐
         │          │  autoridade  │              │
         │          └──────┬───────┘              │
         │        ┌────────┴────────┐             │
    ┌────┴──────┐                   ▼             │
    │ Grau de   │            ┌──────────────┐     │
    │treinamento│            │ Bifurcação de│     │
    │em assuntos│            │  interesses  │     │
    │especializ.│            └──────┬───────┘     │
    └───────────┘                   │             │
                                    ▼             │
                            ┌──────────────┐      │
                     ┌─────▶│Internalização│      │
                     │      │de subobjetivos│     │
                     │      │pelos participantes│ │
                     │      └──────┬───────┘      │
                     │             ▼              │
                     └──── Teor das decisões ─────┘
                              ▲       ▲
                    ┌─────────┘       └─────────┐
            ┌───────────────┐          ┌──────────────┐
            │Internalização │          │Operacionalid.│
            │dos objetivos  │          │dos objetivos │
            │da organização │          │da organização│
            │pelos particip.│          │              │
            └───────────────┘          └──────────────┘
```

> **O modelo de Gouldner**

Segundo o modelo de Alvin Gouldner, a origem das perturbações, no equilíbrio da organização como sistema maior, derivadas de técnicas de controle destinadas a manter o equilíbrio de um subsistema, está na adoção de diretrizes gerais e impessoais, como forma de solução para o controle exigido pela cúpula burocrática. Naturalmente, a despersonalização diminui a visibilidade das relações de poder, o que se relaciona, diretamente, com o papel do supervisor. Com isso, altera-se o nível de tensão interpessoal no grupo de trabalho.

---

[22] James G. March e Herbert A. Simon, *op. cit.*, 1966, p. 73.

Para Gouldner, enquanto unidade operacional, o grupo de trabalho tem sua sobrevivência altamente favorecida pelo estabelecimento de diretrizes gerais, o que só estimula a adoção crescente de tais diretrizes. Ocorre, porém, que as normas de trabalho evocam, nos membros da organização, atitudes mais intensas do que aquelas pretendidas pelos detentores da autoridade, na medida em que, definindo os padrões inaceitáveis de comportamento, as normas burocráticas ampliam o conhecimento dos padrões mínimos aceitáveis. Em havendo baixo nível de internalização dos objetivos da organização por parte dos funcionários, é de esperar que a explicitação de níveis mínimos de desempenho admissíveis aumente a diferença entre o planejado e o realizado, dando margem ao que, vulgarmente, se dá o nome de nivelamento por baixo.[23]

O pressuposto é o da existência de conflitos na teoria de Weber, decorrentes de uma eventual incapacidade de ver as tensões burocráticas por analisar primordialmente a burocracia governamental, solidária em nível de aparência. Tal deslize não teria ocorrido se a fábrica tivesse sido seu foco de análise. Ali, as tensões, por serem mais evidentes, forçá-lo-iam a ver que as normas poderiam ser racionais ou vantajosas para um nível hierárquico, e não necessariamente para outro. Evidentemente, o pressuposto peca pela base. Mais uma vez se pretende colar o tipo ideal à realidade e ver o que fica do lado de fora. O nível de abstração em que trabalhou Weber foi bem mais alto. Além disso, é preciso distinguir entre organização burocrática e burocratas. Assim, não é preciso, obrigatoriamente, que todas as pessoas que trabalhem em uma burocracia sejam burocratas. Os operários de uma fábrica, limitados a tarefas de execução pura e simples, não são burocratas, mas trabalham em organizações burocráticas e estão submetidos ao poder burocrático. Isso está cristalino em Max Weber, quando afirma que "é simplesmente ridículo se nossos literatos crêem que o trabalho não-manual no escritório privado é diferente, um mínimo que seja, do trabalho em uma repartição pública. Ambos são basicamente idênticos. Sociologicamente falando, o Estado moderno é uma 'empresa' (*Betrieb*) idêntica a uma fábrica: esta, exatamente, é sua peculiaridade histórica".[24]

Para Gouldner, há em Weber, além disso, uma "incipiente distinção entre normas impostas e normas estabelecidas por acordo, indicando dois aspectos mais amplos de um mesmo problema, entrelaçados em sua teoria".[25] A afirmação acaba bem, mas começa muito mal: a distinção incipiente não é nada mais nada menos do que a visão clara da manifestação da dominação

---

[23] Alvin Gouldner. *Patterns of industrial bureaucracy*, op. cit.

[24] Max Weber. "Parlamentarismo e governo numa Alemanha reconstruída", *op. cit.*, p. 23.

[25] Alvin Gouldner. "Conflitos na teoria de Weber". In: *Sociologia da burocracia, op. cit.*, p. 61.

mediante poder de mando e subordinação, e dominação mediante uma constelação de interesses, uma transformando-se facilmente na outra. Nada mais do que a base da teoria weberiana da burocracia, que nada tem de incipiente!

Tudo fica bem mais simples quando se percebe a diferença entre "tipo ideal", "construção conceitual" e burocracia concreta e historicamente situada, refletindo as contradições fundamentais de uma dada formação social e contribuindo para acentuá-las. E é isso o que faz a burocracia no reino do antagonismo. O que esperar de uma forma de dominação que tem a disciplina como aspecto fundamental, e que, segundo o próprio Weber, tem como conteúdo "apenas a execução consistentemente racionalizada, metodicamente exercitada e exata da ordem recebida, na qual toda crítica pessoal é incondicionalmente suspensa e ao ator cabe única e exclusivamente executar a ordem"?[26]

Em termos concretos, Gouldner também concebeu um modelo, no qual a burocracia é vista como organização dotada de funções latentes e manifestas. A percepção de seu modelo é simples a partir do quadro seguinte:

Modelo simplificado de Gouldner[27]

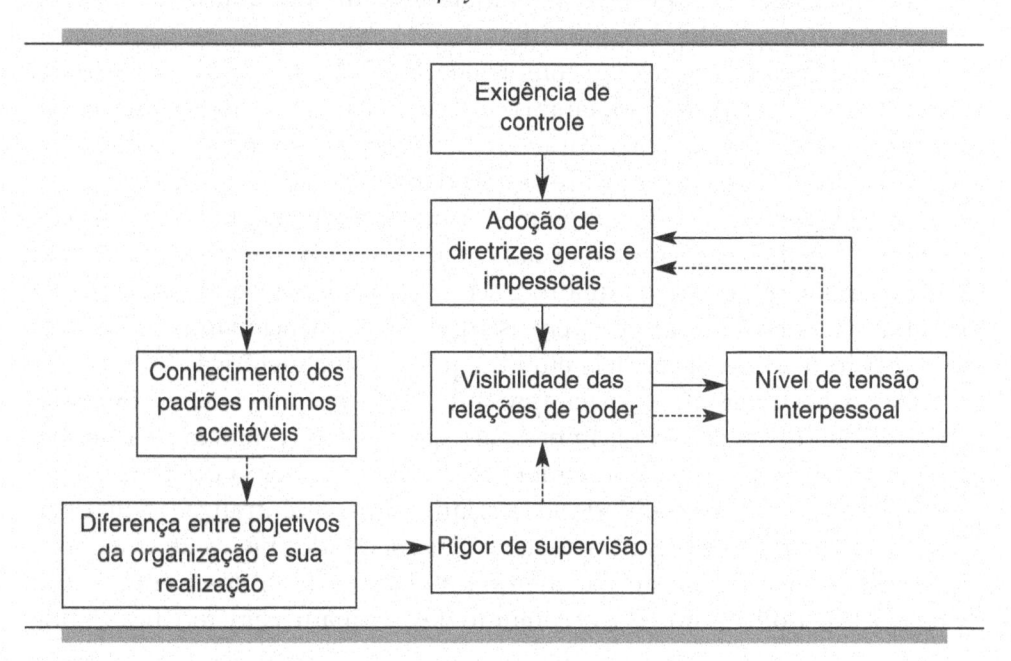

```
                    ┌──────────────┐
                    │ Exigência de │
                    │   controle   │
                    └──────┬───────┘
                           ▼
           ┌─────── Adoção de ───────┐
           ┆     diretrizes gerais e  ┆
           ┆        impessoais         ┆
           ┆   └──────┬───────┘   ┆
           ▼                           ▼
┌──────────────┐   ┌──────────────┐   ┌──────────────┐
│Conhecimento dos│ │ Visibilidade das│→│ Nível de tensão│
│padrões mínimos │ │relações de poder│┄→│ interpessoal   │
│  aceitáveis    │ └──────┬───────┘   └──────────────┘
└──────┬───────┘          ┆
       ▼                   ┆
┌──────────────┐           ┆
│Diferença entre objetivos│  │
│da organização e sua     │→│ Rigor de supervisão │
│     realização          │ └──────────────┘
└──────────────┘
```

---

[26] Max Weber. In: H. H. Gerth e C. Wright Mills (organizadores). *From Max Weber, op. cit.*, p. 254; original norte-americano de Max Weber, *Ensaios de sociologia*.

[27] James G. March e Herbert A. Simon, *op. cit.*, 1966, p. 74.

➤ O modelo de Crozier

Michel Crozier procurou fundamentar sua análise do sistema de organização burocrática na luta pelo poder e por sua manutenção. Todavia, não conseguiu, em suas primeiras e mais clássicas análises, fugir aos paradigmas da herança da crítica administrativa da burocracia já por nós levantados. A crítica inicial de Crozier é um típico exemplo de como um método de análise pode empobrecer um conjunto rico de idéias.

Pare ele, sensatamente, não se pode compreender o funcionamento de uma organização sem levar em conta os problemas da administração. E os problemas da administração são vistos como problemas de ação cooperativa, muito mais do que como problemas de dominação. Por essa razão, tem, como ponto de partida, o pressuposto de que "toda ação cooperativa coordenada exige que cada participante possa contar com um grau suficiente de regularidade por parte dos outros participantes, ou seja, que toda organização, qualquer que seja sua estrutura, quaisquer que sejam os seus objetivos e a sua importância, requer, de seus membros, uma quantidade variável, mas sempre importante, de conformidade".[28]

Até o início do século XX, a conformidade foi obtida através da violência e as empresas do século XIX adotaram o velho modelo burocrático militar. Com toda razão, Crozier salienta que é um erro negligenciar, em sociologia histórica, a documentação disponível sobre os fundamentos das primeiras grandes organizações comerciais, dos primeiros exércitos permanentes e das ordens religiosas.[29] Todavia, Crozier não faz uma sociologia histórica. Apresenta mais um modelo, dotado de quatro traços essenciais, que caracterizariam a burocracia moderna. Como os demais modelos já mencionados, peca pela falta de colocação da burocracia em uma perspectiva histórica.[30]

Os quatro traços que Crozier apresenta, de forma crítica, são: a extensão do desenvolvimento das regras impessoais, que vê como um freio ao arbítrio e ao favoritismo, mas, ao mesmo tempo, as vê, também, como um freio ao desenvolvimento da personalidade e da criatividade; a centralização de decisões, levando à rigidez organizacional; o isolamento dos níveis ou categorias hierárquicas, levando ao deslocamento de objetivos; e o desenvolvimento de relações de poder paralelas. O conjunto dessas quatro características tende

---

[28] Michel Crozier. *Le phénomène bureaucratique*. Paris: Seuil, 1963, p. 242.

[29] Idem, p. 243.

[30] Georges Lapassade, *op. cit.*, p. 154.

a constituir uma série de círculos viciosos reforçadores da impessoalidade e da centralização. Mais uma vez, a "camisa-de-força" do método funcionalista não permite perceber o real espírito da burocracia. Volta-se a um idealismo quase hegeliano, mas pobremente hegeliano; ressalte-se que a crítica do jovem Marx, desvendando a mistificação do interesse geral, é ignorada; a leitura de Weber é feita fora da História. Afora isso, ao fazer uma crítica humanista da sociedade francesa, coloca a participação como um mito.[31] Toda participação será um mito? Há muitos exemplos históricos de participação. Se ela tende a ser uma forma de manipulação ou uma concessão secundária das elites dominantes, trata-se de um outro problema, que merece um estudo mais acurado. A solução é colocada na constituição de sistemas de regulação mais abertos, através do que chama de investimento institucional, e tal investimento, "política e economicamente doloroso, começa por tornar os dirigentes políticos mais racionais".[32] Assim se mudará a França e talvez o mundo... A que outra conclusão se poderia chegar a partir da douta constatação da burocracia como sistema incapaz de autocorreção? Só se poderia chegar a outra conclusão se não se fizesse uma crítica burocrática da burocracia.

> ## O Grupo de Aston

Em termos bastante gerais, podemos afirmar que o trabalho do Grupo de Aston, na Grã-Bretanha, pretendeu demonstrar, empiricamente, que burocracia constitui um conceito pluridimensional, ao contrário do que o "tipo ideal" de Max Weber sugere. Escolheu, para tanto, um caminho ingrato, o teste empírico de uma construção teórica que, por sua própria natureza, não é empiricamente testável. Ainda assim, de posse de um instrumental analítico relativamente sofisticado, pretendeu invalidar o "tipo ideal" weberiano, com base na descoberta de uma correlação negativa entre estruturação de atividades e centralização na tomada de decisões. Mesmo deixando de lado a ingenuidade da proposta metodológica, resta ainda um problema, que consiste no fato de que Weber parece ter relacionado concentração de poder no topo da hierarquia e atividades altamente estruturadas, o que nada tem a ver com centralização ou descentralização na tomada de decisões.[33]

---

[31] Michel Crozier. *La societé bloquée*. Paris: Seuil, 1970, p. 77.

[32] Idem, p. 229.

[33] Fernando C. Prestes Motta. "O sistema e a contingência". In: *Teoria geral da administração: uma introdução*. São Paulo: Pioneira, 5. ed., 1976.

O trabalho do Grupo de Aston levou ao estabelecimento de uma taxonomia empiricamente derivada que não pretende ser exaustiva, incluindo sete tipos diversos de burocracia: plena, plena nascente, de fluxo de trabalho, nascente de fluxo de trabalho, pré-fluxo de trabalho, burocracia de pessoal e organização implicitamente estruturada, refletindo o que chama três "dimensões" burocráticas operacionalmente definidas: estruturação de atividades, concentração de autoridade e controle de linha do fluxo de trabalho.[34] Além dos problemas que, já de início, comprometem sua pesquisa, o Grupo de Aston incorreu ainda em numerosos problemas de natureza conceitual, metodológica e operacional. Houve falha na definição das variáveis e chegou-se a resultados tautológicos, uma vez que formalização e padronização praticamente mediram a mesma coisa. Além disso, como foi amplamente reconhecido, existindo 20 empresas filiais em sua amostra, surpreendente teria sido encontrar baixa correlação entre centralização na tomada de decisões e perda de autonomia e não o contrário, como concluíram os pesquisadores. Na verdade, o balanço do trabalho do Grupo de Aston aponta um empreendimento intelectual infeliz, apesar da grande divulgação que alcançou. De resto, todos os problemas encontrados na crítica administrativa da burocracia estão ali presentes.

Há ainda muitos críticos que poderiam ser incluídos na vertente da crítica administrativa da burocracia. Entre eles, estão, sem dúvida, W. W. White, Chris Argyris, Maslow, Warren Bunnis, McGregor, Presthus, Likert, Mouton e Blake e Herbert Shepard, que demonstram a obsolescência da organização burocrática do ponto de vista das necessidades humanas. Alguns desses autores incidiram no engodo da organização pós-burocrática, outros não. Poucos, de qualquer forma, perceberam que o importante é a análise da burocracia enquanto poder. Mesmo assim, chegaram a algumas colocações que são interessantes, como a de que a burocracia leva a práticas e relações que, em larga medida, repetem a infância.[35]

Outras análises, estas sim muito mais interessantes, fogem aos paradigmas da crítica administrativa, colocando o estudo das organizações em um nível de indagação bem mais elevado. Entre esses trabalhos estão obras de Guerreiro Ramos, do Tavistock Instituto de Londres, de Eugéne Enriquez, Max Pages e diversos outros. No plano específico da organização da educação, há críticas à burocracia que são de enorme interesse. Entre estas, vale lembrar

---

[34] D. S. Pugh, D. J. Hickson e C. R. Hinnings. "An empirical taxonomy of structure of work organizations". *Administrative science quarterly*, v. 14, nº 3, setembro 1969, Ithaca, p. 378.

[35] Victor Thompson. *Moderna organização*. Rio de Janeiro: Freitas Bastos, 1967, p. 95.

a de Michel Lobrot. Para ele, a "pedagogia burocrática é uma pedagogia fundada, essencialmente, na coação. Não é assim devido a uma maldade inerente aos pedagogos, mas o é pela sua própria natureza. Não é uma pedagogia que tenha em conta os interesses, quando eles se apresentam, a procura do indivíduo na dinâmica da sua ação concreta, mas sim uma pedagogia que pretende realizar um 'plano' logicamente ordenado e, *a priori*, um programa, uma progressão... Só acidentalmente este plano, programa ou progressão vão ao encontro dos interesses profundos e expressos pelo indivíduo... Só acidentalmente é eficaz".[36]

Assim, o plano, o programa, a progressão equivalem aos regulamentos administrativos de uma empresa ou das repartições públicas. Não constituem realidades, mas abstrações presentes no espírito daqueles que os concebem. A lógica da ação pedagógica burocrática é, portanto, em última instância, a lógica da burocracia que Lobrot define como um "sistema de autoridade... caracterizado, entre outras coisas, por administrar uma ou várias coletividades, tomando decisões em seu lugar, em princípio para seu bem. A burocracia determina, assim, os objetivos a atingir, o espírito e os métodos de funcionamento, distribui papéis, organiza as atividades, prevê as funções de cada um, as relações entre os indivíduos. Feito isto, vigia a aplicação do programa e aplica sanções, se este não foi cumprido... A conseqüência evidente é que os participantes se encontram despojados do seu poder humano essencial: o de decidir, de se auto-organizar, de escolher, de comunicar etc... Estão reduzidos a 'coisas': executantes mais ou menos passivos, engrenagens de uma máquina, instrumentos materiais".[37]

▶ Uma crítica em crise

Há muito que a crítica administrativa da burocracia está em crise. Ela prometeu muito e cumpriu pouco. A incapacidade de ver a burocracia como forma de poder, historicamente situada, está no centro dessa crise, que diz respeito não apenas à crítica administrativa, mas a toda a produção intelectual de cunho funcionalista.[38] Aqui, porém, não é apenas a análise externa dessas colocações teóricas que revela a crise. São, muitas vezes, os próprios

---

[36] Michel Lobrot. *A pedagogia institucional*. Lisboa: Iniciativas Editoriais, 1966.

[37] Idem, p. 101-103.

[38] Fernando C. Prestes Motta. "Teoria das organizações nos Estados Unidos e na União Soviética". *Revista de Administração de Empresas*, v. 14, nº 2. Rio de Janeiro: Fundação Getúlio Vargas, 1974.

formuladores da crítica administrativa da burocracia que chegam à percepção dos impasses a que atingiram seus quadros de referência. Este é, por exemplo, claramente, o caso de Alvin Gouldner e Michel Crozier. Alguns trechos de obras suas, mais recentes, falam por si mesmos. Assim, afirma Gouldner: "Três forças contribuíram para a crise em pauta (do estrutural-funcionalismo): (1) o aparecimento de novas infra-estruturas, dissonantes em relação à teoria funcionalista estabelecida, entre a juventude de classe média estrategicamente íntima ao meio universitário em que a teoria social é feita e transmitida; (2) os desenvolvimentos internos à própria escola funcionalista, que inseriram uma crescente variabilidade e hostilidade em seu trabalho – uma entropia – e, assim, obscureceram a clareza e a assertividade de seus limites teóricos e destruíram sua especificidade como escola; (3) o desenvolvimento do Welfare State, que aumentou, consideravelmente, os recursos disponíveis para a sociologia. Os funcionalistas acomodaram-se ao Welfare State, mas, ao mesmo tempo, tal acomodação ocorreu através da geração de tensões que envolveram os pressupostos, tradicionalmente, centrais para o modelo funcionalista".[39] Na realidade, o funcionalismo sempre foi uma corrente legitimadora de uma formação social. Sua crise revela a crise mais profunda dessa formação. Basta pensar no que foi a década de 60, nos Estados Unidos e na França, por exemplo, para que isso se torne evidente.

Crozier e Friedberg são, ainda, mais claros na percepção da crise do quadro de referências que norteia a crítica administrativa da burocracia: "...Toda estrutura de ação coletiva se constitui como sistema de poder. Ela é fenômeno, efeito e fato de poder. Enquanto construção humana, ela organiza, regulariza, 'provisiona' e cria poder, para permitir aos homens a cooperação em empreendimentos coletivos. Toda análise séria da ação coletiva deve, portanto, colocar o poder no centro de suas reflexões, pois, em última instância, a ação coletiva não é nada mais do que a política cotidiana. O poder é sua 'matéria-prima'... (Entretanto), o poder continua a ser o eterno ausente em nossas teorias da ação social".[40]

Bibliografia

CROZIER, Michel. *Le phénomène bureaucratique*. Paris: Seuil, 1963.

_____. *La societé bloquée*. Paris: Seuil, 1970.

---

[39] Alvin Gouldner. *The coming crisis of western sociology*, op. cit., p. 410.

[40] Michel Crozier e Erhard Friedberg. *L'acteur et le système*. Paris: Seuil, 1977, p. 22 e 24.

CROZIER, Michel e FRIEDBERG, Erhard. *L'acteur et le système*. Paris: Seuil, 1977.

GOULDNER, Alvin. *Patterns of industrial bureaucracy*. Glencoe, Illinois: Free Press, 1954.

_____. "Conflitos na teoria de Weber". In: Edmundo Campos (organizador). *Sociologia da burocracia*. Rio de Janeiro: Zahar, 1966.

_____. *The coming crisis of western sociology*. Nova York: Basic Books, 1970.

LAPASSADE, Georges. *Grupos, organizações e instituições*. Rio de Janeiro: Francisco Alves, 1977.

LEFORT, Claude. *¿Qué es la burocracia?* Paris: Ruedo Ibérico, 1970.

LOBROT, Michel. *A pedagogia institucional*. Lisboa: Iniciativas Editoriais, 1966.

MARCH, James G. e SIMON, Herbert A. *Teoria das organizações*. Rio de Janeiro: Fundação Getúlio Vargas, 1966.

MERTON, Robert K. "Estrutura burocrática e personalidade". In: Edmundo Campos (organizador). *Sociologia da burocracia*. Rio de Janeiro: Zahar, 1966.

_____. *Sociologia, teoria e estrutura*. São Paulo: Mestre Jou, 1970.

MOTTA, Fernando C. Prestes. "Teoria das organizações nos Estados Unidos e na União Soviética". *Revista de Administração de Empresas*, v. 14, nº 2. Rio de Janeiro: Fundação Getúlio Vargas, 1974.

_____. "O sistema e a contingência". In: *Teoria geral da administração: uma introdução*, 5. ed. São Paulo: Pioneira, 1976.

MOUZELIS, Nicos P. *Organization and bureaucracy*. Nova York–Chicago: Aldine-Atherton, 1972.

PUGH, D. S., HICKSON, D. J. e HINNINGS, C. R. "An empirical taxonomy of structures of work organizations". *Administrative science quarterly*, v. 14, nº 3. Ithaca, setembro de 1969.

SELZNICK, Philip. *TVA and the grass roots*. Berkeley, 1949.

_____. "Cooptação: um mecanismo para a estabilidade organizacional". In: Edmundo Campos (organizador). *Sociologia da burocracia*. Rio de Janeiro: Zahar, 1966.

_____. *Leadership in administration*. Evanston, Illinois, 1957.

THOMPSON, Victor. *Moderna organização*. Rio de Janeiro: Freitas Bastos, 1967.

TRAGTENBERG, Maurício. *Burocracia e ideologia*. São Paulo: Ática, 1974.

VEBLEN, Thorstein. *Teoria da empresa industrial*. Porto Alegre: Globo, 1966.

VERMEIL, Edmond. *The German scene: social, political, cultural – 1890 to the present days*. London: George G. Harrap, 1956.

WEBER, Max. *Economía y sociedad* (2ª edição espanhola, baseada na 4ª edição alemã de 1956). México: Fondo de Cultura Económica, 1964.

_____. *On the methodology of the social sciences*. Glencoe, Illinois, 1949.

_____. In: BENNIS, Warren G. *Organizações em mudança*. São Paulo: Atlas, 1976. p. 18.

_____. "Parlamentarismo e governo numa Alemanha reconstruída". In: *Os pensadores*. São Paulo: Abril, 1974.

_____. *From Max Weber*. Nova York: Oxford University Press, 1958.

Capítulo 8

As Organizações Burocráticas e a Sociedade

Em qualquer esfera em que se desenvolvam, as organizações burocráticas têm como principal função a reprodução do conjunto de relações sociais determinadas pelo sistema econômico dominante. Constituem, acima de tudo, uma categoria histórica inserida na história dos modos de produção. Para entender as organizações, em seu papel de reprodutor de relações sociais, é, portanto, necessário partir dos modos de produção. As relações sociais, que se reproduzem, estão condicionadas pelo grau de desenvolvimento das forças produtivas.[1] Convém, entretanto, lembrar que as forças produtivas não constituem sinônimo de tecnologia, em sentido restrito. Forças produtivas significam condições materiais de produção, instrumentos de produção e formas de cooperação.[2] Marx deixou claro o caráter produtivo das formas de cooperação em *A ideologia alemã*. Em sentido lato, pode-se falar em desenvolvimento

---

[1] Não queremos com isso afirmar que apenas o grau de desenvolvimento das forças produtivas determina as relações de produção. As relações de produção são, na verdade, o resultado da interação entre o desenvolvimento das forças produtivas e a luta de classes. Estes são os dois motores básicos da História, os quais, por sua vez, são influenciados dialeticamente pelas relações de produção dominantes ou emergentes em cada momento histórico.

[2] Cf. Maurício Tragtenberg. "Administração, poder e ideologia", mimeo., Escola de Administração de Empresas de São Paulo, da Fundação Getúlio Vargas, 1978.

das forças produtivas como desenvolvimento tecnológico, desde que a última expressão traduza o conteúdo das forças produtivas.

As formas de cooperação são fundamentais para o entendimento das estruturas administrativas que delas decorrem. Essas formas de cooperação variam com as relações de propriedade, isto é, com a propriedade comum, com a relação senhor–servo ou capitalista–assalariado. A cooperação em grande escala, na forma de cooperação simples, desenvolve-se nos modos de produção pré-capitalistas. Dessa forma, nas civilizações arcaicas da Ásia, Egito e América Pré-Colombiana emergiu um modo de produção definido como asiático. Tais sociedades, muitas vezes identificadas como hidráulicas, tinham necessidade de controlar a água para a agricultura. Nelas, com essa finalidade, surgiu e se desenvolveu o Estado Burocrático. A contingência histórica que possibilitou esse surgimento foram o planejamento e a mobilização de grandes massas de trabalhadores para a construção de obras públicas, especialmente de irrigação. Tais necessidades, evidentemente, se impuseram ante a insignificância e o isolamento das pequenas comunidades. Ali, onde o modo de produção asiático se desenvolveu, o Estado atuou como proprietário supremo da terra, não ocorrendo, portanto, uma apropriação privada. O sobretrabalho era apropriado pela burocracia que detinha o poder de Estado. O modo de produção asiático é antagônico exatamente na medida em que opõe a burocracia aos demais membros da sociedade da qual extrai o excedente.

Na China Antiga, por exemplo, desenvolve-se uma burocracia patrimonial apoiada em uma sólida base econômica. Essa burocracia cultiva, ao máximo, o sigilo na ocultação de suas intenções. A legitimação de sua dominação torna-se essencial e, com ela, a auto-imagem que desenvolve. Ela vê seu próprio poder como fruto de seu mérito e, evidentemente, do demérito dos demais. Seu saber, enquanto base percebida de poder, é ocultado ao máximo. Diferentemente do que ocorre no capitalismo, porém, as aptidões não se definem enquanto saber especializado. A burocracia chinesa é uma burocracia de letrados e de eruditos. O saber especializado deve ser vinculado ao processo de realização da mais-valia no capitalismo.[3] Nas formações pré-capitalistas, o saber é, antes de mais nada, o que, atualmente, chamaríamos de "cultura geral". Além disso, a impessoalidade não é traço da burocracia patrimonial, em que o cargo aparece como direito pessoal do funcionário. Sua lealdade é ao senhor e não a outro cargo, e isso é visto como legítimo.

---

[3] Idem.

O que define a cooperação simples é o fato de que o trabalho não é parcelado, não se constituindo uma divisão de trabalho no sentido que, atualmente, se lhe dá. As formas de cooperação capitalistas superam a cooperação simples e geram novas estruturas organizacionais burocráticas. Fundamentalmente, isso se dá com a passagem da produção mercantil à capitalista. Se a produção mercantil simples tivesse concretizado um modo de produção dominante, estaríamos diante de formações sociais não-antagônicas no período mercantil. Entretanto, tal modo de produção nunca foi dominante. A sociedade mercantil caracterizava-se por uma multiplicidade de produtores familiares, vendendo seu produto para sua própria sobrevivência. São os comerciantes e banqueiros que se impõem como intermediários. A conseqüência última é a ruína dos pequenos produtores e sua canalização para o engrossamento da massa de operários assalariados com a direção capitalista.

É, portanto, da destruição da pequena produção mercantil e da transformação do trabalho isolado em trabalho social que nasce o capitalismo. Passa, sucessivamente, da cooperação simples para a cooperação da manufatura e, desta, para a cooperação na indústria. Por sua vez, na cooperação da manufatura, o trabalho intelectual está separado do material. A gênese das estruturas administrativas, que dela decorre, é já o resultado do antagonismo entre capital e trabalho. É na manufatura que a coordenação da mão-de-obra se impõe e, como ela, se impõe uma função dirigente. A manufatura implica uma hierarquia de funções e uma hierarquia da força de trabalho. Existem, aqui, supervisores, operários especializados e peões.

A cooperação na indústria se dá, como sabemos, com a égide da disciplina e da vigilância, das normas estritas de comportamento e da rigidez da cadência do trabalho. O sistema fabril precisa ligar o trabalhador à máquina com um controle autoritário. Planejamento, organização, coordenação e direção passam a implicar um quadro administrativo cada vez mais amplo. Se isto se dá no âmbito da empresa, também se dá no âmbito do Estado. O controle traduz-se em repressão. A burocracia estatal torna-se instrumento do capitalismo para garantir a extração da mais-valia e a expansão do capital. É aqui que o saber geral cede lugar ao saber instrumental e especializado. Heteronomia, monocracia, separação de trabalho e meios de trabalho e exploração intensiva da mão-de-obra vinculam o modo de produção dominante à burocracia moderna.[4] É aqui que ela se apresenta como formal, impessoal e profissional, nos termos esclarecidos por Max Weber em seu "tipo ideal".

---

[4] Idem.

Partindo das evidências de burocratização do mundo social, um dos autores deste trabalho defende a tese do surgimento, no século XX, nas economias centralmente planejadas das quais a União Soviética foi o protótipo, de um modo de produção estatal, que teria a burocracia ou tecnoburocracia como classe dominante. Relacionadas a essa tese temos questões como a forma de apropriação do excedente, a burocracia ou tecnoburocracia como classe dominante e a forma pela qual a burocracia determinaria a propriedade dos meios de produção através do controle efetivo (propriedade econômica) das organizações burocráticas. Sem desenvolver, aqui, a referida tese, que já está desenvolvida em outros trabalhos,[5] tais formações seriam caracterizadas por um administrativismo, ainda mais forte que o encontrado nas formações capitalistas.

De qualquer modo, porém, importa deixar claro, neste trabalho, que a burocracia está, de qualquer forma que seja vista, vinculada à sociedade de classes. A burocracia surge da superação da comunidade primitiva, emergindo nos modos de produção antagônicos, nos quais alguns detêm os meios de produção e outros não.

No reino do antagonismo, os modos de produção precisam reproduzir, constantemente, as relações sociais que os caracterizam. O expansionismo capitalista, a busca de uma acumulação cada vez maior e a reprodução ampliada do capital dependem de várias organizações burocráticas especializadas. Pode-se falar, assim, em uma textura organizacional burocrática que está presente nas mais diversas esferas da vida social e que presta sua colaboração ao processo de acumulação de meios de produção e de expansão das próprias organizações burocráticas. Não importa aqui se nesse processo a burocracia funciona como mera força auxiliar da burguesia ou se também como classe social que ganha cada vez maior identidade, massa crítica e autonomia. O essencial é compreender o papel estratégico fundamental da burocracia nos sistemas econômicos modernos não mais apenas ao nível do Estado, mas também ao nível da produção.

➤ A empresa

Evidentemente, a primeira dessas organizações na qual está presente a burocracia é a empresa, que está diretamente voltada para a acumulação e que tem em seu crescimento uma razão de ser. As empresas têm por história a superação dos obstáculos à sua expansão, seja no plano técnico, administrativo,

---

[5] Luiz Carlos Bresser-Pereira. "Notas introdutórias ao modo tecnoburocrático ou estatal de produção", *op. cit.*

mercadológico ou financeiro. Em uma economia de oligopólios, a própria condução do processo de acumulação está na mão de algumas grandes corporações. Em algumas formações sociais, tal condução pode estar na burocracia estatal, e o Estado é uma grande organização burocrática. Nos termos de Weber, ele se caracteriza pelo monopólio da violência legítima, portanto, pelo poder de legislar e tributar. Em outras formações, o processo é conduzido pela aliança entre o Estado e as grandes empresas oligopolistas.

Importa é frisar o papel central que a burocracia assume, ao nível da empresa, em termos de sua contribuição para a acumulação de capital. As empresas capitalistas burocráticas estão voltadas exatamente para isso e, por essa razão, para a reprodução das relações sociais típicas do sistema econômico em que se baseiam. Acreditamos que uma boa forma de analisar essa especialização da empresa é tomar como paradigma a grande empresa multinacional. Ela parece estar bem mais equipada do que as demais para o desempenho de sua especialização. Já sabemos que a fábrica burocratizada submeteu os trabalhadores à vigilância e à disciplina, produzindo uma redução de custos.

Com o decorrer do século, a burocracia passou a ter outros papéis "racionalizantes" ainda mais fortes, na medida em que começou a participar não mais apenas da gestão das atividades correntes das empresas, mas também da gestão de sua própria expansão. Todos esses traços e tendências inserem-se na propensão da empresa capitalista de aumentar seu tamanho, tendência observável desde a Revolução Industrial.[6]

O primeiro passo foi a oficina, o segundo foi a fábrica, o terceiro a empresa multidivisional e, finalmente, o quarto é a empresa multinacional. Elas se parecem pouco afins, à primeira vista, mas a lógica a que estão subordinadas ou que manifestam é semelhante. São todas empresas capitalistas, embora as relações de produção capitalistas apareçam de forma mais límpida na fábrica. São todas organizações burocráticas, mas, enquanto na fábrica esse caráter burocrático é incipiente, na empresa multinacional ele já é muito acentuado. Além disso, elas correspondem a uma sucessão histórica de organizações burocráticas empresariais em que o grau de burocratização é crescente. Em todas elas a separação dirigente–dirigido é vital, em todas elas o autoritarismo está presente, embora mais claramente nas formas mais avançadas. Resta ainda lembrar que, como em toda organização burocrática empresarial, poderá ocorrer uma descentralização das funções, tal descentralização que caracteriza as empresas multidivisionais e multinacionais

---

[6] Stephen Hymer. *Empresas multinacionales: la internacionalización del capital.* Buenos Aires: Periferia, 1974.

tem, como contrapartida, a permanência do controle, especialmente, entendido financeiramente. Tanto nas organizações empresariais do passado quanto nas do presente, encontramos um sólido sistema de autoridade e controle. A história da evolução da empresa é, também, a história do aperfeiçoamento dos mecanismos de autoridade e controle.

Freqüentemente, associa-se o tamanho crescente das empresas à natureza do capitalismo contemporâneo e, por isso mesmo, normalmente afirma-se que tal proposição não é correta, na medida em que no mercantilismo estavam em operação grandes companhias, que organizavam o comércio. Embora o fato seja verdadeiro, a objeção não é pertinente, porque tais empresas mercantis têm muito pouco a ver com a empresa multinacional moderna. Elas apenas concentram, nos centros metropolitanos, uma massa de capitais que foi importante para o expansionismo capitalista.

A corporação multinacional, enquanto unidade organizada de capital, explica-se a partir de outras organizações, da oficina, da fábrica, da pequena empresa familiar etc. Quanto mais avançada a organização burocrática empresarial, maior tem sido a tendência da divisão vertical do trabalho. Isso poderia conduzir a um raciocínio direto, segundo o qual a estrutura de autoridade (a burocracia) derivar-se-ia, tão-somente, da especialização, entendida como "necessidade" técnica. Ocorre, como já observamos, que essa burocracia tem outras funções, entre as quais a de dividir, para reinar, e fixar as regras do jogo da acumulação ao nível da unidade de produção.

Como sabemos, a hierarquia burocrática separa funções de execução e concepção, colocando-as não apenas em pessoas diferentes, mas também em espaços físicos diferentes. O modelo das ferrovias de Chandler é um bom exemplo desse processo.[7] Quanto maior e mais internacionalizada a empresa, maior a distância hierárquica a refletir tal separação. A grande empresa multinacional é, no âmbito do capitalismo, o exemplo mais extremado disso. Nela, as funções estão amplamente descentralizadas, mas o controle é mantido centralizado. Tal descentralização, funcional, é conseguida na medida em que as atividades de coordenação, isto é, de articulação de trabalhos autônomos, vão sendo, aos poucos, transformadas em tarefas de supervisão do trabalho. Torna-se, assim, a coordenação cada vez mais distante da execução. Enquanto a coordenação é a atividade administrativa que determina a tarefa que deve ser efetuada, a supervisão apenas assegura que trabalhadores individuais produzam juntos o que deles é esperado.

---

[7] Alfred D. Chandler. *Strategy and structure:* chapters in the history of the American industrial enterprise. Garden City: Doubleday, 1966.

Quando se fala em empresa capitalista, em termos genéricos, fala-se, necessariamente, em crescimento através de transformações estruturais que ampliaram as fronteiras de acumulação. Em termos amplos, tais transformações verificaram-se na produção, dizendo respeito à racionalização dos métodos e técnicas de trabalho, à intensidade crescente do capital, em termos de capital constante, em relação ao variável, e de capital fixo, em relação ao circulante. Outras transformações são de ordem comercial e ocorrem através da integração das empresas industriais, subordinando as atividades comerciais ou, ainda, controlando as redes de distribuição. Verificam-se, ainda, transformações financeiras, que dizem respeito à centralização do controle acionário, paralela à mobilização de capitais de terceiros.

Já nos referimos a outro campo de transformações evidente no crescimento da empresa capitalista, o campo das transformações administrativas. Uma grande empresa caracteriza-se, entre outras coisas, por grande aparato administrativo encarregado da supervisão de tarefas rotineiras. Tal aparato está hierarquicamente organizado. A estrutura departamental, simples, que se desenvolve a partir da fábrica, é, ainda, muito pobre em termos de hierarquia de funcionários administrativos. Em certo sentido, a empresa divisional é a unidade básica em que esse aparato se apresenta com contornos mais claros, configurando uma burocracia razoavelmente imponente. É importante notar, porém, que tal burocracia estava presente, nas unidades divisionais e funcionais, de forma muito clara; não era tão perceptível sua ação sobre os instrumentos financeiros e o planejamento no sentido amplo. A participação do alto corpo burocrático no planejamento estratégico é uma característica das modernas grandes corporações. Parte de seu corpo burocrático não está mais voltado para a administração das atividades correntes da empresa, mas da administração de sua própria expansão.

A expansão é uma expressão real do processo de acumulação de capital. É, por outro lado, um objetivo intrínseco da organização burocrática. A empresa expande-se superando esses obstáculos. Quando as pessoas tentam explicar as dificuldades de uma empresa em continuar sua expansão, apresentam uma série de argumentos. O primeiro deles diz respeito às deseconomias de escalas. Entendendo como base de análise a fábrica, pode-se rapidamente chegar a um entrave de natureza técnica, ou seja, as fábricas têm tamanho ótimo que não se pode ultrapassar. Tendo-se, porém, como objeto de análise a empresa ou o grupo, esse argumento perde consistência, ou seja, é sempre possível multiplicar o número de fábricas dentro de uma mesma empresa. Outro argumento diz respeito ao fato de que a grande empresa passa a enfrentar problemas de ordem administrativa. A idéia é de um decréscimo de capacidade gerencial. Também aqui o argumento perde consistência, quando pensamos na forma pela qual, historicamente, a empresa capitalista tem resolvido o problema, através da organização funcional descentralizada.

Outra ordem de limitação diz respeito ao mercado. Trata-se, aqui, da saturação do mercado e do equilíbrio concorrencial. A grande empresa procura contornar a limitação diversificando seus produtos e expandindo as fronteiras de seu mercado, seja através da integração regional, nacional ou da ação internacional. Não é outra a empresa oligopolista internacionalizada e diversificada que conhecemos. Tais limitações não parecem ser, portanto, as mais decisivas. Limitações mais importantes podem estar no âmbito do capital. Um limite básico seria dado pela quantidade de capital possuído pela empresa, mesmo porque é o montante de capital possuído que, em grande medida, determina seu acesso ao mercado de capitais. Além disso, recorrer ao potencial pleno do mercado de capitais implica "um risco crescente": as empresas precisam reconhecer que, dado um montante de capital, o risco aumenta na medida em que é maior o volume de capital de empréstimo.[8]

Colocado de forma mais clara, o capital que uma empresa dispõe é, geralmente, constituído de capitais próprios e de capitais de terceiros, na forma de empréstimos. Por sua vez, também, os capitais próprios compreendem lucros correntes e capitais de terceiros. Os lucros correntes estão, basicamente, limitados, com os capitais de terceiros, pela concorrência e pelo controle acionário. As limitações da concorrência podem e são superadas pelos acordos de preço, de mercado e de produção. O problema do controle acionário é superado pela estruturação do comando do capital. Desde que se garanta um mínimo de dividendos aos acionistas, as cúpulas burocráticas de administradores profissionais podem se perpetuar e autoreproduzir. No que diz respeito às limitações do capital de empréstimo, que se traduzem em risco empresarial e de crédito, o próprio crescimento ameniza o problema, mas sua superação se dá, fundamentalmente, pela estruturação do comando do capital.

As limitações financeiras e sua superação estão no âmago do desenvolvimento da empresa capitalista. A sociedade anônima foi um passo importantíssimo nessa história. Através dela, podia-se recorrer ao aumento de capital via Bolsa de Valores. A sociedade anônima trouxe outra novidade, que foi a criação de uma nova esfera de capital. Tradicionalmente, entende-se por capital o conjunto de máquinas, terrenos, instalações, capital de giro etc. A

---

[8] Kalecki. *Teoría de la dinámica económica*. México: Fondo de Cultura Económica, 1956.

sociedade anônima opôs a esse capital outra esfera caracterizada pelas ações ou títulos de propriedade. Ela determinou a distinção entre grandes acionistas, que detêm o capital como entendido tradicionalmente, e os pequenos e diluídos acionistas que possuem títulos de propriedade e recebem dividendos. A sociedade anônima possibilita aos acionistas majoritários a venda de ações preferenciais em grande escala, mantendo o seu controle.

Todavia, a sociedade anônima não é uma solução sem restrições. Em primeiro lugar, a preocupação em conservar o controle acionário pode restringir as emissões destinadas ao público; em segundo lugar, a emissão pode conduzir a uma diminuição de dividendos do próprio grupo controlador, e, em terceiro lugar, finalmente, existem limites no próprio mercado de ações da empresa. As grandes empresas oligopolistas, há algum tempo, encontraram na *holding* a forma de estruturação do comando de capital, necessária à superação do problema do controle acionário e dos riscos empresarial e de crédito. Através da criação de subsidiárias, uma empresa não modifica seu ativo. Individualmente, as subsidiárias têm um endividamento menor do que as consolidadas. Em rigor, o endividamento é maior do que transparece. Torna-se possível o controle de massas, cada vez maiores, de capital advindo de fora do próprio grupo, a partir de determinado volume de capital.

Parece-nos claro que as empresas constituem organizações burocráticas, nas quais formalismo, impessoalidade, profissionalismo são dados importantes e cada vez mais importantes no sistema capitalista contemporâneo. Parece-nos claro, igualmente, que rearranjos estruturais não modificam o seu caráter burocrático: a centralização do poder de controle e a relação dirigente–dirigido. Parece-nos, ainda, claro que a empresa tem por função básica a reprodução do capital e da organização, embora também tenha seu papel na reprodução da força de trabalho, já que paga salários, e na manutenção da coesão social, na medida em que pratica o treinamento que é chamado integração. Seria absurdo afirmar que a empresa não é lugar de transmissão de ideologia e de coerção. Toda organização burocrática moderna apresenta esses momentos, embora se especialize em alguns deles. A grande empresa especializa-se em um momento muito importante para a lógica de todo o complexo organizacional de uma sociedade moderna: no econômico. Nisso não se diferenciam empresas multinacionais, estatais ou nacionais.

Evidentemente, quando se pensa na empresa multinacional, da ótica de uma formação social caracterizada pelo subdesenvolvimento industrializado, existem dados diferenciais que merecem cuidados. Sem nos determos nesses aspectos, que são de enorme relevância, cumpre lembrar que a presença das multinacionais, nos países subdesenvolvidos, define sua forma de dependência em relação aos países desenvolvidos. Tal dependência, de ordem essencialmente tecnológica, reproduz nos países subdesenvolvidos e industrializados as tecnologias de produto dos países desenvolvidos. O resultado dessa dependência não se traduz, para o país subdesenvolvido, na simples transferência de excedente. Isso ocorreu no passado. No presente, tal dependência implica necessariamente a concentração do excedente que fica no país e também nas mãos das classes dominantes locais.[9]

▶ As escolas

A empresa indiscutivelmente atua, também, na reprodução da força de trabalho *pari passu* com a reprodução ampliada do capital. Convém lembrar aqui, entretanto, que tal reprodução não implica apenas reprodução física, mas a reprodução de sua qualificação e de sua submissão. Nos termos de Althusser, trata-se da submissão da força de trabalho à ideologia dominante. Tal reprodução não diz respeito, apenas, à classe operária, mas também às próprias classes dominantes que exercem ideologicamente sua dominação.[10] A ideologia não pode ser vista como uma simples forma de engodo dos dominantes pelos dominados. Em princípio, nem mesmo para os dominantes as relações econômicas são totalmente transparentes. A ideologia, enquanto consciência social, cimenta determinado modo de produção em uma formação social concreta. Ela é necessária para dominar e para ser dominado. Determinado tipo de organização burocrática – as escolas – é o aparelho ideológico por excelência da sociedade moderna.

A reprodução da qualificação da mão-de-obra dá-se na forma de sujeição à ideologia dominante. Reproduzir a mão-de-obra significa também, portanto, inculcar essa ideologia. A sociedade dispõe de inúmeros meios de reprodução da força de trabalho e, portanto, de reprodução das próprias relações de produção. Através de instituições distintas e especializadas, a inculcação ideológica é realizada. Não há dúvida de que todas as organizações burocráticas participam desse processo. Como sugerimos anteriormente, porém, nem todas as organizações são predominantemente ideológicas, e aqui cabe ressaltar que algumas o são e cabe, também, lembrar que, embora não seja a única, a escola e o sistema escolar em si são predominantemente ideológicos.

---

[9] Luiz Carlos Bresser-Pereira. *Estado e subdesenvolvimento industrializado*, op. cit., p. 350.

[10] Louis Althusser. *Ideologia e aparelhos ideológicos do Estado*. São Paulo: Martins Fontes, 1968.

A ideologia não se traduz em algo abstrato; a prática escolar é em si ideológica. A prática educacional impõe aos estudantes sistemas de pensamento diferenciais, predisposições de ação, segundo certo código de normas e valores, que os caracterizam como pertencentes a determinado grupo ou classe. Mesmo quando a escola é a mesma para dominantes e dominados, ela impõe a cooptação de membros isolados de outras classes através da ideologia. Mas ela também reproduz a divisão da sociedade em classes na medida em que, via de regra, a oportunidade de prosseguir não é igual para todos, que o capital cultural inicial também não é o mesmo, e que os cursos menos nobres, as especializações técnicas, acabam por arrebanhar boa parte dos menos favorecidos. Convém lembrar que a escola aparentemente unificada de hoje é uma inovação de um sistema mais antigo, e que ainda prevalece em muitas áreas, que separava a escola dos ricos da escola dos pobres.[11] O contingente relativamente grande que acaba em nossos dias se encaminhando para as escolas técnicas não vai receber ali apenas ferramental operacional. Essas escolas, ditas profissionalizantes, são também responsáveis pelo que Grignon chama de "moralização elementar da classe operária".[12] No sistema escolar, as diversas classes e camadas sociais vão encontrar a ideologia de que precisam para exercer o seu papel na divisão de trabalho.

É importante notar que a escola não cria as classes sociais, ela auxilia a sua reprodução. Talvez mais importante seja frisar, ainda, que ela não está sozinha nessa função. A maior ou menor importância da escola na transmissão de ideologia nos é dada pelas formações sociais concretas, pela forma em que nela se configuram as forças sociais,[13] bem como pela natureza da ideologia que se procura transmitir. Certamente, a escola não é nem mesmo a única instituição de caráter predominantemente ideológico. Ela reparte essa função com outras instituições culturais, sindicais, partidárias etc. Todavia, sua importância é óbvia na medida em que age, desde a primeira infância, sublinhando certo tipo de socialização. Como muito bem coloca Barbara Freitag, "toda classe hegemônica procura concretizar sua concepção

---

[11] Pierre Bourdieu e Jean Claude Passeron. *A reprodução – Elementos para uma teoria do sistema de ensino*. São Paulo: Francisco Alves, 1975.

[12] Claude Grignon. "A moral técnica". EAESP/FGV. mimeo.

[13] Vide Nicos Poulantzas. "Escola em questão". *Tempo brasileiro*, nº 35, Rio de Janeiro; e Maurício Tragtenberg, "A escola como organização complexa". In: Jorge da Silva *et alli* (organizadores). *Educação brasileira contemporânea: organização e funcionamento*. São Paulo: McGraw-Hill, 1976.

de mundo na forma de senso comum, ou seja, fazer com que a classe subalterna interiorize os valores e as normas que asseguram o esquema de dominação por ela implantada. Um dos agentes mediadores entre a transformação da filosofia da classe hegemônica em senso comum da classe subalterna é o sistema educacional dirigido e controlado pelo Estado".[14]

Entendendo a burocracia como uma forma de poder legitimado, isto é, entendendo-a como uma forma específica de estrutura de dominação da qual o Estado e a empresa capitalista são paradigmas, percebendo, em termos weberianos, que a dominação é um estado de coisas em que o comportamento dos dominados aparece como se estes houvessem adotado, como seu, a vontade manifesta do dominante, fica muito clara a preocupação de Weber com a burocratização crescente da vida social e com o que isso representaria para o seu produto: os estudantes. A escola é, por tudo, amplamente burocratizada. Isso está presente nos critérios de seleção, de promoção, nos programas e nos exames. A compulsão burocrática transparece, claramente, no meio acadêmico. Sua segurança e a conformidade, que procura inculcar, parecem tranqüilizar a sociedade. Os frutos da escola não apenas são os frutos de uma burocracia, com todas as suas implicações, mas são os futuros reprodutores de uma sociedade burocrática, reprodutora das relações sociais presentes em suas bases.[15]

Pode-se perceber que o saber que é transmitido nas escolas não apenas está relacionado com a divisão técnica do trabalho existente na sociedade, mas também com a divisão social correspondente. Da escola sairão os burocratas, mas também os operários, os empresários e os ideólogos. A escola reproduz, também, o seu próprio corpo docente, na medida em que é das diversas áreas do sistema escolar e do percurso pela carreira acadêmica que saem os professores. A escola, com os seus professores, pode ser um lugar de desmascaramento de conflitos, mas, via de regra, ela tem uma posição orgânica na sociedade, que implica um trabalho sutil e continuado de preservação da ordem estabelecida e das desigualdades nela contidas. É preciso, porém, lembrar que um número, que pode ser mais ou menos elevado de acordo com determinada formação social, nem passa pela escola; sua socialização faz-se, portanto, por outras vias. Desnecessário insistir que essas pessoas advêm das classes inferiores. Para os já privilegiados que passam

---

[14] Barbara Freitag. *Escola, Estado e sociedade*. São Paulo: Edart, 1977.

[15] Max Weber. *Economía y sociedad, op. cit.*; Marcelo F. Barbieri. "A escola como organização", mimeo., EAESP/FGV, 1978; Michel Lobrot, *op. cit.*

pela escola, a socialização dá-se pela subordinação, pela inculcação de valores compatíveis com sua futura posição nas divisões técnica e social do trabalho. Como afirma Maurício Tragtenberg, já "no século XIX a expansão da técnica e a ampliação da divisão do trabalho, com o desenvolvimento do capitalismo, levam à necessidade da universalização do saber ler, escrever e contar. A educação já não constitui ocupação ociosa e sim uma fábrica de homens utilizáveis e adaptáveis. Hoje em dia, a preocupação maior da educação consiste em formar indivíduos cada vez mais adaptados ao seu local de trabalho, capacitados, porém, a modificar o seu comportamento em função das mutações sociais".[16]

Procura-se formar indivíduos para uma sociedade de organizações. A lealdade e a responsabilidade, a alta tolerância à frustração, a capacidade de adiar recompensas e o desejo de ascender socialmente são valores que se traduzem não em mero discurso, mas nos jogos e exercícios da própria escola. Às vezes essa socialização, que implica aprender a dizer "sim, senhor" nas horas certas, falha. Isso porque a escola não tem o monopólio da inculcação ideológica, porque as condições de vida podem desmentir o discurso escolar e porque sua própria coerência encobre contradições que podem evidenciar-se em circunstâncias determinadas. De modo geral, porém, ela cumpre sua função de preservação do presente, que é apresentado como desejável, de esperança de participar de um futuro que seja o prolongamento natural da desejabilidade desse presente. Para os que vêm das classes baixas, a escola é a possibilidade de ascensão e é, também, a possibilidade de aprender a tirar os benefícios que a ordem estabelecida oferece. A cumplicidade e a lealdade estão tão no centro da organização burocrática quanto o culto da autoridade. Subir na vida significa, entre outras coisas, a aceitação de que para atingir os escalões mais altos é preciso competir, e que isso implica a percepção de que o destino social depende, antes de mais nada, da natureza individual.[17] É evidentemente que a família, a propaganda, a empresa e quase todas as instituições da sociedade moderna colaboram, cotidianamente, na inculcação desses valores.

Para Establet e Baudelot, entre as duas funções básicas da escola, a inspiração ideológica é a principal. Em linhas simples, a contribuição da escola para a reprodução das relações de produção pode ser vista como a

---

[16] Maurício Tragtenberg. "A escola como organização complexa", *op. cit.*, p. 15.

[17] Vide P. Bourdieu. "L'école conservatrice". *Revue française de sociologie*, VII, 1966, p. 342. In: Maurício Tragtenberg, "A escola como organização complexa", *op. cit.*

contribuição para a reprodução material da divisão da sociedade de classes, uma vez que contribui com elementos tanto para as classes dominantes quanto para as dominadas. A outra contribuição é aquela pela qual a escola impõe as condições ideológicas das relações de dominação e submissão entre as duas classes antagônicas.

Se bem que sejam muitos, como observamos, os aparelhos ideológicos em uma sociedade moderna, "cuja ação se exerce ou simultaneamente ou ulteriormente, eles podem cumprir sua função de dominação ideológica somente sobre a base da inculcação primária realizada pelo aparato escolar".[18] A escola é uma organização que tem na inspiração ideológica um papel especial. Ela concorre com a família na formação da base da constituição dos agentes da produção.

É oportuno também lembrar que a escola está, em muitos casos, inserida na produção, estando assim não apenas indireta mas diretamente envolvida na esfera econômica. Há formações sociais, em que a transmissão do saber faz-se concomitantemente com o trabalho produtivo dirigido. Há outras em que essa não é a regra, mas em que pelo menos algumas escolas técnicas têm funções produtivas. É importante, igualmente, estar atento que a coerção, enquanto imposição de uma disciplina e o cumprimento de um programa preestabelecido, bem como a própria delimitação espacial da liberdade, também está presente na escola. O que se evidencia, porém, como particularidade dessa organização é sua especialização em outro momento, significativamente importante, do complexo organizacional de uma sociedade moderna: o momento que nos dá conta da própria coesão social, o momento do ideológico.

▶ As prisões

Claramente, o complexo organizacional moderno é, infinitamente, amplo e diversificado. Se pretendêssemos sua análise exaustiva, teríamos que nos aprofundar bastante em cada uma das instituições, teríamos ainda que diferenciar, por exemplo, empresas industriais, comerciais e de serviços; ou empresas grandes, médias e pequenas; ou ainda grupos, empresas e fábricas. Teríamos, talvez, que pensar em empresas públicas e privadas e, talvez, em escolas públicas ou privadas. Restariam, ainda, as escolas primárias, secundárias e universitárias; as escolas isoladas, as faculdades, as universidades.

---

[18] Roger Establet e Christian Baudelot. *La escuela capitalista*. México: Siglo Veinteuno, 1975.

O intuito deste trabalho, contudo, não é esse. Trata-se, apenas, de uma visualização da lógica de inserção das organizações burocráticas na sociedade. Ainda assim, um trabalho mais amplo deveria lembrar o problema da articulação política, a forma pela qual tal articulação se configura como fenômeno organizativo. Certamente, os partidos políticos constituem uma forma de organização dotada de seus traços mais característicos. O partido pode estar voltado para a manutenção ou o fortalecimento daqueles que detêm o poder de Estado, como para sua derrubada. De qualquer forma, com qualquer dessas finalidades, ele constitui uma organização.[19] Outro campo interessante é o dos sindicatos, como forma de articulação de classes ou frações de classes, na perseguição de seus interesses. Há uma infinidade de organizações que, de uma forma ou de outra, se relacionam às relações sociais vigentes, à sua manutenção ou à sua mudança. Importa-nos, aqui, especialmente, outro momento do complexo organizacional. Mais precisamente pretendemos discorrer, um pouco, sobre aquelas organizações burocráticas que se encarregam dos dissidentes do corpo social, recuperando-os para o sistema ou propondo-se a recuperá-los ou, pura e simplesmente, segregando-os. Também aqui as organizações são muitas e diferentes. Entre elas, talvez a prisão seja a mais estável, historicamente, e nela nos concentraremos. Lembremo-nos, contudo, de que dos asilos de velhos aos campos de concentração defrontamo-nos com instituições totais. Entre elas, algumas semelhanças são decorrentes de sua particularidade, particularidade esta que também se manifesta nos hospitais de custódia de doentes mentais, ou dos que a sociedade assim classifica.[20]

Cremos poder afirmar que a prisão constitui um tipo particular de organização burocrática, uma instituição voltada para punir e regenerar. A falha na regeneração é comum nesse tipo de organização. Acontece, porém, que, mesmo onde ela falha, ela cria uma categoria especial de pessoas a quem se pode chamar rebeldes dóceis. Tais rebeldes dóceis acabam por constituir-se em uma delinqüência controlada que, entre outras coisas, constitui um exército de reserva para o poder e legitima a vigilância policial vigente na sociedade.[21]

---

[19] Fernando Coutinho Garcia. "Democracia interna em organizações formais: uma crítica radical. URGS. mimeo.

[20] Franco Basaglia (organizador). *L'institution en negation*. Paris: Seuil, 1973.

[21] Luiz Schwarcz e Lucy Hatheyer. "A prisão como organização". EAESP/FGV, 1978. mimeo.

A instituição penal tem, na verdade, a prisão como o seu argumento mais terrível. Ela é, contudo, apenas uma das muitas burocracias da violência e da assistência que se voltam para o problema da delinqüência. Tornar o conflito de um modo de produção antagônico controlável é uma de suas funções; tornar os corpos dóceis, aumentando seu potencial econômico e diminuindo seu potencial político, é eventualmente outra. Cumprir o papel que a ideologia não conseguiu cumprir. Tentar corrigir ou marginalizar aqueles em que a ideologia dominante não foi inculcada ou foi mal inculcada é, possivelmente, outra função. Não se pode deixar de lembrar, porém, que na base da prisão está a miséria. Uma sociedade mais igualitária, possivelmente, produziria seus bandidos em forma de banditismo erudito ou revolucionário.[22] Não produziria, porém, o grande contingente de miseráveis que transgridem a lei para comer, ou que vão para a prisão como se vai para onde há teto, cama e comida.

A hegemonia da prisão, entre os métodos de punição, parece estar ligada à valorização da disciplina, ligada, portanto, à descoberta do corpo como algo a que se pode imprimir cadência, impor tempos e espaços. O corpo torna-se alvo e objeto de poder, tornando-se útil e manipulável. Sua utilidade está, diretamente, vinculada à sua docilidade. "Desta forma, permite-se o controle minucioso das operações do corpo, que realizam a sujeição constante de suas forças e lhe impõe uma relação de docilidade-utilidade... Os métodos que permitem o controle minucioso das operações do corpo são o que podemos chamar 'disciplinas'. Muitos processos disciplinares existiam há muito tempo: nos conventos, nos exércitos e nas oficinas também. Mas as disciplinas se tornaram, no decorrer dos séculos XVII e XVIII, fórmulas gerais de dominação."[23]

A prisão representa o momento mais terrível da organização burocrática, é o momento da coerção. As prisões podem incluir produção e, certamente, ideologia; constituem, porém, instituições predominantemente coercivas. De resto, enquanto organização caracterizada pelo isolamento, configuram o que chamamos instituições totais, isto é, locais de residência e trabalho, separados da sociedade por determinado tempo, levando uma vida fechada, formalmente administrada. Nelas dá-se o controle de necessidades humanas pela organização burocrática de grupos completos de pessoas. Como outras instituições totais, as prisões caracterizam-se pela separação,

---

[22] E. J. Hobsbawn. *Bandidos*. Rio de Janeiro: Forense Universitária, 1955.

[23] Michel Foucault. *Vigiar e punir*. Petrópolis: Vozes, 1977, p. 126.

entre o quadro dirigente e o grande grupo de internados. Aos segundos cabem rebaixamentos, degradações e profanações, através da mortificação do "eu". Na prisão não cabem identidades, cabe a ruptura com o passado e com a sociedade dos livres. Os uniformes, números e rituais apenas traduzem uma impessoalidade levada a seus limites mais extremos.[24]

As instituições totais geralmente associam-se ainda à estigmatização daqueles que por ela passam, ao contrário de outras organizações burocráticas. Como afirma Goffman, "nos muitos casos em que a estigmatização do indivíduo está associada com sua admissão a uma instituição de custódia, como uma prisão, ..., a maior parte do que ele aprende sobre o seu estigma ser-lhe-á transmitida durante o prolongado contato íntimo com aqueles que irão transformar-se em seus companheiros de infortúnio".[25] O estigma, porém, não separa estigmatizado e normal. Ele é algo que apenas se define em uma dada situação social.

No mais, prisão é controle, é disciplina, é hierarquia, é absoluta centralização decisória, é absoluta separação dirigente–dirigido e, em muitos casos, utilização econômica do corpo. Lembrando Foucault,[26] cabe perguntar por que não se aceitaria a prisão se o que ela faz é reproduzir a maior parte dos processos correntes na sociedade. Uma resposta possível é que tais processos podem e devem ser repensados, como deve e pode ser repensada a organização burocrática. A burocracia moderna nasceu na produção e no Estado e organizou, na égide do controle social, praticamente todas as instituições. O Estado moderno é, provavelmente, a organização burocrática que melhor sintetiza a produção, a ideologia e a repressão. Planejar, organizar, dirigir e controlar continuam sendo as palavras de ordem da burocracia. Será sempre assim? A resposta cabe a todos nós.

Bibliografia

ALTHUSSER, Louis. *Ideologia e aparelhos ideológicos do Estado*. São Paulo: Martins Fontes, 1968.

BARBIERI, Marcelo F. "A escola como organização", mimeo. São Paulo: EAESP/FGV, 1978.

---

[24] Erving Goffman. *Manicômios, prisões e conventos*. São Paulo: Perspectiva, 1974, p. 13-108.

[25] Idem. *Estigma*. Rio de Janeiro: Zahar, 1975, p. 46.

[26] Michel Foucault, *op. cit.*

BASAGLIA, Franco (organizador). *L'institution en negation*. Paris: Seuil, 1973.

BOURDIEU, Pierre. "L'école conservatrice". *Revue française de sociologie*, VII, 1966.

BOURDIEU, Pierre e PASSERON, Jean Claude. *A reprodução – elementos para uma teoria do sistema de ensino*. São Paulo: Francisco Alves, 1975.

BRESSER-PEREIRA, Luiz Carlos. *Estado e subdesenvolvimento industrializado*. Brasiliense, 1977.

_____. "Notas introdutórias ao modo tecnoburocrático ou estatal de produção". *Cadernos CEBRAP*, nº 20, abril/junho de 1977.

CHANDLER, Alfred D. *Strategy and structure: chapter in the history of the American industrial enterprise*. Garden City: Doubleday, 1966.

ESTABLET, Roger e BAUDELOT, Christian. *La escuela capitalista*. México: Siglo Veinteuno, 1975.

FOUCAULT, Michel. *Vigiar e punir*. Petrópolis: Vozes, 1977.

FREITAG, Barbara. *Escola, Estado e Sociedade*. São Paulo: EDART, 1977.

GARCIA, Fernando C. "Democracia interna em organizações formais: uma crítica radical". Porto Alegre: URGS, mimeo.

GOFFMAN, Erwing. *Manicômios, prisões e conventos*. São Paulo: Perspectiva, 1974.

_____. *Estigma*. Rio de Janeiro: Zahar, 1975.

GRIGNON, Claude. "A moral técnica", mimeo. São Paulo: EAESP/FGV.

HOBSBAWN, E. J. *Bandidos*. Rio de Janeiro: Forense Universitária, 1955.

HYMER, Stephen. *Empresas multinacionales: la internalización del capital*. Buenos Aires: Periferia, 1974.

KALECKI. *Teoría de la dinámica económica*. México: Fondo de Cultura Económica, 1956.

LANGE, Oscar. *Moderna economia política*. Rio de Janeiro: Fundo de Cultura, 1963.

LOBROT, Michel. *Pedagogia institucional*. Lisboa: Iniciativas Editoriais, 1974.

MARX e HOBSBAWN. *Formações econômicas pré-capitalistas*. Rio de Janeiro: Paz e Terra, 1976.

POULANTZAS, Nicos. "Escola em questão". *Tempo brasileiro*, nº 35, Rio de Janeiro.

SCHWARCZ, Luiz e HATHEYER, Lucy. "A prisão como organização". São Paulo: EAESP/FGV, 1978, mimeo.

TRAGTENBERG, Maurício. "A escola como organização complexa". In: Jorge da Silva *et alli* (organizadores). *Educação brasileira contemporânea: Organização e funcionamento*. São Paulo: McGraw-Hill, 1976.

_____. "Administração, poder e ideologia". São Paulo: EAESP/ FGV, 1978, mimeo.

WEBER, Max. *Economía y sociedad* (2ª edição espanhola, baseada na 4ª edição alemã de 1956). México: Fondo de Cultura Económica, 1964.

Capítulo 9

Organização e Automação

Neste capítulo, procuraremos lançar nossas vistas sobre o futuro. Como serão as organizações no futuro próximo? Quais as modificações que observaremos em relação aos homens que trabalham para as organizações? Continuarão eles a exercer as mesmas atividades? Manterão a mesma atitude em relação à organização? Ou teremos modificações profundas? E quais as tendências em relação à estrutura organizacional? Teremos maior descentralização ou haverá um movimento inverso em direção à centralização? De que formas se revestirá o processo de burocratização ora em curso? Continuarão as organizações a se tornar cada vez maiores, ou já atingimos o limite de crescimento possível?

Esses são alguns dos problemas que pretendemos abordar neste capítulo. Tentaremos prever as linhas mestras da futura evolução das organizações. Sabemos das limitações que um tipo de trabalho dessa natureza apresenta. A previsão do futuro é sempre uma aventura, embora constitua, em última análise, o objetivo de toda a ciência. O homem só pode controlar o universo que o rodeia e, assim, atender a suas necessidades, na medida em que o conhecimento humano em geral e as ciências em particular lhe permitem prever o futuro. As leis científicas não passam, na verdade, de previsões sobre o comportamento dos seres – desde a matéria sem vida até os homens. A lei da gravidade ou a lei da oferta e da procura permitem-nos prever como se comportarão os corpos soltos no espaço ou os homens no mercado, orientando, assim, nossa ação, se quisermos lançar um satélite no espaço ou um produto no mercado. Apesar, no entanto, da importância de que se reveste a previsão do futuro, esta é sempre arriscada. Podemos facilmente nos desviar da análise científica para a ficção científica. Esperamos, todavia, poder evitar esse perigo, não só porque tomaremos uma série de precauções contra os excessos da imaginação, como também porque nossa previsão da organização do futuro é a curto prazo. Não pretendemos saber qual será a organização do ano 3000. Interessa-nos, isto sim, a forma que a organização já revela tendencialmente.

A previsão do futuro só tem sentido na medida em que orienta nossa ação e nos permite melhor controlar o mundo que nos rodeia. Se soubermos prever, pelo menos em linhas gerais, o que serão as organizações, a menos que uma mudança radical ocorra, nas próximas décadas, não só teremos mais controle sobre esse futuro e poderemos em parte modificá-lo, como também poderemos nos preparar e nos adaptar melhor para o dia de amanhã.

Dentro de um prazo assim curto não será uma tarefa extremamente difícil prever o futuro das organizações. Bastará que examinemos as tendências atuais, verificando até que ponto elas já atingiram o máximo de suas potencialidades. Nessa análise, nosso trabalho será facilitado se partirmos do princípio de que existe uma estreita correlação entre o desenvolvimento tecnológico e o desenvolvimento social. Será o desenvolvimento tecnológico a variável que, em última análise, determinará as características fundamentais de que se revestirá a organização do futuro. No passado, cada inovação tecnológica trouxe modificações profundas na estrutura e no funcionamento dos sistemas sociais em geral e das organizações em particular. Já vimos que estas últimas só começaram a alcançar um lugar predominante na sociedade após a grande transformação tecnológica que foi a Revolução Industrial. A Segunda Revolução Industrial – ocorrida no final do século XIX e no começo do século XX, com a aplicação industrial da eletricidade, a invenção do motor a explosão, o desenvolvimento da indústria química e a introdução das técnicas de produção em massa, principalmente da linha de montagem –, essa profunda transformação tecnológica que teve como centro os Estados Unidos, causou também profundos efeitos nas organizações. As grandes empresas burocráticas, que hoje dominam a economia dos países industrializados, ao mesmo tempo que estão sendo introduzidas nos países subdesenvolvidos em fase de industrialização, são frutos dessa transformação tecnológica. Nos últimos anos, outra revolução tecnológica vem ocorrendo – a automação. Será provavelmente em função desse fato que se definirá a organização do futuro.

Antes de examinarmos o problema da automação, porém, torna-se necessário um esclarecimento. A automação será a transformação tecnológica por excelência que marcará o desenvolvimento das economias dos países industrializados nos próximos anos. Mas será o mesmo fato verdade em relação a um país como o Brasil? Não seria de esperar que, sendo o Brasil um país tão menos desenvolvido economicamente do que, por exemplo, os Estados Unidos, sua empresa, no futuro próximo, seria a empresa que hoje já existe nos Estados Unidos? E não estaríamos, assim, desperdiçando esforço ao procurarmos, no Brasil, prever o que será a organização do futuro nos países industrializados?

Embora essa objeção deva ser levantada, não nos parece difícil respondê-la. Em primeiro lugar, não pretendemos esquecer as condições peculiares das organizações brasileiras. Em segundo lugar, não é certo que as empresas brasileiras de daqui a 20 ou 30 anos serão iguais às empresas de hoje dos países desenvolvidos. Uma das poucas vantagens que têm os países subdesenvolvidos em relação aos desenvolvidos está no fato de poderem saltar ou pelo menos conjugar as etapas de seu desenvolvimento, adotando as inovações tecnológicas dos países mais avançados. Não podendo transformar de um golpe toda sua estrutura econômica e tecnológica, os países subdesenvolvidos fazem conviver diversas formas de produção. É de esperar, portanto, que, com uma defasagem muito pequena de tempo, a revolução tecnológica da automação, que vem ocorrendo nos países industrializados, venha atingir países como o Brasil, que já possuem amplo parque industrial. De qualquer modo, cumpre salientar a coexistência no Brasil de empresas multinacionais e nacionais altamente modernas e de empresas que não se destacariam muito daquelas da Inglaterra da Revolução Industrial.

> *Automação: a nova tecnologia*

A organização em perspectiva definir-se-á em função da nova tecnologia que está surgindo – a automação. Coloca-se, portanto, uma pergunta prévia: o que é a automação? A partir do fim da Segunda Guerra Mundial, e particularmente depois que John Diebold publicou o primeiro livro sobre automação, nos Estados Unidos, em 1952,[1] esse termo começou a ser mais e mais usado, ao mesmo tempo que um número crescente de empresas procurava

---

[1] John Diebold. *Automation:* the advent of the automatic factory. Nova York: D. Van Nostrand, 1952.

automatizar suas fábricas e escritórios. A automação estava na moda. Grande número de artigos começa a ser publicado a respeito. Cursos, conferências, seminários são organizados sobre automação. Em 1954 aparecem três novas revistas sobre automação.[2] Uma quarta revista muda seu nome para nele incluir a palavra "automação".[3] Os fabricantes de equipamentos industriais passam a usar em sua propaganda o apelo da automação. Organizam-se exposições industriais sobre a automação. As empresas eletrônicas, fabricantes de computadores – a máquina por excelência que permitiu o advento da automação – e de instrumentos de processamento mecânico de dados, têm grande desenvolvimento.

Ao mesmo tempo, porém, em que a automação se tornava a palavra de ordem dos meios industriais norte-americanos e logo em seguida europeus, abrindo novas perspectivas de aumento da produtividade e de desenvolvimento econômico, a automação causava preocupações. Norbert Wiener, professor do Massachusetts Institute of Technology e um dos mais respeitados e universais intelectuais norte-americanos, considerado ao mesmo tempo um matemático, um lingüista e um filósofo, foi, por exemplo, um dos grandes responsáveis pelo desenvolvimento da automação, havendo escrito, ainda em 1948, um célebre livro, no qual introduziu a expressão "cibernética", para significar o "controle e a comunicação nos animais e nas máquinas", e foi também um dos homens que mais advertiu seus contemporâneos sobre os perigos que a automação trazia. Nesse livro, dizia ele: "é preciso que nos lembremos de que a máquina automática, não importa se pensemos que ela tem ou não sentimentos, representa o equivalente econômico exato do trabalho escravo. Qualquer trabalhador que compita com trabalho escravo deve aceitar as condições do trabalho escravo. É perfeitamente claro que isso produzirá uma situação de desemprego, em comparação com a qual a presente recessão e mesmo a depressão da década de trinta serão uma divertida anedota".[4]

Foi ele também quem preveniu a humanidade contra os perigos da máquina que não só é capaz de pensar como também de aprender e autodesenvolver-se. Não pretendemos, porém, discutir os efeitos econômicos e

---

[2] *Automatic control*, Reinhold; *Automation*, Penton; *Control engineering*, McGraw-Hill.

[3] *Instruments and automation*, Instruments.

[4] Norbert Wiener. *Cybernetics, or control and communications in the animal and he machine*. Nova York: John Wiley, 1948. Um livro mais acessível de Wiener sobre o assunto é *The humam use of human beings – cybernetics and society*. Garden City, Nova York: Doubleday, 1954.

sociais em geral da automação. Muito menos pretendemos examinar esses efeitos de um ponto de vista moral. É nosso objetivo apenas procurar determinar quais as conseqüências que terá a automação sobre a organização. E para isso é necessário, antes de mais nada, definir a automação.

Por ter sido usada por tantas pessoas, em situações tão diferentes e para objetivos tão diversos, a automação está longe de ter um conceito tranqüilo, assentado. Na medida, por exemplo, em que passou a apresentar um apelo de vendas e, portanto, a ser usada como argumento promocional, a automação adquiriu amplitude maior. Cada fabricante de equipamento pretendia que seu produto estivesse enquadrado dentro do programa de automação de uma empresa.

Na verdade, ao examinarmos os diversos conceitos de automação, podemos reuni-los em dois grupos: o primeiro grupo afirma que automação não passa de uma mecanização mais avançada; o segundo grupo defende a tese de que a automação envolve o emprego de métodos de produção radicalmente novos, controlados automaticamente por máquinas eletrônicas capazes de se auto-regular, ou seja, pelos computadores.

Entre aqueles que se situam no primeiro grupo encontramos D. S. Harder, vice-presidente da Ford, a quem é atribuído o uso, pela primeira vez, da palavra *automação*. Em 1946, em uma reunião em que estavam sendo estudados o *layout* e os equipamentos de uma nova fábrica, usou ele a palavra *automação* para significar o emprego de máquinas automáticas para transferir ou transportar em fabricação de uma máquina para a outra sem a intervenção de controle humano.

Robert W. Burgess, diretor do Escritório do Censo, do governo americano, situa-se também no primeiro grupo. Disse ele: "penso que 'automação' é uma palavra nova para designar um processo que já nos é familiar e que consiste em confiar às máquinas tarefas cada vez mais numerosas, visto que elas trabalham mais, com maior rapidez e melhor. Há aproximadamente um século nos acostumamos com uma crescente mecanização".[5] No mesmo sentido, declarou Don G. Mitchell, presidente da Silvania Electric Products, Inc.: "Automação é simplesmente a mais recente palavra para expressar mecanização, a qual vem acontecendo desde que a Revolução Industrial começou".[6]

---

[5] Citado em Friedrich Pollock. *La automación:* sus consecuencias económicas y sociales. Buenos Aires: Editorial Sudamericana, 1959, p. 22.

[6] Citado em James R. Bright. *Automation and management*, Graduate School of Business Administration. Boston: Harvard University Press, 1958, p. 239.

Já no segundo grupo encontramos definições em que automação não se confunde com mecanização. Diz John Diebold, um dos principais responsáveis pela introdução do termo *automação*: "A automação significa muito mais do que a tecnologia da retroação ('feedback'). Difere da mecanização pela forma específica pela qual encara os problemas da produção. A automação exige que se entenda a produção como um sistema integrado e não como uma série de processos individuais determinados pela distribuição econômica das capacidades do homem ou da máquina. A automação é uma forma de pensar, uma forma de encarar a produção; possui seus métodos próprios e sua tecnologia específica. É, antes de mais nada, certo estado de espírito, uma 'filosofia', por assim dizer, muito mais do que uma tecnologia especial (aparelhos eletrônicos). É uma espécie de idéia-força, tão revolucionária, a seu modo, como a idéia da linha de montagem de Henry Ford".[7] Walter P. Reuther, conhecido líder sindical da indústria automobilística norte-americana, definiu a automação, perante uma comissão do Congresso, da seguinte forma: "A automação é a segunda fase da Revolução Industrial... A automação trouxe para o processo tecnológico um desenvolvimento completamente novo, porque, além de substituir a força humana pela força mecânica, significa a substituição do julgamento humano pelo julgamento mecânico – as máquinas começam a substituir o processo de pensamento que até agora fora realizado exclusivamente pela mente humana, por um processo de pensamento de base mecânica".[8] Uma última definição: "A automação é a execução de um trabalho com a ajuda de um mecanismo integrado, que consome energia e funciona inteiramente sem energia humana direta, sem a ajuda da destreza, da inteligência ou da fiscalização do homem".[9]

A nosso ver, as definições do segundo grupo estão bem mais próximas de traduzir o que seja automação do que as do primeiro, que pretendem ver no processo tecnológico um *continuum*. Há certos momentos em que o processo tecnológico dá um salto, e foi isso o que ocorreu, a partir da Segunda Guerra Mundial, com o desenvolvimento da teoria de comunicações e controle e com o surgimento dos computadores.

Na verdade, é possível distinguir perfeitamente a mecanização da automação. Aquela implicava, essencialmente, a substituição crescente da energia

---

[7] Citado em Friedrich Pollock, *op. cit.*, p. 23-24.

[8] Citado em James E. Bright, *op. cit.*, p. 239.

[9] Ted F. Silvey, em Friedrich Pollock, *op. cit.*, p. 25.

humana pela energia mecânica. Esta substitui não só a energia humana, mas também a capacidade de pensar e autocontrolar-se, que são próprias dos homens, por energia e capacidade de pensar e autocontrolar-se mecânicas. A simples mecanização caminhava no sentido da integração do processo de produção, tornando-o contínuo, mas essa integração só se tornou possível quando, além do desenvolvimento dos equipamentos mecânicos de transporte e manipulação dos materiais em fabricação (o que poderia ainda se enquadrar dentro do processo de mecanização), introduziu-se um sistema de controle automático da produção através de máquinas eletrônicas.

A retroação (em inglês, *feedback* ou *closed loop*) está na base de toda a transformação tecnológica que estamos chamando de automação. Embora se trate de um conceito antigo, foi desenvolvida especialmente por Norbert Wiener, dentro de sua teoria matemática das comunicações e de controle, "cibernética", logo após a Segunda Guerra Mundial. A retroação faz parte de uma teoria do controle simplesmente na medida em que se constitui em uma espécie particular de controle realizado automaticamente por máquinas. Inclui-se na teoria das comunicações, porquanto não há controle sem comunicação. Conforme diz Wiener, "a teoria do controle na engenharia, seja o controle humano, animal ou mecânico, é um capítulo da teoria das mensagens",[10] ou seja, das comunicações. A cibernética é uma teoria de comunicações e controle não só entre seres vivos, mas também entre máquinas, já que não existe uma diferença essencial entre os dois tipos de comunicação e controle. Diz Wiener: "Os numerosos autômatos da nossa época se encarregam tanto de receber impulsos como de atuar em relação ao mundo exterior. Possuem órgãos sensoriais, órgãos motores e o equivalente a um sistema nervoso, que transmite 'informações' de uns para outros. É perfeitamente possível descrever esses órgãos por meio de conceitos biológicos. Não é, portanto, assombroso que a mesma teoria explique tais autômatos tal como explica os automatismos biológicos".[11]

Em termos simples, a retroação consiste em um sistema de autocontrole ou autocorreção em circuito fechado (*closed loop*). A máquina "percebe" o que está ocorrendo em relação à operação que está realizando e, se verificar que alguma variável já saiu ou tende a sair dos padrões estabelecidos, informa o sistema de controle da máquina (*feedback*), que de imediato corrige automaticamente a anomalia. Em outras palavras, a máquina retroage

---

[10] Norbert Wiener. *The humam use of human beings*, op. cit., p. 16-17.

[11] Idem. *Cibernetics*, citado em Friedrich Pollock, *op. cit.*, p. 34.

(retroação), modifica o que fora feito anteriormente, de forma a automaticamente se controlar. Esse é um sistema de controle "em circuito fechado", em oposição ao controle mais comum, "em circuito aberto". O circuito de controle é constituído de quatro fases: 1) medição dos resultados; 2) comparação dos resultados com os padrões preestabelecidos; 3) tomada de decisão sobre o que fazer; e 4) ação corretiva. Quando, no controle do trabalho de uma máquina, torna-se necessária em qualquer uma dessas fases a presença de um ser humano, temos um circuito aberto. Quando, porém, a máquina é capaz de autocorrigir-se, temos um circuito fechado; o controle é por retroação.

A retroação não é um fenômeno novo. James Watt, por exemplo, desenvolveu um sistema de controle da velocidade da máquina a vapor por ele inventada, que obedecia aos princípios da retroação. A velocidade deveria permanecer constante, não obstante variasse a quantidade de esforço requerido da máquina. Esse objetivo era atingido por meio de um sistema mecânico que permitia automaticamente a entrada de maior ou menor quantidade de vapor da máquina, conforme fosse maior ou menor o esforço dela requerido. O controle de um forno através de um termostato é outro exemplo simples de controle por retroação. O termostato admite maior ou menor quantidade de calor no forno, automaticamente, de forma a manter a temperatura a um nível constante preestabelecido.

Se o controle por retroação não é um fenômeno novo, era, no entanto, um sistema de controle de raro uso. Isso porque os meios mecânicos de que se dispunha para realizar o autocontrole eram inadequados. Foi só com o advento dos computadores, em que todo o processo de controle é antes eletrônico do que mecânico, que se tornou possível o uso intensivo, para grande variedade de situações, do controle por retroação. Sendo capazes de realizar todas as operações do circuito de controle, desde a medição dos resultados e a comparação com um padrão preestabelecido até a tomada de decisão e o encaminhamento da ação corretiva, sem intervenção humana, os computadores permitiram que se fechasse o circuito de controle. Utilizados inicialmente para fins militares (entre outros, construção de tabelas de trajetórias de balas), durante a Segunda Guerra Mundial, logo passaram a ser produzidos comercialmente para uso das empresas, ao mesmo tempo que eram cada vez mais desenvolvidos e aperfeiçoados. E foram eles, conjugados com o princípio do controle por retroação, que permitiram que surgisse a automação. É claro que um terceiro fator era ainda necessário – o desenvolvimento das máquinas automáticas, especialmente das máquinas de manipulação de materiais. Mas, a partir do advento do sistema "Hollerith" de processamento de dados e da válvula eletrônica, os computadores surgiram como o fato radicalmente novo e revolucionário que tornou efetivamente possível a automação.

Em síntese, a automação é um processo integrado e contínuo de produção, em que o controle humano se limita à programação dos computadores, os quais, realizando um controle por retroação, dirigem automaticamente o fluxo dos materiais e o trabalho das máquinas executoras. Nesses termos, é um processo revolucionário de produção, é uma nova tecnologia, que modifica as organizações e define as linhas gerais de seu desenvolvimento.

> ❯ O homem e a máquina

A conseqüência mais geral da automação é a substituição do homem pela máquina. Herbert Simon – notável especialista em problemas administrativos norte-americanos, que vem tentando aliar os novos desenvolvimentos da matemática aplicada aos computadores às pesquisas de caráter psicológico e sociológico, para formular uma nova teoria da organização, baseada nos centros de decisão – escreveu um trabalho sobre esse problema da substituição do homem pela máquina, no qual diz: "dentro de um futuro muito próximo – muito menos do que 25 anos – nós teremos a capacidade *técnica* de substituir por máquinas toda e qualquer função humana nas organizações".[12] Sigamos por algum tempo o raciocínio desse autor. Sublinha ele a palavra "técnica" para que fique claro que, embora considere provável que em um futuro próximo as máquinas possam, do ponto de vista técnico, substituir qualquer função humana na organização, o mesmo não é verdade do ponto de vista econômico.

Do ponto de vista econômico, diz Simon que o fator que decidirá se o homem será substituído pela máquina ou não é a lei das vantagens comparativas, que nos é ensinada pela teoria econômica. Mesmo que as máquinas, eventualmente, venham a se tornar mais eficientes do que os homens em todas as operações, os homens ainda terão oportunidade de trabalhar naquelas atividades em que sua desvantagem comparativa for menor.

Essa perspectiva, porém, de as máquinas tornarem-se mais eficientes do que o homem em todas as atividades dentro de uma organização é a nosso ver longínqua. Dentro de um futuro próximo, com o advento da

---

[12] Herbert A. Simon. "The corporation: will it be managed by machines?". In: Melvin Anshen e George Leland Bach (organizadores). *Management and corporations 1985*. Nova York: McGraw-Hill, 1960, p. 22.

automação, o homem perderá sua vantagem em eficiência sobre a máquina em maior número de funções. Será mais barato e mais produtivo usar máquinas em vez de homens em número crescente de atividades dentro das organizações. Os homens, no entanto, conservarão uma vantagem não comparativa mas absoluta sobre as máquinas na execução de determinadas funções. Dessa forma, será simplesmente a lei econômica que levará as organizações a usar determinado fator de produção (trabalho ou capital) até o momento em que seu preço se igualar a sua produtividade marginal, que determinará, como já vem determinando, o grau de substituição do trabalho humano pelo trabalho mecânico.

Em um futuro mais longínquo, é possível, porém, que as máquinas comecem a obter uma vantagem absoluta em todas as atividades. Nesse momento, então, teremos que aplicar a lei das vantagens comparativas, para que o homem continue a participar do processo de produção. Assim, por exemplo, se um computador for mil vezes mais eficiente do que os funcionários encarregados do controle de estoque, mas apenas dez vezes mais eficiente do que uma secretária, é provável que o número de secretárias reduzir-se-á muito menos do que o de funcionários encarregados do controle de estoque.

Já que a substituição do homem pela máquina se processará segundo critérios de eficiência, pergunta-se: como se compara o homem com a máquina depois do advento da nova tecnologia da automação? Sobre o assunto, Simon tem algumas idéias interessantes. Diz ele: "Visto como um recurso na produção, um homem é um par de olhos e ouvidos, um cérebro, um par de mãos, um par de pernas, e alguns músculos para o emprego da força. A automação procede de duas maneiras: (a) fornecendo meios mecânicos para a realização de funções anteriormente realizadas por homens e (b) eliminando algumas dessas funções. Além disso, os meios mecânicos que substituem o homem podem ter caráter não especializado (como o homem), ou altamente especializado. O motor a vapor e o motor elétrico são substitutos relativamente não especializados para os músculos. Uma máquina de embalar manteiga é um substituto especializado para um par de mãos que elimina algumas atividades cerebrais e oculares que o embalador de manteiga deveria executar. Um sistema de retroação para controlar a temperatura de um processo químico é um substituto especializado para olhos, cérebro e mãos. Um computador empregado na preparação de folhas de pagamento é um substituto relativamente não especializado para olhos, cérebro e mãos. Uma moderna máquina-ferramenta de funções múltiplas é um instrumento especializado que elimina muitos dos processos de posicionamento (executados com o uso de olhos, cérebro e mãos) que antes eram necessários em uma seqüência de operações mecânicas."[13]

Nos exemplos apresentados anteriormente, temos tanto casos de automação como de mecanização. A máquina de embalar manteiga é um típico exemplo de mecanização, ao passo que o controle da temperatura de um processo químico mediante um sistema de retroação pertence ao campo da automação. Em ambos os casos, o resultado é o mesmo: a substituição do homem pela máquina. Mas o grau de substituição é diferente. No caso da mecanização, como observa Simon, houve uma rápida substituição da energia muscular pela mecânica e verificou-se a introdução de algumas máquinas especiais que substituem os olhos, o cérebro e as mãos em algumas operações simples, repetitivas. A mecanização do transporte foi outro desenvolvimento típico da mecanização.

Apesar de todo esse desenvolvimento, o homem continuava a levar vantagem sobre a máquina: "(1) no uso de seu cérebro como um instrumento flexível, não especializado, de solução de problemas; (2) no uso flexível de seus sentidos e de suas mãos; e (3) no uso de suas pernas, em terreno tanto irregular como regular, para tornar esse sistema não especializado de sentir, pensar e manipular disponível onde quer que fosse necessário".[14] Em outras palavras, o homem continuava a levar vantagem sobre a máquina na medida em que era capaz de pensar e agir flexivelmente. A grande superioridade do homem estava em sua capacidade de tomar decisões sobre problemas os mais variados e de locomover-se com grande facilidade (usando, inclusive, meios mecânicos para auxiliá-lo) em qualquer tipo de terreno, de forma a poder aplicar sua capacidade flexível de pensar, de manipular e de sentir em qualquer local.

Com o advento da automação, essas vantagens mantidas pelos homens começariam a sofrer sérias restrições, especialmente no campo da produção, no seio das organizações burocráticas. Vejamos, assim, quais são as perspectivas de substituição do homem pela máquina nos diversos níveis de administração: no nível inferior, no médio e entre os administradores de cúpula.

A conseqüência mais óbvia da automação é a redução, inicialmente em termos relativos, e depois em termos absolutos, do número de operários, de empregados diretamente engajados na produção. A redução relativa do número de operários já vem ocorrendo há algum tempo. Segundo dados do

---

[13] Idem, p. 30.

[14] Idem, p. 31.

Escritório de Estatística do Trabalho, do governo americano, vem-se verificando uma significativa mudança na distribuição dos empregos nos Estados Unidos. Durante o período de 1947-57, a taxa de crescimento do número de operários havia sido 15 vezes menor do que a taxa de crescimento do número de empregados em profissões liberais, vendas, funcionários de escritório, pessoal administrativo etc., enfim, de todos os empregados não diretamente engajados na produção.[15]

Essa redução do número de operários é bem ilustrada pela informação que nos prestou Howard Gambrill, Jr., vice-presidente da Gillette nos Estados Unidos. Segundo ele, à taxa de produtividade por empregado de 1929, sua empresa deveria ter 100 mil empregados para alcançar a mesma produção obtida em 1957, com 10 mil empregados.[16] E a Gillette estava longe de ser uma empresa plenamente automatizada. Na organização automatizada, portanto, é de esperar que o número de operários e também o número de empregados de escritório (com a automação da contabilidade, do processamento de pedidos, da aprovação de crédito, da extração de notas, do controle de estoque, da elaboração de folha de pagamento etc.) reduza-se drasticamente.

A organização do futuro terá provavelmente um número reduzido de operários e empregados de escritório. Significará isso desemprego? Não estamos, neste trabalho, interessados nos efeitos econômicos e sociais da automação externos à organização. Julgamos, no entanto, que o mais provável que aconteça é que haja grande transferência de empregados para outros setores (uma continuação da tendência já atualmente observada), especialmente para vendas e serviços pessoais, ao mesmo tempo que se reduzirá o número de horas de trabalho.

Entretanto, essa redução drástica do número de empregados diretamente engajados na produção e nos trabalhos repetitivos de escritório parece ser negada por uma pesquisa levada a efeito pela revista *American machinist*, com 1574 empresas. Segundo essa pesquisa, 22% das companhias entrevistadas utilizavam a automação de uma ou de outra forma, e essa porcentagem variava de 10%, entre as empresas com menos de 50 empregados, até 53%, para as empresas com mais de mil empregados. Desses 22% de empresas que usavam automação, em cerca de metade o número de empregados manteve-se imutável, em cerca de um quarto o número de empregados aumentou

---

[15] "Nonproductive worker in factories". *Monthly labor review*, nº 80, citado em John M. Pfiffner e Frank P. Sherwood. *Administrative organization*, op. cit., p. 126.

[16] Howard Gambrill, Jr. "The multiple-factory system". *Toward the factory of the future*, Special Report nº 28. Nova York: American Management Association, 1957, p. 71.

21% e no restante, um quarto das empresas, o número de empregados reduziu-se, mas apenas 16%.[17] Os resultados dessa pesquisa, no entanto, não devem ser levados em consideração, não só porque não foi feita uma distinção entre empregados diretamente engajados na produção de empregados não engajados na produção, como também, e principalmente, não foi feita distinção entre simples mecanização e automação.

A substituição de operários e funcionários de escritório que realizam tarefas repetitivas por máquinas será, portanto, uma típica característica da organização do futuro. É preciso, no entanto, lembrar que, exceto em relação às indústrias químicas, em que a produção já é realizada em grande parte por processo altamente automatizado, não se pode esperar grande avanço da automação nos próximos anos. É mais provável que a automação, em futuro próximo, supere mais a vantagem de flexibilidade de pensar do homem do que a flexibilidade de agir, de locomover-se rapidamente, de observar o que está ocorrendo e de manipular as máquinas. Por mais que se tenham desenvolvido as técnicas de transporte e operação automática de peças a serem montadas, há ainda muitos problemas para os quais não foram encontradas soluções, ao passo que os equipamentos de escritório tiveram um desenvolvimento tão grande que se pode prever um processo de automação mais rápido no escritório do que na fábrica. E é provavelmente devido a esse fato que Herbert Simon afirma: "Com base na observação não sistemática das modificações que vêm ocorrendo nas fábricas atualmente, pode-se suspeitar que a fábrica típica de 1985 não será plenamente automática. Mais provavelmente, a fábrica típica terá atingido, digamos, o nível de automaticidade que já foi atingido em 1960 pelas mais modernas refinarias de petróleo ou empresas geradoras de eletricidade".[18] Não só, portanto, não devemos pretender que a organização do futuro próximo que estamos procurando descrever tenha seu número de operários reduzido a praticamente zero, como também devemos lembrar que a automação deverá ter maior ou menor facilidade de penetração, conforme o setor industrial e o tamanho da empresa. Já em 1957, por exemplo, enquanto o investimento por empregado na média das indústrias manufatureiras era de 12 mil dólares, a média nas refinarias de petróleo era de 70 mil dólares.[19] Além

---

[17] *American machinist*, Special Report nº 402, citado em Friedrich Pollock, *op. cit.*, p. 148.

[18] Herbert A. Simon, *op. cit.*, p. 26.

[19] George J. Martin. "Maintenance operations in the plant of the future". *Toward the factory of the future, op. cit.*, p. 27.

disso, mesmo os empregados de escritório podem muito bem estar sendo proletarizados. Não resta dúvida de que já estão submetidos à "racionalização", ao controle do processo e do produto de seu trabalho. De resto, em 1979, o capitalismo mostrou enorme capacidade de reprodução da força de trabalho operário.

Por mais automatizada, de qualquer forma, que seja a fábrica do futuro, sempre restarão operários. De que tipo serão eles? Serão de nível mais elevado, ou mais baixo? Tudo indica que a primeira hipótese seja mais provável. Os operários do futuro deverão ser pessoas altamente treinadas. A Revolução Industrial substituiu os artesãos altamente especializados por operários semi-especializados, encarregados de realizar tarefas repetitivas. Agora, a revolução da automação parece apontar exatamente na outra direção. As tarefas repetitivas, mecânicas que o operário deveria executar na linha de montagem, por exemplo, serão as primeiras que passarão a ser eliminadas. Em seu lugar surgirão uns poucos operários altamente qualificados, cujo trabalho não terá caráter rotineiro, previamente programado. Peter Drucker é claro a esse respeito. Diz: "as transformações tecnológicas que atualmente ocorrem (automação)... não farão o trabalho humano supérfluo. Pelo contrário, exigirão um imenso número de homens altamente treinados e especializados – administradores para pensar e planejar, técnicos e operários para desenhar as novas máquinas, para produzi-las, mantê-las e dirigi-las. Na verdade, o maior obstáculo para o rápido desenvolvimento dessas transformações será quase certamente a falta, em todos os países, de homens suficientemente treinados".[20] É possível, portanto, prever que a deficiência de homens altamente especializados será um típico ponto de estrangulamento para o desenvolvimento da organização do futuro. Porque, conforme lembram Schultz e Baldwin, do Massachusetts Institute of Technology, "a automação não elevará o nível das pessoas; só elevará o nível do trabalho".[21] Exemplo da elevação do nível do trabalho provocado pela automação nos é dado pela Ford. Esta empresa, ao instalar unidades automatizadas, foi levada a procurar em suas demais fábricas os operários mais inteligentes e qualificados para operar as novas unidades.[22] Outro exemplo

---

[20] Peter Drucker. *The practice of management*, op. cit., p. 22.

[21] George P. Schultz e George B. Baldwin. "The effect of automation on industrial relations", em *Monthly labor review*, Washington, junho de 1955, p. 11, citado em Friedrich Pollock, op. cit., p. 146.

[22] Friedrich Pollock, op. cit., p. 146.

nos é dado pela própria fabricação dos computadores mais modernos em microcircuito, que não pode ser acelerada pela falta de operários cujo treinamento leva longos anos.

Pergunta-se agora: que tipo de trabalho realizarão esses operários mais altamente qualificados nas organizações no futuro próximo? Podemos imaginar três tipos básicos de trabalho:

1. Teremos um número relativamente grande de empregados realizando uma série de funções em que, especialmente pela flexibilidade de locomoção e manipulação que exigem, não serão, pelo menos dentro de um futuro próximo, substituídos pela máquina. Exemplos: encarregados de limpeza, condutores de veículos, ferramenteiros que realizam trabalhos especiais, a maioria dos operários, enfim, engajados em produção não padronizada, em que as técnicas da produção em massa ainda não se aplicam.
2. Teremos grande número de operários encarregados da manutenção das máquinas. Na medida em que o investimento em máquinas por homem crescer, a manutenção será uma tarefa cada vez mais importante, tanto preventiva quanto corretiva. Conforme observa John Diebold, "as fábricas automáticas não serão fábricas sem operários. Os exemplos existentes atualmente provam que essa afirmação é verdadeira. A fábrica de processamento atômico de Oak Ridge, embora operada por algumas poucas moças no painel de controle, emprega muitas centenas de homens de manutenção. Embora a substituição em vez do reparo do equipamento quebrado seja possível em certas partes do sistema de controle e em certos sistemas de processamento, um trabalho considerável é exigido com a finalidade de remover a peça defeituosa, por mais bem desenhada que a máquina possa ser".[23]
3. Um terceiro tipo de operário que já começa a caracterizar a organização é o dos "vigilantes" das máquinas. Não serão operadores nem controladores, já que o controle das máquinas será realizado por elas mesmas, segundo o princípio de retroação. Eles executarão o que chamaríamos de um "segundo controle". Estarão sempre vigiando a máquina para, em última análise, verificar se ela está se autocontrolando. Esses "operários" distinguir-se-ão "por sua capacidade de pensar e por uma inteligência rápida. Terão a maior parte do tempo

---

[23] John Diebold, *op. cit.*, p. 142 e 143.

livre, mas deverão estar sempre alertas. Atuarão velozmente quando sua intervenção for necessária".[24] Da mesma forma que a maioria dos encarregados de manutenção, serão altamente especializados, deixando aos poucos de ser simples operários para passarem a ser chamados (como já está acontecendo nos Estados Unidos) *semi-skilled engineers*, isto é, engenheiros semiqualificados.

Finalmente, em relação aos empregados de nível inferior, resta saber o que sucederá com os funcionários de escritório na organização do futuro. Já vimos que o escritório será objeto de um processo de automação talvez ainda mais rápido do que a fábrica. Mas sempre serão necessários digitadores, estenógrafos, *office boys*, recepcionistas etc., além dos operadores auxiliares dos computadores.

▶ Administradores e tendências da organização

Para que tenhamos uma idéia de como serão os administradores do futuro, é preciso inicialmente distinguir os administradores de nível médio dos administradores de cúpula e, em seguida, fazer a distinção correlata entre decisões programadas e decisões não programadas.

Essas distinções são importantes porque o administrador é, antes de mais nada, um homem que toma decisões. A todo instante ele tem de fazer opções, escolhendo alternativas. Os problemas que surgem são os mais variados e particulares, sendo esta, aliás, uma das principais razões pelas quais é tão difícil transformar a Administração em uma ciência plenamente desenvolvida e sistematizada. É difícil estabelecer princípios gerais para as questões diversas que o administrador tem de enfrentar. Ora o problema reside em realizar um novo investimento ou não, ora em lançar ou não um produto, ora em adotar ou não uma nova técnica de produção, ora em comprar ou não para estoque, ora em admitir ou não um novo gerente, ora em adotar ou não a política salarial sugerida pelo gerente de relações industriais, ora em financiar ou não a organização através da venda de ações ao público. Mas em todos esses problemas, o administrador tem sempre de tomar uma decisão. E é por isso que podemos dizer que o administrador é aquele indivíduo que, em uma organização, toma decisões com autoridade. A atividade por excelência do administrador é a de tomar decisões, as quais se deverão

---

[24] *The institution of production engineers, the automatic factory, what does it mean?* Relatório da Conferência de Margate, junho de 1955, Londres, p. 201.

revestir de autoridade, de forma que as decisões tomadas sejam postas em execução pelos subordinados.

Nesses termos, cumpre saber qual a influência que terá a nova tecnologia da automação sobre o processo de tomada de decisão do administrador. Especificamente, pergunta-se até que ponto o computador eletrônico será capaz de substituir o administrador nessa função fundamental de tomar decisões. Já sabemos que o computador é capaz de tomar decisões. Mas que tipo de decisões? Qual a vantagem que o homem conserva sobre a máquina na função de tomar decisões?

A resposta mais simples a essas perguntas é a seguinte: depende do grau de "programação" das decisões. Em outras palavras, depende de se verificar se a decisão a ser tomada é bem-estruturada ou não; se já se sabe a respeito do que tomar decisões ou se ainda é preciso definir o problema; se as alternativas já estão estabelecidas e basta escolher a melhor entre elas, ou se é preciso ainda descobrir, usando da imaginação e da pesquisa, quais as alternativas possíveis; se as conseqüências de cada alternativa e sua respectiva probabilidade são conhecidas ou não; se já se dispõe de critérios definidos e precisos que orientem a decisão, ou se esses critérios, e mesmo os próprios objetivos visados com a tomada de decisão, ainda não estão plenamente estabelecidos; se a decisão se verifica quando já se dispõe de informações e objetivos a serem alcançados que permitam tomá-la com segurança, ou se ocorre em termos de incerteza e risco.

Se tivermos decisões em que prevaleçam as situações do primeiro tipo, poderemos dizer que essas decisões são bem-estruturadas; se já não foram programadas, são altamente suscetíveis de programação. Nestes casos, o computador poderá substituir com vantagem o administrador. Bastará que se programe o computador, que ele seja instruído a respeito do que fazer caso ocorra isso ou aquilo, e ele poderá tomar decisões com muito mais rapidez e precisão que um administrador. Desde que todos os critérios e padrões estejam bem-estabelecidos, um computador será capaz de levar em consideração, de forma coordenada e lógica, um número de variáveis incrivelmente maior do que um administrador ao tomar uma decisão. Em contraposição, quando se tratar de decisões não programadas, mal-estruturadas, a maior flexibilidade do ser humano fará com que ele leve vantagem sobre o computador.

Ora, as decisões altamente programadas ou suscetíveis de programação, nas organizações, estão geralmente a cargo dos administradores de nível médio, ao passo que as decisões não programadas cabem, via de regra, aos administradores de cúpula.

A conseqüência desse fato em relação aos administradores de nível médio é evidente. Na organização do futuro, é de prever que eles venham a ser paulatinamente substituídos por máquinas. Essa substituição poderá ser completa, de forma que desapareça o cargo, ou então poderá ser parcial. Continuará a existir um encarregado de controle de estoque, por exemplo, mas esse administrador limitar-se-á à atividade de supervisão de seus subordinados, ao passo que a atividade de tomar decisões ficará a cargo dos computadores. Isso significará, portanto, um rebaixamento do nível de importância daquele cargo.

Entre as funções de administração de nível médio, quais serão as mais atingidas? Isso dependerá, de um lado, da possibilidade de medição que as decisões de determinado tipo permitirem (já que, quanto mais mensuráveis, mais suscetíveis de programação serão as decisões), e, de outro, do desenvolvimento das "pesquisas operacionais" (*operation researches*) em relação à função administrativa em questão. Por pesquisa operacional se entende uma série de conhecimentos e técnicas desenvolvidos depois da Segunda Guerra Mundial, conhecimentos esses que surgiram como produto da aplicação da matemática e dos computadores eletrônicos aos problemas administrativos.

A respeito das funções hoje cobertas pelas pesquisas operacionais, sigamos o estudo que fez a respeito Herbert Simon, procurando determinar até que ponto foram afetadas as atividades dos administradores.[25] Em relação às decisões sobre controle de estoque e de produção, sobre taxa de produção, sobre combinação de produtos a serem fabricados, sobre requisição de matérias-primas e peças e sobre embarque de mercadorias, já foi desenvolvida uma série de técnicas matemáticas, testadas em grande número de empresas, que permitem que essas decisões sejam tomadas por meio de computadores. Na verdade, tudo indica que nesses setores o "julgamento" do administrador já pode ser substituído com vantagem pela decisão matemática obtida pelo computador. Além disso, testes já provaram que essas técnicas, em grande número de situações, são economicamente vantajosas nas grandes empresas, de forma que cada vez se torna menos justificável que compradores, controladores de produção e controladores de estoque intervenham nessas decisões.

Em outros setores, as pesquisas operacionais ainda não estão tão desenvolvidas, mas tudo indica que em um futuro próximo será possível a completa automação dessas atividades. É o caso, por exemplo, das técnicas

---

[25] Herbert A. Simon, *op. cit.*, p. 41 e seg.

de programação da produção. É o caso também dos projetos de engenharia rotineiros. O computador era inicialmente um auxiliar dos departamentos de engenharia para a realização de cálculos. Nos últimos anos, no entanto, desenvolveram-se técnicas que permitem aos computadores encarregar-se da elaboração completa de projetos simples, que antes só podiam ser realizados por engenheiros. Assim, computadores devidamente programados podem, por exemplo, receber os pedidos dos fregueses para diversos tipos de motores elétricos, geradores e transformadores, indicar os elementos componentes que estão de acordo com as especificações do projeto e enviar as especificações de produção à fábrica – não havendo intervenção humana em todo esse processo. E o que se observou nas grandes empresas que usam essas técnicas foi que os projetos de engenharia assim obtidos são mais perfeitos do que os projetos realizados por engenheiros, sendo o seu custo o mesmo. As perspectivas são de que os computadores serão cada vez mais capazes de se encarregar da elaboração de projetos de engenharia cada vez mais complexos.

Outro setor em que, com o desenvolvimento das pesquisas operacionais, a decisão humana está sendo substituída pelo computador é o da determinação de combinações ideais – desde a determinação da combinação ideal de derivados de petróleo que uma refinaria deve produzir até a determinação do melhor tipo de mistura para alimentação de animais. Assim, um lavrador norte-americano do Estado de Iowa já pode ligar o rádio e ser informado sobre qual a ração de porcos que lhe oferece o melhor resultado nutritivo ao mais baixo custo – sendo essa informação obtida pelo processamento dos dados mais recentes de preço dos produtos componentes em um computador eletrônico.

Esses são apenas alguns dos setores mais importantes em que a decisão humana, por ser programável com relativa facilidade, está sendo substituída pela decisão mecânica. Ora, decisões desse tipo estão geralmente a cargo de administradores de nível médio. Podemos, assim, concluir com Herbert Simon: "A verdade é que um grande número das decisões tomadas por administradores de nível médio, que sempre pareceram exigir a análise experiente de administradores e engenheiros, podem agora ser tomadas por computadores pelo menos tão bem quanto por administradores... Nós podemos predizer com alguma confiança que as pessoas tomando tais decisões, dentro de poucos anos, representarão uma fração muito menor do grupo total de ocupados do que representam hoje".[26]

---

[26] Idem, p. 43.

E o que dizer em relação aos administradores de cúpula? Com o mesmo raciocínio que usamos para os administradores de nível médio, mas usando premissa oposta (as decisões tomadas pelos administradores de cúpula tendem a ser mal-estruturadas, não-programadas), chegamos à conclusão de que na organização do futuro não há perspectivas de sua substituição por computadores. Não se pode pensar na automação da própria administração de cúpula. Para chegarmos a esse ponto, teríamos que imaginar organizações administrativas sem homens, o que seria um contra-senso.

Não obstante, Herbert Simon sugere algumas perspectivas de substituição do administrador de cúpula pela máquina. Diz ele que se vêm desenvolvendo recentemente técnicas que permitem aos computadores resolver, de uma forma muito semelhante à dos homens, problemas mal-estruturados.[27] Já não se pode afirmar que o computador só faz aquilo que foi programado. Já é possível hoje aos computadores mais avançados aperfeiçoar seu próprio programa. Eles são capazes de, através de um processo de tentativa e erro, por exemplo, adquirir experiência, aprender. Assim, já é possível ensinar (como se ensina qualquer ser humano) um computador a jogar xadrez, e depois o computador é capaz, através de sucessivos jogos, de desenvolver sua capacidade de jogar.

Embora esses fatos sejam verdadeiros – e possam ter um sentido dos mais profundos, na medida em que significam que o homem não tem mais o monopólio do pensamento racional –, não cremos que daí se possa concluir a paulatina substituição do administrador de cúpula pela máquina. Dada sua extraordinária flexibilidade de pensamento e de ação, ainda conservará sobre a máquina uma vantagem decisiva na administração de cúpula das grandes organizações. E é preciso lembrar que, na medida em que a organização, em última análise, existe para servir o homem, para atender a suas necessidades, ela terá sempre que ser dirigida por homens.

Isso não significa, no entanto, que a máquina não venha a ter uma parte na administração de cúpula. Pelo contrário. Os computadores transformar-se-ão, certamente, em auxiliares inestimáveis da administração de cúpula, facilitando suas decisões de duas maneiras: por um lado, os computadores processarão e selecionarão com imensa rapidez todas as informações de que os administradores de cúpula necessitem para tomar suas decisões; por outro lado, os computadores farão cálculos, analisarão alternativas, simularão o comportamento não só da própria empresa mas também de seus

---

[27] Idem, p. 44 e seg.

concorrentes. Com isso, os computadores substituirão em parte os assessores e os técnicos na tarefa de facilitar as decisões da administração.

Além disso, é de prever que o administrador de cúpula abandone cada vez mais os problemas de rotina, para preocupar-se com os problemas a longo prazo. Conforme diz Ralph Cordiner, um dos desafios mais urgentes que o administrador encontrará nas próximas décadas será o do planejamento a longo prazo. Diz ele: "Em um tempo de transformações radicais em todo o mundo, quando surgem todos os dias novos elementos de incerteza, o planejamento a longo prazo pode parecer quase impossível – um exercício fútil. E no entanto nunca houve necessidade mais urgente desse planejamento por parte das empresas... A característica por excelência da liderança é a capacidade de antecipar as necessidades razoavelmente previsíveis do futuro com um mínimo de clareza e confiança".[28] E o planejamento a longo prazo deverá dar toda a ênfase à inovação – inovação no campo dos produtos, dos métodos de produção e mercadização, na forma de encarar a organização e tratar os subordinados. Na verdade, a elevada "taxa de obsolescência e a atmosfera de contínua transformação que agora caracterizam, por exemplo, as indústrias químicas e farmacêuticas deverão atingir rapidamente as demais indústrias, pressionando-as no sentido de uma rápida transformação técnica e organizacional".[29]

Outra conseqüência da automação na administração de cúpula será a de exigir de seus componentes um grau de racionalidade cada vez maior.

Não só o administrador terá mais recursos – maior número de informações e técnicas mais desenvolvidas para processá-las a fim de chegar a uma conclusão –, como também suas decisões terão cada vez mais repercussões, à medida que as organizações se desenvolverem. Por exemplo, as decisões tomadas pela administração central da General Motors nos Estados Unidos afetam cerca de meio milhão de empregados da própria empresa, outros 400 mil empregados de distribuidores e vendedores e ainda mais um milhão de empregados dos fornecedores da empresa.[30] E esses cálculos não levam em conta as famílias dos empregados. Assim, aumentando ao mesmo tempo as responsabilidades da decisão e as possibilidades de uma decisão mais racional, a decisão intuitiva, impulsiva, terá cada vez menos

---

[28] Ralph J. Cordiner, *op. cit.*, p. 82-84.

[29] Harold J. Leavitt e Thomas L. Whisler. "Management in the 1980's". *Harvard business: review*, v. 36, nº 6, novembro/dezembro de 1955, p. 46.

[30] Herrymon Maurer. *The age of managers*, citado por Friedrich Pollock, *op. cit.*, p. 165.

lugar. Por esses mesmos motivos, a decisão isolada, individual, também deverá ceder cada vez mais lugar à decisão coletiva, das comissões. E assim a figura do grande capitão de indústria, do empresário inovador, que deixa a marca de sua personalidade sobre a organização – figura essa que já se está tornando tão esmaecida nas grandes organizações norte-americanas – irá deixando cada vez mais a cena, para ser substituída por administradores burocráticos, altamente capazes, que tomam as decisões mais importantes em conjunto, depois de adequadamente assessorados por especialistas e por computadores, que analisaram o problema cientificamente.

Finalmente, tendo em vista a automação crescente, a administração caracterizar-se-á, em futuro muito próximo, por uma preocupação cada vez maior pelos problemas humanos, tanto internos, quanto externos à organização. Ralph Cordiner, que tem a autoridade derivada da experiência de presidir uma grande companhia como a General Electric, tem idéias claras a respeito. Diz ele: "Não creio que exagere quando digo que cerca de 20% do tempo dos administradores de cúpula são empregados em conversas com funcionários de todos os níveis, sugerindo e respondendo questões para chegar a um entendimento comum do que é a empresa e do que ela está tentando fazer... O administrador pode ter uma visão correta do futuro, implícita no planejamento a longo prazo. Ele pode ser capaz de desenvolver os modelos de organização e sistemas de informação necessários para realizar seus planos. Mas eles serão relativamente ineficientes, a não ser que ele consiga obter o completo apoio dos fregueses, dos acionistas, dos empregados, dos fornecedores e do público, cuja compreensão e ação tornarão os belos sonhos realidade. Nessa área de motivações, o administrador está tratando com os desafios centrais da sociedade industrial: o que as pessoas querem da vida, e como podem essas aspirações humanas ser realizadas em seu trabalho diário?".[31]

Mas por que a exigência de maior atenção aos problemas humanos tende a aumentar? Cremos que há dois motivos básicos. Em primeiro lugar, as decisões que o administrador toma a respeito de pessoas e de suas motivações são as menos programáveis de todas. Por mais que já se tenham desenvolvido e venham a se desenvolver as ciências sociais, o comportamento humano ainda conserva um caráter basicamente imprevisível, na medida em que o homem é um ser relativamente livre. Assim, não é possível prender as decisões sobre pessoas e o próprio trato com elas a esquemas rígidos, que um computador possa digerir. Nas relações com os outros

---

[31] Ralph J. Cordiner, *op. cit.*, p. 74 e 83.

homens, na tentativa de envolvê-los, persuadi-los, levá-los a cooperar, o administrador é ainda insubstituível dentro da empresa. A máquina pode ter imensa capacidade de raciocinar, mas o homem ainda leva grande vantagem sobre os computadores no trato das pessoas, graças a sua habilidade de perceber e de sentir os problemas os mais variados e particulares de cada pessoa. Na verdade, o homem está ensinando a máquina a pensar, mas não foi capaz ainda de ensiná-la a sentir e intuir.

Uma segunda causa da maior atenção que os administradores terão que dispensar aos problemas humanos está nos efeitos que terá a automação sobre o comportamento e as atitudes dos operários e funcionários de escritório. É certo que estes serão em menor número, pelo menos relativamente ao volume de produção. Mas, provavelmente, exigirão muito maior atenção. Serão eles pessoas de nível bem mais alto do que o nível atual dos operários e empregados de escritório. Serão mais educados e exigirão tratamento correspondente. A solução dos conflitos através da força já não funciona, tendo cedido terreno ao sistema da barganha. Esta foi uma imposição da melhor organização dos operários e de seu conseqüente aumento de poder. É bem possível, no entanto, que na organização do futuro a solução dos conflitos através da barganha, das concessões de parte a parte, deixe de ser eficiente. Em seu lugar, surgirá possivelmente a solução dos conflitos através da participação ou da co-gestão mesmo. Isso poderá ocorrer por três vias básicas: em primeiro lugar, a necessidade de efetiva cooperação de todos os membros da organização tornar-se-á cada vez maior; em segundo lugar, ficará cada vez mais evidente que essa cooperação efetiva só poderá realizar-se quando as bases tiverem verdadeira participação na direção da empresa; em terceiro lugar, com a elevação do nível das bases, ficará cada vez mais claro que a alegada incapacidade dos operários e empregados de escritório de participarem da direção das organizações realmente não existe.

Mas, antes mesmo que isso ocorra, é evidente que o administrador terá que desenvolver, cada vez mais, sua capacidade de lidar com as pessoas e com os grupos sociais. Cada vez mais, o administrador deverá compreender as condicionantes do comportamento de seus subordinados, suas necessidades, seus valores, suas aspirações, se quiser obter cooperação efetiva, ao mesmo tempo que os operários cada vez mais exigirão que suas necessidades sejam atendidas, que estejam sempre informados, e por fim que tenham cada vez maior participação na definição dos destinos da organização e, portanto, no controle dos seus próprios destinos. Resta perguntar se o mundo será sempre dividido entre administradores e administrados. Existe na comunidade humana alguma incapacidade intrínseca de auto-administração? Não: ao contrário, uma das especificidades do homem é o fato de que o planejamento antecede a execução, isto é, o objeto do trabalho existe na consciência antes da execução do trabalho.

> *Tendências na forma da organização*

Ao procurarmos prever a forma da organização do futuro, precisamos partir da forma atual. Esta é basicamente a de uma pirâmide. À medida que vamos descendo na hierarquia organizacional, vai aumentando o número de pessoas. Se dividirmos a organização em quatro níveis básicos – administradores de cúpula, administradores de nível médio, supervisores e operários e empregados de escritório –, esses níveis apresentarão um número crescente de funcionários.

A modificação mais importante que ocorreu nos últimos anos foi causada pela descentralização. Vimos no Capítulo 4 que, à medida que as organizações se descentralizam, a pirâmide organizacional tende a achatar-se. Seu crescimento, através principalmente do aumento da amplitude de controle, passa a ocorrer mais horizontal do que verticalmente. A distância entre a cúpula e as bases tende a diminuir, reduzindo-se os níveis de autoridade, não obstante a organização continue a crescer.

Em relação à organização do futuro próximo, uma primeira pergunta que cabe fazer é a seguinte: continuará essa tendência para a descentralização? Pfiffner e Sherwood são incisivos a respeito. Dizem eles: "Temos poucas dúvidas sobre o fato de que o problema da descentralização continuará a ser o tema dominante no futuro, como já tem sido por cerca de 20 anos".[32] Em apoio à sua tese, aqueles autores apresentam os argumentos que há anos vêm sendo mostrados em favor da descentralização, sem levar em consideração os fatores novos que estão surgindo. Além disso, acusam a centralização de defeitos que na verdade são mais próprios do excesso de burocratização, são típicas disfunções da burocracia (a qual tem certos pontos de contato com a centralização, mas com ela não deve ser confundida), que analisamos no Capítulo 2. Dizem eles, por exemplo: "As conseqüências da centralização monolítica são aparentes em todo o mundo. Absurda inflexibilidade, 'papelada', serviços caros e deficientes, uma mentalidade destorcida de funcionalismo público..."[33]

---

[32] John M. Pfiffner e Frank P. Sherwood, *op. cit.*, p. 460.

[33] Idem, p. 461.

Na verdade, tudo indica que, se tivemos até agora uma tendência no sentido da descentralização, teremos daqui por diante, com a automação, um movimento no sentido contrário. Quando examinamos os motivos pelos quais as organizações vêm-se descentralizando, salientamos dois que acreditamos fundamentais: a elevação do moral dos subordinados e o bom atendimento das situações locais. Vimos, então, que a organização descentralizada atende melhor a esses dois objetivos. A centralização continua a conservar uma série de vantagens – as decisões são tomadas por pessoas mais capazes, há maior uniformidade de diretrizes, a coordenação é facilitada etc. –, mas aquelas duas vantagens da descentralização, à medida que a organização cresce e se diversifica, vão se tornando tão imperativas, que o movimento descentralizador acaba por vencer. O controle torna-se simplesmente impossível ou extremamente ineficiente, devido à demora e ao caráter imperfeito das comunicações das bases locais, em que ocorrem os problemas, e a cúpula, na qual a decisão é tomada.

Ora, com a automação, a descentralização ainda conservará a vantagem de conduzir a um moral mais elevado dos subordinados, mas a vantagem do melhor atendimento das situações locais tenderá a perder importância. Isso porque a conseqüência por excelência da automação é a de levar a um extraordinário desenvolvimento o sistema de comunicação e controle. Não foi por outra razão que Norbert Wiener deu a seu célebre livro o subtítulo "Controle e Comunicações no Animal e na Máquina".[34] Com o uso dos computadores e dos sistemas eletrônicos de processamento de dados, o administrador de cúpula pode estar recebendo constantemente relatórios de todos os fatos de maior importância ocorridos nas bases da empresa. As dimensões extraordinariamente grandes da empresa, ou o fato de estar espalhada geograficamente, ou ainda o fato de ter uma linha de produtos amplamente diversificada – fatores que geralmente conduzem à descentralização – não impedirão que a administração de cúpula fique informada do que está ocorrendo nas bases. Os computadores poderão, inclusive, selecionar as informações, apresentando aos dirigentes da organização apenas os fatos mais relevantes.

Em outras palavras, as deficiências de controle, que levavam os administradores a descentralizar suas empresas, tendem a ser superadas com a automação. Continuará a ser difícil para o administrador de cúpula informar-se de certos problemas locais, especialmente os problemas humanos, que dizem respeito aos empregados e demais pessoas que entram em contato com a empresa. Mas, de um modo geral, a qualidade e a quantidade das

---

[34] Norbert Wiener. *Cybernetics, or control and communications in the animal and machine*, op. cit.

informações que a cúpula das empresas poderá receber com grande rapidez aumentarão. E é claro que esse fator levará as organizações no futuro a se recentralizarem, ou pelo menos a sustarem seu processo de centralização.

Além da tendência da organização do futuro de novamente estreitar-se, recentralizando-se, outra tendência pode ser observada: a de ela perder a forma simples de uma pirâmide. A esse respeito, Leavitt e Whisler apresentam uma idéia interessante e que, como veremos, é perfeitamente coerente com tudo o que foi dito anteriormente a respeito das modificações causadas pela automação no perfil de emprego da organização. Dizem eles: "O organograma do futuro pode parecer mais ou menos como uma bola ovalada de futebol (americano) sobre a ponta de um sino de igreja".[35] Por que isso? Vimos que os administradores de nível médio, na medida em que suas decisões são programáveis, tendem a ser substituídos pela máquina. Verificar-se-ia, assim, um estrangulamento da pirâmide entre sua base e seu topo. A simples forma de um sino, então, seria mais adequada para exprimir a forma da organização do que a pirâmide. Mas por que então a bola de futebol em cima do sino? Ela resulta da previsão de que a administração de cúpula não só não será reduzida pela automação, mas aumentará. Surgirão novos diretores, como o diretor de manutenção, o diretor de pesquisas e de desenvolvimentos (quando já não existirem). Além disso, as decisões, como já vimos, tenderão a ser cada vez mais tomadas em grupo. O "pensamento em grupo, que amedronta algumas pessoas atualmente, será um lugar-comum na administração de cúpula do futuro".[36] Farão, assim, parte da administração de cúpula, além dos diretores, com autoridade de linha ou autoridade funcional, assessores, que estarão constantemente ajudando a pensar, a inovar, a planejar a longo prazo, trabalhando em grupos. Esses homens, no entanto, em vez de se relacionarem hierarquicamente dentro da cúpula de forma ordenada, de modo a termos o clássico formato da pirâmide, não manterão entre si relações definidas, dado o alto nível de cada um dos integrantes. "A forma estrutural ótima desses grupos não programados não será necessariamente a da pirâmide. É mais provável que venha a estar sempre em transformação e seja até certo ponto amorfa."[37]

Cumpre ainda observar que Leavitt e Whisler prevêem grande distância entre os membros da organização situados em sua parte em forma

---

[35] Harold J. Leavitt e Thomas L. Whisler, *op. cit.*, p. 47.

[36] Idem, ibidem.

[37] Idem, p. 47.

de bola (cúpula) e os situados em sua parte em forma de sino. Seriam diferenças em nível intelectual, *status*, motivação, sistemas de valores etc. Afirmam eles: "Dentro do futebol (a organização de assessores de cúpula), problemas de coordenação, autonomia individual, decisão em grupo, e assim por diante, deverão aparecer mais freqüentemente do que nunca. Nós esperamos que eles serão tratados de forma diferente dos problemas surgidos na parte em forma de sino da organização, com métodos claramente diferentes de remuneração, controle e comunicação".[38] Sugerem, assim, a existência, nas organizações do futuro, de uma cúpula cada vez mais distanciada das bases, de uma elite administrativa a ser totalmente distinguida dos meros executores das bases.

Não concordamos com isso. Embora admitamos uma tendência para a recentralização, não acreditamos que ela chegará a tal ponto. Além disso, não será apenas o nível dos administradores de cúpula que aumentará nas organizações, mas o nível de todos os seus participantes. Não há razão, portanto, para uma separação cada vez maior entre as bases e a cúpula. Pelo contrário, o que se pode prever é o movimento inverso, à medida que a participação crescente das bases nas decisões da cúpula tornar-se condição para sua cooperação.

➤ Tendências no tamanho da organização

Qual será o tamanho da organização em futuro próximo? Continuará o crescimento no mesmo ritmo anterior, reduzir-se-á esse ritmo, ou então será ele acelerado? Se todas as variáveis permanecessem constantes, poderíamos afirmar simplesmente que continuaria a se verificar, particularmente entre as empresas, mas também em relação aos demais tipos de organização, a tendência para termos organizações cada vez maiores. Desde o momento em que, com a Revolução Industrial, a mecanização tornou-se o fenômeno tecnológico dominante, as organizações não deixaram de crescer. Mais do que isso: antes da Revolução Industrial, o sistema social dominante, especialmente no setor da produção, não era a organização burocrática, mas o pequeno estabelecimento familiar de caráter agrícola ou artesanal. Foi com a mecanização da produção que surgiram as empresas modernas. E, desde o seu surgimento, não houve um momento em que se interrompesse o fenômeno da concentração industrial, no início, e, mais recentemente, da concentração comercial (com as grandes cadeias de lojas) e da concentração

---

[38] Idem, ibidem.

agrícola (com a tendência que hoje se verifica nos Estados Unidos de substituição da pequena pela grande propriedade altamente mecanizada), sem falar da concentração das organizações financeiras. O velho ideal, o capitalismo liberal do século XIX, baseado na pequena empresa e na concorrência perfeita, jamais se cumpriu. A legislação antitruste norte-americana, por exemplo, e toda a ação administrativa do governo para tornar efetiva essa legislação não impediram a formação de monopólios, oligopólios e cartéis. Serviram apenas como um instrumento para limitar o impulso no sentido das grandes organizações, jamais para efetivamente impedi-lo.

É indiscutível que, com a simples mecanização, a tendência para a formação de organizações cada vez maiores é incoercível. Seja simplesmente reinvestindo seus lucros e aumentando sua produção e suas vendas, seja fundindo-se com outras grandes empresas, seja comprando as empresas menores, esse crescimento e essa concentração estão constantemente ocorrendo. Não cabe aqui discutirmos extensamente os motivos do fenômeno. O contínuo aumento do capital fixo por empregado, as economias de dimensão, a maior facilidade de financiamento, as vantagens das compras em larga escala, a possibilidade de uma propaganda efetiva, a oportunidade de contar com administradores e assessores especializados de alto gabarito, a correlata capacidade de efetuar grandes trabalhos de pesquisa e desenvolvimento são alguns dos principais fatores que têm levado ao contínuo crescimento das organizações.

Agora, com a automação, temos razões para crer que esse crescimento tenderá a acelerar-se. Se as organizações do presente já são grandes e tenderiam normalmente a crescer, devido ao simples processo de mecanização, com a automação pode-se prever que a organização do futuro será maior. A alternativa "crescimento" ou "extinção" será cada vez mais verdadeira. É de prever, inclusive, que o número de setores em que o crescimento será condição de sobrevivência aumentará. Em certos setores, como na indústria automobilística, o tamanho avantajado já é de há muito uma necessidade. Com a automação, no entanto, acreditamos que nos muitos ramos em que eram ainda competitivas, as pequenas empresas deixarão de sê-lo. Sobreviverão apenas as que conseguirem crescer.

Qual será, porém, a relação específica entre a automação e o crescimento das empresas? Em primeiro lugar, se a mecanização já exigia proporção cada vez maior de capital fixo em relação ao capital variável, com a automação essa proporção tenderá a ser muito maior. Automatizar uma organização significa geralmente grande investimento em máquinas de processamento eletrônico de dados, máquinas transportadoras etc. Dessa forma, só as grandes empresas, com disponibilidades financeiras para tal, terão condições efetivas para automatizar-se. É certo que já existem equipamentos eletrônicos para empresas de menores dimensões. Mas é indiscutível que as grandes organizações, podendo dispor dos equipamentos mais aperfeiçoados, tenderão a levar vantagem sobre as menores na maioria dos setores. De um modo geral, pode-se afirmar que, quanto maior for uma organização, mais completamente poderá ela automatizar-se. Na medida em que automatização signifique redução de custos e aumento da produtividade, pode-se imaginar o que isso representará para as pequenas empresas.

É claro que essa vantagem das grandes empresas existirá na própria medida em que suas operações forem automatizáveis. Certos setores industriais, por exemplo, ainda não são passíveis de uma verdadeira automação. James Bright cita 17 níveis de mecanização, desde as operações manuais, até os níveis em que a máquina, independentemente da interferência humana, corrige seu trabalho após a operação (nível 15), corrige o trabalho durante a operação (nível 16), antecipa o desvio que está para ocorrer e se ajusta de forma a evitar que ele ocorra (nível 17).[39] Em alguns setores industriais, como o químico e o da refinação de petróleo, muitas operações podem ser realizadas nos níveis mais altos; em outros, as operações manuais ainda prevalecem. É o caso, por exemplo, da indústria de confecções. Tudo indica, porém, que o controle cada vez mais preciso dos equipamentos permitirá que setores como esse sejam progressivamente automatizados. Nesse momento, tais ramos deixarão de ser dominados por pequenas e médias empresas, que serão, em grande parte, substituídas por organizações de grandes dimensões.

Outro motivo pelo qual a automação fará com que se acelere o ritmo de crescimento das grandes empresas, ao mesmo tempo que tornará ainda mais difícil a sobrevivência das pequenas nos setores em que ela for introduzida, reside na impossibilidade de essas empresas contarem com a colaboração de programadores e especialistas de alto nível. Para introduzir a automação, as empresas deverão ter que dispor de grandes recursos financeiros, não só para adquirir as máquinas, mas também para contratar e manter os homens, administradores, engenheiros, matemáticos, que dirigirão essas máquinas. Já vimos que a cúpula da organização do futuro será numerosa e constituída de pessoas altamente capacitadas. Serão pessoas caras, que só as grandes organizações poderão manter.

---

[39] James E. Bright, *op. cit.*, p. 41-45.

Vemos, assim, que a automação exigirá, para sua introdução, a disponibilidade de recursos financeiros de grande monta, que permitam a compra da maquinaria e a contratação dos administradores e técnicos necessários. Ora, as pequenas empresas, por sua própria definição, não dispõem desses recursos. A automação, portanto, tenderá a limitar-se às grandes empresas, as quais acrescentarão mais esta ao seu rol de vantagens sobre as pequenas empresas, e verão abertas diante de si novas perspectivas de crescimento.

Uma vez automatizadas, porém, haverá outra razão para que as grandes organizações cresçam ainda mais. Simplesmente, com a automação, o limite de crescimento eficiente das organizações será elevado, as organizações poderão atingir um tamanho maior do que anteriormente, antes de chegarem ao ponto em que começarão a se tornar ineficientes por serem inadministráveis.

Significa isso que, conforme afirma Kenneth Boulding, as "organizações de todos os tipos têm um tamanho ótimo"?[40] Não necessariamente. Embora esse conceito de "tamanho ótimo" seja atraente, ele possui um defeito básico: é de determinação muito difícil, senão impossível. Além disso, é provável que a curva de eficiência das empresas apresente uma forma achatada no seu topo. Teremos, assim, inicialmente, uma curva crescente devido às economias de dimensão; em seguida, chegaremos ao topo da curva e, durante um grande intervalo, não ocorrerá ganho ou perda de eficiência; finalmente, a curva de eficiência passará a decrescer devido às "deseconomias" de dimensão. Assim, o tamanho ótimo constituir-se-á em um intervalo excessivamente extenso, o que fará perder muito de seu significado. Preferimos, por isso, afirmar que existe um "tamanho máximo" para as organizações, atingido o qual sua administração tornar-se-á cada vez mais ineficiente.

Quando uma organização se torna inadministrável? Peter Drucker tem algumas idéias interessantes a respeito. Diz ele: "Uma empresa tende a tornar-se inadministrável quando o administrador, chefe de uma divisão de produto, não pode mais trabalhar diretamente com a administração de cúpula da companhia, mas tem que passar por intermediários antes de chegar ao topo... quando são necessários tantos níveis de autoridade que mesmo um homem de verdadeira capacidade não pode subir da base até a cúpula e ainda assim despender um tempo suficiente em cada nível para nele ser completamente testado... quando as atividades da empresa estão espalhadas em uma tal

---
[40] Kenneth Boulding. *The organizational revolution,* citado em John M. Pfiffner e Frank P. Sherwood, *op. cit.*, p. 445.

diversidade de negócios que não é mais possível estabelecer uma cidadania comum para seus administradores, que não é mais possível administrá-la como uma entidade, que não mais se pode ter objetivos gerais comuns".[41]

De nossa parte, preferimos dizer simplesmente que uma empresa começa a tornar-se inadministrável, começa a chegar a seu tamanho máximo, quando seus administradores de cúpula começam a perder o seu controle, quando não mais é possível para a cúpula fazer com que seus objetivos e diretrizes sejam cumpridos sem que haja desperdício de esforços e, portanto, perda de eficiência.

A chegada a esse momento, a esse tamanho máximo, depende de vários fatores. Depende do tipo de mercado em que a empresa opera. Quanto mais pessoal e individualizado for o serviço prestado, por exemplo, menor será o tamanho máximo. Depende do sistema de produção adotado. Assim, quanto menos for a produção dependente de homens, maior provavelmente será o tamanho máximo. Depende do sistema de administração e, particularmente, do sistema de controle disponível.

Entre esses fatores, a automação tem uma direta influência em relação ao segundo e ao terceiro.

Com a automação, o sistema de produção da organização do futuro dependerá cada vez menos do trabalho humano. Em vez de controlarem homens, os administradores terão que controlar máquinas, as quais, aliás, em grande parte já se controlam. Ora, é fácil ver que o controle de máquinas é muito mais simples do que o controle de homens. Dessa forma, com a introdução da automação no sistema de produção, o tamanho máximo das organizações será elevado.

O mesmo ocorre em relação ao terceiro fator. Além de um efeito sobre o sistema de produção, a automação tem um efeito direto sobre o sistema de administração e, particularmente, sobre o sistema de controle administrativo. A automação significa imenso aperfeiçoamento do sistema de controle de uma empresa. Uma grande empresa, de âmbito nacional, sediada em São Paulo, poderá, através do uso de um computador gigante na sede e de computadores menores nas diversas unidades operacionais, controlar todo o seu processo de compra de matérias-primas, de produção, de transporte, de armazenagem, de venda, de concessão de crédito etc. Através dos computadores menores, o computador da sede receberá as informações, selecionará os dados mais significativos, tomará as decisões adequadas e enviará as decisões para as unidades operacionais.

---

[41] Peter Drucker. *The practice of management, op. cit.*, p. 234.

Observe-se que a descentralização e, particularmente, a organização funcional descentralizada foram meios de que se utilizaram as grandes organizações modernas para continuarem a crescer sem perder o controle das bases. Renunciando a uma parte do controle através da descentralização, a administração de cúpula acabava por conservar maior controle de toda a organização. Agora, com a automação, as administrações de cúpula passam a contar com outro instrumento de controle precioso, que permitirá que a organização seja muito maior, sem se tornar inadministrável e, portanto, ineficiente.

Bibliografia

AMERICAN MANAGEMENT ASSOCIATION. *Toward the factory of the future*, Special Report nº 28. Nova York, 1957.

ANSHEN, Melvin e BACH, George Leland. (organizadores). *Management and corporations 1985.* Nova York: McGraw-Hill, 1960.

BRIGHT, James R. *Automation and management,* Graduate School of Business Administration. Boston: Harvard University Press, 1958.

CORDINER, Ralph J. *New frontiers for professional managers.* Nova York: McGraw-Hill, 1956.

DIEBOLD, John. *Automation:* the advent of the automatic factory. Nova York: D. Van Nostrand, 1952.

DRUCKER, Peter. *The practice of management.* Nova York: Harper & Brothers, 1954.

GAMBRILL, Jr., Howard. "The multiple-factory system". In: *Toward the factory of the future,* Special Report nº 28. Nova York: American Management Association, 1957.

LEAVITT, Harold J. e WHISLER, Thomas L. "Management in the 1980's". *Harvard business review,* v. 36, nº 6, novembro/dezembro de 1955.

MARTIN, George J. "Maintenance operations in the plant of the future". In: *Toward the factory of the future, op. cit.,* p. 27.

PFIFFNER, John M. e SHERWOOD, Frank P. *Administrative organization.* Englewood Cliffs, Nova Jersey: Prentice-Hall, 1960.

POLLOCK, Friedrich. *La automación – sus consecuencias económicas y sociales.* Buenos Aires: Editorial Sudamericana, 1959.

Relatório da Conferência de Margate. *The institution of production engineers, the automatic factors, what does it mean?* Londres, junho de 1958. p. 201.

SCHULTZ, George P. e BALDWIN, George B. "The effect of automation on industrial relations". *Monthly labor review.* Washington, junho de 1955.

SIMON, Herbert A. "The corporation: will it be managed by machines?". In: Melvin Anshen e George Leland Bach (organizadores). *Management and corporations 1985.* Nova York: McGraw-Hill, 1960.

WIENER, Norbert. *Cybernetics, or control and communications in the animal and the machine.* Nova York: John Wiley, 1948.

_____. *The human use of human beings – cybernetics and society.* Garden City, Nova York: Doubleday, 1954.

Capítulo 10

Burocracia e Autogestão na Empresa*

É fato conhecido que o surgimento das empresas é inseparável do desenvolvimento capitalista comercial e da formação de uma burguesia. Nesse processo inserem-se a separação da contabilidade comercial da contabilidade privada e o aparecimento de sociedades por cotas de responsabilidade limitada. É, porém, após a Revolução Industrial que surgirá a empresa moderna propriamente dita, principalmente com a formação das sociedades anônimas, paralela à crescente capacidade do patrimonialismo empresarial e ao desenvolvimento de estruturas burocráticas semelhantes em vários aspectos às burocracias estatais, militares e eclesiásticas.

Tal processo ganha maior clareza quando se analisa a transição do capitalismo comercial para o industrial, identificado o momento do *putting-out system*, caracterizado pela distribuição de matérias-primas a artesãos que posteriormente "venderão" produtos acabados, quando surgem os primeiros sinais de divisão parcelar do trabalho, bem como o momento do sistema fabril, no qual se firma a organização centralizada, a disciplina, a cadência de trabalho burocraticamente estabelecida. Naturalmente que a acumulação de capital por parte dos novos empresários fabris torna-se claramente mais fácil e garantida.

---

* Com os agradecimentos à colaboração das alunas Marília Coelho Chierigluni e Maria Cecília Rossi.

Tudo isso diz respeito à concentração do controle da produção nas mãos do capitalista, que através do *putting-out system* promove a especialização e separação das tarefas atribuídas aos operários individuais.

Nas palavras de Pignon e Querzola, "na produção capitalista, os elementos do processo de trabalho pertencem ao capital. Meios e objetos são propriedade sua, tal como a força de trabalho despendida no processo e, evidentemente, os seus resultados. Todo o processo se desenvolve 'sob sua autoridade': os produtores diretos envolvidos no processo estão-lhe subordinados. Em um primeiro tempo, o capital começa por subordinar a si os produtores diretos de modo perfeitamente formal, isto é, sem modificar o próprio processo de trabalho. O antigo artesão, por exemplo, continua a trabalhar como anteriormente, com a única diferença de que o produto de seu trabalho já não lhe pertence: é, sim, propriedade daquele que lhe adianta as matérias-primas e o salário, o capitalista".[1]

Tais idéias, diretamente derivadas de Marx, explicitam-se em sua afirmação segundo a qual "a característica geral da subordinação formal" é a "sujeição direta do processo de trabalho ao capital, sejam quais forem os métodos tecnológicos utilizados. Mas com essa base, ergue-se um modo de produção tecnológico bem específico, que transforma a natureza e as condições reais do processo de trabalho: o modo de produção capitalista. Só quando este surge é que se produz a subordinação real do trabalho ao capital..., a ciência e a técnica são aplicadas à produção imediata... Por um lado, constituindo-se a partir de então na sua especificidade, o modo de produção capitalista cria um novo tipo de produção material; por outro lado, essa transformação material constitui a base do desenvolvimento capitalista..."[2]

Ainda no *putting-out system*, é preservada a liberdade do produtor direto de escolher o número de horas e a intensidade de sua produção, realizada em seu domicílio. Todavia, o *putter-outer*, esse ascendente do moderno empresário industrial, já estipulava o prazo de entrega do produto final, resultado da transformação da matéria-prima entregue ao produtor. Um meio extraordinariamente importante para a manutenção da dependência desse último era o capital que o *putter-outer* lhe fornecia na forma de salário adiantado.

Porém, o controle direto sobre o processo de trabalho ainda possibilitava ao produtor a oportunidade de supressão do papel do intermediário, ou,

---

[1] Dominique Pignon e Jean Querzola. "Democracia e Autoritarismo na Produção". In: Stephen Marglin *et alli* (organizadores). *Divisão social do trabalho, ciência, técnica e modo de produção capitalista*. Porto: Publicações Escorpião, 1974, p. 90.

[2] Karl Marx. *Le capital*. Paris: Pléiade, t. II, p. 379.

pelo menos, as tentativas de fraude na produção. Não havia no *putting-out system* nada que se assemelhasse ao sistema de vigilância e disciplina que seriam os elementos fundamentais da fábrica. Não parece fundamental, no desenvolvimento capitalista, nenhuma superioridade tecnológica da fábrica em relação ao *putting-out system*. O que parece realmente fundamental é o controle sobre a produção que ela possibilitou e que não deixou ao produtor mais do que a opção de se submeter ou morrer de fome.

É importante notar que a transformação do produtor independente em trabalhador assalariado deu-se antes das máquinas tornarem-se efetivamente complexas e dispendiosas. De resto, a própria especialização em tarefas parcelares não era estranha ao *putting-out system*. O controle sobre o produtor, possibilitado pelo sistema fabril, foi a grande inovação na produção. Contudo, a vitória da fábrica sobre a produção em domicílio não foi fácil. A história nos remete a um processo realmente difícil e contraditório nessa trajetória.

Lembra bem Paul Mantoux, um dos grandes historiadores da Revolução Industrial, que a vantagem econômica da fábrica se deveu sobretudo ao fato de ela recorrer a máquinas capazes de realizar o trabalho rapidamente e da utilização da energia permitir que elas funcionassem em alta velocidade.[3] Porém, isso não é tudo. Deve-se lembrar que tal superioridade tecnológica não se mostrou necessária nem suficiente na explicação do êxito do sistema fabril. Tal explicação se dá muito mais na transferência para o capitalista do controle do processo de produção. Como observou Marglin, mesmo "na ausência de uma tecnologia superior, a disciplina e a vigilância podiam reduzir os custos".[4] Com efeito, "disciplinar a força de trabalho significava um aumento das quantidades produzidas pelo aumento do trabalho fornecido, conservando-se idêntica a produtividade do trabalho. A vigilância da mão-de-obra, que não se confunde com a disciplina, reduzia o salário real: o capitalista ficava com a 'parte do leão', na medida em que eram eliminados desvios de mercadoria e outras formas de fraude na produção".[5]

Nesse processo, intensifica-se gradativamente a fragmentação do trabalho, reduzido a tarefas insignificantes no que diz respeito ao produto final. Com isso, o capitalista assume o papel de figura administrativamente

---

[3] Paul Mantoux. *The industrial revolution in the eighteen century*. Nova York: Harper and Row, 1962.

[4] Stephen Marglin. "Origens e funções do parcelamento das tarefas". In: Stephen Marglin *et alli, op. cit.*, p. 27.

[5] Idem.

"indispensável", dotado do poder de prescrever não apenas o que produzir, mas de que forma e em que quantidade produzir. Em última análise, a acumulação de capital é perseguida através do controle hierárquico da produção. No que diz respeito aos produtores, a passagem da subordinação formal à real, do artesanato até a grande indústria, passando por diversos estágios manufatureiros, é a história de sua perda progressiva de controle sobre o produto e a produção.

Nas palavras de Marx, "lançando às urtigas a divisão de poderes (noutras alturas tão enaltecida pela burguesia) e o sistema representativo que lhe é tão caro, o capitalista, como legislador privado, e de seu livre arbítrio, formula o seu poder autocrático sobre os braços (dos trabalhadores) no código de fábrica. Esse código, de resto, não é mais que uma caricatura da regulamentação social, tal como a exigem a cooperação em grande escala e o emprego de meios de trabalho comuns, sobretudo das máquinas. Aqui, o chicote do condutor de escravos é substituído pelo caderno de punições do contramestre... Não terá Fourier razão em chamar às fábricas calabouços mitigados?".[6]

Diz a verdade histórica que os primeiros operários foram "arrastados" à fábrica, pela necessidade de sobreviver. Eram camponeses sem terras, artesãos, crianças de assistência pública e soldados. Para a segunda geração operária, que fora disciplinada pelas burocracias escolar e eclesiástica, a fábrica passou a ser um caminho "natural". Isso sem dúvida os tornou menos "selvagens" aos olhos dos capitalistas, mas apenas tornou-os ainda mais alienados de seu trabalho, na medida em que estavam definitivamente separados dos meios de trabalho.

"Em empresas de grande complexidade, as necessidades de controle seguro a ser exercido determinam um grande número de níveis na escala hierárquica de autoridade. Assim é a forma moderna de organização burocrática na produção. Uma organização burocrática protege a empresa da descentralização, da participação e das decisões revolucionárias, que ameaçam a determinação da tecnologia e da divisão do trabalho segundo o critério do lucro."[7] A hierarquia está, assim, claramente relacionada com o primado do lucro, a acumulação do capital. Mesmo nas economias planificadas, os níveis mais altos da hierarquia "estabelecem" o nível de acumulação, os "grandes saltos", na busca de alcançar ou ultrapassar através da coerção burocrática o que não se faz de outro modo nas economias capitalistas.

---

[6] Karl Marx. *A fábrica*. In: Stephen Marglin *et al.*, *op. cit.*, cap. XV, p. 245-246.

[7] Herbert Gintis. "Alienation and power". *The review of radical political economics*, v. 4, nº 5, outono de 1972, p. 12.

Tal processo é facilitado, como bem observa Gintis, pois, em primeiro lugar, "na medida em que os trabalhadores (influenciados pela ideologia dominante) valorizam os seus empregos principalmente em termos de salários relativos e 'status', o capitalista tem livre opção para organizar a produção ao longo das linhas da lógica do lucro, da divisão do trabalho e da hierarquização vertical. Em segundo lugar, na esfera tanto da iniciativa privada como da administração estatal, a hierarquização vertical é uma precondição para a obtenção do lucro e para a denominada 'flexibilidade de decisões'. Depois de um ponto mínimo, nenhuma diminuição dos custos de trabalho através do provimento de empregos menos alienantes é garantida, assim como qualquer controle extensivo de trabalho ameaça as próprias bases da ordem burocrática".[8]

Na realidade, da dinâmica da burocracia industrial pode fazer também parte o desenvolvimento paralelo à organização tradicional da fábrica, com seus níveis hierárquicos muito diferenciados, de uma organização que, em nível de aparência pelo menos, apresenta-se como parcialmente democrática. São os conselhos de equipes de trabalhadores cujos membros são eleitos. Tudo isso ocorre, porém, dentro dos limites definidos pela direção. Nas palavras de Pignon e Querzola, "ao lado da estrutura dos conselhos operários, a hierarquia subsiste. Apenas se tenta retirar-lhe o caráter despótico, herdado dos primórdios do capitalismo, para conservar sua função de controle e dominação por intermédio da competência e da integração ideológica dos operários".[9]

A organização burocrática e o controle hierárquico são manifestações concretas da alienação do trabalhador de suas atividades profissionais. Modernamente, mesmo os papéis do empregado de escritório em organizações são fragmentados, retalhados e formalizados, perdendo iniciativa e autonomia. O empregado de escritório é atualmente subordinado a infinitos regulamentos e controlado através de linhas de posições de autoridades a gerentes, diretores e capitalistas. Trabalhadores diretos e indiretos estão, na sociedade capitalista, alienados do processo e do produto de seu trabalho. Sendo os atributos dos produtos diretamente determinados pelo critério do lucro, em um processo decisório concentrado na cúpula hierárquica, ocorre aquilo que Gintis bem descreve como o sacrifício da habilidade intrínseca "à

---

[8] Idem, p. 13.

[9] Dominique Pignon e Jean Querzola, *op. cit.*, p. 71.

necessidade de altas vendas, obsolescência forçada, afetação estatística, má qualidade e superficialidade irracional impingidas ao consumidor também desinteressado ou ignorante da habilidade incluída no produto".[10]

Os capitalistas preferem a organização burocrática a qualquer outra, porque somente assim poderão controlar a renda obtida na produção, e, além disso, poderão evitar que os trabalhadores adquiram elementos como iniciativa e experiência, para se envolverem numa produção cooperativa própria, ou ainda colocarem em jogo a hegemonia dos capitalistas nos escritórios ou nas próprias fábricas. Para que a organização burocrática seja considerada eficiente, não se pode esquecer de elementos como descentralização, rotatividade de tarefas, participação igualitária. Normalmente, somente se levando em conta o aumento de seus rendimentos e a preferência pela divisão de trabalho hierarquizada e fragmentada, os capitalistas já concluem que a organização burocrática mostra-se tecnicamente superior.[11] É uma conclusão perigosa, e, aproveitando a oportunidade, introduzimos o importante fato, constatado empiricamente, de que a organização burocrática não se aparenta como a mais eficiente do ponto de vista do aumento de lucros, de atuação no trabalho ou de satisfação nas ocupações de um modo geral.

Em primeiro lugar, se existisse efetiva rotatividade de tarefas, e conseqüentemente o conhecimento do processo produtivo, este facilitaria o trabalho dos produtores diretos, que poderiam dirigir a produção para eles próprios. Historicamente, porém, o controle do patrão dependia da necessidade de controle de cada trabalhador. Como resultado, o capitalista auferiu maiores lucros, reduzindo os custos empregados na produção. Mas isso se deveu ao aumento quantitativo de força de trabalho, e não à eficiência técnica dos sistemas industriais. Isso tudo contribuiu, portanto, de forma relevante para que a forma social da produção determinasse a tecnologia. Gintis, discorrendo de uma forma bem ampla sobre a função da tecnologia empregada, conclui: "A 'tecnologia' empregada é, num ponto do tempo, a soma total de decisões tomadas no passado a respeito dos *tipos de pesquisa* que devem ser realizadas e sobre quais os *resultados das pesquisas* que estão incorporados à produção atual em fábricas e escritórios. A 'tecnologia' está alienada na sociedade capitalista (e em seus imitadores estatal-autoritários), em primeira instância, porque é desenvolvida e difundida de acordo com o

---

[10] Herbert Gintis, *op. cit.*, p. 14.

[11] Ignorando a necessidade de elementos como descentralização, rotatividade de tarefas e participação igualitária, para a eficiência de uma organização.

critério único do lucro, e está 'trancada' na organização burocrática somente porque os capitalistas e os gerentes não introduzirão uma nova tecnologia que seja incompatível com sua manutenção no poder".[12]

O trabalho é alienado para a maioria, não devido à natureza da tecnologia e da divisão de trabalho, mas antes de mais nada porque as instituições que determinam tais fatores estão alienadas. Os critérios de acordo com os quais se tomam decisões são independentes das necessidades dos trabalhadores. A alienação do trabalhador se traduz em impotência (pois a organização burocrática do trabalho o reduz a uma peça da maquinaria, frágil por ser dirigido e dominado), insignificância (pois seu trabalho fragmentado é uma contribuição mínima, impessoal e padronizada ao produto final) e isolamento (pois a divisão de trabalho impede uma solidariedade e uma cooperação reais). Essa posição impotente, insignificante e isolada leva-o a tratar o trabalho como um meio para obter segurança material e não um fim em si próprio.[13] Disso resulta o desinteresse pelo trabalho, uma vez que, ignorando por que deve efetuar determinada operação, executando ordens sem convocar suas qualidades de homem, o trabalhador não pode considerar o que faz como trabalho seu. Como reflexo imediato dessa condição surgem o absenteísmo e a instabilidade (a cada instante, um trabalho pode ser substituído por outro, igualmente insípido), que levam à queda do rendimento. Essa conseqüência torna evidente a necessidade de uma *reforma* das condições de trabalho, capaz de recuperá-lo e dinamizá-lo, através de técnicas elaboradas por e para o patrocinato, a fim de interessar o trabalhador. Fica claro, portanto, que o parcial abandono do taylorismo (coisificação e alienação da maioria dos trabalhadores) não resulta de razões morais, mas das disfunções do sistema. O cientificismo é substituído pela improvisação que alarga e enriquece as tarefas (as recompõe).[14] Pôr em prática, em proveito do capital, a iniciativa das massas, mantendo inteiro controle sobre o processo de produção, é o objetivo dessa reorganização.

"O despotismo dá-se ares de democracia. Só as formas da subordinação do trabalho ao capital é que mudam. Mas, esse problema da mudança das formas, da transformação do modo de dominação capitalista, é também o problema político das formas de mudança. Porque essa transformação do

---

[12] Herbert Gintis, *op. cit.*, p. 19 (grifos do autor).

[13] Idem, p. 20.

[14] Alain Guillerm e Yvon Bourdet. *Autogestão:* uma mudança radical. Rio de Janeiro: Zahar, 1976, cap. 7.

sistema tanto pode consolidá-lo como abrir as possibilidades do seu derrubamento."[15] As formas de "interessar" os trabalhadores em seu trabalho são hábeis dissimulação ou atenuações de condições já existentes, pois a hierarquia não é suprimida: ao contrário, ela controla o grau de integração e de submissão ao sistema. Explicitando essas formas, temos: participação, co-gestão, controle operário, cooperativa. A *participação* é uma contribuição dada a uma atividade já estruturada e direcionada. No contexto da empresa, dá-se ao trabalhador a ilusão de desempenhar um papel ativo, original e espontâneo, assumindo geralmente o caráter de "participação nos lucros" (através de ações). Sua função aparente é a integração da classe operária no sistema capitalista (capitalismo democrático), porém, na realidade, é um "inteligente" agravamento da exploração do trabalho (pois, como esse "privilégio" é concedido apenas aos que gozam de antigüidade na empresa, os trabalhadores ficam "presos" a ela, e, desejando ao mesmo tempo seu desenvolvimento que valorizará suas ações, "dão o máximo" na produção) e do capital desses pequenos acionistas, e conseqüentemente da auto-alienação dos trabalhadores.

Há, contudo, outras formas bem mais elaboradas de "democracia industrial capitalista", tais como a co-gestão, o controle operário e a cooperativa. A *co-gestão* é uma semiliberalização do trabalho através da concessão, aos executantes, de certa dose de auto-organização, ou seja, da permissão da escolha do meio a ser utilizado para se alcançar os fins propostos. Como vemos, os objetivos são definidos pela direção da empresa; portanto, essa parcial reintegração da iniciativa operária no processo de produção (através de equipes autônomas de trabalho) não questiona o poder diretorial. Este último é ainda reforçado quando da combinação "participação nos lucros–co-gestão", pois, favorecendo a "integração" operária no sistema capitalista de produção (renunciando à fixação de detalhes), dissimula suas formas mais nítidas e os meios eficazes. Tanto a participação quanto a co-gestão visam encobrir os efeitos muito visíveis da exploração do homem pelo homem, em benefício do patronato. O *controle operário* é uma constatação do poder patronal para um acordo entre ambas as partes. É o que ocorre geralmente durante as greves, quando melhorias das condições de trabalho, ou atenuações das formas de exploração, são "impostas" através de uma intervenção conflitual. Essa imposição de controle, porém, não visa a dirigir a fábrica ou determinar os objetos a fabricar nem sequer põe em questão o trabalho assalariado ou a função do capitalista. A *cooperativa* é uma sociedade voluntária de pessoas que têm como finalidade prestar

---

[15] Dominique Pignon e Jean Querzola, *op. cit.*, p. 58.

serviços aos seus associados, sem visar lucros. Contudo, esse seu caráter de criação autônoma dos trabalhadores foi desvirtuado, pois ela passou a ser controlada através de subvenções governamentais, reproduzindo em sua organização real os defeitos do sistema capitalista (pois os trabalhadores passaram a ser seu próprio capitalista, sobrepujando imperfeitamente o antagonismo capital–trabalho), em vez de questioná-lo e contestá-lo seriamente.[16]

Vemos, portanto, que nenhuma das formas citadas anteriormente é capaz de superar a alienação causada pela organização burocrática. Podem representar uma conquista parcial da classe trabalhadora, mas são antes de mais nada formas de sua manipulação pelas classes dominantes. Segundo Pignon e Querzola, não há ruptura nenhuma com Taylor. Simplesmente, na época de Taylor esse objetivo não podia ser verdadeiramente alcançado, devido ao insuficiente desenvolvimento das ciências sociais. O *management* moderno tende a tomar em consideração, de formas mais sistemáticas, os "fatores humanos". Mas essa tendência não marca uma alteração de sua racionalidade, um compromisso entre as exigências da técnica e os princípios do humanismo. Marca, pelo contrário, uma extensão da racionalidade técnica à gestão dos recursos humanos.[17]

Tudo isso poderia nos levar a pensar que estamos condenados a uma alienação perpétua, tal o grau de enraizamento desse problema social, na atual esfera econômica, como torna claro na seguinte citação: "A escolarização contribui para a generalização de uma força de trabalho adequada através da *inculcação de uma 'mentalidade burocrática' nos estudantes*. Isso os habilita a ter um desempenho apropriado aos ambientes de trabalho alienados, através de uma orientação do *desenvolvimento emocional* do futuro trabalhador. Na medida em que uma proporção crescente – atualmente uma maioria de trabalhadores – passa através deste processo de 'burocratização psíquica', *o desenvolvimento de uma contracultura que negue a mentalidade burocrática é um instrumento necessário para a emergência de uma consciência de classe entre os trabalhadores*".[18]

"Um sistema de controle operário, de rotatividade de tarefas, de participação igualitária, de descentralização e ampliação do trabalho, não pode ser excluído como impraticável e ineficiente somente porque não é aceito pelos 'patrões'."[19] Esse sistema, que atenderia às necessidades intrínsecas

---

[16] Alain Guillerm e Yvon Bourdet, *op. cit.*, cap. 1.

[17] Dominique Pignon e Jean Querzola, *op. cit.*, p. 72-73.

[18] Herbert Gintis, *op. cit.*, p. 26 (grifos do autor).

[19] Idem, p. 14.

dos trabalhadores e não a lógica do lucro ou do controle grupal, eliminaria a organização burocrática. Ao procurar analisar esse sistema, estaremos penetrando no plano utópico, não no sentido comum de uma fantasia irrealizável, mas de algo viável no futuro ou, como conceitua Mannheim, como algo que transcende a realidade e que se transforma em conduta, tendendo a abalar, parcial ou totalmente, a ordem de coisas que prevalecem no momento.[20]

Se retomarmos a "definição" de cooperativa (portanto, o que ela deveria ser, se não fosse desvirtuada), veremos que os esforços de alguns trabalhadores em seus próprios proveitos e benefício é uma forma de emancipação do trabalho. Contudo, esse "alguns", comparado à grande massa de assalariados alienados, significa muito pouco para a transformação de uma sociedade antagônica. Se supusermos que o sistema de cooperativa se generalizasse, a ponto de regular a produção nacional segundo um plano comum, veremos que ocorreria apenas uma mudança na economia e na produção. As estruturas sociais, porém, não se modificariam, pois um órgão de poder, originado a outras instâncias, que exerce controle repressivo através de mediações hierarquizadas (exército, tribunais, polícia etc.), ou seja, o Estado, estaria subsistindo apesar de não ser o coordenador das cooperativas. Para que ocorresse uma transformação radical, ou melhor, para que todas as estruturas (econômicas, políticas e sociais) se transformassem em uma grande cooperativa, uma organização nacional de tipo radicalmente novo deveria substituir o Estado. Essa é a tese de autogestão, ou seja, da "organização direta da vida coletiva em todos os níveis",[21] baseada na "demonstração da incapacidade congenital de toda minoria isolada para 'conduzir' as ações da totalidade dos homens",[22] daí a supressão de um aparelho de direção separado da sociedade (o Estado).

"Uma organização social que não aliena (nem submete, nem humilha) homem algum só pode repousar no princípio da igualdade absoluta de todos os membros que a compõem, e, mais ainda, sobre a liberdade inteira de cada um. Tal organização, percebida por todos como necessária a cada um, não tem necessidade de ser imposta de fora por quem quer que seja, pois resulta da autonomia dos sujeitos (liberdade constitutiva do ser humano). Cada um, determinando-se livremente por adesão ao que compreende ser o melhor para si mesmo, encontra todos os outros sujeitos racionais para

---

[20] Karl Mannheim. *Ideologia e utopia*. Rio de Janeiro: Zahar, 1976.

[21] Alain Guillerm e Yvon Bourdet, *op. cit.*, p. 97.

[22] Idem, p. 80.

ajustar-se livremente à instituição do mesmo contrato que realiza a vontade geral. Assim, todos os membros do corpo social criam contratualmente uma lei geral que os organiza sem gerar entre eles diferenças de poder."[23]

Outro princípio é o da "renovabilidade a cada instante dos dirigentes". Essa regra, tão simples quanto radical, tem por fim impedir o corte do corpo social em duas categorias de homens: os que comandam e os que obedecem. Esse corte, que pode ao fim passar como uma modesta comodidade técnica "para o bem de todos", se revelou na História ser uma das causas da divisão da sociedade em classes antagônicas. (...) Rousseau soube bem mostrar que não podia realizar uma sociedade solidária de homens iguais, a não ser suprimindo todo o poder heterogêneo (que foi de origem divina, nascido da violência ou perpetuado e reforçado pelo hábito). (...) A experiência mostrou abundantemente que a delegação de poder, mesmo por um tempo determinado, realiza uma fratura. (...) Se a delegação de poder pode ser retirada a cada instante, não há mais corte, o "soberano" não adquire mais existência independente, ele fica, a cada instante, sustentado pelos braços de seus mandatos que podem deixá-lo cair a qualquer momento. Assim, pelo fato desse controle contínuo, o poder jamais se torna uma *instância separada*, trata-se de uma simples estruturação móvel do grupo que toma esta forma ou outra, segundo as necessidades da causa. Essa organização eficaz, adaptada ao fim do momento, não é mais uma *delegação*, mas uma expressão da vontade de todos.[24]

Ainda outro princípio é o da compenetração de todos os homens de se *determinarem em conhecimento de causa*. Vimos anteriormente os "desesperados esforços dos dirigentes e dos dominadores para impor aos homens um trabalho repetitivo e limitado às tarefas imediatas, sem nenhuma compreensão das estruturas do conjunto. O trabalho (humano) perde assim sua humanidade, ele não é mais *a adaptação em conhecimento de causa dos meios em vista de criar um fim*".[25] Esse princípio pode nos levar a pensar que a autogestão só poderia exercer-se em pequenas cooperativas, jamais em âmbito nacional. Essa idéia, porém, é falsa, pois grandes conjuntos econômicos podem ser racional e eficazmente autogestionados com a aplicação dos recursos da tecnologia e da informática, que deixariam de esclarecer apenas alguns

---

[23] Idem, p. 53.

[24] Yvon Bourdet. "Les conditions de possibilité de l'autogestion". *Autogestion*, 9-10, Paris: Anthropos, 1969, p. 65 e 66.

[25] Idem, p. 68.

dirigentes e passariam a permitir que o conjunto de produtores informados tomassem decisões com conhecimento de causa. Dar-se-ia, então, a autogestão de planificação, ou seja, o repúdio à pretensão de "minorias esclarecidas" de serem as únicas capazes de conceber e de gerir o interesse geral. Reconhece-se a necessidade de planejamento sem, contudo, delegar o encargo (e os decorrentes deleites) à minoria de especialistas supostamente competentes. Convém lembrar que essa autogestão da economia não é a democratização da economia capitalista, mas uma mudança radical de seus fundamentos, pois os produtos deveriam ser os mais úteis à comunidade humana, e não os que permitem o aumento de lucros dos capitalistas ou o acréscimo de poder dos Estados centralizados.[26]

O primeiro esboço desse sistema foi a Comuna de Paris. Durante a guerra franco-prussiana (1871), estando o imperador aprisionado em Sedan e Paris em vias de ser sitiada, foi, como último recurso, assinado um decreto que abria a Guarda Nacional a todos os cidadãos, o que significava a queda daquela instituição nas mãos do proletariado. A defesa de Paris ficou entregue a 200 mil operários com armas. Contudo, a Guarda Nacional ocupou toda a cidade, pois o Governo havia se refugiado em Versalhes e, conseqüentemente, o Estado (exército, polícia, burocratas) desaparecera. Nessas circunstâncias históricas, o proletariado parisiense, consciente de sua força, desempenha seu papel contra a ordem das coisas, substituindo toda a organização do trabalho capitalista por uma organização nova: as oficinas da Comuna. Nelas, os operários nomeavam seus gerentes e reservavam-se o direito de demiti-los se o rendimento ou as condições de trabalho não fossem satisfatórios; fixavam salários, horários e condições de trabalho e ainda reuniam-se em comitê, todas as tardes, para decidir o trabalho do dia seguinte. Contudo, não foi apenas o autogoverno dos produtores, mas antes um autogoverno do povo, pois a autogestão estendeu-se até mesmo à instrução pública (a cargo de comitês de bairro). A comuna dava às mulheres e crianças o direito de viver e de morrer por ela e por eles, e, a todos os cidadãos, o direito de combater como melhor entendessem. Aboliu o patronato, o trabalho assalariado e o Estado. Transformou-se em uma festa devido à auto-atividade quotidiana do proletariado. Mas ilhotas de autogestão não podem sobreviver no seio de um sistema capitalista, ameaçando as classes dominantes, por isso foi esmagada, durante 40 dias.[27]

---

[26] Alain Guillerm e Yvon Bourdet, *op. cit.*, cap. 1.

[27] Idem, cap. 5.

Experiências desse tipo se generalizaram como o Soviete de Petersburgo, em 1905; em 1917, novamente na Rússia, e, em 1918, na Alemanha e na Áustria; mas, ou foram sufocadas ou pervertidas e transformadas em um regime burocrático, no qual a autogestão da sociedade é liquidada em benefício da construção de um Estado e no qual a autogestão da economia é liquidada em benefício do domínio da economia pelos sindicatos estatizados. Ou seja, os sindicatos, comitês fabris e sovietes se negam a si mesmos e se anulam em si, em proveito de um organismo unitário e independente da classe: uma minoria que se reserva a propriedade privada dos meios de decisão (burocracia).[28] É preciso esperar a década de 30 para rever o fenômeno na Espanha, quando o proletariado de outros países já estava domesticado ou esmagado. Esse atraso permitiu um grau de organização do proletariado inédito na História, efetuada pelos anarquistas, em situação de hegemonia na Espanha da época. Criou-se uma vanguarda proletária (Federação Anarquista Ibérica) a fim de evitar desvios reformistas; a organização sindical votou um programa proletário o qual daria à *base* a oportunidade de pô-lo em prática. Pouco depois, quando Franco se sublevou contra o Governo republicano de Frente Popular, as massas operárias armaram-se e voltaram-se contra os oficiais golpistas e contra o próprio Governo de Frente Popular; em vez de abafar a insurreição franquista, evadia-se. Franco lograra cortar o país em dois: as duas províncias bascas industriais e as Astúrias e, de outro lado, Castela e Catalunha. Castela estava em mãos dos comunistas e socialistas, oferecendo aos franquistas uma guerra clássica, e a Catalunha estava nas mãos dos anarquistas, que quase aniquilaram o plano fascista. Conselhos operários organizaram-se em Barcelona, onde autogeriram as fábricas e conseguiram converter a indústria têxtil em bélica, a fim de suprir a falta de armas. Enquanto isso, o povo se organizara na milícia e em Colunas (formação de 5 mil voluntários), cujo objetivo era implantar o comunismo nas áreas libertadas aos franquistas (principalmente em Aragão). Desembaraçados de seus senhores, os camponeses locais organizavam-se espontaneamente em comunidades autogeridas, nas quais todos auferiam benefícios (em muitas delas, a moeda foi abolida, e as pessoas pegavam o que precisavam no armazém comunal). Porém, por decisão do Governo republicano, através de artifícios pouco honestos, a autogestão na Catalunha e em Aragão terminou sangrentamente, e os anarquistas capitularam em Barcelona. As fábricas foram nacionalizadas; o terror abateu-se sobre os operários e Franco ocupava o terreno

---

[28] Idem, cap. 3 e 5.

que lhe fora preparado.[29] Ainda 20 anos mais tarde, esse fenômeno reaparece em Budapeste (1956), também abafado. "Essas revoluções tendiam ao estabelecimento de um regime novo que afetaria a sociedade inteira, eis porque, na maior parte desses casos, elas foram afogadas em sangue pelas armas das classes dominantes ameaçadas."[30] Contudo, "não podemos dizer que a autogestão não poderá existir *porque ela* não existe (ainda), ou que as experiências históricas de autogestão não duraram ou são pervertidas *porque elas* eram aberrações".[31] Segundo Mannheim, uma utopia real não pode, a longo prazo, ser trabalho de um indivíduo (e poderíamos acrescentar até mesmo de "alguns" indivíduos), já que o indivíduo não pode por si mesmo romper a situação histórica e social. Somente quando a concepção utópica do indivíduo se impõe a correntes já existentes na sociedade, dando-lhe uma expressão, quando, dessa forma, reflui de volta ao horizonte de todo o grupo, sendo por este traduzida em ação, somente então pode a ordem existente ser desafiada pela luta por outra ordem de existência.[32]

Talvez ainda não seja tempo para que essa utopia se "traduza em ação" visível, porém, o seu germe já está lançado. Como concluem Guillerm e Bourdet: "A autogestão é não somente possível e necessária, mas já está aí, invisível, como é invisível a rotação da Terra".[33] Essa sua presença se faz sentir não só nas reivindicações operárias, mas também nas empresas, ainda que embrionariamente, "a fim de que elas funcionem melhor em benefício da burguesia".[34] Porém, dessa maneira, o operário toma consciência de sua força e capacidade de planejar e executar (conseqüentemente, vê-se instrumentalizado), e, como disseram Pignon e Querzola, isso pode abrir as possibilidades da derrubada do capitalismo,[35] ou seja, o fim das sociedades antagônicas. É preciso, pois, que essa conscientização se processe em uma parte significativa das massas alienadas, a fim de que não representem uma minoria que (embora perfeitamente organizada interiormente) seja vulnerável às

---

[29] Idem, cap. 5.

[30] Yvon Bourdet, *op. cit.*, p. 62.

[31] Idem, p. 60 e 61. Não podemos esquecer que essas experiências não duraram por terem sido sufocadas por forças exógenas, e não por qualquer autodesorganização.

[32] Karl Mannheim, *Ideologia e utopia, op. cit.*

[33] Alain Guillerm e Yvon Bourdet, *op. cit.*, p. 214.

[34] Idem.

[35] Dominique Pignon e Jean Querzola, *op. cit.*, p. 58.

pressões externas. Em outras palavras, é inviável a coexistência da autogestão (a manipulação, sem intermediário e em todos os níveis, de todas as atividades, por todos os homens) com um aparelho de repressão e controle que, por isso mesmo, não está integrado na sociedade civil.

É dessa forma que o antagonismo é vencido pela humanidade, que triunfa sobre a pretensa fatalidade das coisas e em especial sobre a pretensa fatalidade da dominação burocrática. Só assim a História se revela como a conquista da liberdade e a justiça como o pacto que esta faz consigo própria. A ordem social assim pensada não é um organismo, muito menos um sistema. É, isto sim, o pacto da liberdade, fundada na força não da razão das coisas ou do poder, mas, pelo contrário, na razão coletiva. E, como afirma Proudhon: "O órgão da razão coletiva é o mesmo que o da força coletiva: é o grupo trabalhador, instrutor; é a companhia, industrial, sóbria, artista; são as academias, escolas, municipalidade; é a assembléia nacional, o clube, o júri; é toda a reunião de homens; é, em uma palavra, formado para a discussão das idéias e para a procura do direito".[36] É a força do homem trabalhador coletivo.

De resto, é sempre bom lembrar que, "quando os trabalhadores se unirem e tomarem consciência de que é coletivamente que eles precisam tratar as questões tecnológicas e tudo o que lhes diz respeito, eles começarão a compreender que seus problemas não se limitam a uma fábrica, mas que se referem a todas as fábricas, demonstrando publicamente que não mais precisam de sindicatos, partidos, nem de Estado".[37]

Bibliografia

BOURDET, Yvon. "Les conditions de possibilité de l'autogestion", *Autogestion*, 9-10, Paris: Anthropos, 1969.

Combate. Porto, 16 de maio de 1975.

GINTIS, Herbert. "Alienation and power". *The review of radical political economics*, v. 4, nº 5, outono de 1972. Existe tradução desse artigo para o português na EAESP/FGV, ECON-L-105.

GUILLERM, Alain e BOURDET, Yvon. *Autogestão – uma mudança radical*. Rio de Janeiro: Zahar, 1976.

MANNHEIM, Karl. *Ideologia e utopia*. Rio de Janeiro: Zahar, 1976.

---

[36] Joseph Pierre Proudhon. *A nova sociedade*. Porto: Rés, 1978, p. 275.

[37] *Combate*, Porto, 16 de maio de 1975.

MANTOUX, Paul. *The Industrial Revolution in the eighteen century.* Nova York: Harper and Row, 1962.

MARGLIN, Stephen. "Origens e funções do parcelamento das tarefas". In: Stephen Marglin *et alli* (organizadores). *Divisão social do trabalho, ciência, técnica e modo de produção capitalista.* Porto: Publicações Escorpião, 1974. Tradução de "What do bosses do". *The review of political radical economics,* v. 6, nº 2, verão de 1974, e v. 7, nº 2, primavera de 1975.

MARX, Karl. *Le capital.* Paris: Pléiade.

PIGNON, Dominique e QUERZOLA, Jean. "Democracia e autoritarismo na produção". In: Stephen Marglin *et alli* (organizadores), *Divisão social do trabalho, ciência, técnica e modo de produção capitalista.* Porto: Publicações Escorpião, 1974.

PROUDHON, Joseph Pierre. *A nova sociedade.* Porto: Rés, 1978.

Sobre os Autores

FERNANDO C. PRESTES MOTTA (1945-2003) fez seu curso de graduação, mestrado e doutorado na Escola de Administração de Empresas de São Paulo, da Fundação Getúlio Vargas. Realizou diversos cursos no exterior. Obteve a livre-docência na USP. Aos 18 anos, publicou seu primeiro artigo, intitulado "O empresário industrial no Brasil e suas perspectivas".

Professor por mais de 30 anos da EAESP da FGV, é autor de inúmeros artigos e livros. É reconhecido como um dos maiores teóricos das organizações do Brasil. Sua produção intelectual voltou-se no início para a sociologia, e, nos últimos anos, dedicou-se mais à cultura organizacional e às relações entre antropologia, psicanálise e as organizações no Brasil. Seu primeiro livro, *Teoria geral da administração: uma introdução*, recebeu grande número de reimpressões, e recentemente foi atualizado com a participação de Isabella Freitas Gouveia de Vasconcelos. Entre seus demais livros, destacam-se *Teoria das organizações: evolução e crítica* (1999), *Organização e poder: empresa, Estado e escola* (1986), *Participação e co-gestão: novas formas de administração* (1982), *O que é burocracia* (1981), *Burocracia e autogestão: a proposta de Proudhon* (1981) e *Empresários e hegemonia política* (1979), além de *Vida psíquica e organização* (2000), organizado com Maria Ester de Freitas, e *Cultura organizacional e cultura brasileira* (1997), organizado com Miguel Pinto Caldas.

LUIZ CARLOS BRESSER-PEREIRA nasceu em São Paulo, em 1934. Cursou a Faculdade de Direito da USP. É mestre em administração de empresas pela Michigan State University, e doutor e livre-docente em economia pela Universidade de São Paulo.

Desde 1959, é professor da Fundação Getúlio Vargas de São Paulo, onde ensinou inicialmente administração e depois, até o presente, economia: metodologia científica para economistas, teoria do desenvolvimento econômico, macroeconomia, microeconomia, teoria da inflação, teoria do ajustamento do balanço de pagamentos e economia brasileira. Em 1970, participou da fundação do Cebrap. Ensinou ainda regularmente, em nível de pós-graduação, desenvolvimento econômico, na Universidade de Paris I, e teoria política da democracia moderna, no Departamento de Ciência Política da USP. Foi conferencista visitante da École d'Hautes Études en Sciences Sociales, da Universidade de Oxford, e do Instituto de Estudos Avançados da USP.

Publicou seu primeiro livro em 1968: *Desenvolvimento e crise no Brasil*. Desde então, publicou cerca de 20 livros, muitos deles vertidos para o inglês, o espanhol, o francês e o japonês. Salientam-se, entre eles, *A sociedade estatal e a tecnoburocracia* (1981), *Inflação e recessão* (1984, com Yoshiaki Nakano), *Lucro, acumulação e crise* (1986) e *Reforma do estado para a cidadania* (1998). Seus *papers* estão publicados nas principais revistas acadêmicas brasileiras e estrangeiras. Mantém um *site* na Internet, www.bresserpereira.org.br, no qual se encontra disponível boa parte de suas obras acadêmica e jornalística.

Intelectualmente, atuou sempre na confluência da economia e da teoria social, utilizando um instrumental em que estão presentes as influências de Marx, Weber, Keynes e do estruturalismo latino-americano. Suas contribuições teóricas mais significativas dizem respeito à teoria da nova classe média profissional, à revisão do modelo clássico de desenvolvimento econômico, à teoria da inflação inercial, à teoria da nova gestão pública, à teoria dos direitos republicanos e à teoria da democracia e do sistema global como frutos da revolução capitalista. No plano da análise do Brasil, dedicou-se ao estudo das origens étnicas e sociais dos empresários, à análise das interpretações do Brasil e ao estudo dos modelos econômicos e dos pactos políticos que marcaram a implantação do capitalismo industrial e da democracia no país, do qual este livro é o principal fruto.

Em 1983, tornou-se presidente do Banespa e, em seguida, secretário do Governo de Franco Montoro. Foi ministro da Fazenda do governo Sarney, em 1987. Em 1988, desligou-se do PMDB e participou da fundação do PSDB. Em 1995, assumiu o Ministério da Administração Federal e Reforma do Estado, durante o Governo de Fernando Henrique Cardoso, no qual comandou a reforma da gestão pública de 1995. No segundo mandato, foi, durante os primeiros seis meses, ministro da Ciência e Tecnologia. É editor da *Revista de economia política*, que fundou com Yoshiaki Nakano em 1980. Desde 1998, é presidente do Conselho Científico do Clad – Consejo Latinoamericano de Administración para el Desarrollo, do qual foi presidente nos três anos anteriores. Em 2002, foi convidado pela ONU para fazer parte do Comitê de Especialistas em Administração Pública do Conselho Econômico e Social.

Impresso por
META
www.metabrasil.com.br